العادات السبع
للناس الأكثر
فعالية

طبعة خاصة بمناسبة مرور 25 عامًا على صدور الكتاب

الكتاب الذي بيعت منه أكثر من خمسة وعشرين مليون نسخة

العادات السبع للناس الأكثر فعالية

دروس فعالة في التغيير الشخصي

مع تصدير بقلم جيم كولينز،

مؤلف كتاب *Good to Great* والمشارك في تأليف كتاب *Great by Choice*

ستيفن آر. كوفي

مكتبة جرير
JARIR BOOKSTORE
...not just a Bookstore ...ليست مجرد مكتبة

مكتبة جرير
JARIR BOOKSTORE
... not just a Bookstore ...ليست مجرد مكتبة

للتعرف على فروعنا في
المملكة العربية السعودية - قطر - الكويت - الإمارات العربية المتحدة
نرجو زيارة موقعنا على الإنترنت www.jarir.com
للمزيد من المعلومات الرجاء مراسلتنا على: jbpublications@jarirbookstore.com

تحديد مسئولية / إخلاء مسئولية من أي ضمان

هذه ترجمة عربية لطبعة اللغة الإنجليزية. لقد بذلنا قصارى جهدنا في ترجمة هذا الكتاب، ولكن بسبب القيود المتأصلة في طبيعة الترجمة، والناتجة عن تعقيدات اللغة، واحتمال وجود عدد من الترجمات والتفسيرات المختلفة لكلمات وعبارات معينة، فإننا نعلن وبكل وضوح أننا لا نتحمل أي مسئولية ونُخلي مسئوليتنا بخاصة عن أي ضمانات ضمنية متعلقة بملاءمة الكتاب لأغراض شرائه العادية أو ملاءمته لغرض معين. كما أننا لن نتحمّل أي مسئولية عن أي خسائر في الأرباح أو أي خسائر تجارية أخرى، بما في ذلك على سبيل المثال لا الحصر، الخسائر العرضية، أو المترتبة، أو غيرها من الخسائر.

إعادة طبع
الطبعة الأولى ٢٠١٨

25TH ANNIVERSARY EDITION

OVER 25 MILLION COPIES SOLD

THE 7 HABITS OF HIGHLY EFFECTIVE PEOPLE

POWERFUL LESSONS IN PERSONAL CHANGE

WITH A FOREWORD BY JIM COLLINS,
author of *Good to Great* and co-author of *Great by Choice*

Stephen R. Covey

مكتبة جرير
JARIR BOOKSTORE
... not just a Bookstore ...ليست مجرد مكتبة

FranklinCovey

الإشادة بكتاب *العادات السبع للناس الأكثر فعالية*
لستيفن آر. كوفي

"ما زال كتاب *العادات السبع للناس الأكثر فعالية* للدكتور ستيفن آر. كوفي مناسبًا ومفيدًا حتى يومنا هذا مثلما كان حين نُشر لأول مرة قبل ٢٥ عامًا. وسواء كنت قائدًا لمؤسسة كبرى مدرجة في قائمة فورتشن لأفضل ٥٠٠ شركة، أو لا تزال في بداية تأسيس عملك التجاري، فالمبادئ التي يناقشها هذا الكتاب تقدم لك حقائق ثابتة وعالمية للقيادة الفعالة المبنية على القيم. يجب أن يقرأ هذا الكتاب كل من يسعى لفهم كيفية تحفيز الآخرين وإلهامهم. وما زال هذا الكتاب من أهم كتب إدارة الأعمال في عصرنا الحديث".

— كيفين تيرنر، مدير عمليات التشغيل بشركة مايكروسوفت

"الأساسيات هي مفتاح النجاح. وستيفن كوفي بارع في هذه الأساسيات. اشتر هذا الكتاب، والأهم من ذلك، استخدم ما فيه!".

— أنطوني روبنز، مؤلف كتابي: *Unlimited Power* و *Awaken the Giant Within*

"الدروس التي يقدمها كتاب *العادات السبع للناس الأكثر فعالية* بمثابة دليل مهم للنجاح. وهذا الكتاب واحد من الكتب الأكثر مبيعًا على مر العصور لعدة أسباب. فالنجاح الذي حققته في رياضة السباحة وفي الحياة عمومًا يعود إلى الطريقة المبادرة لتحديد الأهداف - *احلم، خطط، حقق*. في برامج مؤسستي، ندرك قوة الأحلام ونؤكد أهمية تنفيذ خطة مفصلة لدفعك تجاه تحقيق أهدافك".

— مايكل فيلبس، سباح أوليمبي حاصل على ميداليات ذهبية

"علمني هذا الكتاب حقائق عميقة ومميزة مبنية على المبادئ، والتي ساعدتني على رؤية ما لا أستطيع رؤيته. ففي كل موقف، يمكنني الاستعانة بالمبادئ والتصورات الذهنية المرتبطة بكل عادة من العادات السبع، والتمعن في التفكير، وإعادة توجيه بوصلة حياتي مرة أخرى".

— خوان نينو، مدير مشروعات والمسئول عن قسم المراجعة العالمية وبدء المشروعات، بشركة هاليبرتون، المكسيك

"لو أن هذه التحفة الفنية التى أبدعها كوفى لم تغير وجه العالم، فقد أثرت في ملايين القراء الذيـن هم قادرون على جعل كوكبنا مكانًا أكثر سلامًا ورخـاءً واستعدادًا وإدراكًا لأهدافه، وسوف يفعلون ذلك".

— وارن بنيس، مؤلف كتابي *On Becoming a Leader*
و *Still Surprised: A Memoir of a Life in Leadership*
وأستاذ بارز في إدارة الأعمال، بجامعة جنوب كاليفورنيا

"كتاب *العادات السبع للناس الأكثر فعالية* هو واحد من أكثر الكتب مبيعًا على مر العصور".

— *مجلة فورتشن*

"عندما أسترجع وأفكر في كل التدريبات التي شكلت معرفتي، والأهم قيمي ومبادئي، دائمًا مـا أتذكر ورشة عمل العادات السبع التي حضرتها عـام ١٩٨٧ مع ستيفن كوفي. كان رجلًا نشطًـا، ويا لها من رحلـة رائعة قطعناها معًا خلال هذه العـادات السبع. كان هذا التدريب أكبر إسهام يشكل حياتي المهنية والشخصية على حد سواء".

— بيتر إف. سميث، نائب رئيس، شركة هيرشي،
مدير أقسام آسيا وأوروبا والشرق الأوسط وأفريقيا، سنغافورة

"لقد أرشد هذا الكتاب العديد منا خلال رحلتنا في عالم الأعمال التجارية. إنه كتاب بسيط ولكنه فعال على نحو لا يمكن تصوره، ويُعد دليلًا رائعًا لكل القادة الطامحين!".

— ميج ويتمان، كبيرة المديرين التنفيذيين في شركة إتش بي

"كوفـي أكثـر مستشـاري التنميـة الذاتيـة حماسًا فـي تاريخ الولايـات المتحـدة بعد ديل كارنيجي".

— جريدة *يو إس إيه توداي*

"فلننس محتوى كتبه، ولننس الأعداد المهولة من كتاب *العادات السبع للناس الأكثر فعالية*، أو غيره من كتبه التي بيعت في مختلف أنحاء العالم. لننس ندواته القيمة - ونجاحه العملي. ولننسـس كل ذلك؛ ونتذكر أن المرء لا يستطيع أن يقدره ستيفن كوفي حق قدره دون أن يذكر في البداية أنه كان إنسانًا محبوبًا. وسأقول بوضوح إن ستيفن كان يتوقع الأفضل منا - وقدم لنـا أدوات ونصائـح مباشرة تساعدنا علـى الانتقال إلى مكان أفضـل. باختصار، سنفتقد ستيفـن. لقد وجه نظري لزوايا أفضل، مثلما فعل مـع الملايين غيري في كل بقعة من بقاع العالم".

— توم بيترز، مؤلف كتاب *The Little Big Things: 136 Ways to Pursue Excellence* والمؤلف المشارك في كتاب *In Search of Excellence*

"دشنت شركة ماري كاي، بالصين، برنامج العادات السبع عام ٢٠٠١ لحشد جميع العاملين بالشركـة تحـت مجموعـة واحدة من القيـم والمبادئ. لقـد ساعدتنا العـادات السبع على التفكير وترتيب الأولويات والعمل الجماعي وعيش حياتنا الخاصة. وخلال السنوات الاثنتي عشـرة الأخيرة، واصـل العاملون توسيع دائرة التأثير لتشمل أفـراد أسرنا، وقوى المبيعات المستقلة وشركاء العمل. فهذه الفاعلية لها تأثير كبير على جميع المستويات العليا والدنيا. ونتيجة لذلك، حصدت الشركة لقب "أفضل صاحب عمل" على مدار العشرة أعوام الأخيرة وتصدرت المركز الأول في مجال مستحضرات التجميل في الصين عام ٢٠١٢".

— بول ماك، مدير شركة ماري كاي، الصين

"فتـح ستيفن آر. كوفـي أعين العالم، مرة أخرى، على تأثير الحقائـق الإنسانية الأساسية؛ بمعنـى أن تتحمل مسئولية حياتك، وتصنع مصيرك، وتسعـى للفهم والمصلحة المتبادلة، وتكـون غنيًّـا، وتتبنى دومًا توجه خدمـة الآخرين. وحين نقوم بذلـك، لا نغير فقط حيواتنا ولكننا نغير العالم من حولنا بسبب الشخصية التي أصبحنا عليها. ستتذكر الأجيال القادمة ستيفـن كوفي وتخلد ذكراه في التاريخ ليس بسبب كتـاب العادات السبع فقط، ولكن بسبب التزامـه الشخصي بحب أسرتـه وإسهامه للمجتمع. لقد كان قدوةً رائعـةً لكلينا ولأسرتنا، وكانت حياته مثالًا للحياة التي تُعاش كما ينبغي".

— حاكم ولاية ماساشوستس، ميت رومني وزوجته آن رومني

"بعد مرور خمسة وعشرين عامًا على ظهور هذا الكتاب لأول مرة، تُعد الحكمة الواردة فيه مناسبة لهذا العصر أكثر من ذي قبل. وعلى المستوى الفردي، فإننا ننهك أنفسنا، وعلى المستوى الجماعي، فإننا ننهك كوكبنا. ولذا، كل ما نحتاج إليه في الوقت الحالي هو تأكيد دكتور كوفي على تجديد الذات وفهمه حاجة القيادة والإبداع إلى استغلال مصادرنا الجسدية والعقلية والروحية".

— أريانا هافينجتون، مدير ورئيس
تحرير مجموعة هافينجتون بوست ميديا

"يقرب كتاب *العادات السبع للناس الأكثر فعالية* العاملين بالمؤسسة من بعضهم البعض. فهو مزيج بين الحكمة الفطرية المتوارثة وثقافة المؤسسة بحيث تصير ثقافة مستقلة تميز المؤسسة عن غيرها. *فالعادات السبع* تجسيد حي لتطبيق ما ينصح به الكتاب. وهو أداة لبناء ثقافة الثقة وروح الجماعة التي تنبثق من الإدارة المؤسسية الجيدة؛ إذ يشرك الموظفين ويطلق لهم العنان ليكونوا طموحين ومتكاتفين، وأمناء، ومتقبلين للأفكار الجديدة وقادرين على العمل في إطار نظام المؤسسة لبناء أفضل مؤسسة في السوق. الحياة مهمة في حد ذاتها؛ وهي بمثابة رحلة متواصلة لبناء الإسهام وبذل الأفضل. ويساعدك كتاب *العادات السبع* في تعزيز الاستجابة للتغيرات الإيجابية في التواصل مع الآخرين والتعرف على قدرات العاملين معك من أجل تشجيعهم على التنمية الذاتية. وهو يحتوي على المبادئ والقيم العالمية التي يمكن تطبيقها، والتي يمكن استغلالها للقيام بإسهام صادق وترك إرث للأجيال القادمة".

— السيدة جيونرني سورو، مفوضة مستقلة، بنك مانديري، إندونيسيا

"لطالما حاولنا أن نعيش حيواتنا محاولين إحداث فارق إيجابي للآخرين، وبالتأكيد أحدث دكتور كوفي فارقًا في حياتنا. فمن النادر أن تعجب بشخص ليس فقط لحسه العملي الفائق وقدراته على القيادة، ولكن لشخصيته الحقيقية كإنسان. لقد حالفنا الحظ لنرى إنسانيته الحقيقية في التعامل مع الآخرين بلطف وكرم واحترام. وهذه السمات الشخصية هي ما تميز القائد الحقيقي - شخصًا سيظل تراثه يلهم ويقود ويرشد الآخرين حتى بعد مماته. لقد تشرفنا وحالفنا الحظ بقضاء الوقت مع ذلك الرجل الملهم، وسنواصل العمل وفق المبادئ التي علمنا إياها في كتابه الأثير العادات السبع".

— كارل مالون، لاعب سابق في الدورى الأمريكى لكرة السلة، وزوجته كاى مالون

"لطالما كان ستيفن كوفي قدوتي ومعلمي على مدار عدة سنوات. لقد كتب تصديرًا لكتابَيَّ اللذين حققا أفضل المبيعات: *You Can Make It Happen: A Nine-Step Plan for Success* و *Identity: Your Passport to Success*. كنت أعجب به لأنه يستطيع تطبيق ما ينصح به ولديه أفضل محتوى مرتبط بالقيادة والعمل في المؤسسات. لطالما كان مصدرًا للإلهام الشخصي بالنسبة لي وكنت أعتز بالوقت الذي قضيته معه وبخاصة في سنوات عملي الأولى. أتذكره حين أحتاج إلى الإلهام فيما يخص عملي. كان ستيفن شخصًا استثنائيًّا له أسرة استثنائية. وبرغم أنه غادر عالمنا، فلا تزال روحه وتعاليمه تعيش معنا. ومن دواعي سروري أن أستطيع دعم فلسفته وحقائقه. ليس هناك سوى ستيفن كوفي واحد".

— ستيدمان جراهام، رئيس مجلس إدارة والرئيس التنفيذي لشركة إس. جراهام وشركاه

"كان كتاب ستيفن كوفي بداية لرحلة تغيير الحياة من أجلي ومن أجل آلاف الأشخاص الذين شكلوا جزءًا من المشروع الذي تشرفت بإدارته. لا أشك في أن العالم والكثير من المؤسسات صارت أماكن أفضل بسبب الحكمة التي نشرها ستيفن في أعماله. حيواتنا ومؤسساتنا صارت سعيدة ومنتجة أكثر، وتمرير إرثه للأجيال القادمة هي مهمة ترجع إلينا!".

— تكس جانينج، المدير التنفيذي لشركة تي إن تي، هولندا

"لقد تعلمت الكثير جدًّا من ستيفن كوفي على مدار السنوات لدرجة أنني كلما جلست لأكتب، أقلق من التصورات الذهنية اللا واعية! كتاب *العادات السبع* ليس من قبيل كتب الفلسفة الشهيرة أو كتب التنمية الذاتية المنتشرة، بل هو يحتوي على حكمة ومبادئ راسخة".

— ريتشارد إم. آير، مؤلف كتابي *Life Balance* و *Teaching Your Children Values*

"كوفي كاتب بارع ويزداد براعة".

— مجلة بيزنيس ويك

"كتاب *العادات السبع للناس الأكثر فعالية* كتاب رائع أوصي الجميع بقراءته. فمحتواه يدخل في برنامج شركتنا لتنمية المواهب. لقد ساعدنا على التحلي بمزيد من الوضوح تجاه أهدافنا ويقدم لنا طريقة فعالة لتحقيق هذه الأهداف".

ـــ هانك إكسو، المدير التنفيذي لبنك كوميونيكيشنز، سنغافورة

"كتاب ستيفن آر. كوفي *العادات السبع* له تأثير كبير على حياتي وعملي كمدير عمل في الكثير من المؤسسات العامة في مجال الصحة النفسية ورعاية الطفل ووزارة العدل. ويُعد كتاب *العادات السبع* أساس التغيير الإيجابي لثقافة هذه المؤسسات؛ وهو ما أسفر عن المزيد من التركيز والتعاون وأدى إلى أفضل النتائج في عالم التجارة.

وبصفتي أستاذًا، فقد رأيت تأثيرًا يغير وجه الحياة برمتها على الطلاب ومسار تقدمهم الأكاديمي. وخلال محاضراتي أستعين بعناصر عديدة من كتاب *العادات السبع*. وفي الجامعات التي أدرس بها، يقيم الأساتذة والطلاب محاضراتي بتقييم عال.

وعلاوة على ذلك، سأظل أتذكر كم كان تعاملي الشخصي مع ستيفن كوفي ملهمًا وممتعًا ولا يُنسى. كان شرفًا كبيرًا لي أن ألتقي بـ ستيفن آر. كوفي".

ـــ دكتور جابرييل أنطونيو، رئيس مجلس إدارة رابطة راعية الشباب بمنطقة شمال هولندا، وأستاذ القيادة وإدارة التغيير بجامعة ستندن، هولندا

"هذا الكتاب يحتوي على الحقيقة الثاقبة لطبيعة النفس البشرية الموجودة عادة في الأدب الروائي فقط. وفي النهاية، لن تشعر بأنك تعرف كوفي فقط، بل بأنه يعرفك أيضًا".

ـــ أورسون سكوت كارد، مؤلف *Ender's Game* وحاصل على جائزتي هوجو ونيبولا

"الكثيـرون ينفذون العـادات السبع بدرجـات مختلفة. ولكن ستيفن رتـب العادات بطريقة مترابطة ومنظمة يمكن أن يتعلمها الجميع. لقد نجحنا في تطبيق العادات السبع وتتبعها مع آلاف الناس لأنها كانت عملية ومفيدة في أنشطتنا اليومية. أنا بالتأكيد داعم لهذه العادات وأحـاول أن أطبقهـا. إنني لا أدعي أنـي أفعل، ولكننـي أحاول؛ لأنه مـن المنطقي أن: أشحذ المنشار، أبدأ والغاية في ذهني، أبدأ بالأهم قبل المهم. فالعادات السبع قابلة للتطبيق وفي متناول الجميع. وستستمر، ليس فقط اليوم، بل وغدًا أيضًا".

— إروين راسيد، مدير بنك سي آي إم بي، إندونسيا

"مـع كل المسئوليات والمتطلبـات الخاصة بالوقت، والسفر والعمـل والأسرة التي تقع على كاهلنـا في عالم اليوم الذي يتسم بالتنافسية، من المفيد لك أن تقتني كتاب ستيفن كوفي؛ *العادات السبع للناس الأكثر فعالية*".

— ماري أوسموند، مؤلفة كتاب *The Key is Love: My Mother's Wisdom, A Daughter's Gratitude*

"يحمـل هذا الكتاب بين طياته مبادئ خالدة من شأنها أن تساعد في إرشاد أية شركة نحو النجاح".

— توني هوسي، مؤلف كتاب *Delivering Happiness* المدرج بقائمة صحيفة نيويورك تايمز لأفضل الكتب مبيعًا، وكبير المديرين التنفيذيين لموقع Zappos.com

"لقـد عملنا تحت تأثير العـادات السبع لأكثر من عشرين عامًا، مطبقين إياها في الجوانب الشخصيـة والمهنية من حياتنا. ومع انتشار العـادات في كل قسم بشركتنا، زادت مشاركة الموظفيـن نظـرًا لأنهم يقـدرون أن المؤسسـة تهتم بأمرهم وأمـر أسرهم، تاركـة تأثيرًا ملحوظًا في حيواتهم. وبصفتنا شركة مبتكرة، فإننا نعتبر التكنولوجيا أداة أساسية لتطبيق العـادات السبع، في هذا العصر الذي نستخدم فيـه النسخة الرقمية للحلول. ومن ثم، فإن إجـراءات التعيين وتقييـم الأداء تعتمد على اعتبارات ذكرها كتاب *العـادات السبع* وتأثيره على مشاريعنا في المكسيك، وكولمبيا، وبيرو، وأمريكا الوسطى".

— خوسيه ريكاردو مانسيلا باتيو، رئيس مجلس إدارة شركة جريبو بي آي تي، جواتيمالا

"قـرأت كتاب دكتور ستيفن كوفـي - *العادات السبع للناس الأكثر فعاليـة* للمرة الأولى عام ١٩٩٠، قبـل أول تكليـف لي بالمستشفـى العسكري. كنت أستعين بالكتـاب لتطوير التفاهم المشتـرك لمناقشة إدارة التغيرات والتحسين المستمر لـكل مهمة على مدار عشرين عامًا قبـل اختياري لمنصب كبير الأطباء بالقوات الجوية من عام ٢٠٠٩ إلى عام ٢٠١٢. في عام ٢٠٠٨، التقيت الدكتـور ستيفن كوفي في زيارته لرئيس هيئـة الأركان المشتركة الأمريكية بالبنتاجـون، وأخبرتـه بالتأثيـر الاستثنائي لكتاباتـه التي تعود إلى عـام ١٩٩٣ حين حضر طاقـم العاملين معي "نـدوة العادات السبع" بالقاعدة الجويـة بمدينة ماونتين هاوم، وبعد ذلـك تم إنشاء المستشفـى العسكري بسعـة ١٠ أسِرة. وصار هذا النوع مـن المستشفيات الدعامـة الأساسية لرعايـة الجرحى في أفغانستان والعراق للقـوات الجوية الأمريكية على مدار عشر سنوات من الحرب. في عام ٢٠٠١، ساعدتني تعاليمه في تطوير مفاهيم جديدة للإخـلاء الطبـي بواسطة الطائرات. هـذا النظام الجديد للإخلاء أنقـذ أكثر من ٩٠ ألف مصـاب (حوالـي ١٠ آلاف مصاب إصابـة خطيرة جراء الحرب) ونُقلـوا إلى أرض الوطن بسلام على مدار عشر سنوات من الصراع، باستثناء سقوط ٤ ضحايا فقط لم ينجوا. وبعد حوارنـا في البنتاجون، أرسل لي الدكتـور كوفي عصا القيادة التي ما زالت واحدة من أثمن مقتنياتي - كان هو القائد الحق للقادة أجمعين. يقدم دكتور كوفي في كتابه *العادات السبع للناس الأكثـر فعاليـة* فهمًا مشتركًا ولغة لتخيل مـا نحتاج إلى تنفيذه مـن أجل وضع نظام للتعامل مع الصدمات من أكثر الأنظمة التي عرفها العالم كفاءة".

— دكتور تشارلز بي. جرين، طبيب متقاعد بالقوات الجوية الأمريكية برتبة فريق، ماجيستر في الصحة العامة

"لا يـزال كتاب ستيفـن كوفي يرشد ويلهم الكثيريـن؛ إذ إنه يوضح لهـم أن تنمية الفعالية الشخصيـة يمكـن أن ترشدهم إلى طريق السعـادة وتساعدهم في إحـداث التغيرات التي ستجعل من العالم مكانًا أفضل".

— دكتور روسبيث موس كانتر، أستاذة ورئيسة كلية إدارة الأعمال بجامعة هارفارد، وحاصلة على درجة الأستاذية من آركيبليه، ومديرة برنامج مبادرة القيادة المتطورة بجامعة هارفارد، ومؤلفة كتاب من أفضل الكتب مبيعًا بعنوان: *Confidence and SuperCorp*

"لقد صاغ ستيفن كوفي - سواء بتعامله الشخصي المباشر أو من خلال كتابه *العادات السبع* - حياتي المهنية والعملية. وباعتباري قائدًا عسكريًا، وجدت أن مبدأ "ابدأ والغاية في ذهنك®" ساعدني على ضمان تنفيذ المهمة بنجاح برغم تعقيد المشكلة. واليوم، ومع العمل مع الطلاب أصحاب الحاجات الكبرى وتدريس المعلمين المدنيين لهم، أراجع باستمرار مبدأ ستيفن "الاستماع والسعي للفهم أولا". لقد واصلت أعمال ستيفن صياغة حياتي في أثناء محاولتي تطبيق العادات السبع ومشاركة أعماله مع من هم حولي".

— جون سكانلان، قائد بقوات الاحتياط بالبحرية الأمريكية،
والمدير المالي لمدرسة كليفلاند ميتروبوليتان

"كان كتاب *العادات السبع* نقطة تحول بالنسبة لي في طريقة نظرتي لنفسي وللآخرين. هل أنا مبادر؟ هل أعرف أهدافي؟ هل أولوياتي صحيحة؟ كل هذه الأسئلة السهلة وغيرها غيرت من طريقة تفكيري وسلوكي. أعتقد بشدة أن ستيفن كوفي جعلني شخصًا أفضل، والأهم من ذلك، أنه جعلني مدربًا أفضل".

— جويل سكولز، ساهم في تأسيس شركة نيوتيل، بلجيكا.

"عندما أفكر في ستيفن كوفي، أتخيله يبتسم حين يسمع كلمات: "أحسنت يا عبدي الصالح المخلص"! فـ ستيفن كوفي يستحق هذا الثناء على تأليفه كتاب *العادات السبع للناس الأكثر فعالية*. فالدروس الواردة في هذا الكتاب مناسبة أكثر لعصرنا اليوم أكثر مما كانت عليه حين نشره ستيف لأول مرة قبل ٢٥ عامًا مضت. ما زال كتاب *العادات السبع* كتابًا تجب قراءته؛ بل وتجب إعادة قراءته".

— كين بلانشارد، شارك في تأليف كتابي مدير *الدقيقة الواحدة**
و *Leading at a Higher Level*

"قبل ٢٠ عامًا مضت قُدم لي هذا الكتاب في ندوة عُقدت للمديرين في جاكرتا. ومنذ ذلك الحين، تأكدت أن العادات السبع ضرورية لي على المستوى الشخصي، ولأسرتي، وللعاملين في المؤسسة التي أقودها. وما زلت أعتنق هذه المبادئ حتى الآن. أنا ممتن لستيفن كوفي الذي ترك لنا جميعًا هذا الإرث القيم".

— تبي راشمنت، رئيس شركة تبي تربيترا
إنفيستينيدو رايا، إندونيسيا

---

* متوافر لدى مكتبة جرير

"أحدث كتاب *العادات السبع للناس الأكثر فعالية* تأثيرًا في حياة الملايين من القراء في مختلف أنحاء العالم على مدار ٢٥ عامًا. وخطة العمل المقدمة لحياة وقيادة قائمة على المبادئ بمثابة رسالة أبدية ذات أهمية كبرى. لقد قدم كوفي على صفحات هذا الكتاب النزاهة والجدية والمكانة والتصميم تقديمًا مفعمًا بالحيوية ومتناسقًا مع كل الدروس المستفادة، مما يلهمك بالمزيد من النجاحات والإنجازات".

— سيناتور أورينج جي. هاتش

"واحدة من أعظم العادات التي يمكنك تنميتها هي تعلم حكمة ستيفن كوفي وتبنيها؛ فقد كان يطبق ما ينصح به. ويستطيع هذا الكتاب أن يساعدك على العيش دائمًا في دائرة الفائزين".

— دكتور دنيس ويتلي، مؤلف كتاب *The Psychology of Winning*

"كنا سعداء الحظ لتقديم برنامج العادات السبع داخل المؤسسة. كان تأثيره هائلا - وبخاصة في مساعدتنا على التعافي بسرعة بالغة من طوفان تايلاند المدمر عام ٢٠١١".

— دكتور سامبان سيلا باندا، نائب مدير شركة
ويسترين ديجتيل، تايلاند

"بالنسبة لي، أعظم درس تعلمته من كتاب *العادات السبع* أن الفعالية عادة حقيقية. حقق انتصارات خاصة على نفسك كل يوم، كما علمنا دكتور كوفي في كتابه المميز، وفي النهاية، ستحقق انتصارًا عظيمًا. باعتباري أكبر سيدة نافست في أولمبياد السباحة، وجدت أن تحقيق الأهداف الصغيرة اليومية هو مفتاح تحقيق الأهداف الأكبر؛ بل وتحقيق حتى أكبر آمالنا وأحلامنا".

— دارا توريس، سباحة أولمبية حاصلة على الميدالية الذهبية

"يُعد كتاب *العادات السبع* واحدًا من كتبي المفضلة في إدارة الأعمال على مدار الربع القرن الماضي. إنه كتاب إدارة الأعمال الذي يتفوق على أية "قائمة كتب أخرى" مفضلة لي. فالدروس الواردة به هي دروس قيمة للحياة تستحق التفكير فيها على مدار اليوم".

— جويل بيترسون، رئيس مجلس إدارة شركة جيت بلو

"تعاونت شركة أوربيكون مع مؤسسة فرانكلين كوفي لمدة خمس سنوات. وكانت النتيجة شركة ذات "عادت طيبة". قدم كتاب *العادات السبع للناس الأكثر فعالية* لفريق الإدارة لغة مشتركة ومهارات قيادة الذات، والأهم من ذلك أنه عزز ثقافة إدارة الأعمال. والتوجه المشروح في كتاب *العادات السبع* قد تم تعزيزه بدورة تدريبية تحمل عنوان *مساعدة العملاء على تحقيق النجاح*، التي قدمت لنا معايير جديدة لعلاقتنا بالعملاء والشركاء الآخرين. وكما يقول المشاركون في كثير من الأحيان: "يمكنك قول الكثير عن هذا التدريب - ولكنه يؤتي بثماره فعلاً!".

— يسبر نيبو أندرسون، كبير المديرين التنفيذيين
في شركة أوربيكون

"وداعًا ديل كارنيجي. لقد ترك ستيفن كوفي أثرًا عميقًا في حياتي؛ فمبادئه قوية وتؤتي بثمارها. اشتر هذا الكتاب. اقرأه، وستجد أنك تثري حياتك بتطبيق المبادئ الواردة فيه".

— روبرت سي. ألن، مؤلف كتاب *Creating Wealth and Nothing Down*

"هذا الكتاب يتميز بالبساطة دون استخفاف".

— إم. سكوت بيك، مؤلف كتاب *The Road Less Traveled*

"بعد تقديم جلسات تدريبية على العادات السبع، امكننا أن نشهد تحسنًا في قدرات الموظفين فيما يتعلق بالعمل الجماعي؛ وهذا بالضبط ما أردناه. وتوضح حقيقة أننا واصلنا هذا التدريب على مدار السنوات أن هذا التدريب لا يزال قيمًا. فالفوائد المتعلقة بالتنمية الذاتية، وتحسن العلاقات بين الموظفين، وتحسن كفاءة العمل مع الشركات في مختلف أنحاء العالم أمور غاية في الأهمية لنجاح مؤسسة عالمية مثل جورج فيشر، تعمل مع شركات من مختلف القارات".

— إيف سيرا، كبير المديرين التنفيذيين،
شركة جورج فيشرر، شافهاوزن، سويسرا

"في المؤسسات الكبرى وكذلك في المدارس الابتدائية، أعاد ستيفن كوفي تشكيل الطريقة التي نفكر بها حيال طريقة عيش حيواتنا والطريقة التي نقود بها الآخرين. وسنشعر بتأثير هذا الكتاب على الطلاب في مختلف أنحاء العالم خلال العقود القادمة. هذه ذكرى سنوية تستحق الاحتفال بها!".

— دانيال دومينيك، رئيس الجمعية الأمريكية لمديرين المدارس

"في كتاب *العادات السبع*، يقدم لنا ستيفن كوفي نمطًا لعيش حيواتنا بنزاهة وشرف، ونمطًا لخدمة الآخرين. سوف نكون ملهمين لتحقيق أعظم رغباتنا في الحياة، عندما نطبق ونزاول ما جاء في هذا الكتاب. شكرًا لك، ستيفن، على تقديم حياة كما تنبغي أن تُعاش. لقد تركت لنا إرثًا سنتذكره طويلا".

— ستيف يونج، اسمه مدرج في لوحة شرف دوري
كرة القدم الأمريكية ولاعب شهير بالسوبر بول

"إنني أقرأ هذا الكتاب وأحقق مكسبًا... أكثر الكُتاب إلهامًا وعمقًا من حيث الأفكار".

— نورمان فينسنت بيل، مؤلف كتاب *The Power of Positive Thinking*

"يُعد كتاب *العادات السبع للناس الأكثر فعالية* إرثًا هائلًا تركه ستيفن كوفي. يقدم هذا الكتاب إطار عمل بسيطًا قائمًا على المبادئ يساعد الأفراد على مواجهة التحديات الخاصة والعامة بنجاح. باعتباري الرئيس التنفيذي لشركة K12 التعليمية، نقدم الآن كتاب *العادات السبع* بطريقة مبسطة لآلاف التلاميذ في المرحلة الابتدائية والإعدادية بالتعاون مع مؤسسة فرانكلين كوفي. إن متابعة التحسينات الأكاديمية والسلوكية للتلاميذ من خلال البرنامج الذي نقدمه هي واحدة من أهم الخبرات المهنية التي حظيت بها على الإطلاق".

— مانويل أموريم، رئيس وكبير المديرين التنفيذيين لشركة أبريل إيديوكايكيو

"مما يبعث على السعادة أن هذا الكتاب قدم النصح والتشجيع لنا طوال خمسة وعشرين عامًا. والآن، أحثكم ونفسي على أن نكون أوفياء وداعمين له لخمسة وعشرين عامًا أخرى".

— مايا أنجيلو

"لـم أعرف أبدًا معلمًـا أو مدرسًا مثيرًا يدرس كيفية تحسين الكفـاءة الشخصية مثل هذه الاستجابـة الإيجابية الهائلة... هذا الكتاب يقدم فلسفة ستيفن الخاصة بالمبادئ بطريقة جميلة. أظن أن أي شخص يقرأ هذا الكتاب سيفهم بسرعة الاستجابة الهائلة التي انتابتني وانتابت الآخرين إثر اتباع تعاليم دكتور كوفي".

— جون بيبير، رئيس سابق لشركة بروكتور آند جامبل

"هنـاك عدد قليـل جدًّا من كتب إدارة الأعمـال التي يجب أن يقرأهـا كل مَن يريد إحداث فارق - وهذا الكتاب من أعظم كتب إدارة الأعمال".

— سيث جودين، مؤلف كتاب *The Icarus Deception*

"يُعـد كتاب *العادات السبع للناس الأكثر فعالية* إنجـازًا مهمًّا أثر في حياة الملايين وساعد شـركات، ودور عبـادة، وأسرًا من مختلـف أنحاء العالم، كما أنه يحظـى بمكانة خاصة في حياتـي. فمعرفة المبادئ ساعدتـي على إحداث تغييرات كبيرة لمساعـدة الآخرين. إنني أفتقد دكتور كوفي، ولكنني أعرف أنه سيواصل مساعدة الأجيال القادمة حتى بعد مماته".

— دكتور دانيال جي. آمين، طبيب بشري ومؤلف
كتاب *Change Your Brain, Change Your Life*

"هذا الكتاب، *العادات السبع للناس الأكثر فعالية*، فتح أعين العالم على حقيقة محررة، ألا وهي أن عقولنا تخدعنا بطرق غريبة. إننا فقراء بالفعل إذا ظننا أنفسنا كذلك. لقد علمنا دكتـور كوفـي أن أساس تغييـر حياتنا هو تغيير طريقـة تفكيرنا حيال أنفسنـا؛ لندرك أننا أثرياء فيما يتعلق بقدراتنا الكامنة وإمكانياتنا".

— محمد يونس، حاصل على جائزة نوبل للسلام عام ٢٠٠٦

"في شركة إيه بي بينشين، نستعين بكتاب *العادات السبع للناس الأكثر فعالية* منذ عام ٢٠٠٧ لاكتساب قوة تنافسية من خلال تحسين فعاليتنا. وخلال هذه الفترة، تضاعفت إنتاجية طاقم العاملين. الآن، لدينا ثقافة وقيم وأهداف ولغة مشتركة، وهذا ما منحنا قوى تنفيذية للتركيز على العملاء الخارجين بدلًا من التركيز على أنفسنا. يعد كتاب *العادات السبع للناس الأكثر فعالية* أهم استثمار دائم قامت به شركة إيه بي بينشين".

— سورين دال تومسون، كبير المديرين التنفيذيين في شركة إيه بي بينشين، الدنمارك

"لقد قرأت كتاب السيد كوفي *العادات السبع* عدة مرات، وبالنسبة لي فقد حرر هذا الكتاب القوى الداخلية التي نادرًا ما ندركها جميعًا. إن النجاح الذي يأتي من الفهم ليس إدراكًا ماديًّا وحسب، بل إدراك أخلاقي بالتأكيد لمعنى الحياة".

— أرون غاندي، رئيس معهد غاندي للتعليم العالمي

"باعتباره عملًا مؤثرًا لـ ستيفن آر. كوفي، أثر كتاب *العادات السبع للناس الأكثر فعالية* في الملايين من مختلف أنحاء العالم ليكونوا أفضل في العمل والمنزل. فالكتاب يصمد أمام الزمن باعتباره أهم كتب عصرنا".

— إندرا نويي، المديرة التنفيذية لشركة بيبسي

"يُعد كتاب *العادات السبع للناس الأكثر فعالية* أكثر الكتب الناجحة التي حققت أفضل المبيعات على مختلف العصور ولسبب جيد. لقد استعان عشرات الملايين من البشر بهذا الكتاب لتغيير حيواتهم تمامًا، وأنا واحد من الملايين! لقد اقتبست من هذا الكتب وأوصيت به للأصدقاء وشركاء العمل ومستمعي الراديو عدة مرات على مدار العشرين عامًا السابقة! إذا كنت تريد تحقيق النجاح في الحياة، فأنت بحاجة إلى اقتناء هذا الكتاب في مكتبك".

— ديف رامسي، مؤلف الكتب الأفضل مبيعًا وفقًا لجريدة *نيويورك تايمز* ومقدم برامج إذاعية

"من حين إلى آخر يظهر كتاب لا يغير حياة القراء وحسب، بل يترك أثره في الثقافة ذاتها - *العادات السبع* واحد من هذه الكتب. فعلى مدار ربع قرن، علم هذا الكتاب ملايين البشر كيفية العمل على نحو أكثر براعة وعيش حياة أفضل. لقد ترك مؤلفه ستيفن كوفي إرثًا مميزًا لا يُنسى".

— دانيال بينك، مؤلف كتابي: *Drive* و*To Sell Is Human*

"قبل عدة سنوات بعد أن انتهيت من ماجيستر إدارة الأعمال، حظيت بفرصة قراءة كتاب *العادات السبع للناس الأكثر فعالية* لدكتور ستيفن آر. كوفي. كان الكتاب ملهمًا ومميزًا وله تأثير عميق على أسلوبي في القيادة وفي حياتي المهنية والشخصية. فالمبادئ والطرق المشروحة في الكتابة ساعدتني على قيادة الفرق في المؤسسات العالمية الطامحة للنمو. فالمناصب التي تقلدتها والأوسمة التي حصلت عليها كانت بفضل تعاليم ومفاهيم دكتور كوفي. والمبادئ التي طُبقت عبر الثقافات جعلت مني قائدًا ومعلمًا وشريكًا أفضل".

— مايكل فونج، مدير مالي متقاعد بشركة وولمارت، الولايات المتحدة

"قبل عشر سنوات، حضرت ندوة كان يقدمها دكتور كوفي عن العادات السبع أمام جمهور كبير معظمهم من قادة المؤسسات. وبينما كنت أدور ببصري في الغرفة وألاحظ مدى مشاركة الجميع، لم يسعني إلا قول: "لماذا ننتظر حتى يكبر الأفراد لنعلمهم هذه المهارات؟". وفيما بعد بدأنا تدريس العادات السبع في مدارسنا، في البداية لطاقم العاملين ثم للتلاميذ حتى الأطفال في الخامسة من العمر. كان التأثير، الذي أحدثه هذا الكتاب في مدرستنا على مدار العقد الماضي، مذهلًا. فعلى مدار ٣٦ عامًا قضيتها في التعليم، لم أر شيئًا أحدث التأثير نفسه في التحصيل الدراسي للتلاميذ وأداء المدرسين ورضا أولياء الأمور مثلما أحدث هذا الكتاب. ويسعدني أن التلاميذ يتعلمون الآن هذه العادات المؤثرة في المدارس في مختلف أنحاء العالم عبر نموذج *The Leader in Me*".

— موريل توماس سامرز، مديرة مدرسة إيه. بي. كومبس الابتدائية

"كتاب *العادات السبع* أكثر من مجرد كتاب: إنه إرث للمعلم الرائع الذي عاش الحياة التي كتب عنها في الكتاب. جاءت قناعات دكتور ستيفن آر. كوفي من المبادئ والخبرة. أنا ممتن لهذا الرجل، ولكنني لن أفتقده. سيظل معي كل يوم، من خلال الدروس التي علمني إياها".

— كلايتون كريستيان، أستاذ بكلية إدارة الأعمال بجامعة هارفارد،
ومؤلف كتابي: *The Innovator's Dilemma*
و*How Will You Measure Your Life*

"لقد صار موضوع التنمية الذاتية مبدأ ثابتًا في أمريكا حتى قبل استقلالها. ولهذا السبب المهم صرنا أعظم اقتصاد في العالم؛ فكتاب ستيفن كوفي، *العادات السبع للناس الأكثر فعالية*، يلخص السمات الشخصية الأمريكية. لقد أوصيت أنا والكثيرون بقراءة هذا الكتاب عدة مرات. وسيفيد هذا الكتاب الأجيال القادمة. ولو أن بنجامين فرانكلين، أول من نشر كيفية عيش حياة أفضل وتحقيق النجاح، لا يزال حيًّا لأعجب بكتاب كوفي".

— ستيف فوربس، رئيس تحرير ومدير موقع فوربس ميديا

"ستيفن كوفي أثر في حياة آلاف العاملين بالبحرية الأمريكية، بدايةً بي. فتنمية القادة مهمتنا، بكل ما فيها من تداعيات. لقد علمنا كتاب *العادات السبع* التفكير بطريقة جديدة وقبول التحديات الجديدة بالنسبة لنا والضرورية للدفاع عن وطننا. لقد أثر عمل ستيفن كوفي في جيل من القادة بالبحرية الأمريكية وساعدني على قيادة أسطول البحرية في الأيام التي أعقبت ١١ سبتمبر. لن أنساه أبدًا وهو يجلس على الطاولة مع مجموعة قادتي يشاركهم الأفكار من أجل جعل البحرية مكانًا أفضل. لقد غير حياتنا إلى الأبد!".

— الأدميرال فيرن كلارك، البحرية الأمريكية

"إنني عادة لا أوصي بقراءة كتب إدارة الأعمال أو التنمية الذاتية، ولكن كتاب *العادات السبع للناس الأكثر فعالية* واحد من الاستثناءات النادرة. في الواقع، إنني أعطي العلامة الكاملة للكتاب وأوصي الأصدقاء والأقارب وشركاء العمل بقراءته. لقد سعدت بالتعامل مع ستيفن كوفي وفريقه وأقدر إسهاماتهم المهمة في عالم الأعمال".

— فريد ريتشيلد، مؤسس شركة بين آند كوماني،
ومؤلف كتاب: *The Ultimate Question*

"لي الشرف أن أشيد بكتاب أثر في حياتي تأثيرًا عميقًا؛ *العادات السبع للناس الأكثر فعالية*. أشعر بسعادة غامرة وامتنان حين أفكر في الإرث الذي تركه ستيفن لي؛ بداية من إدراك أن المبادئ هي الأرض الثابتة الوحيدة في حياتي، وحتى واحدة من مقتبساته الرائعة التي ترشدني خلال معاناتي الإنسانية: "في كل مرة ترى فيها المشكلة خارجك، فهذه إذن هي المشكلة". لقد منحني هذا الكتاب خارطة طريق لتجربة إنسانية قائمة على المبادئ ما زلت أستعين بها حتى اليوم منذ أن اكتشفتها قبل ١٣ عامًا مضت. وفي أثناء محاولتي دمج هذه المبادئ في حياتي، أرجع إلى الكتاب وأتفاجأ في كل مرة بالتعاليم العميقة الواردة فيه. وأتفاجأ بقلة فهمي للكثير من هذه المبادئ قبل خمس سنوات مضت، وأنا متأكد أنني سأقول الشيء نفسه بعد خمس سنوات أيضًا! إنني أعتبر ستيفن أهم معلم لي في الحياة، برغم أنني التقيته مرتين فقط وقضيت وقتًا قليلًا معه. لن أنسى أبدًا طريقته في طمأنتي وطمأنة الآخرين. إنه بحق واحد من أروع المعلمين في القرن العشرين. لقد حالفنا الحظ السعيد بقراءة كتاب *العادات السبع*.

جزيل الشكر والامتنان لكم، يا أسرته، لجعل إرثه يستمر ويلهم الأجيال القادمة".

— خوان بونيفاس، المدير التنفيذي لمجموعة إنترو، جواتيمالا

"كان كتاب ستيفن كوفي *العادات السبع للناس الأكثر فعالية* إرشادًا رائعًا للعاملين بمؤسسة ماريوت باعتبارنا ندير فروعًا في ٧٤ دولة. لقد ساعدنا هذا الكتاب على بلوغ درجة راقية من القيادة من أجل التميز في مجال الضيافة".

— جيه. دبليو. ماريوت الابن، رئيس وكبير المديرين التنفيذين بمؤسسة ماريوت إنترناشونال

"لا أحد مخلد، ولكن الكتب والأفكار بوسعها أن تدوم طويلاً. وقد انتهت حياة ستيفن آر. كوفي، ولكن عمله لم ينته، بل هو مستمر هنا في هذا الكتاب مثلما كتب أول مرة".

— جيم كولينز

كتب أخرى تأليف
ستيفن آر. كوفي

العيش وفقًا للعادات السبع
العادات السبع للأسر الأكثر فعالية
الأشياء الأولى... أولاً
القيادة المرتكزة على المبادئ
كتاب التدريبات الشخصية لكتاب العادات السبع للناس الأكثر فعالية
The 8 th Habit

كتب من مؤسسة فرانكلين كوفي

The 7 Habits of Highly Effective Teens

إلى زملائي،
المُلْهَمين والمُلْهِمين

شكر وتقدير

إن الاعتماد بالتبادل هو قيمة أعلى من الاعتماد على الذات.

إن هذا الكتاب هو نتاج عمل متكاتف قامت به عدة عقول. وقد بدأ الأمر في منتصف السبعينيات عندما كنت أراجع الأعمال التي تناولت النجاح على مدى أكثر من مائتي عام مضت كجزء من رسالة الدكتوراه الخاصة بي. وإنني ممتن للإلهام والحكمة التي استقيتها من العديد من المفكرين وللمصادر التي توارثتها أجيال عدة وجذور تلك الحكمة.

إنني أيضًا ممتن لطلابي وأصدقائي في جامعة بريجهام يونج، ومركز قيادة كوفي ولآلاف الراشدين والآباء والشباب والمديرين والعملاء الذين جربوا هذه المادة، وقدموا لي آراءهم وتشجيعهم. وقد تطورت المادة ونسق التنظيم تطورًا تدريجيًّا، وأولئك الذين انخرطوا فيها ودرسوها بعمق اقتنعوا بأن العادات السبع تمثل مفهومًا متكاملًا وشاملًا للفعالية الشخصية والجماعية، وأن المفتاح الحقيقي لا يكمن في العادات الشخصية الخاصة بهم؛ ولكن في العلاقات التي تربطهم معًا وكيف تتسلسل.

وبالنسبة لتطوير الكتاب وإنتاجه أشعر بعميق التقدير والامتنان لكل من:

— ساندرا وكل واحد من أولادنا وأزواجهم وزوجاتهم؛ لأنهم عاشوا بصدق ومن أجل خدمة الآخرين، كما أنهم دعموا رحلاتي وارتباطاتي الخارجية. وكم هو من السهل تعليم مبادئ يعيشها من تحبهم.

— شقيقي جون، لحبه الدائم واهتمامه ورؤيته وصفاء روحه.

— الذكرى السعيدة لوالدي.

— أمي، التي كرست حياتها لنا ولأحفادها طيلة ٨٧ سنة ولتعبيرها الدائم عن حبها هذا.

ـــ أصدقائي الأعزاء وزملائي في العمل، وبالأخص:

ـــ بيل مار ورون ماكميلان وليكس واترسون، للمعلومات التي أمدوني بها ولتشجيعهم ولاقتراحاتهم المتعلقة بالتحرير، ومساعدتهم في الإنتاج.

ـــ براد آندرسون، الذي قدم تضحيات شخصية عظيمة لمدة عام من أجل عمل شريط فيديو لبرنامج تطويري للعادات السبع. وفي ظل قيادته تم اختبار المادة وتنقيحها، ويتعامل بها الآن آلاف الناس داخل الكثير من المؤسسات. وبدون استثناء عقب الطرح الأول للمادة في الأسواق، رغب عملاؤنا في إتاحتها لأكبر عدد ممكن من العاملين، مما أكد ثقتنا في "نجاحها".

ـــ بوب ثيل، لمساعدته في وضع نظام لشركتنا، والذي وفر لي راحة البال، مما أمكنني من التركيز على الكتاب.

ـــ ديفيد كونلي، لتوصيله قيم وتأثير العادات السبع لمئات المؤسسات، وكذلك لزملائي بلاين لي وريوس كروجر وروجر ميريل وآل سويتزلير. ولقد أتيحت لي الفرصة لمشاركة الأفكار في جهات متعددة.

ـــ وكيلي الأدبي المبادر جان ميلر وشريكي "الفعّال" جريج لينك ومساعده ستيفاني سميث ورالين بيكهام والين؛ لأنهم صنعوا قيادة تسويقية شجاعة وخلاقة.

ـــ محرر دار نشر سيمون وشوستر، بوب أساهينا، لكفاءته المهنية وقيادته للمشروع ومن أجل مقترحاته الممتازة ولمساعدته إياي على فهم الفرق بين الكتابة والتحدث فهمًا أفضل.

ـــ مساعدتَيَّ السابقتين المخلصتين شيرلي وهيذر سميث، ومساعدتي الحالية مارلين أندروز لإخلاصها الاستثنائي.

ـــ محرر مجلتنا Executive Excellent كين شيلتون؛ لأنه حرر المخطوطة الأولى لي منذ عدة سنوات ولمساعدته إياي على تنقيح واختبار المادة العلمية في سياقات عدة، ولصدقه وإحساسه العالي بالجودة.

— ربيكا ميريل من أجل تحريرها الرائع، ومساعدتها في الإنتاج ومن أجل التزامها الداخلي بهذه المادة ومن أجل مهاراتها وحساسيتها وحرصها على الوفاء بالتزاماتها ولزوجها روجر من أجل المساعدة الحكيمة والمتآزرة.

— كي سويم وابنها جيلورد لرؤيتهما التي أقدرها، والتي أسهمت في نمو مؤسستنا نموًّا سريعًا.

المحتويات

تصدير للنسخة الصادرة بمناسبة مرور خمسة وعشرين عامًا على كتاب ستيفن كوفي *العادات السبع للناس الأكثر فعالية*

التقيت بـ ستيفن كوفي لأول مرة عام ٢٠٠١، حين طلب مقابلتي لمناقشة بعض الأفكار. وبعد تحية حارة - مصافحته الحارة كانت أشبه بالجلد الأملس لقفاز البيسبول الذي ترتديه آلاف المرات - جلسنا في اجتماع استمر لمدة ساعتين. بدأ ستيفن بطرح الأسئلة - الكثير من الأسئلة. هنا كان يجلس معلم بارع، أكثر المفكرين المؤثرين في العصر الحديث، كان يريد التعلم من شخص يصغره بخمسة وعشرين عامًا.

منحني النقاش فرصة ممارسة فضولي، فبدأت حديثي قائلًا: "كيف ابتكرت الأفكار الواردة في كتاب *العادات السبع*؟".

رد قائلًا: "لم أبتكر شيئًا".

سألته: "ماذا تقصد؟ لقد ألفت الكتاب".

أجاب: "أجل، ألفت الكتاب، ولكن المبادئ كانت معروفة قبل أن أكتب عنها بفترة طويلة". واستطرد قائلًا: "إنها أشبه بقوانين الطبيعة. وكل ما فعلته هو أنني جمعتها ودمجتها لأقدمها للناس".

ومنذ ذلك الحين بدأت أفهم لماذا حظى هذا العمل بمثل هذا التأثير الكبير. لقد قضى كوفي أكثر من ثلاثة عقود في الدراسة والممارسة والتدريس وتحسين ما أوجزه على صفحات هذا الكتاب. لم يسع للإشادة بهذه المبادئ؛ بل سعى إلى تعليمها وجعلها في المتناول. لم يكن يعتبر ابتكار العادات السبع بالأساس وسيلة لتحقيق نجاح خاص، بل لخدمة الآخرين.

عندما اتصل بي "بوب ويتمان"، الرئيس التنفيذي لمؤسسة فرانكلين كوفي، ليسألني ما إذا كنت على استعداد لكتابة تصدير بمناسبة خمسة وعشرين عامًا على كتاب العادات السبع للناس الأكثر فعالية، كان أول رد لي هو إعادة قراءة الكتاب بأكمله، حيث إنني قرأته بعد فترة قصيرة من أول إصدار له عام ١٩٨٩، وكانت فرصة

لي أن أنهمك مرة أخرى في رسالته. كما أنني أردت تحديد: ما الذي جعل هذا الكتاب من الكلاسيكيات التي استمرت طويلًا؟ رأيت أربعة عوامل أسهمت في بلوغه مكانة رفيعة:

١. ابتكر كوفي "واجهة مستخدم" مرتبة في إطار مفاهيمي مترابط، وهذا ما جعله في متناول الجميع بفضل أسلوب كوفي في الكتابة؛
٢. ركز كوفي على مبادئ خالدة، وليست مجرد تقنيات أو اتجاهات شائعة في فترة معينة؛
٣. كتب كوفي عن *بناء الشخصية* في المقام الأول، لا عن "تحقيق النجاح"، ومن ثم ساعد الآخرين ليس فقط على أن يصيروا أفرادًا فعالين أكثر، بل وقادة أفضل؛
٤. كان كوفي حاصلًا على دبلومة المعلم المحترف، ومتواضعًا حيال نواقصه، ومع ذلك مصرًّا على مشاركة ما تعلمه على نطاق واسع.

كان ستيفن كوفي بارعًا في الدمج. إنني أفكر في التشابه بين ما فعله من أجل الفعالية الشخصية وبين ما تفعله واجهة المستخدم الرسومية من أجل أجهزة الكمبيوتر الشخصية. وقبل ظهور أجهزة آبل ومايكروسوفت، استطاع عدد قليل من الناس استخدام أجهزة الكمبيوتر في حياتهم اليومية لأنه لم يكن من السهل الوصول إلى واجهة المستخدم؛ حيث لم يكن هناك مؤشر باستخدام الفأرة، أو الأيقونات، أو إمكانية فتح عدة نوافذ على الشاشة، ناهيك عن شاشة اللمس. ولكن مع ظهور أجهزة ماكنتوش ثم نظام ويندوز، استطاع عدد كبير من الناس استغلال قوة الدوائر المدمجة الموجودة وراء الشاشة. وعلى نحو مماثل، فهناك آلاف السنوات من الحكمة المتراكمة عن الفعالية الشخصية، بداية من بنجامين فرانكلين وحتى بيتر دراكر، ولكنه لم يتم جمع كل هذه الحكمة في إطار مترابط سهل الوصول إليه. لقد ابتكر كوفي نظام تشغيل - نظام "ويندوز" - للفعالية الشخصية وبسطه ليكون في متناول الجميع. لقد أثبت أنه مؤلف رائع جدًّا، وخبير في كتابة القصص القصيرة وبارع في التلاعب بالمفاهيم. لن أنسى أبدًا القصة التي ذكرها في الفصل الأول عن رجل في مترو الأنفاق لم يستطع السيطرة على صراخ أطفاله (والدرس المستفاد من القصة)، ولن أنسى أبدًا قصة الفنار أو الغابة الخطأ أو تشبيه البيضات الذهبية. بعض الأطر المفاهيمية أتت بثمارها على نحو حسن، نظرًا لكونها واصفة للمفاهيم

وفي الوقت نفسه توجهك نحو تطبيق هذه المفاهيم - مفاهيم مثل: "فكر بالمنفعة المتبادلة®"، "اسع إلى فهم الآخرين أولًا ثم اسع إلى أن يفهموك"، "ابدأ والغاية في ذهنك®"، "ابدأ بالأهم قبل المهم". لقد سهل الوصول إلى هذه الأفكار من خلال الاستعانة بصراعات الحياة الشخصية والقصص - على غرار تربية الأبناء وتأسيس الحياة الزوجية والتعامل مع الأصدقاء - لتدريس العادات وإرساء دعامات لتطبيق هذه العادات في الحياة.

الأفكار الواردة في هذا الإطار هي أفكار خالدة. إنها *مبادئ*. ولهذا السبب تؤتي ثمارها وتروق الأشخاص من مختلف الأعمار ومن جميع أنحاء العالم. ففي عالم متغير يسوده الارتباك والفوضى والشك المتواصل، يحتاج الناس إلى مرساة؛ مجموعة من الأفكار والمفاهيم ترشدهم في وجه الاضطرابات. كان كوفي مؤمنًا بأن المبادئ الخالدة موجودة فعلًا، والبحث عنها ليس ضربًا من الحماقة، بل هي الحكمة في حد ذاتها. لقد رفض وجهة نظر هؤلاء الذين يصرخون من الأبراج العاجية قائلين: "ليس هناك شيء مقدس أو صامد أمام الزمن، وليس هناك شيء ثابت نعول عليه في هذا العالم دائم التغير! كل شيء جديد! ما كنا نطبقه في الماضي لا نستطيع تطبيقه في الحاضر!".

لقد ركزت في رحلة بحثي على سؤال واحد: "ما الذي يجعل الشركات الكبرى ناجحة؟ وما الذي يجعل بعض الشركات تحدث طفرة من الجيد إلى الرائع (في حين أن بعض الشركات لا تحدث هذه الطفرة)؟ ولماذا تنجح بعض الشركات في ظل الفوضى؟". وإحدى النتائج الأساسية التي توصلنا إليها هي: "الحفاظ على الجوهر/يحفز التقدم"، ليس في مقدور أية شركة أن تصير كبرى أو تبقى كذلك دون وجود مجموعة من المبادئ الجوهرية التي تحافظ وتعول وتقوم مقام المرساة وتقدم الإرشاد لمواجهة عالم دائم التغير. وفي الوقت نفسه، ليس في مقدور أية شركة الحفاظ على مكانتها دون تحفيز التقدم بداخلها؛ التغيير والتجديد والسعي لتحقيق الأهداف الجسورة. فعندما تدمج هذين المبدأين - الحفاظ على الجوهر/ يحفز التقدم - تحصل على حجة منطقية سحرية تجعل الشركة أو المؤسسة نابضة بالنشاط على مر الزمن. لقد ابتكر كوفي نمطًا مشابهًا بخصوص الفعالية الشخصية: أولًا، اعتمد على مبادئ جوهرية متينة ليست عرضة للتغيير المستمر؛ وفي الوقت نفسه كن ثابتًا في رحلة البحث عن التحسينات وتجديد الذات المستمر. وهذا ما يُمكن الفرد من الحفاظ على قاعدة صلبة وتحقيق نمو متواصل يدوم مدى الحياة.

غير أنني أظن أن أهم جانب لكتاب *العادات السبع* - ما جعله عمليًّا، بل وعميقًا - هو تأكيد *بناء الشخصية* بدلًا من "تحقيق النجاح". ليس هناك فعالية بدون ضبط النفس، وليس هناك ضبط نفس بدون شخصية. ففي أثناء كتابتي لهذا التصدير، أكون في منتصف رحلة استغرقت عامين باعتباري رئيس قسم دراسات القيادة بالأكاديمية العسكرية الأمريكية. لقد توصلت إلى قناعة شخصية بأن العنصر الرئيسي في الأكاديمية العسكرية الأمريكية هي فكرة أن القيادة العظيمة تبدأ بالشخصية أولًا؛ فالقيادة تنشأ بالأساس من شخصيتك، لأن شخصيتك هي أساس كل شيء تقوم به. كيف تؤسس قادة؟ أولًا تؤسس شخصية الفرد، ثم تجعل منه قائدًا. ولهذا السبب لا أرى أن كتاب *العادات السبع* يتناول موضوع الفعالية الشخصية وحسب، بل يتناول موضوع تنمية القيادة.

وبينما كنت أفكر في بعض القادة الاستثنائيين الذين درستهم في بحثي، تفاجأت من الطريقة التي بدت فيها مبادئ كوفي واضحة في الكثير من قصص هؤلاء القادة. دعوني أركز على أحد الأمثلة المفضلة لديّ؛ "بيل جيتس". من الشائع مؤخرًا أن يُعزى النجاح الباهر الذي حققه شخص مثل "بيل جيتس" إلى الحظ، والبدء في الوقت المناسب والمكان المناسب. ولكن إذا فكرت في الأمر، ستجد أن هذه حجة واهية. عندما وضعت مجلة بوبيولر *إليكترونكس* على غلافها صورة لحاسوب ألتير معلنةً عن ميلاد أول حاسوب شخصي، شكل "بيل جيتس" و"بول ألين" فريقًا لتدشين شركة برمجيات وابتكار لغة البيسيك لتشغيل حاسوب ألتير. أجل، كانت مهارات "جيتس" في البرمجة مناسبة تمامًا، مثلما كان غيره أيضًا؛ من طلاب الحاسبات والمعلومات، ومهندسي الكهرباء في كليات مثل معهد كاليفورنيا للتقنية ومعهد ماساتشوستس وجامعة ستانفورد، والمهندسين الخبراء بشركات التكنولوجيا مثل آي بي إم، وزيروكس، وإتش بي، والعلماء الموجودين في معامل الأبحاث الحكومية. كان بمقدور *الآلاف* أن يفعلوا ما فعله "بيل جيتس" في تلك اللحظة، ولكنهم *لم يفعلوا*. لقد *انتهز* جيتس الفرصة: ترك الدراسة بجامعة هارفارد، وانتقل إلى مدينة ألباكركي (مقر شركة ألتير)، وعكف على كتابة لغة الكمبيوتر ليلًا ونهارًا. لم يكن حظ التواجد في اللحظة المناسبة في التاريخ هو ما ميز "بيل جيتس" عن الآخرين، ولكن ما ميزه هي *المبادرة بالاستجابة* للتواجد في اللحظة المناسبة (*العادة الأولى: كن مبادرًا®*).

ومع نمو شركة مايكروسوفت لتصير شركة ناجحة، نشر "جيتس" أهدافه، تقوده فكرة كبيرة جدًّا؛ ألا وهي وجود جهاز كمبيوتر على كل مكتب. وفيما بعد، أسس

"جيتس" وزوجته مؤسسة بيل آند مليندا جيتس، بأهداف كبرى مثل القضاء على مرض الملاريا من على وجه الأرض. وكما صرح في المحاضرة الافتتاحية للعام الدراسي ٢٠٠٧ بجامعة هارفارد: "بالنسبة لي ولـ مليندا، التحدي واحد: كيف نفيد أكبر عدد من البشر بالموارد المتاحة لدينا" (*العادة الثانية: ابدأ والغاية في ذهنك®*).

وضبط النفس الحقيقي يعني توجيه وقتنا لتحقيق الأهداف ذات الأولوية، وهذا يعني أن نكون مستقلين على أفضل وجه. ربما يصرح "الجميع" بأن ضرورة الانتهاء من الدراسة بجامعة هارفارد هي أهم مهمة بالنسبة للشاب "بيل جيتس". بدلًا من ذلك، حشد جهوده لخدمة مهمته، برغم النظرات المستنكرة من جانب أشخاص حسني النية. وفي أثناء تأسيسه شركة مايكروسوفت، حشد طاقته من أجل هدفين رئيسين: تعيين أفضل الموظفين وتنفيذ بضعة مشاريع كبيرة خاصة بالبرامج، وما دون ذلك هو مجرد هدف ثانوي. وعندما التقى "جيتس" بـ "وارن بافيت" على العشاء، سأل المضيف كل الموجودين على الطاولة عن أهم عامل يرونه في رحلتهم عبر الحياة. وكما حكت "أليس شرودر" في كتاب لها بعنوان *The Snowball*، رد كل من "جيتس" و"بافيت" على هذا السؤال بكلمة واحدة: "التركيز" (*العادة الثالثة: ابدأ بالأهم قبل المهم*).

وعلاقة "جيتس" بالعادة الرابعة (*العادة الرابعة: فكر بالمنفعة المتبادلة®*) علاقة معقدة كثيرًا. من الوهلة الأولى، قد تبدو شخصية "جيتس" شخصية المكسب/الخسارة، شخصية مقاتل شرس يخشى إمكانية شن هجوم على الشركة بكل سهولة لدرجة أنه كتب ملاحظة قصيرة بعنوان "الكابوس" يرسم فيها تخيلات سيناريو لكيف يمكن أن تتكبد شركة مايكروسوفت الخسارة. وفي السباق المحموم الذي يشهده هذا المجال، هناك مجموعة صغيرة فقط من كبار الفائزين، والكثير من الخاسرين، ولم يكن لدى "جيتس" أية نية لجعل شركة مايكروسوفت أي شيء سوى واحدة من كبريات الشركات في السوق. ولكن إلقاء نظرة عن قرب يكشف لنا أن "جيتس" كان بارعًا في حشد القوى التكميلية ليكّون تحالفات. ولكي يحقق حلمه الكبير، فهم "جيتس" أن مايكروسوفت ستحتاج إلى أن تكمل نقاط قوتها مع نقاط قوى الشركات الأخرى: مثل شركة إنتل بمعالجاتها الدقيقة ومصنعي أجهزة الكمبيوتر الشخصي مثل آي بي إم وديل. كما أنه كان يوزع أسهم الشركة، ومن ثم حين تحقق شركة مايكروسوفت مكسبًا، فإن الموظفين يحققوا مكسبًا أيضًا. وقد أبدى "بيل جيتس" قدرة فائقة على إكمال نقاط القوة الشخصية مع نقاط القوة

لدى الآخرين، وبخاصة مع توأم روحه "ستيف بالمر"، وقد أنجز "جيتس" و"بالمر" الكثير بالعمل معًا أكثر مما كان بإمكان كل منهما أن ينجزه وحده؛ ١ + ١ أكبر كثيرًا من ٢ (*العادة السادسة: تكاتف مع الآخرين®*).

وعندما اتجه "جيتس" نحو التأثير الاجتماعي من خلال مؤسسته، لم يخرج إلى الجموع ليقول: "لقد حققت نجاحًا في عالم الأعمال التجارية، ومن ثم أنا أعرف بالفعل كيف أُحدث تأثيرًا اجتماعيًّا"، بل فعل العكس تمامًا: كان حريصًا على كسب التفاهم بلا كلل أو ملل. كان ذهنه يعج بالأسئلة محاولًا إيجاد طريقة لفهم العلوم والمناهج الضرورية لحل بعض أصعب المشكلات، وقد أنهى أحد الحوارات مع صديق بتعليق: "أنا بحاجة إلى تعلم المزيد عن الفوسفات" (*العادة الخامسة: اسع إلى فهم الآخرين أولًا، ثم اسع إلى أن يفهموك®*). وفي النهاية، فوجئت بالطريقة التي يجدد "جيتس" بها نفسه. وحتى خلال أكثر السنوات تكثيفًا لتأسيس شركة مايكروسوفت كان يخصص من وقت لآخر أسبوعًا كاملًا لينفصل عن كل شيء من أجل القراءة والتفكير - أسبوع التفكير كما يطلق عليه. وكان يميل إلى قراءة السير الذاتية، وذات مرة أخبر "برنت شيليندر" الكاتب بمجلة فورتشن: "من المذهل أن ترى كيف يتطور بعض الناس في أثناء رحلة حياتهم". ويبدو أنه درس يأخذه "جيتس" شعارًا له في حياته الخاصة (*العادة السابعة: اشحذ المنشار®*).

ويُعد "جيتس" مثالًا رائعًا، ولكن بإمكاني أن استعين بأمثلة لآخرين. فبإمكاني أن ألقي الضوء على "ويندي كوب" التي أنشأت مؤسسة Teach for America بفكرة إلهام مئات آلاف الخريجين في الجامعات للعمل لمدة عامين على الأقل بالتدريس للأطفال في أكثر المدارس المعدمة بهدف خلق قوى اجتماعية منيعة لتحسين التعليم الأساسي بجميع مراحله تحسينًا جذريًّا (*كن مبادرًا®، ابدأ والغاية في ذهنك®*). أو بإمكاني أن استعين بمثال "ستيف جوبز" الذي كان يعيش بمنزل بلا قطعة أثاث واحدة، منشغلًا للغاية بابتكار منتجات رائعة لإيجاد الوقت لأنشطة تبدو غير مهمة مثل شراء طاولة للمطبخ أو أريكة (*ابدأ بالأهم قبل المهم*). أو "هيرب كيليهر" الرئيس التنفيذي لـ ساوثويست آيرلاينز الذي ابتكر ثقافة المنفعة للجميع بين الإدارة والقوى العاملة، مع اتحاد الجميع على قلب رجل واحد بعد هجمات ١١ سبتمبر للحفاظ على ٣٠ عامًا من المكاسب المتعاقبة مع عدم المساس بكل وظيفة (*تفكير المنفعة للجميع*). أو حتى "ونستون تشرشل"، الذي كان يغفو في أثناء فترة الحرب العالمية الثانية، مما كان يجعله يحظى "بصباحين" كل يوم (*اشحذ المنشار®*).

ولا أقصد الإشارة إلى أن العادات السبع بمثابة خطة تأخذك خطوة بخطوة نحو تأسيس شركة عظيمة. فالمبادئ الواردة في كتابَيْ *Good to Great* و *Built to Last* مثلًا والمبادئ الواردة في كتاب *العادات السبع للناس الأكثر فعالية* هي مبادئ مكملة ولكن واضحة. لقد شرع كوفي في تأليف كتاب، لا لتأسيس شركات كبرى، ولكنه سعى لتحقيق الفعالية الشخصية. غير أن الشركات تتكون من أشخاص، وكلما كان هؤلاء الأشخاص فعالين، كانت هذه الشركات أقوى. وأظن أن مَن يطبق العادات السبع يزداد احتمال أن يصير قائدًا رفيع المستوى، هؤلاء نماذج تحولية نادرة كتبت عنها الكثير في كتابي *Good to Great*. والقائد رفيع المستوى يظهر مزيجًا متناقضًا من التواضع الشخصي والعزيمة المهنية، متحديًا طاقاته ويشحذ ملكة الإبداع عنده، يلتزم بشيء أكبر ويتحملون الكثير. إنهم طامحون بالتأكيد ولكن لهدف أكبر من أنفسهم، ألا وهو تأسيس شركة كبيرة وتغيير العالم أو تحقيق هدف عظيم؛ أي إنها أمور غير متعلقة بهم في الأساس. تكمن أهم المتغيرات التي يتحدد على أساسها ما إذا كانت الشركة ستظل عظيمة في سؤال بسيط: ما حقيقة التحفيز الداخلي والشخصية والطموح لكل مَن هم بالسلطة؟ فالتحفيزات الحقيقية الداخلية *ستظهر بالتأكيد* في قراراتهم وتصرفاتهم - إن لم يكن على الفور، فمع مرور الوقت وتحت وطأة الظروف - بغض النظر عما يقولون أو كيف يبدون. ومن ثم، نكمل الدائرة المقيدة الأساسية لإطار عمل كوفي: بناء الشخصية الداخلية أولا - النصر الشخصي قبل النصر الجماعي.

وهذا يقودني إلى ستيفن كوفي نفسه كمعلم رفيع المستوى. فعلى مدار مشواره المهني الرائع، أبدى تواضعًا إزاء تأثيره وأثره، ممزوجًا بإرادة فولاذية لمساعدة الناس على فهم هذه الأفكار. كان يعتقد أن العالم قد يكون مكانًا أفضل إذا ما طبق الناس العادات السبع، وهذا المعتقد يتألق على صفحات هذا الكتاب. وباعتباره معلمًا رفيع المستوى، بذل ستيفن كوفي أفضل ما في وسعه ليطبق ما يعلمه. وقال إنه يجاهد نفسه مع العادة الخامسة (اسع إلى فهم الآخرين أولًا ثم اسع إلى أن يفهموك). وهناك قدر كبير من السخرية في هذا، حيث إنه شرع في البداية في رحلة فكرية استمرت لعقود لتحقيق الفهم، قبل أن يؤلف الكتاب. كان أولًا وقبل كل شيء متعلمًا وصار معلمًا، ثم معلمًا تعلم الكتابة، وخلال ذلك جعل نتائج تعليمه باقية. في العادة الثانية، تحدانا ستيفن لتخيل جنازتنا والتفكير: "ما الذي تود أن يقوله كل متحدث عنك وعن حياتك؟ ... ما الشخصية التي تود منهم أن يتذكروها؟ ما الإسهامات

والإنجازات التي تود منهم أن يتذكروها؟". أظن أنه سيسعد جدًّا بما كتبه الناس عنه.

ليس هناك شخص مخلد إلى الأبد، ولكن الكتب والأفكار بوسعها أن تدوم طويلًا. عندما تنخرط في قراءة هذه الصفحات، ستجد نفسك تنخرط مع ستيفن كوفي. يمكنك أن تشعر بأنه يخرج من بين النص ليقول: "أنا أؤمن بهذا حقًّا، دعني أساعدك... أريدك أن تفهم هذا، ومن ثم تعلمه، أريدك أن تنمو، وأن تكون أفضل، وأن تساهم بالمزيد، وأن تجعل الحياة ذات أهمية". لقد انتهت حياته، ولكن عمله لم ينته؛ بل هو مستمر هنا في هذا الكتاب نابض بالحياة مثلما كُتب أول مرة. لقد مرت خمسة وعشرون عامًا على كتاب *العادات السبع للناس الأكثر فعالية*، لقد بدأ بداية صحيحة بالتأكيد.

— جيم كولينز
بولدر، كولورادو
يوليو ٢٠١٣

إجلال وتقدير من أسرة كوفي للأب الأكثر فعالية

لا شك أن عادة أبينا الخاصة بـ"شحذ المنشار" قد أنقذت حياة أحدهم في ذلك اليوم بولاية مونتانا. فكثيرًا ما كنا نراه - في أثناء تقدمنا في العمر - يفعل ما أطلق عليه "تحقيق نصر شخصي يومي" في وقت مبكر من الصباح من خلال التأمل وقراءة مقتطفات خاصة به، وممارسة التمارين الرياضية. وبعد ظهيرة ذلك اليوم تحديدًا، كان يقرأ على الشاطئ في أثناء استمتاعه بالمشهد الجميل للبحيرة، حينئذ سمع صرخة واهنة: "ساعدوني!". وباستخدام منظار كان يحمله معه دومًا لمراقبة الحياة البرية، قرب المشهد ليرى قارب صياد كان بالبحيرة. كان هناك من يتأرجح على الحافة في يأس، وعلى وشك السقوط في المياه الباردة.

وعلى الفور، قفز والدنا في زلاجته المائية ووصل إلى القارب، حيث وجد رجلًا ثملًا للغاية. فسحبه إلى زلاجته المائية وأعاده إلى الشاطئ. ثم بحث عن أسرة الرجل في مخيم قريب ووجد أنهم لم يلاحظوا حتى غيابه؛ لأنهم كانوا منهمكين في تناول الشراب مثله. وبعد مرور بضع سنوات، حكى ذلك الرجل هذه القصة لمجموعة كبيرة من الناس، مدعيًا أن هذه اللحظة كانت نقطة تحول في حياته. ومع أنه لم يدرك حينها مَن الذي أنقذ حياته في ذلك اليوم، كان ممتنًا لأن أحدهم اهتم بالدرجة الكافية لسماع صراخه وإنقاذه.

كان هذا الحدث دلاليًا بالنسبة لوالدنا، ستيفن آر. كوفي، الذي كان بمثابة "حبل إنقاذ" ليس فقط لذريته التي تتكون من ٩ أبناء و٥٤ حفيدًا، ولكن بالنسبة لعدد كبير من الناس والمؤسسات التي ألهمها وغيرها كتاب *العادات السبع للناس الأكثر فعالية*. كان دائمًا يعترف بأنه لم يخترع هذه العادات لأنها مرتكزة على مبادئ عالمية أو قوانين طبيعية، مثل تحمل المسئولية والنزاهة والوفرة والتجديد. ولكنه أيضًا كان مؤمنًا بأن "المنطق السليم لا يتم تطبيقه دائمًا". ولهذا السبب، كرس حياته لتوصيل رسالته لأكبر عدد ممكن من الناس.

بعـد وفاته في يوليو عـام ٢٠١٢، أدركت أسرتنا أهميـة وعظمة مهمته في الحياة مـن أجل "إطلاق العنان للقدرات الكامنة لدى البشـر". انهالت علينا آلاف الرسائل الإلكترونيـة والخطابات والبرقيات والزيـارات والمكالمات الهاتفية من أشخاص من مختلـف أنحاء العالـم أرادوا أن يشاركونا قصصهـم الشخصية حول كيف ألقى لهم والدنـا حبـل النجاة وأنقذهم مـن أشياء كهذه مثـل حياة بلا هـدف، أو كونهم قادة غيـر فعالين لشركاتهم، أو زيجـة فاشلة، أو علاقة مدمرة أو التغلب على العنف الذي تعرضـوا له في أثناء تنشئتهم. ومرارًا وتكـرارًا، سمعنا تجارب حول كيف كان والدنا يتحلى بقـدرة استثنائية على طمأنـة المرء وإلهامه أيضًا بطريقـة عيش الحياة بناءً على المبادئ.

كان أبـي "رجلًا لـكل العصور"، عاش بنزاهـة. فعلى مدار السنـوات، أُتيحت له العديد من الفرص لتدريب قادة العالم ورؤساء الدول، وكان يعتبر هذه المهمة امتيازًا عظيمًـا ومسئولية كبيرة. وذات مرة وفي أثناء إحدى المناقشات، عندما كان الجميع ينتقد رئيس الولايات المتحدة في ذلك الوقت، ظل هو ملتزمًا الصمت على نحو جدير بالملاحظـة. وعندمـا سُئل عن سبب عـدم مشاركته في الحديـث الصاخب، رد بكل بساطـة قائلًا: "ربمـا أتيحت لي الفرصة أن أؤثر فيه ذات يوم، فإن كان الأمر كذلك، فأنا لا أريد أن أكون منافقًا". وبعد مرور عدة أشهر، اتصل هذا الرئيس بأبي وقال له إنه انتهى توًّا من قراءة كتاب *العادات السبع للناس الأكثر فعالية* للمرة الثانية، وطلب من أبي أن يدربه تدريبًا خاصًّا على تطبيق هذه المبادئ. وفي نهاية حياته، كان والدي قد قابل ٣١ رئيسًا من بينهم أربعة رؤساء للولايات المتحدة الأمريكية.

لـم يُدرِّس أبي شيئًا قط دون أن يطبقه في الحياة أولًا. وهذا ما انطبق تمامًا على العادات السبع، التي توصل إليها وطورها على مدار عدة سنوات، قبل أن يُنشر الكتاب. كان بارعًـا في "المبـادرة"، وما أزعجنا كثيرًا - في أثنـاء تربيتنا - أنه لم يسمح لنا قـط بخلق الأعـذار أو لوم الظروف أو الأصدقـاء أو المدرسين علـى مشكلاتنا. لقد تعلمنا بكل بساطة إما "إنجاز الأمر" أو "اختيار رد فعل آخر". ولحسن الحظ أن أمنا سمحـت لنا بأن نكون ضحايا ونلوم الآخرين أحيانًا؛ لقد أحدثت توازنًا صحيًّا لنا بين أسلوبها وأسلوب والدنا!

كانـت سعة الحيلـة والمبادرة اللتين تحلى بهما والدنا صفـات أسطورية به. ذات مـرة عَلِق في اختنـاق مروري نتيجة لإصلاحـات على الطريق، ومن ثـم كان معرضًا لعـدم اللحـاق موعد طائرته. قرر أنه لن يستطيع الانتظـار أكثر من ذلك وأخبر قائد

السيارة الأجرة بأنه سينزل من السيارة ليعيد توجيه المرور لكي تتحرك السيارات على الحارة المتواجدين بها وليأخذه من عند نهاية الطريق. تفاجأ قائد السيارة الأجرة من رد فعله. وقال له: "لا تستطيع القيام بذلك"، فرد عليه والدي بسعادة: "راقبني!" نزل من السيارة الأجرة وأعاد توجيه السيارات، ومن ثم تحركت السيارات الموجودة في حارته مرة أخرى (وحيته السيارات الواقفة في حارته بالأبواق وصيحات التشجيع)، وبالفعل أخذه قائد السيارة الأجرة من عند نهاية الطريق ولحق رحلته في موعدها.

عرفت أسرتنا عنه التواضع وعدم التحفظ، فكثيرًا ما كان يجري حوارًا كاملًا مع الغرباء في أثناء ارتداء أسنان مستعارة أو شعر مستعار بشع لتغطية رأسه الأصلع الذي اشتهر به لكي يتمكن من التخفي. وذات مرة طُلب منه مغادرة ملعب الجولف لأنه شعر بالملل من لعبة الجولف وبدأ شجارًا بمسدسات الماء مع صديق. وشعرنا بالارتباك عندما تعطل بنا المصعد، ونحن نعرف أنه في غضون دقائق سيلتفت إلى الراكبين الآخرين (مخترقًا مساحتهم الشخصية) وعلى وجهه ابتسامة عريضة ليقول لهم بمرح: "لعلكم تتساءلون عن سبب عقدي هذا الاجتماع القصير!"، ثم يضحك بهيستريا على مزحته.

لقد تعلمنا عدم الاهتمام كثيرًا إلى ما يعتقده الآخرون والاستمتاع بشخصيته المحبة للمرح. وقد اشتهر بأخذ غفوة. ومن وقت لآخر، كان يكور سترته ويضع عصابة على عينيه ويأخذ غفوة قصيرة ليجدد طاقته في أكثر الأماكن الغريبة، من بينها المتاجر وصالات السينما والمطارات ومحطات القطار وأسفل مقاعد الحدائق أو في أي مكان ووقت استطاع أن يجد فيه مساحة ووقتًا. كان حماسه معديًا وقد علمنا أن نعيش بعقلية "اغتنام اليوم" و"عيش الحياة بكل ما فيها"، كما كان يحب أن يطلق عليها.

ولطالما شعر بالاندهاش والإحراج من نجاحه المهني وظل متواضعًا ولم يتأثر بشهرته. وكان يرى نفسه خادمًا لعمل عظيم يقوم به، وكان ينسب الفضل لله وللآخرين. ولم يشعر أبدًا بالخجل من قيمه وإيمانه، وكان يعتقد أنه إذا كان الإيمان بالله هو جوهر حياتك، فإن كل شيء سيكون على ما يرام. ولقد علمنا أنه على المدى الطويل أن الطريقة الوحيدة لضمان النجاح كأفراد أو مؤسسات هي العيش وفقًا لمبادئ خالدة.

لقد حاول والدنا أن يطبق ما ينصح به ويفعل ما يقول، وكثيرًا ما كان يعتذر لنا حين يقصر في حقنا، قائلًا أشياء على غرار: "أنا آسف، يا بني؛ لأنني انفعلت عليك"، أو "عزيزتي، لقد قسوت عليك. ما الذي يمكنني فعله لتعويضك؟"، وكثيرًا ما سألنا الناس كيف كانت نشأتنا في كنف رعايته وكأنه لا يمكن أن يكون صالحًا مثلما كان يبدو. وبرغم أنه لم يكن مثاليًّا وكان يجاهد نفسه ليتحلى بالصبر في أثناء الاختناق المروري أو في أثناء انتظار والدتنا لتستعد، فإنه لم تكن هناك فجوة كبيرة بين ما يُعلمه للآخرين وبين ما يطبقه في حياته. كان كما كنت تظنه وكان يأمل أن يكون كذلك. وربما يكون أعظم ثناء يمكننا أن نثني به على والدنا هو: مثلما كان رائعًا في الحياة العامة كمؤلف ومعلم، فإنه كان أروع في الحياة الشخصية كزوج وأب. وكنا نحبه لثباته على المبدأ.

وجميعنا يعرف أن والدنا كان يفضل قضاء وقته مع أسرته أكثر من أي شخص آخر، وقد أثبت ذلك من خلال طريقة إدارته للوقت و"البدء بالأهم قبل المهم". وبالرغم أنه كان يسافر كثيرًا نتيجة للكثير من الالتزامات الواقعة على كاهله فإنه نادرًا ما كان يفوت أي شيء مهم بالنسبة لنا مثل عيد ميلاد أحدنا أو مباراة كرة سلة، وأحيانًا كان يخطط للحدث مقدمًا. وكان يودع باستمرار في "حسابنا ببنك الأحاسيس" وعلمنا أنه "في العلاقات، فإن الأشياء الصغيرة هي الأشياء المهمة". كان بارعًا في التعليم بأسهل الطرق وكان يطبق المبادئ الحقيقية على أي شيء نتعامل معه، ويشجعنا على أخذ القرارات بناءً على قيمنا وليس بناء على المشاعر التي تساورنا في تلك اللحظة. وكان يعلمنا من خلال تقديم المثل والقدوة بأن "الحياة مهمة وليست حرفة"، وأن بإمكاننا أن نجد السعادة الحقيقية من خلال خدمة الآخرين.

كان والدنا يعشق والدتنا، "ساندرا"، وحظيا بعلاقة استثنائية على مدار ٥٦ عامًا. وكان لهما طقس - بضع مرات أسبوعيًّا - للتواصل مع بعضهما البعض؛ حيث كانا يخرجان في نزهة على الدراجة البخارية، ويسيران على مهل "للحديث عن شتى الأمور" في أثناء الاستمتاع بالمشهد وصحبة بعضهما البعض. وكانا يتحدثان هاتفيًّا مرتين أو ثلاث مرات في اليوم، حتى حين يكون خارج المدينة. كانا يتناقشان في كل شيء بداية من السياسة وحتى الكتب الجيدة التي تتناول تربية الأبناء، وكان أبي يعتد برأيها أكثر من أي رأي آخر. كان مفكرًا ويميل كثيرًا للنظريات. كانت لوالدتنا آراء يعتد بها كثيرًا وكانت تساعده على تبسيط مادته العلمية وجعلها عملية،

فكانت تقول له: "أوه، ستيفن، هذا معقد جدًّا. لن يعرف أحد ما الذي تتحدث عنه. بسط الأمور واحك المزيد من القصص". كان يحب تقييمها لعمله! والآن بعد أن أنجبنا الأبناء، فإننا نكن الإعجاب بعلاقتهما ونفكر بعمق كيف استمتعنا بحياة سعيدة معًا.

كان لأبي تعريف جميل للقيادة: لقد علمنا أن *القيادة هي توضيح قيمة الآخرين وإبراز قدراتهم الكامنة لدرجة جعلهم يلمسونها في أنفسهم*. وبعد وفاة والدنا مباشرة، أرسل إلينا رجل نشأ تحت وطأة ظروف قاسية جدًّا هذه الرسالة التي أوجزت ما كان بصدد القيام به: "أود أن أعلم أسرتكم بأنني ما زلت احتفظ بشريط التسجيل الذي أعطاني إياه قبل ثلاثين عامًا مضت، حيث قال لي إن الله يحبني وإنني سألتحق بالكلية وسأكون أسرة خاصة بي ذات يوم. لقد حرصت على الاستماع إلى هذا الشريط طوال الثلاثين عامًا الماضية، ولقد أنجزت كل شيء رآه فيّ. وما كنت لأصل إلى ما أنا عليه دون توجيهاته. شكرًا لك، ستيفن!"

بمناسبة مرور كل هذه السنوات على كتاب *العادات السبع للناس الأكثر فعالية*، ووسط كل هذا الثناء وتأثر ملايين الأشخاص وآلاف المؤسسات بهذا الكتاب، تود أسرة ستيفن آر. كوفي أن تثني على رب الأسرة "الأكثر فعالية". وكما أنقذ حياة الرجل الغارق قبل عدة سنوات، نثق بأن حياته وكلماته ستمد حبل الإنقاذ لك ولأسرتك ولفريقك ومؤسستك ولعدد كبير من الأشخاص. ومع مواجهة العالم المضطرب الذي نعيش فيه اليوم، فإننا نؤمن بأن المبادئ الخالدة للعادات السبع مناسبة لهذا العصر أكثر من أي وقت مضى وأن تأثير العادات السبع بدأ يؤتي ثماره الآن.

إننا نشعر بالامتنان لهذا الأب الرائع أو "بابا" كما كان يروق لأحفاده أن ينادوه. إن إرثه يعيش بداخلنا الآن وبداخل مَن تأثروا بروحه الرائعة وتعاليمه الملهمة، لعيش الحياة بنزاهة ولتقديم المساهمات وإحداث فارق في العالم ولإبراز العظمة الكامنة داخل كل منا.

بكل الحب،
أبناء ستيفن آر. كوفي:
سنيثيا، وماريا، وستيفن، وشون،
وديفيد، وكاثرين، وكولين، وجيني،
وجوشوا

تصدير لنسخة عام ٢٠٠٤

منذ أن نشر كتاب *العادات السبع للناس الأكثر فعالية* لأول مرة، حدثت تغييرات هائلة في العالم، فالحياة أضحت أكثر تعقيدًا، وتزخر بالكثير من الضغوط والمطالب المتزايدة. فقد انتقلنا من عصر الثورة الصناعية إلى عصر المعلومات والمعرفة بكل عواقبه عميقة التأثير. لذا، فنحن نواجه تحديات ومشكلات في حياتنا الشخصية ومع أسرنا وداخل أماكن عملنا ما كانت لتخطر ببالنا خلال العقد أو العقدين الماضيين. وهذه التحديات ليست جديدة من ناحية حجمها فحسب، بل هي فريدة تمامًا في نوعها.

وهذه التغييرات الشاملة التي غيرت وجه المجتمع وسلسلة التحولات المقلقة في سوق العصر الرقمي العالمي أثارت سؤالًا مهمًّا - دائمًا ما أساله لنفسي: "هل ما زال كتاب *العادات السبع الأكثر فعالية* يتعامل مع تحديات *اليوم*؟". ولنفس السبب "هل سيظل كذلك لعشر سنوات أو عشرين أو خمسين أو مائة عام قادمة؟"، وكانت إجابتي أنه كلما كان التغيير كبيرًا، وازدادت صعوبة التحديات كان كتاب العادات السبع متصلًا بالواقع *أكثر*. والسبب أن مشكلاتنا وآلامنا عامة وشاملة ومتزايدة ودائمًا ما تبنى حول تلك المشكلات على أساس عالمي غير محدود بزمن، والتي تناسب كل مجتمع عبر التاريخ. وأنا لم أخترع هذه المبادئ - كل ما في الأمر أنني وضحتها ورتبتها في إطار تتابعي.

وأحد المبادئ التي كان لها أعمق الأثر في حياتي هو: إذا أردت تحقيق أقصى طموحاتك، وتجاوز أكبر التحديات التي تواجهك، *فحدد المبادئ أو القوانين الطبيعية التي تحكم الأهداف التي تسعى وراءها*، واعمل على تطبيقها. وستتباين مناهج تطبيق تلك المبادئ تباينًا كبيرًا كما أنها ستعتمد أيما اعتماد على قوانا المتفردة ومهاراتنا وملكتنا الإبداعية، ولكن يظل نجاحنا في أي جهود نبذلها متحققًا من العمل المتسق مع المبادئ المرتبطة بالنجاح.

ومع ذلك لا ينتهج الكثير من الناس هذا الأسلوب في التفكير أو على الأقل لا يدركونه. وفي الحقيقة، ستجد باستمرار أن الحلول التي يتم التوصل إليها على أساس

من *المبادئ* تتناقض تناقضًا صارخًا مع ممارسات التفكير الشائعة بين الثقافات الشعبية. واسمحوا لي بأن أوضح هذا التناقض باستخدام قليل من أكثر التحديات شيوعًا التي تواجه البشر.

الشعور بالخوف وانعدام الأمن: في عصرنا هذا يتملك الشعور بالخوف الكثير من الناس. الخوف من المستقبل. الخوف داخل أماكن العمل. الخوف من فقد وظائفهم، ومن ثم عدم القدرة على الوفاء باحتياجات أسرهم. وهذا الشعور بالخوف يترجم في صورة تقبل الحياة الراكدة الخالية من المخاطر، والاعتماد على الآخرين سواء في المنزل أو في العمل. والاستجابة الطبيعية لهذه المشكلة هي المزيد والمزيد من الاعتماد على الذات "سأركز تفكيري على نفسي وعلى صالحي. وسأقوم بعملي على أكمل وجه، وسأحصل على متعي الشخصية بعيدًا عن العمل". والاعتماد على الذات شيء مهم وحيوي وذو قيمة كبيرة. ولكن المشكلة هي أننا نعيش واقع *الاعتماد بالتبادل*، وأن أهم إنجازاتنا تتطلب مهارات للاعتماد بالتبادل تفوق إمكانياتنا الحالية بكثير.

" أود تحقيق هذا الأمر الآن" . العجلة هي طبيعة البشر فالناس يريدون تحقيق الأشياء في طرفة عين "أود ربح مال، ومنزلًا جميلًا كبيرًا، وسيارة جيدة، والذهاب إلى أكبر وأفضل مركز ترفيه؛ فأنا أستحق كل هذا وأريده الآن". وعلى الرغم من أن مجتمع "بطاقات الائتمان "الذي نعيش بداخله حاليًّا يسهل الحصول على هذه الأشياء إعمالًا لمبدأ "ابتع ما تشاء الآن وادفع لاحقًا "، فإن الحقائق الاقتصادية تكون لها اليد العليا في النهاية، وندرك - في بعض الأحيان بطريقة مؤلمة - أن مشترياتنا لا يمكنها تحسين قدرتنا الإنتاجية المستمرة - ولن تصمد محاولتنا بالتظاهر بخلاف هذا طويلًا؛ لأن الفوائد لن تتهاون معنا كما أن التسامح ليس من طبعها، حتى العمل بجد ليس كافيًا. فمع معدلات التغيير السريعة والمتلاحقة في مجال التكنولوجيا والمنافسة المتزايدة والمحمومة الناتجة عن عولمة الأسواق والتكنولوجيا لا بد ألا نكتفي بالتعليم، بل علينا تعليم أنفسنا باستمرار وإعادة اكتشافها. وينبغي أن نطور عقولنا، ونشحذ هممنا، ونستثمر في تنمية كفاءاتنا حتى لا نصير طرازًا عتيقًا. وفي العمل، صاحب العمل هو المسئول عن تحديد النتائج وذلك لسبب وجيه. ففي ظل المنافسة المحمومة تصبح القدرة على البقاء على المحك. والحاجة إلى الإنتاج اليوم هي حقيقة واقعنا الحالي، وتعني

توافر رءوس الأموال، ولكن قاعدة النجاح الأساسية هي القدرة على الاستمرار والنمو. فربما تكون قادرًا على تحقيق الأرقام ربع السنوية، ولكن السؤال الذي يطرح نفسه هو هل تقوم بالاستثمار الضروري الذي من شأنه الحفاظ على استمرار النجاح وزيادته خلال عام أو خمسة أعوام أو عشرة أعوام من اليوم؟ إن ثقافتنا الغربية ووول ستريت يصرخان طلبًا للنتائج *اليوم*. ولكن مبدأ إحداث *توازن* بين الحاجة إلى الوفاء بمطالب اليوم والاستثمار في الإمكانيات التي ستساعد على صنع نجاح محقق في الغد - يشكل أهمية كبيرة. والأمر نفسه ينطبق على صحتك وزواجك وعلاقاتك الأسرية واحتياجات مجتمعك.

اللوم والشعور بأنك ضحية. اللوم هو ما ينتظرك إذا ما واجهتك مشكلة لأن المجتمع أدمن تأدية دور الضحية. "لو لم يكن رئيسي في العمل أحمق أو محبًا للسيطرة... لو أنني لم أولد فقيرًا... لو أنني عشت في مكان أفضل... لو لم أرث عن أبي المزاج السيئ... لو لم يكن أطفالي بهذا القدر من العناد... لو لم ينتهك القسم الآخر الأوامر طوال الوقت... لو أننا لا نعاني تدهور هذه الصناعة... لو لم يكن العاملون معك كسولين، ويعملون بلا حافز... لو كانت زوجتي متفاهمة... لو... لو". إننا نلوم كل شخص وكل شيء على مشكلاتنا وتحدياتنا، وقد يريحنا ذلك بعض الشيء من الألم الذي نعانيه، ولكنه يقيدنا أيضًا بهذه المشكلات. حاول أن تجد لي شخصًا يتمتع بالتواضع الكافي الذي يجعله يعترف بخطئه، ويتحمل *مسئولية* ظروفه، ويتحلى بالشجاعة الكافية ليقوم بأية *مبادرة* لازمة تساعده على شق طريقه بين تلك الصعاب أو حولها، وسوف أجد لك القوى العليا للاختيار وأعرضها عليك.

اليأس. أبناء اللوم هما التشاؤم واليأس. وعندما نعتنق مبدأ أننا ضحايا لظروفنا، ونستسلم لظلمة هذه الحتمية فهذا يعني فقدان الأمل وفقدان الحافز ومن ثم الوقوع في مستنقع الركود وتقبل الأمر الواقع. "إنني مجرد بيدق، دمية، ترس في عجلة لا يملك من أمره شيئًا. بالله عليك ما الذي يسعني القيام به". وهذا الشعور يراود أكثر الناس ذكاء وموهبة، ويأتي متبوعًا بسلسلة كبيرة من الإحباطات ومشاعر الاكتئاب، وبالطبع تكون استجابة البقاء في الثقافات الشائعة هي التشاؤم - "لا تبالغ في توقعاتك من الحياة، بل انزل بها إلى أقل درجة ممكنة حتى لا تخيب آمالك في الأشخاص أو الأشياء". ولكن وعلى مر

العصور كان الأمل والنمو هما المبدأ المضاد لليأس، والذي يعني أن تكتشف أنك تمثل القوة الإبداعية في حياتك.

الافتقار إلى التوازن في الحياة. أضحت الحياة في عصرنا هذا - عصر الهاتف المحمول - أكثر تعقيدًا، كما تزايدت الضغوط والمطالب، وأصبحت بلا شك حياة مرهقة. فأمام كل الجهود التي نبذلها لإدارة وقتنا، والقيام بالكثير من الأشياء، والرغبة في أن نكون أفضل، وأكثر فعالية داخل دهاليز عالم التكنولوجيا الحديثة، لماذا نجد أنفسنا دومًا مثقلين بهموم الحياة، ونعتبر أشياء مثل الصحة والأسرة والنزاهة وغيرها من الأشياء الأكثر أهمية بالنسبة للعمل في مرتبة أدنى - كلا، إن المشكلة ليست هي عملنا، والذي يحافظ على استمرار محرك حياتنا. ولا يتعلق الأمر بالتعقيد أو التغيير، بل تكمن المشكلة في ثقافتنا الحديثة التي تقول "اذهب مبكرًا، وابق لوقت متأخر وكن أكثر فعالية، وقم بالتضحية الآن". ولكن الحقيقة هي أن التوازن وراحة البال لا ينتجان عن تلك الأشياء، بل يلازمان الشخص الذي لديه رؤية واضحة لأولوياته، ويعمل بتركيز ونزاهة لتحقيقها.

"***ما الذي سأجنيه مِن هذا؟***". تعلمنا ثقافتنا أننا إذا أردنا الحصول على شيء من الحياة فعلينا "البحث عن الشيء رقم واحد أو الأفضل". وتقول أيضًا "إن الحياة لعبة، وسباق، ومنافسة، والأفضل أن تفوز بها". وعلينا التعامل مع زملاء الدراسة وزملاء العمل وحتى أفراد الأسرة على أنهم منافسون - فكلما حققوا مكاسب خسرنا نحن. وبالطبع، نحن نحاول أن نبدوا حسني الأخلاق ونصفق لنجاح الآخرين، ولكن بداخلنا وعندما ننفرد بأنفسنا نعض على أناملنا من الغيظ للإنجازات التي حققها الآخرون. نعم، لقد تحققت الكثير من الإنجازات العظيمة التي يشهد لها تاريخ حضارتنا بالإرادة المستقلة للروح العازمة. غير أن أفضل الفرص والإنجازات اللانهائية لعصر المعرفة مقتصرة على هؤلاء الذين يجيدون فن التعاون؛ فن "نحن". فيمكن تحقيق أعظم الأشياء من خلال إعمال العقل المتفتح الذي يعمل بمبدأ عدم الأنانية - وعلى أساس الاحترام المتبادل والاستفادة المتبادلة.

التلهف من أجل أن تُفهم. إن حاجتك لأن تكون مفهومًا هي من بين عدد قليل من الحاجات الإنسانية الأساسية - وتعني هذه الحاجة أن يكون صوتك مسموعًا وتُحترم كلمتك، وتكون ذا قيمة وتكون مؤثرًا. ويعتقد معظم الناس أن التواصل

هـو مفتاح التأثيـر - أن تصل إلى مقصدك بوضوح وأن يكون كلامك مقنعًا. وفي الحقيقـة، عندمـا تفكر في الأمر ألا تجد أنه عندمـا يتحدث الآخرون إليك فإنك لا تكـون مصغيًـا لهم، وبدلًا من أن تفهم ما يقولون غالبًا ما تكون منشغلًا بإعداد ردك؟ إن البدايـة الحقيقية للتأثير تحدث عندما يستشعر الآخرون *تأثرك بهم* - عندما يشعرون بأنك تفهمهم - وأنك كلك آذان صاغية وأنك متفتح، ولكن معظم النـاس أضعـف عاطفيًا مـن أن يستطيعوا الإصغـاء بعمـق، ولا يستطيعون تعليق جدول أعمالهم لفترة طويلة بما فيه الكفاية لفهم ما يقال قبل أن يحاولوا التعبير عـن أفكارهم. ولكن ثقافتنا تطالب، بل هي في حاجـة ماسة إلى الفهم والتأثير. ومـع ذلك، فإن مبدأ التأثير خاضع للفهم المتبادل المتمخض عن التزام شخص واحد على الأقل بالإنصات.

الصـراع والخلافـات. يتشارك الناس في الكثير من الأشياء، غير أن الاختلافات بينهـم كبيـرة؛ فتفكيرهـم متبايـن ولديهم قيـم ودوافـع وأهـداف مختلفة، بل متنافسـة أحيانًـا. وتنشـأ الصراعـات طبيعيًـا مـن هـذه الاختلافـات. والعمل الـذي يقدمـه المجتمـع التنافسـي لهـذه الصراعـات والخلافـات يتمركز حول "الفـوز بكل ما تطاله يـدك". وعلى الرغم من الفوائد التي تجني من فن التوصل إلـى تسويـة، أو الحل الوسط - حيـث يقدم كل طرف تنازلات إلـى أن يلتقيا عند نقطة - فإنه في هذه الحالة لا يشعر أي من الطرفين بالرضا. ويا لها من خسارة أن تؤدي الاختلافات بين الناس إلى دفعهم نحو أقل قاسم مشترك، واعتباره حل المشكلة! ويا لها من خسارة أن نفشل في إطلاق العنان لمبدأ *التعاون الخلاق* من أجل التوصل إلى حلول للمشكلات أفضل بكثير مما تصوره كلا الطرفين!

الركـود على المستوى الشخصي. للطبيعة البشرية أربعة أبعاد - الجسم والعقل والقلب والروح. والآن، لاحظ الفروق والنتائج الجيدة لهاتين الطريقتين:

الجسم:

النزعـة الثقافيـة: الإبقـاء على أسلوب الحيـاة، والعمل على معالجـة المشكلات الصحية عن طريق الجراحة أو الدواء.

المبـدأ: الوقاية مـن الأمراض والمشـكلات عن طريق توفيق أسلـوب الحياة كي يكون منسجمًا مع مبادئ الصحة المتعارف عليها عالميًّا.

العقل:

الثقافة: مشاهدة التلفاز "إمتاع الذات".

المبدأ: القراءة المتعمقة في مجالات شتى، والتعلم المستمر.

القلب:

الثقافة: استغلال علاقاتك بالآخرين لتحقيق أهدافك الشخصية والأنانية.

المبدأ: الإنصات باحترام وخدمة الآخرين هما أفضل وسيلة للشعور بالإشباع والسعادة.

الروح:

الثقافة: الاستسلام الدائم للأمور الدنيوية والتشكيك.

المبدأ: إدراك أن مصدر احتياجنا الأساسي للمعنى والأمور الإيجابية التي نسعى وراءها هو *المبادئ* - وتلك المبادئ هي الشريعة التي وضعها لنا الله عز وجل.

والآن، أود منك أن تضع هذه التحديات العامة والتحديات والاحتياجات الخاصة بك في ذهنك وتتذكرها جيدًا. وعندما تقوم بذلك ستجد وجهتك وطريقك إلى الحلول المناسبة. كما أنك ستكتشف أيضًا التباين بين مفهوم الثقافة الشائعة والمفهوم القائم على المبادئ الصالحة لكل زمان، والتي سيثبت الوقت ملاءمتها لكل العصور.

* * *

وفي آخر ملحوظة شخصية لي أود إعادة سؤال أتوقف عنده دائمًا في محاضراتي: كم واحد ممن يرقدون على فراش الموت يتمنون لو أنهم أمضوا المزيد من الوقت في العمل، أو جلسوا فترة أطول أمام التلفاز؟ الإجابة: لا أحد؛ لأنهم يفكرون فيمن يحبون وفي عائلاتهم وهؤلاء الذين خدموهم.

وحتى أعظم علماء علم النفس "أبراهام ماسلو" وضع في نهاية حياته السعادة والنجاح وإسهامات الأجيال القادمة في المرتبة الأولى قبل تحقيق ذاته (الحاجة الأولى في هرم الاحتياجات الشهير خاصته)، وأطلق عليها ما وراء الذات.

وأنا أعتقد أن هذا الأمر صحيح. فحتى الآن كانت أهم تأثيرات المبادئ المجسدة في كتاب العادات السبع وأكثرها إشباعًا مستقاة من حياة أولادي وأحفادي.

على سبيل المثال، تم اختيار حفيدتي "شانون" - البالغة من العمر تسعة عشر عامًا - لتخدم في ملجأ للأيتام في رومانيا، وقد كتبت لي ولـ "ساندرا" عن طفل مريض صغير تقيأ عليها، ثم ارتمى في حضنها. في هذه اللحظة أخذت "شانون" هذا القرار: "لا أريد أن أعيش لنفسي فقط. لا بد أن أساعد الآخرين طيلة حياتي". وهي ما زالت تعيش في رومانيا وتساعد الناس هناك.

وجميع أبنائنا متزوجون الآن، وقد وضعوا هم وأزواجهم هدفًا لحياتهم أساسه مبدأ مساعدة الآخرين. وعندما ننظر إليهم وهم ينفذون هدفهم هذا في - الحياة نشعر بالسعادة لأنهم خلفاؤنا.

وبينما تشرع الآن في قراءة كتاب *العادات السبع للناس الأكثر فعالية* أعدك بأن تخوض مغامرة تعليمية مسلية ومثيرة، وعليك مشاركة من تحبهم ما تعلمت. والأهم أن تبدأ في تطبيق ما تعلمت. فحينما تتعلم ولا تطبق ما تعلمت فأنت لم تتعلم شيئًا؛ فأن تعرف ولا *تطبق*، هو الجهل.

وعن نفسي اكتشفت أن معايشة العادات السبع هو صراع دائم؛ لأنك كلما تحسنت تغيرت طبيعة التحديات، تمامًا مثل ما يحدث عند ممارسة رياضة التزلج على الماء أو الجولف أو التنس أو غيرها من الرياضات. ولأنني أعمل بإخلاص وأكافح كل يوم من أجل معايشة العادات التي تجسد المبادئ فإنني أود بشدة مشاركتك في هذه المغامرة.

— ستيفن آر. كوفي

الجزء الأول

المنظورات الفكرية والمبادئ

من الداخل إلى الخارج

في عالمنا هذا لا يمكن الفصل بين التميز الحقيقي
وأسلوب الحياة الصحيح.

ديفيد ستار جوردان

خلال أكثر من ٢٥ عامًا من عملي مع الناس في العمل والجامعة واستشارات الزواج وعلاج المشكلات الأسرية، التقيت بالعديد من الأفراد الذين حققوا نجاحًا ماديًا هائلًا، ولكنهم وجدوا أنفسهم في صراع مع النهم الداخلي والرغبة العميقة لتحقيق التوافق الشخصي الداخلي والفعالية والعلاقات الصحية المتنامية مع الآخرين.

وأعتقد أننا نشاركهم بعضًا من تلك المشكلات التي يعانونها.

لقد نجحت في تحقيق كل أهدافي المهنية، كما حققت نجاحًا عمليًا كبيرًا؛ ولكن هذا كلفني حياتي الشخصية والعائلية، فلم أعد أعرف زوجتي وأطفالي. بل إنني لم أعد متأكدًا من معرفتي لنفسي وما هي الأمور المهمة بالنسبة لي. لذا كان علي أن أسأل نفسي - هل يستحق الأمر كل هذا؟

لقد بدأت في اتباع حمية غذائية - للمرة الخامسة خلال هذا العام. أعرف أنني أعاني زيادة في الوزن، وأرغب بالفعل في إحداث تغيير، لذا فقد قرأت جميع المعلومات الجديدة، ووضعت لنفسي أهدافًا وانتهجت موقفًا إيجابيًا وأصبحت مهيأة ذهنيًا، وقلت لنفسي إنه يمكنني النجاح. ولكنني لم أنجح. فبعد أن مرت عدة أسابيع فترت همتي، ولم أستطع الوفاء بالوعد الذي قطعته على نفسي.

لقد تلقيت دورة تدريبية تلو الأخرى حول التدريب الإداري الفعال، وكنت أتوقع الكثير من العاملين معي فعملت جاهدًا على خلق علاقة ودية معهم، ومعاملتهم بأسلوب راق، غير أنني لم أشعر بولاء أي منهم، وفكرت أنني لو مرضت ليوم واحد، وتغيبت عن العمل فإنهم سيقضون هذا اليوم في اللعب وتضييع الوقت. لماذا لم أتمكن من تدريبهم على الاعتماد على الذات وتحمل المسئولية - أم يتعين علي البحث عن موظفين أفضل؟

إن ابني المراهق متمرد ويتعاطى المخدرات، وجميع محاولتي تذهب سدى؛ فهو لا يستمع إلي. فماذا أفعل؟

لدي الكثير لأقوم به، ولكن اليوم لا يكفي. لذا أشعر بأنني مضغوط، وألهث طوال الأربع والعشرين ساعة لمدة سبعة أيام في الأسبوع. ولقد حضرت دورات عن إدارة الوقت، وجربت عشرات الخطط، وجدت فيها بعض المساعدة، ولكن ما زلت أشعر أنني لا أعيش الحياة السعيدة المنتجة والمريحة التي أريدها.

أود أن أُعلِّم أطفالي قيمة العمل. ولكن تكليفهم بأداء عمل ما يكلفني مراقبتهم طوال الوقت... وتحمل شكواهم الدائمة. لذا أفضل القيام بأي عمل بنفسي. لماذا لا يفعل الأطفال واجباتهم بسعادة، ودون الحاجة إلى تذكيرهم بما يتعين عليهم فعله طوال الوقت؟

إنني مشغول للغاية. ولكن في بعض الأحيان أتساءل هل ما أفعله سيحدث فارقًا في حياتي على المدى البعيد. وكم أود أن يكون لما أفعله بحياتي معنى حقيقي، وأن يحدث وجودي فارقًا حقيقيًّا.

إنني أرى أصدقائي وأقاربي يحققون بعضًا من النجاح، أو يتلقون مديحًا على صنائعهم وأنا بدوري أبتسم وأهنئهم بحماس. ولكن بداخلي أعض على أناملي غيظًا. لماذا يراودني هذا الشعور؟

إنني أتمتع بشخصية قوية للغاية. وأرى هذا في جميع تعاملاتي. فأنا أستطيع التحكم في النتائج معظم الوقت من خلال التأثير على الآخرين ليخرجوا بالحل الذي أريده. وفي كل موقف يمر بي أشعر بأن الحل الذي توصلت إليه عادة ما يكون الأفضل للجميع. ولكنني أشعر بعدم الارتياح وأتساءل دائمًا ما الذي يعتقده الآخرون في وفي أفكاري.

لقد أصبح زواجي مملًا. إننا لا نتشاجر، أو أي شيء من هذا القبيل. إننا ببساطة لم نعد نحب بعضنا. ولقد ذهبنا إلى مستشار المشكلات الزوجية، وجربنا العديد من الأشياء؛ ولكن يبدو أننا لم نعد نكن لبعضنا أية مشاعر.

كانـت تلك هـي المشكلات الكبيـرة والمؤلمـة، المشكلات التـي لا يمكن للحلول السريعة التعامل معها.

ومنـذ عدة سنوات مضت كنـت أنا وزوجتي ساندرا نقاوم هـذه الهموم. فقد كان أحـد أبنائنـا يعاني مشكلات في مدرستـه، وكان مستواه الدراسـي متدنيًا للغاية ولم يكـن يعرف كيف يتبع التعليمات الخاصـة بالامتحانات، ناهيك عن التفوق فيها. ومن الناحيـة الاجتماعيـة كان متهـورًا وغالبًـا ما يتسبب في حـرج لنفسه ولنـا. أما على المستوى الرياضي، فقد كان ضئيلًا ونحيفًا، وكان يضرب بمضرب كرة البيسبول في الهواء حتى قبل أن تقذف الكرة نحوه، وكان الآخرون يسخرون منه.

وكنـت أنـا وسانـدرا نرغب بشـدة في مساعدتـه، وشعرنا بـأن النجاح فـي أداء دورنـا كآباء هو أهم نجاح يمكـن أن نحققه في حياتنا. لذا، فقد ركزنا على توجهاتنا وسلوكياتنـا تجاهه وكذلـك توجهاتـه وسلوكياته، وحاولنـا تهيئته عقليًّـا باستخدام تقنيـات التوجه العقلـي الإيجابية. "هيا يا بني، يمكنك القيـام بهذا! نحن نعلم هذا. فقـط ضـع يديك أعلى المضرب قليـلًا وركز عينيك على الكـرة ولا تحرك المضرب حتـى تقترب منك". وكنا نتمادى في تشجيعه عندما يحقق تحسنًا طفيفًا "هذا رائع، أحسنت يا بني. داوم على هذا".

وعندمـا كان الآخـرون يسخـرون منـه كنـا نعنفهم. "دعـوه وشأنـه وتوقفوا عن مضايقتـه. إنه يتعلم". وكان ابننا يبكـي ويصر على أنه لن يتحسن أبدًا، وأنه لا يحب البيسبول على أية حال.

وبـدا أن لا شيء مما فعلنـاه كان مجديًا، ولقد اعترانا القلق عندما كنا نرى تأثير هـذا على تقييمه لذاته. ولقد حاولنـا تشجيعه ومساعدته، ولكن عقب الفشل المتكرر الذي واجهنا انسحبنا، وحاولنا تناول الموقف من منظور آخر.

وفـي ذلك الوقت كنت أقـوم بدوري المهني حيث كنت مستغرقًا في تنمية مهارات عـدد من عملائـي في مختلـف أنحاء البـلاد. وعلى هـذا الأساس كنـت أعد برامج كل شهريـن حول موضـوع التواصل والتفاهـم للمشاركين في برنامـج تنمية مهارات المديرين التنفيذين بشركة آي بي إم.

وبينمـا كنـت أجـري أبحاثـي وأعد تلـك العروض التقديميـة أصبحـت مهتمًّا مـن الناحيـة العمليـة بكيفيـة تكويـن المفاهيـم، وكيـف تتحكـم فيما نـراه، وكيف يتحكـم مـا نراه في سلوكياتنـا. وقادتني هـذه الدراسة إلى نظرية التوقـع والتنبؤات ذاتيـة التحقـق، أو مـا يعـرف بـ "تأثيـر بجماليـون" وإلـى إدراك أن مفاهيمنـا

متأصلـة بداخلنا. ولقد تعلمت أنه يتعين علينا النظر إلى العدسة التي نرى العالم من خلالهـا، وكذلك إلى العالم الذي نراه، وأن هذه العدسة ذاتها هي التي تشكل أسلوب تفسيرنا للعالم.

وبينمـا كنـا نتحدث أنـا وساندرا عـن الأفكار التـي أُدرِّسها في شركـة آي بي إم وعـن مشكلتنـا الخاصة، بدأنا نُـدرك أن ما كنا نفعله لمساعدة ابننـا لم يكن متسقًا مـع الطريقة التي كنا *نراه* بها. فعندما تفحصنـا مشاعرنا العميقة اكتشفنا أننا نراه يعانـي نقصًا، وأنه "متأخر" عن رفاقه. وبغض النظر عن محاولتنا وسلوكنا فلم تكن جهودنـا مجدية. فعلى الرغم من تصرفاتنا وكلامنا معه فإن الرسالة التي أوصلناها له كانت: "أنت غير قادر على القيام بهذا ولا بد من حمايتك".

وعندها أدركنا أننا إذا أردنا تغييره فلا بد أن نغير أنفسنا أولًا تغييرًا فعالًا، وأول أوجه هذا التغيير هو تغيير مفاهيمنا.

أخلاقيات الشخصية والسمات الأخلاقية

بالإضافـة إلـى بحثـي حـول الإدراك الحسـي كنت فـي الوقت ذاتـه منغمسًا في دراسـة متعمقة لكل ما نشـر بالولايات المتحدة من كتب تتنـاول موضوع النجاح منذ عـام ١٧٧٦. وكنـت أقرأ وأتصفـح بالمعنى الحرفـي للكلمة مئات الكتـب والمقالات والموضوعات التي تناولت مجالات مثل التنمية الذاتية وعلم النفس العام والمساعدة الذاتية. ووجدت تحت يدي كل معلومة ومادة اعتبرها الأحرار والديمقراطيون مفتاحًا للنجاح في حياتهم.

وبينمـا دفعتنـي دراستـي إلـى السفر عبـر الزمن والعـودة إلى الـوراء ٢٠٠ عام لاستعراض الكتابات حول النجاح، لاحظت نموذجًا مذهلًا في هذه الكتابات. فبسبب آلامنا والآلام المماثلة التي رأيتها في حياة الكثيرين ممن كنت أعمل معهم على مدار سنوات وعلاقاتهم بالآخرين، راودني شعور متزايد بأن هذه الأعمال التي نشرت خلال الأعـوام الخمسيـن الماضية كانت سطحيـة. فقد كانت تسودهـا الصور الاجتماعية العقليـة والتقنيـات والحلول السريعة، والتـي هي عبارة عن إسعافـات أولية للمجتمع وأسبرين مسكن لأوجاعه المزمنة، وفي بعض الأحيان تكون حلًّا مؤقتًا للمشكلة، ولكن تظـل المشكلة المزمنة موجـودة تحت السطح مستعدة للطفو مرة أخرى في أي وقت.

وفـي تناقض واضح فإن الكتابات التي تناولت النجاح في أوائل المائة والخمسين عامًـا الماضيـة كانت تركز على ما يطلـق عليه *السمات الأخلاقيـة* باعتبارها أساس

النجـاح – مثل النزاهـة والتواضع والوفاء وضبط النفس والشجاعة والعدل والصبر وحـب العمل والبساطة والقاعدة الذهبيـة. والسيرة الذاتية لـ بنيامين فرانكلين مثال لهـذا النـوع من الكتابات، وهـي قصة رجل بذل جهـدًا خارقًا لدمج مبـادئ وعادات بعينها داخل طبيعته.

وتعلمنـا السمات الأخلاقية أن هناك مبادئ أساسيـة نعيش بها حياة فعالة، وأنه بإمكان الناس أن يجربوا النجاح الحقيقي ويذوقوا طعم السعادة فقط إذا تعلموا هذه المبادئ وجعلوها جزءًا لا يتجزأ من شخصياتهم الأساسية.

ولكـن بعد الحرب العالمية الأولى بفترة قصيرة تحولت النظرة الأساسية للنجاح من السمات الأخلاقية إلى ما يمكن أن نطلق عليه *أخلاقيات الشخصية*. فقد أضحى النجـاح وظيفـة الشخصيـة والصـورة العامـة والتوجهـات والسلوكيـات والمهارات والتقنيات التي تيسر عمليات التفاعل الإنساني. والأخلاقيات الشخصية تسلك واحدًا مـن طريقيـن: الأول متعلق بالبشر وتقنيات العلاقات العامـة، والثاني متعلق بالتوجه العقلي الإيجابي (PMA). وقد كان التعبير عن بعض من هذه الفلسفة ملهمًا، وبعضه جـاء في صورة أقـوال مأثورة ما زالـت مستخدمة مثل "إن توجهـك يحدد أقصى ما يمكنـك تحقيقـه"، "ابتسامتـك تجذب إليـك الأصدقاء، وعبوسـك ينفرهم منك"، "يمكنك تحقيق كل ما تريد إذا آمنت به".

أما جوانب الشخصية الأخـرى فخادعة بل مضللة، وتشجع الناس على استخدام تقنيـات من أجـل اكتساب حـب الآخرين، أو إبـداء اهتمام زائف بهوايـات الآخرين ليحصلـوا منهـم علـى مـا يريـدون، أو استخـدام "النظرة القويـة" أو التشكيك في مسلكهم في حياتهم.

وتعـرف بعض أنـواع هـذه الكتابـات السمـات بأنهـا مكون النجـاح، غيـر أنها تعمـد إلى تقسيـم تلك السمـات بدلًا مـن التعامل معها علـى أنها الأسـاس والعامل المحفـز. وغدت الإشارة إلى السمات الأخلاقية مجـرد تملق وساد استخدام تقنيات تأثيـر الإصـلاح السريـع وإستراتيجيـات السلطـة ومهـارات التواصـل والتوجهـات الإيجابية.

وبـدأت أدرك أن الأخلاقيات الشخصية هـي المصدر الباطني للحلول التي كنت أحاول أنا وساندرا استخدامها مع ابننا. وكلما فكرت بعمق في الاختلاف بين السمات الأخلاقيـة والأخلاقيـات الشخصيـة أدركت أننـي وساندرا كنا ننتزع مـن سلوكيات

أطفالنـا الحميدة القيم الاجتماعية، وكنا نـرى أن طفلنا لا يرتقي إلى هذا المستوى. وكان تصورنـا لأنفسنا ولدورنا كآباء مراعين لأبنائهم أعمق من *تصورنا* لابننا وربما يكـون قد تأثـر بهذا التصور. لقـد اهتممنا *بالطريقـة التي كنا نـرى* ونتعامل بها مع المشكلة أكثر من اهتمامنا بصالح ابننا في حد ذاته.

وبينمـا واصلـت أنا وساندرا الحديـث، أدركنا والأسى يملؤنا مـدى التأثير القوي لشخصيتنـا ودوافعنـا وإدراكنا لـه. وعرفنا أن دوافـع المقارنـة الاجتماعية لم تكن منسجمـة مـع قيمنـا المتأصلة، وقـد تقودنا إلـى حب مشـروط، وفي النهايـة تؤدي إلـى التقليل من إحساس طفلنـا بتقديره لذاته. لذا، عزمنا علـى تركيز جهودنا على نفسينـا - لا علـى تقنياتنـا - وعلـى أعمق دوافعنـا وإدراكنا له. وبدلًا مـن أن نحاول تغييـره حاولنـا أن نفصل أنفسنا عنـه، وأن نحثه على أن يستشعـر كيانه وشخصيته وكونه إنسانًا مستقلًا له قيمة.

ومـن خلال التفكير العميـق والإيمان والصلاة بدأنا *نرى* ابننـا في ضوء الأشياء التي تميزه عن الآخرين. *واكتشفنا* بداخله الكثير والكثير من الإمكانيات الكامنة التي يمكـن لـه أن يدركها بأسلوبه الخاص وبسرعته. وقررنـا التنحي والابتعاد عن طريقه لنسمـح لشخصيتـه بالظهور. *وأدركنـا* أن دورنا الطبيعي هو الإيمـان به، والاستمتاع بصحبته وتقديره. كمـا عملنا على إصلاح دوافعنا وصقل مصادرنا الداخلية للأمان حتى لا نعمد إلى استمداد شعورنا بقيمة ذاتنا من سلوكيات أطفالنا "المقبولة".

ومـا إن تخلصنـا من مفهومنـا السابق عن ابننـا وطورنا دوافـع أساسها الشعور بقيمته بدأت مشاعر جديدة في الظهور. ووجدنا أنفسنا نستمتع بصحبته كما هو دون مقارنتـه بالآخرين أو إصدار الأحكام عليه. وتوقفنا عن محاولات حثه على أن يصبح نسخـة مكررة منـا، أو قياس ما يفعله بما هـو متوقع منه على المستـوى الاجتماعي. وأوقفنـا محاولاتنا لإعادة تشكيله فـي قالب مقبول اجتماعيًا. ولأننـا رأينا أنه لا يعاني أي نقص، وقادر على مواكبة الحياة، توقفنا عن حمايته من مضايقات الآخرين.

ولأنه كان قد اعتاد الحماية من جانبنا فقد عانى بعض ألم الانسحاب، والذي عبر عنـه وتقبلناه ولكننا لم نستجب له. وكانت رسالتنا الصامتة له: "لست في حاجة إلى الحماية لأنك على ما يرام".

وبمـرور الأيـام والأسابيـع، بـدأ يكتسب ثقـة وإيمانًـا بنفسه، وبدأ ينمـو ويتطور بطريقتـه وبسرعته. وأصبح متميزًا وفقًا للمعايير الاجتماعية على المستوى الدراسي والاجتماعي والرياضي بسرعة تفوق عملية التطور الطبيعية. وبمرور السنوات، أصبح

بطلًا رياضيًّا، وكانت تقديراته لا تقل عن امتياز. وكان يتمتع بشخصية جذابة طبيعية خالية من الزيف، حتى إنه تمكن من عقد صداقات مع أناس شتى دون الشعور بأي خوف.

إنني أؤمن أنا وساندرا بأن إنجازات ابننا "المهمة اجتماعيًّا" هي تعبير تلقائي عن المشاعر التي يحملها لنفسه أكثر من كونها مجرد استجابة للمكافأة الاجتماعية. وكم كانت التجربة رائعة لي ولـ ساندرا، وأفادتنا في التعامل مع أطفالنا الآخرين وفي أدوارنا الأخرى. وقد جعلتنا هذه التجربة ندرك على المستوى الشخصي الفروق الحيوية بين الأخلاقيات الشخصية والسمات الأخلاقية للنجاح. كنا مؤمنين تمامًا بأنه يجب على المرء "أن يبحث داخل قلبه بكل كد؛ لأن مشكلات الحياة تنبع من داخل القلب".

الصلاح الثانوي والصلاح الأساسي

إن خبرتي مع ابني ودراستي للإدراك الحسي وقراءاتي كل ما نُشر عن النجاح اتحدت مع بعضها لتطور مجموعة من الخبرات الحياتية الرائعة، والتي جعلتني أستوعب فجأة العلاقة بين الأشياء. فقد أصبحت فجأة قادرًا على رؤية التأثير القوي للأخلاقيات الشخصية وفهم تلك الفروق البسيطة، والتي غالبًا لا نلاحظها وبين ما أعلم أنه صحيح - وهي الأشياء التي تعلمتها منذ زمن طويل عندما كنت طفلًا والأشياء التي كانت نابعة من إحساسي الداخلي المتأصل بالقيمة - وبين فلسفة الحلول السريعة التي تحيطنا كل يوم. وخلال سنوات عملي مع الناس من مختلف دروب الحياة استطعت تعميق فهمي لأسباب الاختلاف بين ما أعرفه وأعتقد أنه فعّال وبين ما هو شائع.

ولا أقصد أن عناصر الأخلاقيات الشخصية - نمو الشخصية، والتدرب على مهارات التواصل وتعلم إستراتيجيات التأثير والتفكير الإيجابي - لا فائدة لها، بل إنها في الحقيقة تكون في بعض الأحيان أساسية لتحقيق النجاح. ولكنها صفات ثانوية وليست أساسية. وربما في أثناء استغلالنا لقدراتنا البشرية لوضع الأسس للأجيال القادمة أصبحنا دون أن ندري نركز على بناء أنفسنا ونسينا الأساس الذي يبقي البناء قائمًا، أو ربما لأننا قد اعتدنا لفترة طويلة أن نحصد ما لم نزرعه، فإننا قد نسينا الحاجة إلى وضع البذور في الأرض.

وعلى المدى البعيد لن أتمكن من النجاح في عملي إذا حاولت استخدام إستراتيجيات وتقنيات التأثير البشرية لحث الناس على فعل ما أريد، وعلى العمل بشكل أفضل، وعلى التمتع بحافز أقوى وعلى حبي وحب الآخرين؛ بينما أكون أنا إنسانًا مخادعًا وغير صادق ولا تخلو شخصيتي من عيوب جوهرية. وسيكون انعدام الثقة هو النتيجة الحتمية لشخصيتي المخادعة، وكل ما أفعله - حتى استخدام ما يطلق عليه تقنيات العلاقات الإنسانية الحميدة - سيتم تفسيره على أنه تلاعب، ومع انعدام الثقة لن يهم حسن النوايا وكون الكلام مقنعًا، فليس هناك أساس راسخ لتحقيق نجاح دائم. فالخير الأساسي فقط هو الذي يبث أنفاس الحياة في التقنيات والأساليب المستخدمة.

وعندما تركز على التقنيات فقط تكون مثل الطالب الذي يشرع في تحصيل ما فاته طوال العام الدراسي قبل الاختبار بفترة قصيرة. ولعلك تجتاز الاختبار، بل وربما تتمكن من الحصول على درجات مرتفعة، ولكنك لن تستفيد من المواد التي تدرسها ولن تحصل أية معلومات، ما لم تعمل بجد طوال الوقت.

هل فكرت يومًا كم هو سخيف أن تنسى وضع البذور في الأرض في فصل الربيع، وتظل تلهو طوال فصل الصيف وعندما يحل فصل الخريف تتذكر الحصاد فتشرع في القيام بكل أعمال الزراعة الفائتة التي لم تقم بها في حينها؟ بالطبع هذا مستحيل، لأن الزراعة ما هي إلا نظام طبيعي يتطلب بذل الجهد في البداية لتجني الثمار في النهاية. فأنت دائمًا تحصد ما تزرع يداك، ولا مجال للطرق المختصرة في هذه العملية.

هذا المبدأ نفسه ينطبق على السلوك البشري والعلاقات الإنسانية. فهي أيضًا نظام طبيعي أساسه قانون اليد تجني ما زرعت. وعلى المدى القصير يمكنك - في نظام اجتماعي اصطناعي مثل المدرسة - الحصول على ما تريد إذا تعلمت كيفية التحايل على القواعد التي يضعها البشر أو حينما تعرف "أصول اللعبة". وفي معظم التعاملات الإنسانية القصيرة أو غير المتكررة يمكنك استخدام الأخلاقيات الشخصية من أجل الحصول على ما تريد، ولتترك لدى الناس انطباعات رائعة عن طريق الشخصية الساحرة والمهارات والتظاهر بالاهتمام بهوايات الآخرين. وبإمكانك اختيار تقنيات سريعة وسهلة من شأنها النجاح مع المواقف قصيرة الأمد، غير أن الصفات الثانوية بمفردها لن تصمد في العلاقات طويلة الأمد. وفي النهاية، إذا لم تتمتع الشخصية

بالقوة المتكاملة والضرورية، فإن تحديات الحياة ستحول الدوافع الحقيقية إلى دوافع سطحية، وسيحل الفشل في إقامة العلاقات الإنسانية محل النجاح قصير الأمد.

والكثير من الناس الذين يتمتعون بالصلاح الثانوي - أي تقدير المجتمع لمواهبهم - يفتقرون إلى صلاح الشخصية الأساسي. وعاجلًا أم آجلًا سيبدو هذا جليًّا في كل علاقة طويلة الأجل يخوضونها، سواء كانت علاقة مع شركاء العمل أو زوج أو صديق أو حتى مراهق يمر بأزمة البحث عن الذات. إن سمات الشخصية هي أفضل رسول لتوصيل الأفكار والآراء. وكما قال إيمرسون ذات مرة "عندما تصرخ في أذني لا أسمع ما تقول".

وبالطبع، توجد مواقف يتمتع فيها الناس بالشخصية القوية ولكنهم يفتقرون إلى مهارات التواصل؛ الأمر الذي يؤثر بلا شك في جودة علاقاتهم ببعض. ولكن تلك التأثيرات تكون ثانوية.

وقد أظهرت أحدث التحليلات أن *الشخصية* التي نتسم بها توصل الكثير عنا أكثر من أي شيء آخر قد *يُقال* أو *يُفعل*. وهو أمر يعرفه الجميع. وهناك أناس نثق بهم ثقة عمياء لأننا نعرف شخصياتهم. فبغض النظر عن كونهم قادرين على إيصال مشاعرهم بدون استخدام الكلام، وعن امتلاكهم تقنيات العلاقات الإنسانية من عدمه فنحن نثق فيهم وحسب وننجح في التعامل معهم.

وكما قال وليام جورج جوردان: "بين يدي كل واحد منا قوة هائلة للخير والشر - وهي المؤثر الخفي والصامت وغير الواعي في حياته. وهي ببساطة الإشعاع المستمر لحقيقة الإنسان؛ لا ما يتظاهر به".

قوة المنظور الفكري

ينطوي كتاب *العادات السبع للناس الأكثر فعالية* على العديد من المبادئ المهمة والأساسية لتحقيق الفعالية البشرية. وتعد هذه العادات أساسية بل ومهمة، وهي تمثل التمسك بالمبادئ الصحيحة التي على أساسها تقوم السعادة ويتحقق النجاح.

ولكن قبل أن نفهم هذه العادات السبع فهمًا صحيحًا، نحن في حاجة أولًا إلى أن نفهم "منظوراتنا الفكرية" وكيف نحدث "تغيير المنظور الفكري".

تمثل كل من السمات الأخلاقية والأخلاقيات الشخصية نموذجًا للمنظور الفكري الاجتماعي. وكلمة منظور فكري - بالإنجليزية *Paradigm* - هي كلمة يونانية الأصل؛ فهي مشتقة من مصطلح علمي وشاع استخدامها اليوم بمعنى نموذج أو

منظور أو تصور أو فرض أو إطار مرجعي. وبالمفهوم العام للكلمة فإنها الطريقة التي "نرى" بها العالم - ليس على أساس الرؤية الحسية ولكن على أساس التصور والفهم والتفسير.

وأيسر طريقة لفهم المنظورات الفكرية هي التعامل معها على أنها خرائط. وبالطبع، كلنا نعرف أن "الخريطة لا تعني الأرض"، بل تعني ببساطة شرحًا لطبيعة الأرض، وهذا بالتحديد معنى المنظور الفكري. إنه نظرية أو تفسير أو نموذج لشيء ما.

لنفترض أنك تود الوصول إلى مكان ما في وسط شيكاغو. بالطبع، ستستعين بخريطة لشوارع المدينة تساعدك على الوصول إلى وجهتك. ولكن لنفترض أن الخريطة التي تحملها هي خريطة مدينة ديترويت، وطبع عليها اسم مدينة شيكاغو خطأ، هل يمكنك تخيل كم المتاعب التي ستقع فيها نتيجة لهذا الخطأ، وكيف أنك لن تتمكن من الوصول إلى وجهتك؟

الأمر ذاته ينطبق على *سلوكك*، فإنك قد تعمل بجد من أجل تحسين جهودك ومضاعفة سرعتك، ولكن تذهب هذه الجهود أدراج الرياح وتؤدي بك سريعًا إلى الطريق الخطأ.

وعلى الرغم من تطوير *توجهاتك* وتفكيرك بأسلوب أكثر فعالية وإيجابية، فأنت لا تزال لن تصل إلى وجهتك، ولكنك لن تكترث لذلك؛ فتوجهك سيظل إيجابيًّا طوال الوقت، وستشعر بالسعادة أينما كنت.

وبيت القصيد أنك سوف تظل تائهًا، والسبب أن مشكلتك الأساسية لا علاقة لها بسلوكك أو توجهك، بل متعلقة باتباعك خريطة غير صحيحة.

ولكن عندما تحمل خريطة مدينة شيكاغو سيكون لزامًا عليك العمل بجد، وحين تعترض العقبات طريقك سيحدث توجهك كل الاختلاف. ولكن المطلب الأول والأهم هو الدقة في اختيار واستخدام الخريطة الصحيحة.

بداخل رأس كل واحد منا توجد العديد والعديد من الخرائط والتي يمكن تقسيمها إلى فئتين أساسيتين: *خرائط الواقع الذي تجري به الأحداث*، و*خرائط الشكل الذي ينبغي أن تكون عليه الأمور أو القيم*. ونحن نستخدم هذه الخرائط الذهنية لتفسير كل ما يجري لنا. ونادرًا ما تراودنا الشكوك في دقتها، وعادة لا ندرك وجودها، بل نفترض ببساطة أن الطريقة التي نري بها الأشياء هي حقيقتها، أو هكذا ينبغي أن تكون.

وهـذه الافتراضات هي الأرض التي تنمـو فيها توجهاتنا وسلوكياتنا، وفهمنا لهذه الأشياء هو المصدر الذي يشكل أسلوب تفكيرنا وتصرفاتنا.

وقبـل المضي قدمًـا أود أن أشاركم هذه التجربة الفكريـة والعاطفية. تأمل في ثوان الصورة الموجودة في الصفحة التالية.

والآن تأمل الصورة الموجودة في صفحة ٣٧، وصف ما رأيت بدقة.

هـل ترى السيدة الموجودة في الصورة؟ في رأيك كم تبلغ من العمر؟ وكيف يبدو شكلها؟ ماذا ترتدي؟ ما الدور الذي تؤديه في تصورك؟

من المحتمل أن تصف السيدة الموجودة في الصورة الثانية بأنها سيدة شابة تبلغ مـن العمر حوالي ٢٥ عامًا، وهـي فائقة الجمال ومسايرة للموضة لها أنف دقيق وطلة بهية. وإذا كنت تعمل في مجال الأزياء لوظفتها عارضة أزياء.

لكن ماذا لو قلت لك إنك مخطئ؟ وإن هذه الصورة ليست لسيدة شابة بل لامرأة عجـوز فـي الستين أو السبعين من عمرها، وإنها تبدو حزينـة وإن أنفها ضخم للغاية وبـكل تأكيـد لا تصلح لمهنة عارضة الأزياء. إنها سيدة عجـوز قد تقابلك في الشارع وتساعدها في عبور الطريق.

والآن، مَـن منـا على صـواب؟ انظر مـرة أخرى إلـى الصورة. هل تـرى السيدة العجـوز؟ إذا لـم تتمكن من رؤيتهـا فداوم على النظر إليها. ألـم تتمكن بعد من رؤية أنفها الخطافية الكبيرة، والشال الذي ترتديه؟

لو كنا نتحدث وجهًا لوجه لتناقشنا معًا حول الصورة ووصفت لي ما ترى ووصفت لك ما أرى من وجهة نظري وكل منا ممسك الصورة بيده. وربما واصلنا نقاشنا حتى توضح لي ما تراه في الصورة وأوضح لك ما أراه أنا.

ولأننـا لن نتمكن من هذا فسأنتقل بك إلى الصفحة ٥٧. أمعن النظر في الصورة الموجـودة بها، ثم أعد النظر مرة أخرى في الصورة الموجودة بين أيدينا. والآن هل ترى السيدة العجوز؟ من المهم للغاية أن تراها قبل متابعة القراءة.

أول مـرة رأيـت فيها هذا التدريب كان منذ سنوات مضـت في كلية إدارة الأعمال بجامعـة هارفارد. وكان الأستاذ يستخدمه ليشرح لنا شرحًا وافيًا ودقيقًا فكرة أنه لو نظـر شخصان إلـى شيء ما سيراه كل واحد منهما بمنظار مختلف عن الآخر، ويكون كلاهما على حق، والأمر هنا لا يتعلق بالمنطق، بل يتعلق بعلم النفس.

وقد جلب هذا المعلم ألواحًا كبيرة من النوع الذي توضع عليه الصور، ووضع على نصفهـا الأول الصورة الموجودة في الصفحة ٣٦ وعلى النصف الثاني صورة السيدة العجوز التي شاهدتموها توًّا في صفحة ٥٧.

وقسم الصف إلــى مجموعتين، ووزع على المجموعة الأولى صورة السيدة الشابة وعلــى المجموعــة الثانيــة وزع صــورة السيدة العجــوز، وطلب منا النظــر بإمعان في الصــور التــي معنا لعدة ثوان، ثــم إعادتها مرة أخــرى إليه. ثم عرضـ على الشاشة الصــورة التي شاهدتموها في صفحة ٣٧، وتــم جمع الصورتين، وطلب منا أن نصف ما رأينا. وبالطبع، عندما شاهدت المجموعة الأولى الصورة على شاشة العرض قالت إنها صورة السيدة الشابة التي عرضت عليهم في بادئ الأمر، وأما المجموعة الثانية فقد رأت صورة السيدة العجوز التي عرضت عليهم في البداية.

ثــم طلــب المعلم من أحــد الطلاب أن يشــرح لأحد زملائه من الفريــق الآخر ما شاهده، وحينها اشتعل الجدال بينهما.

"ماذا تقول؟ سيدة عجوز؟ إنها لا تتجاوز ٢٠ أو ٢٢ من العمر!".

"يا إلهي لا بد أنك تمزح. إنها في السبعين من عمرها وربما تكون في الثمانين!".

"ما خطبك؟ ألا ترى؟ إنها سيدة شابة وجميلة لدرجة أنني أود أن أتقدم لخطبتها. يا إلهي إنها رائعة الجمال".

"رائعة الجمال؟ إنها عجوز شمطاء".

استمــر الجدال بين كر وفــر وكل واحد منهما واثق مما يقول ويصر على رأيه. كل هذا يحدث على الرغم من أن كل واحد من الطلاب حظى بميزة تفوق كل هذا أهمية، هذه الميزة هي أن معظمهم كان يدرك في بداية المحاضرة وجود وجهة نظر مخالفة له وأنها صحيحة - وهو أمر لا يعترف به معظمنا. وبالرغم من ذلك ففي بداية الأمر حاول عدد قليل من الطلاب رؤية الصورة من منظور الطرف الآخر.

وبعــد فتــرة مــن النقاش غيــر المجدي نهضـ أحد الطــلاب وتوجه نحــو شاشة العرضـ وأشــار إلــى خط الرســم قائــلاً: "ها هو عقــد السيــدة الشابــة" فعارضه الآخــر قائــلاً: "كلا، إنــه فــم السيدة العجــوز". وهــدأت حــدة المناقشــة وشرعوا فــي مناقشــة نقاط الخــلاف بروية. وفجــأة تمكنا مــن رؤية الصورتيــن. ومن خلال المناقشــة الهادئــة المتروية تمكن كل واحــد منــا مــن إدراك وجهة نظــر الطرف الآخر. ولكن عندما أبعدنا بصرنا عن الصورة وعاودنا النظر إليها مرة أخرى شاهد معظمنا الصورة التي شاهدها أول مرة.

غالبًا ما أستخدم هذا المنظور مع الأشخاص والمؤسسات التي أعمل معها لأنه يعمق الفعالية الشخصية والفعالية بين الأشخاص. وأول شيء يظهره لنا مدى التأثير القوي الذي يتركه التكيف على منظوراتنا الفكرية. وإذا كانت عشر ثوان فقط تركت هذا التأثير القوي على رؤيتنا للأشياء، فما بالك بتأثير ظروف الحياة كلها علينا؟ وكل المؤثرات التي تحيط بحياتنا - من أسرة ومدرسة ودار العبادة وبيئة العمل والأصدقاء والشركاء إلى المنظورات الفكرية الاجتماعية الحالية مثل السمات الشخصية الأصلية - كلها تمثل المؤثر الصامت اللا واعي علينا، والذي يساعد على تشكيل إطار مرجعيتنا ومنظوراتنا الفكرية وخرائطنا.

وكما يوضح لنا أيضًا أن تلك المنظورات الفكرية هي مصدر توجهاتنا وسلوكنا، وأننا لا يمكننا التصرف بنزاهة خارج إطار هذه المنظورات. ولا يمكننا ببساطة الحفاظ على نزاهتنا إذا كان هناك خلاف بين ما نقول وما نفعل. فإذا كنا من بين ٩٠٪ من الذين شاهدوا السيدة الشابة في الصورة المركبة، فسيكون من الصعب التفكير في أنها سيدة عجوز في حاجة إلى من يأخذ بيدها لتعبر الشارع. لذا، فإن *توجهك* و*سلوكك* نحوها لا بد أن يتوافقا مع الطريقة التي *تراها* بها.

وهذا يلقي الضوء على واحد من أهم العيوب الأساسية للأخلاقيات الشخصية، وهو أن محاولة تغيير التوجهات والسلوكيات الخارجية لن يخدمك على المدى البعيد إذا أخفقت في التعرف على المنظورات الفكرية الأساسية التي تستقي منها تلك التوجهات والسلوكيات.

وهذا المفهوم الاستدلالي يوضح أيضًا مدى قوة تأثير المنظورات الفكرية على أسلوب تفاعلنا مع الآخرين. فكلما تعاملنا مع الأشياء بموضوعية ووضوح كما نراها، أدركنا أن الآخرين يرون الأشياء بمنظور مختلف وفقًا لوجهة نظرهم الموضوعية والواضحة. "مكان وقوفنا يتوقف على مكان جلوسنا".

وينزع كل واحد منا إلى التفكير في أننا نرى الأشياء كما هي وأننا موضوعيون. ولكن الوضع ليس كما يبدو؛ لأننا نرى العالم ليس *كما* هو ولكن كما *نريد أن نراه* - أو كما تم تكييفنا كي نراه. وعندما نهم بوصف ما نرى فإننا نصف أنفسنا أو مفاهيمنا أو منظوراتنا الفكرية. وعندما يختلف الآخرون معنا في الرأي فإن أول فكرة تقفز إلى أذهاننا هي أنهم يعانون خَطبًا ما. ويوضح هذا الاستدلال أن الأشخاص الذين يتمتعون بصفاء الذهن يرون الأشياء بمنظور مختلف من خلال عدسة تتفرد بها كل شخصية.

ولكن هذا لا يعني أنه لا توجد حقائق ثابتة. فمن خلال هذا الاستدلال ينظر شخصان مختلفان إلى صورة ثالثة معًا بعد تعرضهما مسبقًا للمؤثرات المختلفة لصورتين. إنهما ينظران الآن إلى الحقائق المتماثلة نفسها - الخطوط السوداء والمساحات البيضاء نفسها - وحينها يدركان هذه الحقائق. ولكن كل واحد منهما يفسر تلك الحقائق وفقًا للخبرات السابقة. والحقائق لا تعني شيئًا بعيدًا عن التفسير.

وكلما أصبحنا أكثر وعيًا لمنظوراتنا الفكرية أو خرائطنا أو فروضنا ومدى تأثرنا بخبراتنا، تمكنا من تحمل مسئولياتنا تجاه تلك المنظورات الفكرية وتفحصناها بدقة، واختبرنا مصداقيتها تجاه الواقع، واستمعنا إلى الآخرين بعقل متفتح، ومن ثم حظينا بصورة أشمل وكانت رؤيتنا للأمور أكثر موضوعية.

قوة تغيير المنظور الفكري

ربما تكون أهم رؤية يمكن اكتسابها من مفهوم الاستدلال هي الجزء المتعلق بتغيير المنظور الفكري، أو ما نطلق عليه تجربة "الفهم" أي عندما يتمكن الشخص أخيرًا من "رؤية" الصورة المركبة من وجهة النظر الأخرى. وكلما كان الشخص مرتبطًا ارتباطًا وثيقًا بمفهومه المبدئي، كانت تجربة "الفهم" أقوى، وكأنها ضوء متقد توهج بداخله فجأة.

وأول من استخدم مصطلح *تغيير المنظور الفكري* كان توماس كون في كتابه المتميز الذي ترك علامة مؤثرة *The Structure of Scientific Revolutions*. ويوضح "كون" أن أي إنجاز علمي تحقق في أي من مجالات العلوم المختلفة انطلق من الانقسام على التقاليد ومناهج التفكير القديمة والمنظورات الفكرية القديمة.

وكان عالم الفلك المصري الشهير بطليموس يعتقد أن الأرض هي مركز الكون، بيد أن كوبرنيكوس رأى أن الشمس هي مركز الكون، وتمخض عن هذا التغيير في المنظورات الفكرية مقاومة شديدة، ولحق به الكثير من الأذى. ومن حينها بدأ تفسير كل شيء تفسيرًا مختلفًا.

وكان نموذج نيوتن الفيزيائي يمثل منظورًا فكريًّا دقيقًا ما زال يمثل أساسًا لعلم الهندسة الحديث. ومع ذلك كان هذا النموذج يعاني قصورًا جزئيًّا. أما المنظور الفكري لـ أينشتاين، وهو توصله لنظرية النسبية، فقد أحدث ثورة في الأوساط العلمية، نظرًا لقيمته التنبؤية والتوضيحية الكبيرة.

وإلى أن تم التوصل إلى نظرية الجراثيم كانت نسبة وفيات السيدات والأطفال في أثناء الولادة نسبة كبيرة، وفي ذلك الحين لم يتمكن أي شخص من فهم السبب وراء ذلك. وكانت نسبة الوفيات بين الجنود الذين يتعرضون لجروح بسيطة أكبر منها مقارنة بالجنود الذين يتعرضون لإصابات جسيمة على الجبهة. ولكن ما إن تم التوصل إلى نظرية الجراثيم حتى ظهر منظور فكري جديد واتضحت أسباب تلك الإصابات، فتطورت الخدمات الطبية تطورًا كبيرًا.

والولايات المتحدة الأمريكية اليوم هي نتاج تغيير المنظور الفكري. فقد ظل نظام الحكم الملكي هو المفهوم التقليدي للحكومة طوال قرون عدة، وكان يعرف بـ "الحق الإلهي للملوك"، ثم ظهر منظور فكري جديد هو تشكيل حكومة من الشعب يختارها بنفسه وتعمل لصالحه. وولدت الديمقراطية الدستورية مطلقة العنان لطاقات البشر وإبداعاتهم التي لا حدود لها، وحققت مستوى معيشيًا، ووضعت معيارًا للحرية والتحرر، ومعيارًا للتأثير والأمل غير مسبوق في تاريخ الأمم والشعوب.

ولكن ليست جميع أنواع التغيير الذهني ذات توجهات إيجابية. فكما لاحظنا فإن التحول من السمات الأخلاقية إلى الأخلاقيات الشخصية حاد بنا عن الطريق القويم، واقتلعنا من جذورنا التي تغذينا بأسباب النجاح والسعادة الحقيقيين.

ولكن سواء أدى بنا تغيير المنظور الفكري إلى توجهات إيجابية أو سلبية أو اتسم هذا التغيير بأنه لحظي أو تطوري، فإنه يساعدنا على الانتقال إلى رؤية العالم بشكل مختلف. وهذه التغييرات هي التي تصنع التحول القوي. وتمثل منظوراتنا الفكرية، سواء كانت صحيحة أو خاطئة، مصادر توجهاتنا وسلوكياتنا، وكذلك تشكل علاقاتنا بالآخرين.

وأتذكر تجربة تحول منظور فكري صغيرة مررت بها عندما كنت في طريقي إلى مترو الأنفاق بمدينة نيويورك صباح أحد أيام الأحد. كان الناس يجلسون في هدوء، بعضهم كان يقرأ الجرائد، والبعض الآخر كان غارقًا في التفكير والبعض الآخر أغلق عينيه طلبًا للاسترخاء. كان الجو يغلفه الهدوء والسلام.

وفجأة دلف إلى عربة قطار الأنفاق رجل بصحبة أطفاله، وكانوا يثيرون جلبة شديدة أحدثت تغييرًا مفاجئًا في جو العربة.

جلس الرجل إلى جواري وأغلق عينيه وكأنه لا يرى ما يحدث من أطفاله. وكان الأطفال يذرعون العربة ذهابًا وجيئة وهم يصرخون ويقذفون الأشياء

بـل وينتزعون الصحف من أيـدي الناس، مما تسبب في إزعـاج شديد. ومع ذلك لم يحرك الرجل الجالس بجواري ساكنًا.

وكان مـن الصعـب ألا أشعر بالضيـق، ولم أستطع تصديق أن هـذا الرجل متبلد إلـى الحـد الذي يجعله يتـرك أطفاله يفعلون ما يحلـو لهم دون أن يفعـل شيئًا حيال تصرفاتهم، أو أن يتحمل مسئوليتها. وكان من السهل أن أستشعر ضيق باقي الركاب. وأخيـرًا شعرت بأنني كنت صبورًا ومتحملًا أكثر من اللازم، فالتفت إلى الرجل قائلًا "سيـدي إن أطفالك يسببون إزعاجًا للكثير من الركاب، فهل يمكنك السيطرة عليهم قليلًا؟".

رفـع الرجـل بصره ونظر إلي وكأنه وعى أخيرًا ما يجـري وقال بهدوء: "أنت على حق، أعتقد أنه عليّ فعل شيء ما حيال هذا. لقد عدنا لتونا من المستشفى حيث توفيت والدتهم منذ ساعة، وأنا عاجز عن التفكير تمامًا، وأعتقد أنهم أيضًا لا يعرفون كيف يتعاملون مع الموقف".

هـل تتخيل كيف كان شعـوري لحظتها؟ لقد تغير منظوري الفكـري، وفجأة رأيت الأشيـاء من منظـور مختلف، ولأننـي *رأيت* الأشيـاء من منظور مختلـف فقد فكرت بأسلوب مختلف وساورني *شعور* مختلف، وبالتالي جاء تصرفي مختلفًا، إذ زال ضيقي ولـم أعد مهتمًّا بالسيطرة على توجهـي أو سلوكياتي، فقد شعرت بألم الرجل يعتصر قلبي، وتدفقت بداخلي مشاعر التعاطف والشفقة على حاله. "لقد توفيت زوجتك توًّا؟ أنـا آسف جدًّا! هـل يمكنك التحدث معي عن هذا الأمر؟ هـل توجد طريقة أساعدك بها؟" - ومن هذه اللحظة تغيرت الأمور تمامًا.

لقد مـر العديد من الناس بهذا التغيير الجذري فـي التفكير عندما واجهوا أزمة تهـدد حياتهـم، ورأوا أولوياتهـم تتجسد فجأة أمـام أعينهم من منظـور مختلف، أو عندمـا اكتشفـوا فجأة أن عليهـم تأدية دور جديد في الحياة مثـل تأدية دور الزوج أو الزوجة أو الوالد أو الجد أو المدير أو القائد.

وقـد نمضـي أسابيـع أو شهـورًا أو حتـى سنـوات فـي العمـل الجـاد باستخدام السمـات الشخصيـة الأصليـة، محاولين تغييـر توجهاتنا وسلوكياتنـا دون أن نخطو خطـوة واحدة للاقتراب من ظاهـرة التغيير التي تحدث تلقائيًّـا عندما نرى الأشياء بمنظور مختلف.

وبات من الواضح أننا إذا أردنا إحداث تغييرات صغيرة في حياتنا فعلينا بذل المزيد من التركيز على توجهاتنا وسلوكياتنا. ولكن إذا أردنا تغييرًا جذريًّا فعلينا استخدام المنظورات الفكرية الأساسية.

وكما قال ثورو: "من بين كل ألف ورقة شر نقتلعها توجد واحدة متميزة بالقرب من الجذر". ويمكننا تحقيق تطورات مذهلة في حياتنا إذا تجاهلنا أوراق توجهاتنا وسلوكياتنا وتنبهنا إلى الجذور؛ أي المنظورات الفكرية التي هي منبع سلوكياتنا وتوجهاتنا.

تدبر وكن ما ترى

بالطبع، لا يمكن القول إن جميع التغيرات في المنظور الفكري تحدث تلقائيًّا. فعلى عكس التحول الذي حدث لي عندما كنت أستقل قطار الأنفاق، فإن تجربة تغيير المنظور الفكري التي مررت بها أنا وساندرا مع ابننا كانت تجربة بطيئة وصعبة ومتأنية. إن النهج الذي استخدمناه أولًا كان نتاج سنوات من الأخلاقيات الشخصية التي تربينا عليها، والتأثر بالمؤثرات الخارجية. ولكن نجاحنا الحقيقي كآباء كان نتاج اعتناقنا منظورات فكرية أعمق، وكذلك إدراكنا مقياس نجاح أطفالنا. فنحن لم نتمكن من رؤية الأمور بمنظور مختلف حتى تمكنا من تغيير منظوراتنا الفكرية الأساسية، وبالتالي تمكنا من تحقيق تغيير جذري في حياتنا ومواقفنا.

وكي نتمكن من رؤية ابننا بعيون مختلفة كان علينا أنا وساندرا أن نتغير، وقد تشكلت منظوراتنا الفكرية بعدما استثمرنا في تطوير وتنمية شخصياتنا.

لا يمكن الفصل بين المنظورات الفكرية والشخصية؛ فما *تكون عليه* هو ما تراه في الأبعاد الإنسانية، وما *تراه* ذا صلة وثيقة بما *أنت عليه*. ولا يمكننا تغيير نظرتنا للأشياء إلا بتغيير ما نحن عليه في الحال، والعكس صحيح.

حتى في تجربتي مع التغيير الفوري في منظوراتي الفكرية صباح ذاك اليوم في قطار الأنفاق كان التغيير في نظرتي للأمور ناتجًا عن شخصيتي الأساسية ومتشكلًا وفقها.

وأنا على يقين أن عددًا من الناس ممن أدركوا حقيقة الموقف فجأة لم يتجاوز إحساسهم الشعور بالأسى أو بالذنب؛ إذ جلسوا في صمت مطبق بجوار الرجل الحزين المرتبك. ومن ناحية أخرى كنت على يقين أن هناك بعض الناس الذين استشعروا حساسية الموقف، وأن المشكلة عميقة وحاولوا تقديم يد المساعدة قبلي.

والمنظـورات الفكريـة قوية لأنهـا تصنع العدسة التـي نستطيع رؤيـة العالم من خلالهـا. وقوة تغيير المنظور الفكري قوة أساسيـة للتغير الجذري، سواء كان التغيير تلقائيًّا أو بطيئًا أو مترويًا.

المنظور الفكري وفقًا للمبادئ

تقـوم السمـات الأخلاقيـة الأصليـة على أسـاس فكـرة رئيسية، وهـي المبادئ التـي تحكم الفعالية الإنسانية - وهي القوانين الطبيعيـة للأبعاد الإنسانية الحقيقية التـي لا يطولهـا التغييـر ولا تقبل المناقشـة، شأنها شـأن قانون الجاذبيـة في البعد الفيزيائي.

ويمكننـا التعرف على الواقع - وتأثير تلك المبادئ من خلال تجربة أخرى لتغيير المنظور الفكري رواها لنا فرانك كوتش في مجلة *بروسيدنجس Proceedings* وهي مجلة يصدرها المعهد البحري الأمريكي.

تـم اختيار سفينتين حربيتين لإجراء مناورات بحرية في إطار تدريب الأسطول لعدة أيـام في ظـروف جوية سيئة. وكنت أخدم فـي السفينة الحربيـة الرئيسية، وكنت أراقب منصـة الربـان عندما حل الليل. وكانـت الرؤية متعذرة نتيجة للضبـاب الكثيف. لذا ظل القائد متيقظًا يقف على منصة الربان يراقب ما يجري.

وعقب حلول الظلام بفترة قصيرة أعلن المراقب الواقف على جانب المنصة قائلًا: "هناك ضوء يسطع عند مقدمة الميمنة".

فسأل القائد: "وهل هو ثابت أم يتحرك عند مؤخرة المركب؟".

فأجابـه المراقـب قائلًا: "ثابـت أيها القائد" - وهـو ما يعني أننـا معرضون لخطر الاصطدام بهذا المركب.

فنـادى الربان عامـل الإشارة قائلًا: "ابعث إشارة خطر إلى هـذا المركب: إننا على وشك الاصطدام بكم. أقترح تغيير مساركم ٢٠ درجة".

وجاءت إشارة من المركب "أقترح أن تغيروا مساركم ٢٠ درجة".

فقال القائد: "أرسل ما يلي: أنا القائد. غيروا مساركم ٢٠ درجة".

وجاء الرد: "أنا بحار من الدرجة الثانية. من الأفضل لكم تغيير مساركم ٢٠ درجة".

وهنـا انتابـت القائد موجـة غضب عارمـة وصاح قائـلًا: "أرسل لهم: نحـن سفينة حربية، غير مسارك ٢٠ درجة".

وجاء الرد "هنا الفنار".

فغيرنا مسارنا.

وتجربة تغيير المنظور الفكري التي تعرض لها الربان وتعرضنا لها عقب قراءة الرسالة غيرت الموقف كلية. فقد اكتشفنا حقيقة المنظور الضيق للربان نتيجة للضباب الكثيف، والأمر نفسه ينطبق على أسلوب فهمنا لحياتنا.

إذن، المبادئ هي الفنار الذي نهتدي به؛ لأنها قوانين الطبيعة التي لا يمكن خرقها - تمامًا كما علق سيسل بي. ديميل على المبادئ التي تضمنها أحد أعماله الرائعة قائلًا: "مستحيل أن نكسر القانون، لكن كل ما في وسعنا القيام به هو أن نكسر أنفسنا ونحن نحاول ذلك".

وبينما قد ينظر الناس إلى حياتهم وتعاملاتهم من خلال المنظورات الفكرية أو الخرائط القائمة على خبراتهم أو تأثراتهم الخارجية، فإن تلك الخرائط ليست هي الأرض، بل "الواقع المتأثر بآرائنا" - مجرد محاولة لوصف الأرض فحسب.

أما "الحقيقة الموضوعية" أو الأرض نفسها فهي تتألف من مبادئ "الفنار" التي تحكم نمو البشر وسعادتهم - قوانين الطبيعة المتداخلة في نسيج كل مجتمع متحضر على مر التاريخ، وتتألف أيضًا من جذور كل أسرة ومؤسسة بقيت وازدهرت على مر الزمان. ولا تغير درجة دقة وصف الخرائط الذهنية للأرض من حقيقة تواجدها.

وتصبح حقيقة هذه المبادئ أو قوانين الطبيعة واضحة لكل من يفكر تفكيرًا عميقًا، ويتفحص دورة حياة التاريخ الاجتماعي. وتطفو هذه المبادئ على السطح في كل العصور والأزمان، ومدى إدراك الناس في المجتمع لهذه المبادئ وتعايشهم المتسق معها يؤدي إما إلى بقائهم واستقرارهم أو تفرقهم وفنائهم.

والمبادئ التي أشير إليها في هذا المجال لا يقتصر فهمها على فئة محددة من الناس كما أنها لا تتسم بالغموض أو بأنها أفكار "دينية". فهذا الكتاب لا يتضمن بين دفتيه أي مبادئ فريدة غريبة على أي عقيدة أو دين بما في ذلك عقيدتي أنا شخصيًّا. إن هذه المبادئ جزء من كل العقائد الدينية والفلسفات الاجتماعية والنظم الأخلاقية، كما أنها واضحة في ذاتها ويمكن لأي شخص إثبات صحتها بكل سهولة. إن الأمر يبدو كما لو أن هذه المبادئ أو قوانين الطبيعة جزء من ضمير كل إنسان وجزء من معرفته. فيبدو أن هذه المبادئ توجد بداخل كل كائن حي بغض النظر عن ظروفه الاجتماعية أو تمسكه بها، ورغم حقيقة أن هذه المبادئ قد تكون مدفونة تحت السطح أو غير محسوسة نتيجة للظروف أو لعدم التشبث بها.

فأنا أشير على سبيل المثال إلى مبدأ *العدالة* الذي نستمد منه مفهوم المساواة والعدل. فيتحلى الأطفال الصغار بمبدأ العدالة بالفطرة حتى عند معايشتهم

لتجارب معاكسة. ولمعنى العدالة تعريفات كثيرة، كما توجد أساليب متعددة لتحقيقها، لكن لها مفهومًا واحدًا عالميًّا لإدراكها.

و*النزاهة* و*الأمانة* مثالان آخران للمبادئ؛ فهما يضعان حجر الأساس للثقة التي تعد ضرورية للتعاون والنمو الشخصي والجماعي.

ثمة مبدأ آخر هو *الكرامة الإنسانية*، وإعلان استقلال الولايات المتحدة الأمريكية هو التجسيد الواضح لهذه القيمة أو المبدأ "إننا نؤمن بحقيقة هذه المبادئ: لقد خلق الله الناس سواسية ومنحهم حقوقًا لا يمكن تجريدهم منها، من بينها الحق في الحياة والحرية والسعي لتحقيق السعادة".

ومن بين المبادئ أيضًا مبدأ *مساعدة الآخرين* من خلال تقديم المساعدات المادية. وهناك مبدأ آخر هو *الجودة* أو *التميز*.

وهناك مبدأ *القدرات الكامنة*، وهو يعني أننا في مرحلة مبكرة للغاية من التطور، ومن ثم يمكننا النمو وإطلاق المزيد والمزيد من القدرات الكامنة، وتنمية المزيد من المهارات. وأكثر المبادئ ارتباطًا بمبدأ *القدرات الكامنة* هو مبدأ *النمو* - وهو عملية إطلاق القدرات وتنمية المهارات، بالإضافة إلى الحاجة المصاحبة إلى مبادئ أخرى مساعدة مثل *الصبر* و*النضج* و*التشجيع*.

والمبادئ ليست *ممارسات* فالممارسة هي نشاط أو عمل محدد. والممارسة التي تنجح في ظل ظروف محددة لا تنجح بالضرورة في ظل ظروف أخرى، تمامًا مثل الوالدين اللذين يحاولان تنشئة طفلهما الثاني بنفس الأسلوب الذي اتبعاه مع طفلهما الأول ولكنهما يفشلان في ذلك.

إذا كانت الممارسات تخضع لمواقف محددة، فإن المبادئ تتسم بأنها حقائق أساسية وعميقة وعالمية التطبيق. والمبادئ تنطبق على الأفراد وتنطبق على الزيجات وعلى الأسر وعلى المؤسسات العامة والخاصة بجميع أنواعها. وعندما تتحول هذه المبادئ إلى عادات فإنها تمكن الناس من خلق مجال واسع ومتنوع من الممارسات الصالحة للتعامل مع جميع المواقف على اختلاف أنواعها.

والمبادئ ليست *قيمًا*، فأفراد العصابة تجمعهم قيم واحدة هي انتهاك المبادئ الأساسية التي نتحدث عنها. فالمبادئ هي الأرض، والقيم هي الخرائط. وعندما نعتنق المبادئ الصحيحة فإننا نمتلك الحقيقة - وهي معرفة الأشياء كما هي.

والمبادئ هي إرشادات للسلوك الإنساني، والتي ثبت أنها ذات قيمة ثابتة ودائمة. هذه المبادئ أساسية وغير قابلة للنقاش لأنها حقيقة جلية. وواحدة من أسرع الطرق

التي تمكنك من فهم الطبيعة الثابتة للمبادئ هي التفكير في سخافة أن تعيش حياة فعالة أساسها اعتناق أو استخدام عكس تلك المبادئ. فلا أعتقد أن أيًا منا سيفكر بجدية في اتخاذ الظلم أو الخداع أو الدونية أو اللامبالاة أو الضحالة أو التدني كأساس قوي للنجاح والسعادة الأبديين. وعلى الرغم من أن الناس قد يجادلون حول طريقة تعريف تلك المبادئ أو توضيحها أو كيفية تحقيقها، فهناك وعي بوجودها.

وكلما تشابهت خرائطنا أو منظوراتنا الفكرية مع تلك المبادئ أو قوانين الطبيعة ازدادت دقتها وفاعليتها. ومما لا شك فيه أن تأثير الخرائط الصحيحة على شخصيتنا وعلى فعالية علاقتنا مع الآخرين يتسم بأنه أقوى من أي جهد نبذله لإحداث تغيير في توجهاتنا وسلوكياتنا.

مبادئ النمو والتغيير

إن البريق المتوهج للأخلاقيات الشخصية، سببه أنها الطريقة الأسرع والأسهل لتحقيق حياة تتمتع بالفعالية الشخصية والثراء وإقامة علاقات قوية وعميقة مع الآخرين - دون اتباع العملية الطبيعية للعمل والنمو، والتي يمكن عن طريقها نيل هذا المراد.

إنها رمز بلا مادة، وهي الخطة الواعدة بتحقيق الثراء السريع أو جني ثروة بدون مشقة العمل. وهي خطة قد تبدو ناجحة - غير أن واضعها لا يتحرك من مكانه.

والأخلاقيات الشخصية ما هي إلا وهم وخداع. ومحاولة استخدام تقنياتها وحلولها السريعة بهدف تحقيق نتائج عالية الجودة أشبه ما تكون بمحاولة الذهاب إلى مكان ما في شيكاغو باستخدام خريطة مدينة ديترويت.

يقول إريك فروم - وهو أفضل من لاحظ جذور وثمار الأخلاقيات الشخصية:

"أصبح إنسان اليوم يتصرف مثل الإنسان الآلي الذي لا يعرف نفسه ولا يفهمها، والشخص الوحيد الذي يعرفه هو الشخص الذي من المفترض أن يكون عليه، والذي حلت لديه الدردشة عديمة المعنى محل الحديث التواصلي، وحلت ابتسامته المصطنعة محل الضحكة الراقية التي تخرج من القلب، واستبدل بالألم الراقي إحساسًا من اليأس الممل. وهناك عبارتان يمكن وصف هذا الفرد بهما؛ الأولى أنه يعاني عيوبًا في التعامل بتلقائية وعيوب في شخصيته التي تبدو غير قابلة للعلاج. وفي الوقت نفسه يمكن القول إنه لا يختلف اختلافًا أساسيًّا عن ملايين البشر الذين يعج بهم الكون".

وفـي جميع مناحي الحيـاة توجد خطوات متتابعة للنمـو والتطوير. فالطفل يتعلم كيـف يتقلـب ثم يجلس ثم يحبـو ثم يتعلم كيـف يمشي ويجـري. وكل خطوة من هذه الخطوات مهمة وتأخذ كل واحدة منها فترة من الوقت ولا يمكن إلغاء أي منها.

الأمـر نفسه ينطبق على جميع مراحل الحياة وجميع مجالات التطور، سواء كانت تعلم العزف على البيانو أو التواصل الفعّال مع زملاء العمل. وينطبق هذا الأمر أيضًا على الأفراد وبين الأزواج والأسر والمؤسسات.

ونحن نعرف ونتقبل حقيقة أو مبدأ *العملية* في نطاق الأشياء المادية، ولكن فهمها فـي نطاق العواطف والعلاقات الإنسانية وفي إطـار شخصية الفرد أقل شيوعًا وأكثر صعوبة. وحتى لو تمكنا من فهمها، فإن تقبلنا إياها والعيش في تناغم معها أقل شيوعًا وأكثـر صعوبة، وبالتالي نلجأ في بعض الأحيـان إلى طرق مختصرة، متوقعين تخطي هذه الخطوات الحيوية بهدف توفير وقتنا وجهدنا وننتظر حصاد الثمار المرغوبة.

ولكن ماذا يحدث عندمـا نحاول اختصار العملية الطبيعية لنمونا وتطورنا؟ فإذا كان تصنيفـك كلاعـب تنس متوسطًا، ولكنـك قررت اللعب في مسـتوى أعلى لتترك انطباعًا أفضل، فماذا ستكون النتيجة المتوقعة؟ هل كان التفكير الإيجابي وحده عونًا لك في المنافسة الفعّالة ضد اللاعب المحترف؟

مـاذا لو أقنعت أصدقـاءك بأنه بإمكانكم عزف البيانو فـي قاعة الحفلات بينما مهاراتكم الحالية لا تتجاوز مستوى المبتدئين؟

الإجابـة واضحـة، ببساطة مـن المستحيل انتهـاك عملية التطـور أو تجاهلها أو اختصارهـا؛ فذلك مناف للطبيعة، ومحاولـة السعي وراء هذه الطرق المختصرة لن تتمخض إلا عن خيبة أمل وإحباط.

فـإذا كنـت أحتـل المرتبـة الثانيـة فـي مجـال مكـون مـن عشـرة مستويـات، وأرغـب فـي الارتقاء إلـى المسـتوى الخامس، فلا بـد أن أتقـدم أولًا إلـى المستوى الثالـث. "طريق الألف ميل يبـدأ بخطوة"، ولا يسعك أخذ أكثـر من خطوة في المرة الواحدة.

فإذا لم تسمح لمعلمك بمعرفة مستواك - بتوجيه سؤال أو بإظهار جهلك - فإنك لـن تتعلـم شيئًا أو تنمو. ولن تتمكن مـن التظاهر لفترة طويلـة؛ لأن أمرك سينكشف حتمًـا. وغالبًا ما يكون الاعتراف بالجهل خطوة على طريق التعلم. ويقول ثورو: "كيف يمكننا تذكر جهلنا، الذي تتطلبه عملية نمونا، بينما نستخدم معرفتنا طوال الوقت؟".

وتحضرني مناسبة عندما أتت إليَّ فتاتان شابتان هما ابنتا صديق لي، وكانتا تذرفان الدموع وتشكوان لي قسوة والديهما وعدم قدرته على فهمهما. وكانتا خائفتين من التحدث إلى والديهما خشية العواقب التي قد تترتب على هذا. ولكنهما ما زالتا في حاجة إلى حب والديهما وتفهمه وإرشاده.

تحدثت إلى والدهما ووجدته مدركًا للوضع على المستوى الفكري. وبالرغم من اعترافه هذا فإنه كان يعاني مشكلة الانفعال سريعًا، ويرفض تحمل مسئولية هذه المشكلة وأن يتحلى بالصدق مع نفسه ليتقبل حقيقة أن مستوى نضجه العاطفي كان ضعيفًا. لقد كان كبرياؤه أقوى من أن يجعله يستطيع أن يأخذ الخطوة الأولى على طريق التغيير.

ولا بد من تعلم الإنصات من أجل إقامة علاقات فعّالة مع الزوجة أو الزوج أو الأطفال أو الأصدقاء أو شركاء العمل. وهذا يتطلب قوة عاطفية؛ لأن الصبر والانفتاح والرغبة في الفهم جزء من الإنصات - وهي سمات عالية التطور للشخصية. ومن السهل للغاية أن يتصرف المرء من منطلق مستوى عاطفي منخفض، ويعطي نصائح رفيعة المستوى.

ومن السهل ملاحظة تطور مستوى أدائنا في لعبة التنس أو العزف على البيانو؛ حيث يصعب التظاهر بخلاف الحقيقة. ولكن الأمر ليس بهذا الوضوح عندما يتعلق بالتطور على المستوى الشخصي والعاطفي. فيمكننا "إبهار" أو "خداع" الغرباء أو الزملاء، كما يمكننا التظاهر بخلاف طبيعتنا. ونستطيع النجاح لفترة على الأقل في العلن. وربما نتمكن حتى من خداع أنفسنا، ولكن أعتقد أن معظمنا يعرف شخصيته الحقيقية حق المعرفة، وأعتقد أن الكثير ممن نعيش معهم أو نختلط بهم في العمل يعرفونها كذلك.

وقد شاهدت عواقب محاولة اختصار عملية النمو الطبيعية في داخل عالم الأعمال، إذ يحاول المديرون التنفيذيون "شراء" ثقافة جديدة لتحسين الإنتاج والجودة وتقوية أواصر الثقة وتطوير خدمة العملاء مستخدمين الخطب الرنانة أو التدريب على كيفية الابتسام أو التدخلات الخارجية أو الدخول في عمليات اندماج أو الاستحواذ أو الاستيلاء الودي أو بالقوة، متجاهلين جو انعدام الثقة الذي أفرزته عمليات التلاعب تلك. وعندما لا تفلح مثل هذه الأساليب يبحثون عن غيرها من أساليب الأخلاقيات الشخصية متجاهلين ومنتهكين طوال الوقت المبادئ والعمليات الطبيعية رغم أنها الأساس الذي تبنى عليه الثقة.

وأتذكـر أننـي كأب انتهكت هذا المبـدأ منذ عدة سنوات. ففي أحـد الأيام عدت إلـى المنزل حيث كنا سنحتفل بعيد ميلاد طفلتي الثالثـة، وعندما دلفت إلى المنزل وجدت ابنتي تجلس منزوية في أحد أركان الحجرة الأمامية متشبثة بكل الهدايا التي قدمـت لها، ولا تسمـح لأي من الأطفـال بمشاركتها اللعب بتلك الألعـاب. وأول شيء لاحظته هو أن العديد من الآباء المتواجدين في الحجرة لاحظوا هذا السلوك الأناني. وقـد شعرت بحرج شديد، وتضاعف شعـوري بالحرج لأنني كنت في الوقت ذاته أعلم طلابي في الجامعة فن العلاقات الإنسانية، وأعلم أو على الأقل أشعر بما يتوقعه مني الآباء الآخرون.

وكان جـو الحجـرة مشحونًـا - وكان الأطفـال متجمهرين حول طفلتـي وأيديهم ممـدودة مطالبيـن باللعب بالهدايا التـي قدموها لهـا وابنتي ترفض بإصرار. قلت لنفســي: "لا بد أن أعلم ابنتي مبـدأ المشاركة؛ لأن قيمة المشاركـة من أهم الأشياء التي نؤمن بها".

لـذا، حاولت في البداية أن أطلب منها ببساطة "حبيبتي من فضلك، هلا سمحت لأصدقائك بمشاركتك اللعب بالألعاب التي قدموها لك؟".

فأجابت بعناد "كلا".

وحاولـت في الطريقة الثانيـة استخدام القليل من المنطـق "حبيبتي، إذا تعلمت مشاركـة لعبك مع الآخريـن فإنهم سيسمحون لك بمشاركتـك لعبهم عندما تذهبين إلى منازلهم".

ومرة أخرى كان ردها الفوري "كلا".

وازداد الوضـع حرجًا لأنه بـات من الواضح أن أسلوبي غير مؤثر، وكانت طريقتي الثالثة هـي استخدام الرشوة، فقلت لها بهدوء شديـد "حبيبتي، إذا شاركتهم اللعب سأقدم لك مفاجأة جميلة - سأمنحك قطعة من العلك".

فانفجرت قائلة "لا أريد علكًا".

والآن بدأت أشعر بضيق وحنق شديدين. وفي محاولتي الرابعة لجأت إلى التخويف والتهديد "إذا لم تشاركيهم اللعب فستقعين في متاعب جمة".

أجابـت باكيـة ""لا يهمنـي، إنهـا أغراضـي، وليـس علـي مشاركتهـا مـع أحد".

وأخيـرًا لجأت إلى القوة وانتزعت منها بعض اللعب وأعطيتها للأطفال الآخرين قائلًا: "حسنًا أيها الأطفال، العبوا بهذه اللعب".

ربما كانت ابنتي في حاجة إلى تجربة الامتلاك قبل أن تسمح بمشاركة أغراضها (فـإذا لم أتمكن من امتلاك الأشياء فهل يمكنني منحها؟) . لقد كانت ابنتي تحتاج مني - باعتباري والدها - إلى أن أتمتع بقدر عالٍ من النضج العاطفي كي أتركها تمر بهذه التجربة.

ولكن في هذه اللحظة كنت أقدر آراء الآباء الآخرين أكثر من تقديري لنمو وتطور طفلتي وعلاقة كل منا بالآخر. لقد أصدرت حكمًا مبدئيًّا بأنني على صواب، وأنها مخطئة لعدم قيامها بما أريد.

وربما أكون قد بالغت في فرض مستوى عالٍ من التوقع على ابنتي؛ لأنني أرى من وجهة نظري أنني كنت في المستوى الأضعف. فأنا لم أكن مستعدًّا لمنحها *الصبر* أو *التفهم*، لذا توقعت أن تقدم *الأغراض*. وفي محاولتي لتعويض ضعفي *استعرت القوة* من موقعي وسلطتي وفرضت عليها القيام بما أريد.

ولكن استعارة القوة تبني ضعفًا في المستعير لأنها تعزز الاعتماد على العوامل الخارجية للقيام بالأشياء. وهذه الاستعارة تبني ضعفًا داخل الإنسان الذي يفرض ما يريد، وتصيب عملية تطوير ونمو الاستقلال المبني على المنطق وكذا الانضباط الداخلي بسكتة مؤقتة. وأخيرًا تبني استعارة القوة ضعفًا في العلاقات؛ لأن الخوف يحل محل التعاون ويصبح الشخصان أكثر دفاعية واستبدادًا.

ومن أمثلة مصادر القوة المستعارة التفوق في الحجم أو القوة البدنية أو الموقع أو السلطة أو المؤهلات أو المظهر أو الإنجازات السابقة، ولكن ماذا يحدث عندما يتغير مصدر القوة المستعارة أو يتلاشى؟

لو كنت أكثر نضجًا لتمكنت من الاعتماد أكثر على قوة حدسي - وإدراكي مفهوم المشاركة والنمو وقدرتي على الحب والتربية - ولسمحت لابنتي بحرية الاختيار سواء رغبت في مشاركة لعبها أم لا. وبعد محاولتي استخدام المنطق معها ربما كان يتعين عليَّ تحويل انتباه الأطفال الآخرين إلى لعبة مسلية ورفع كل هذا الضغط العاطفي عن ابنتي. ولقد تعلمت أنه ما إن يشعر الأطفال بإحساس التملك الحقيقي فإنهم يشاركون أغراضهم بطبيعية وحرية وتلقائية.

كانت الخبرة التي اكتسبتها من هذا الموقف هي اختيار الوقت المناسب للتعليم. فعندما تكون العلاقات متوترة والجو مشحونًا بالانفعالات، فإن أية محاولة للتعليم تترجم على أنها إصدار لأحكام ورفض. ولكن إذا تحدثت إلى الطفل بهدوء وعلى انفراد والعلاقة بينكما على ما يرام سترى أن تعليماتك - أو القيم التي تحاول غرسها

تترك أثرًا كبيرًا فيه. وربما كان النضج العاطفي الذي تطلبه الموقف حينها خارجًا عن نطاق صبري وسيطرتي على نفسي.

وربما يكون من الضروري أن نشعر بحرية الامتلاك قبل أن نشعر بضرورة المشاركة. والعديد من الناس ممن يعطون بطريقة ميكانيكية أو يرفضون مشاركة ما لديهم مع الآخرين في زواجهم أو أسرهم، ربما لم يجربوا معنى امتلاك أنفسهم وشعورهم بشخصيتهم وقيمتهم. ومن المهم ونحن نربي أطفالنا أن نسمح لهم بالشعور بمعنى الامتلاك، وأن نتحلى بالقدر الكافي من الحكمة لنعلمهم قيمة العطاء ونكون قدوة لهم.

المشكلة تكمن في المنظور الذي *نراها* من خلاله

ينبهر الناس عندما يرون أشياء جيدة تحدث للأفراد الآخرين أو الأسر أو المؤسسات القائمة على أساس من المبادئ القوية. إنهم يحترمون قوة شخصية هؤلاء ونضجهم، ووحدة أسرهم وفرق عملهم، وثقافتهم المؤسسية المستخدمة.

والسؤال الأول الذي يطرحونه يكشف منظورهم الفكري الأساسي: "كيف فعلت هذا؟ علمني التقنيات التي استخدمتها". ولكن المعنى الحقيقي لسؤالهم "أسدني نصيحة سريعة أو حلًّا سريعًا يخفف من الألم الذي أعانيه نتيجة للموقف الذي أمر به".

وسيجدون من يلبي احتياجاتهم ويعلمهم تلك الأشياء، وقد تنجح تلك المهارات والتقنيات لوقت قصير، وقد تساعد في التخلص من بعض المشكلات الظاهرية أو الخطيرة عن طريق الأسبرين الاجتماعي والضمادات السريعة.

ولكن تظل الحالة مزمنة كما هي، وستظهر أعراض جديدة خطيرة أخرى. وكلما انخرط الناس في استخدام الحلول السريعة، والتركيز على المشكلات الخطيرة والآلام التي تسببها، أدت هذه الحلول إلى تفاقم المشكلات المزمنة.

إن المشكلة تكمن في الأسلوب الذي نراها به.

أود أن تلقي نظرة أخرى على بعض الشكاوى التي استعرضتها في بداية هذا الفصل، وتأثير التفكير باستخدام الأخلاقيات الشخصية.

لقد تلقيت دورة تدريبية تلو الأخرى عن التدريب الإداري الفعّال وكنت أتوقع الكثير من العاملين معي، وقد عملت جاهدًا من أجل بناء علاقة ودية معهم وعاملتهم معاملة راقية،

غير أنني لم أشعر بولاء أي منهم، وفكرت أنني لو مرضت ليوم واحد وتغيبت عن العمل فإنهم سيقضون هذا اليوم في اللعب وتضيع الوقت. لماذا لم أتمكن من تدريبهم على الاعتماد على الذات وتحمل المسئولية - أم يتعين علي البحث عن موظفين أفضل؟

والأخلاقيات الشخصية تجعلني أشعر أنه بإمكاني اتخاذ بعض الإجراءات الحاسمة - مثل زيادة التحديات بالمكان، وشغل الجميع بمهام إضافية - الأمر الذي من شأنه أن يشحذ طاقتهم ويحثهم على تقدير ما بين أيديهم. أو ربما يمكنني إيجاد برنامج تدريبي تحضيري يدفعهم إلى الالتزام. أو ربما يتعين علي البحث عن موظفين قادرين على أداء العمل بأسلوب أفضل.

ولكن هل من الممكن أن يكون ذلك متواريًا وراء انعدام الولاء الظاهري هذا تساؤل لدى العاملين إن كنت حقًّا حريصًا على مصلحتهم أم لا؟ هل يشعرون بأنني أتعامل معهم وكأنهم آلات؟ هل رأيهم هذا يحمل قدرًا من الصدق؟

في أعماقي، هل تلك حقًّا هي الطريقة التي أراهم بها؟ هل هناك احتمال أن تكون الطريقة التي أنظر بها للعاملين لدي جزءًا من المشكلة؟

لدي الكثير لأقوم به، ولكن اليوم لا يكفي. لذا أشعر بأنني مضغوط وألهث طوال الأربع والعشرين ساعة لمدة سبعة أيام في الأسبوع. ولقد حضرت دورات عن إدارة الوقت وجربت عشرات الخطط وجدت فيها بعض - المساعدة، ولكنني ما زلت أشعر بأنني لا أعيش الحياة السعيدة المنتجة والمريحة التي أريدها.

وتشعرني أخلاقيات الشخصية بأنه لا بد من وجود شيء ما من شأنه مساعدتي على التعامل مع كل هذه الضغوط بفعالية - ربما بعض الخطط الجديدة - أو الندوات.

هل يمكن ألا تكون *الفعالية* هي الإجابة؟ هل إنجاز الكثير من الأشياء في وقت أقل سيحدث فارقًا، أم تراه سيزيد فقط من سرعة التفاعل مع الناس والظروف التي يبدو أنها تتحكم في حياة المرء؟

هل من الضروري أن أبحث داخل أعماقي عن منظورات فكرية من شأنها التأثير على نظرتي للوقت ولحياتي ولطبيعتي الخاصة؟

لقد أصبح زواجي مملًّا. إننا لا نتشاجر أو أي شيء من هذا القبيل، إننا ببساطة لم نعد نحب بعضنا. ولقد ذهبنا إلى مستشار المشكلات الزوجية وجربنا العديد من الأشياء، ولكن يبدو أننا لم نعد نكن لبعضنا أية مشاعر.

تخبرنـا أخلاقيات الشخصية بضرورة وجود كتـاب جديد أو ندوة يتحدث الناس مـن خلالها عن مكنونات صدورهم، بحيث يتمكـن الزوج أو الزوجة من فهم الطرف الآخـر فهمًـا صحيحًـا. أو ربما يكون كل هـذا غير مجد، والحل فـي أن أبحث لي عن علاقة جديدة.

هـل من الممكن ألا تكمن المشكلة في شريك حياتي؟ هل يحتمل أنني أعزز نقاط ضعف شريك حياتي وأعيش حياتي وفقًا للطريقة التي يعاملني بها؟

هل تكونت لدي بعض المنظورات الفكرية عن شريك حياتي وزواجي وعن المعنى الحقيقي للحب، والتي تغذي المشكلة؟

هل يمكنك أن ترى مدى التأثير الأساسي للمنظور الفكري لأخلاقيات الشخصية على الطريقة التي ترى بها المشكلات، وكذلك الطريقة التي تحاول حلها بها؟

وسـواء تمكـن الناس مـن رؤيتها أم لا فـإن الكثيريـن منا أصبحـوا لا يقعون في شـرك الانخداع بالوعود الكاذبة لأخلاقيات الشخصية. فمن خلال جولاتي في جميع أنحـاء البلاد، وعملي مـع العديد من المؤسسات، اكتشفـت أن المديرين التنفيذيين ذوي المقـدرة علـى التفكير بشـكل سليم يشعـرون بالفتـور والملل عنـد استماعهم إلـى المتحدثيـن النفسيين والتحفيزييـن، الذين لا يملكون سـوى القصص المسلية الممزوجة بالأحاديث المكررة.

فهـم بحاجة إلى مادة وإلى عملية. كما أنهـم بحاجة إلى أكثر من مجرد أسبرين أو ضمـادات. إنهم - بحاجة إلى حل لمشكلاتهم المزمنة والتركيز علة المبادئ التي تتمخض عن حلول طويلة الأمد.

مستوى جديد من مستويات التفكير

ذكر ألبرت أينشتاين ملاحظة قائلاً: "لا يمكن حل المشكلات الكبيرة التي تواجهنا ونحن على مستوى التفكير نفسه الذي كنا عليه عندما صنعنا هذه المشكلات".

عندما ننظـر حولنا وبداخلنا وندرك المشكلات التـي خلقناها على مدار حياتنا وفـي أثناء تفاعلنـا مع أخلاقيات الشخصية ندرك أنها مشـكلات أساسية وعميقة لا يمكن حلها بنفس المستوى السطحي الذي تكونت نتيجة له.

ونحـن بحاجة إلى مستـوى جديد وأعمق مـن مستويات التفكيـر - نريد منظورًا فكريًّا قائمًا على أساس المبادئ التي تقدم وصفًا دقيقًا لأرضية فاعلية وتفاعل البشر لحل تلك الهموم العميقة.

وهذا المستوى الجديد من مستويات التفكير هو ما يدور حوله كتاب *العادات السبع للناس الأكثر فعاليـة*. إنه عبارة عن منهـج "من الداخل إلى الخـارج" يتمركز حول المبادئ، وقائم على الشخصية ويهدف إلى تحقيق الفاعلية الشخصية والجماعية.

وهـذا المبدأ يعني أن تبـدأ بنفسك أولاً، والأكثر أهميـة أن تبدأ بالجزء *الداخلي* لذاتك - بمنظوراتك الفكرية وسماتك ودوافعك.

وهـذا يعنـي أنـك لـو أردت أن *تحظـى* بـزواج سعيد فكـن الشخص الـذي يولد طاقـة إيجابيـة، وتخل تمامًا عن الطاقـة السلبية ولا تعمل على تعزيزهـا. وإذا أردت أن يكـون ابنك المراهـق أكثر سعادة وتعاونـًا فكن أبًا محبًّا يتمتـع بدرجة كبيرة من التفهـم والإحساس بمشاعره والتوافق معه. وإذا أردت أن *تحظى* بالمزيد من الحرية فـي عملـك وأن تقول وتفعل ما تشاء *فعليك* بتحمل المسئوليـة، وأن تمد يد المساعدة للجميـع وأن تكون الموظف المتعاون. وإذا أردت أن تكون موضع ثقة فاحرص على أن تستحـق هذه الثقـة. وإذا أردت تحقيق نجاح في قائمـة الموهوبين فعليك بالتركيز - أولًا على تكوين شخصية عظيمة بالأساس.

ويعنـي منهج البـدء من الداخل إلـى الخـارج أن الانتصـارات الشخصية تسبق الانتصـارات العامة، أي أن قطع العهود علـى أنفسنا والحفاظ عليها يأتي قبل التعهد أمـام الآخريـن، والحفـاظ على تلك العهـود. كما يعني هـذا المنهج أيضًـا أن وضع الشخصيـة قبـل السمات أمر غير مجد؛ لأنه من الصعـب تحسين علاقتنا بالآخرين قبل أن نحسن من أنفسنا.

ومـن الداخـل إلى الخارج هـي عملية - عملية تجديـد مستمـرة أساسها قوانين الطبيعـة التي تحكم نمو البشر وتطورهم. وهو نـوع من النمو التصاعدي الحاد الذي يؤدي إلى أشكال متطورة وراقية من الاعتماد على الذات المسئولة والاعتماد بالتبادل الفعّال.

وقـد أتيحت لي فرصة العمل مع فئات من الناس: أناس رائعين، وأناس موهوبين، وأناسـ يودون من أعماقهم تحقيق السعادة والنجاح، وأناس باحثين، وأناس يتسببون فـي جرح الآخرين. كما عملت مع مديريـن تنفيذيين وطلبة جامعات وجماعات دينية

ومدنية وعائلات وأزواج وزوجات. وخلال تجاربي العديدة لم أر أبدًا حلولًا دائمة للمشكلات وسعادة ونجاح دائمين يأتي من الخارج إلى الداخل.

وما رأيته يتمخض عن المنظورات الفكرية التي تأتي من الخارج إلى الداخل هو أناس تعساء يشعرون بأنهم ضحايا ومقيدون، والذين يركزون دائمًا على نقاط ضعف الآخرين ويلومون ظروفهم على الجمود الذي ألم بحياتهم. وقد رأيت زيجات تعيسة يريد كل طرف من الطرف الآخر أن يتغير، ويعدد كل واحد منهما "خطايا" الآخر، ويحاول تشكيل الطرف الآخر على هواه. وكم شاهدت من خلافات إدارية يهدر الناس فيها الكثير من وقتهم وطاقاتهم، في محاولة لوضع تشريع يجبر الناس على التصرف وكأن أسس الثقة ضاربة بجذورها.

ويعيش عدد من أفراد أسرتنا في أكثر بقاع العالم "سخونة" - جنوب أفريقيا وأيرلندا - وأعتقد أن مصدر استمرار المشكلات في تلك المناطق هو سيطرة المنظور الفكري من الخارج إلى الداخل. فكل جماعة مؤمنة بأن المشكلة تكمن "هناك بالخارج" و"أنهم" (أي الآخرين) لا بد أن يعاد تشكيلهم أو "يختفوا" فجأة من الوجود ومن ثم تحل المشكلة.

ويعد تغير المنظور الفكري إلى طريقة التفكير "من الداخل إلى الخارج" تغيرًا كبيرًا ومفاجئًا للكثير من الناس، ويرجع السبب إلى حد كبير إلى التأثيرات الخارجية والمنظورات الفكرية والاجتماعية الحالية لأخلاقيات الشخصية.

ولكن من خلال تجربتي - سواء الشخصية أو من خلال عملي مع الآخرين - ومن خلال الدراسة المتأنية للأفراد والمجتمعات الناجحة عبر التاريخ، اقتنعت بأن العديد من المبادئ التي يتضمنها كتابي *العادات السبع* موجودة بالفعل في أعماق كل واحد منا؛ داخل وعينا وإحساسنا الفطري. ولكي نتمكن من إدراكها وتطويرها واستخدامها لمواجهة همومنا الداخلية لا بد أن نفكر بطريقة مختلفة، ونغير منظوراتنا الفكرية إلى مستوى جديد وأعمق من مستويات "من الداخل إلى الخارج".

وبينما نسعى سعيًا حثيثًا لفهم تلك المبادئ وإدخالها في حياتنا، أثق تمام الثقة أننا سنكتشف ونعيد اكتشاف الحقيقة التي سجلها تي. إس. إليوت في ملاحظته التالية:

يجب ألا نتوقف عن الاستكشاف، وستنتهي جميع استكشافاتنا بالوصول إلى نقطة البداية وسنكتشف أننا نرى المكان لأول مرة.

العادات السبع - لمحة سريعة

شخصيتنا تتجلى في أفعالنا المتكررة.
ومن ثم فإن التميز عادة مكتسبة أكثر من كونها تصرفًا عارضًا.

أرسطو

تتكون شخصيتنا في الأساس من عاداتنا. "إذا زرعت فكرة حصدت عملًا، وإذا زرعت عملاً حصدت عادة، وإذا زرعت عادة حصدت شخصية، وإذا زرعت شخصية حصدت مصيرًا"، وتستمر تلك الحكمة بلا نهاية.

وتعد العادات عوامل مؤثرة في حياتنا؛ لأنها متماسكة ومترابطة - وعادة ما تكون نماذج غير واعية - فإنها تعبر بشكل دائم ويومي عن شخصيتنا وتصنع فعاليتنا... أو انعدام تلك الفعالية.

وكما قال المعلم العظيم هوراس مان: "العادات تشبه الحبل الغليظ - ننسج أحد خيوطه كل يوم، وسرعان ما يستحيل قطعه". وأنا شخصيًّا لا أتفق معه في الجزء الأخير من مقولته؛ فأنا أعلم أنه قابل للقطع. فالعادات يمكن تعلمها ويمكن الإقلاع عنها. ولكنني أعلم أنها ليست حلاًّ سريعًا لأنها تتطلب ممارسة مستمرة والتزامًا لا حدود له.

وهؤلاء الذين شاهدوا رحلة أبوللو ١١ إلى القمر جمدتهم الدهشة في أماكنهم عندما شاهدوا أول الرجال الذين ساروا على سطح القمر وعادوا إلى الأرض. وكانت صفات المبالغة مثل "رائع" و"أمر لا يصدق" غير كافية لوصف هذه الأيام العظيمة. ولكن لوصول رواد الفضاء هؤلاء إلى سطح القمر كان عليهم أن يخترقوا قوة الجاذبية الأرضية الهائلة. وقد استهلكت طاقة كبيرة في الدقائق القليلة الأولى للانطلاق، في أثناء الأميال القليلة الأولى للرحلة، والتي تفوق في قدرها تلك الطاقة التي استخدمت مرة أخرى خلال الأيام التالية لقطع مسافة نصف مليون ميل.

والعادات أيضًا لها جاذبية هائلة - أكثر مما يدركه الكثير من الناس - أو يعترفون بـه. والإقلاع عن عادات مثل المماطلة أو نفـاد الصبر أو اللامبالاة أو الأنانية، والتي تنتهك مبادئ الفعالية الإنسانية الأساسية، يتطلب ما هو أكثر من الإرادة والقليل من التغييـرات التي يمكن إحداثها في حياتنا. و"الانطلاق" يتطلب جهدًا هائلًا، ولكن ما إن ننطلق خارج نطاق الجاذبية حتى تأخذ حريتنا بعدًا جديدًا تمامًا.

وقـوة الجاذبيـة شأنهـا شـأن أي قـوة مـن قـوى الطبيعـة يمكنهـا أن تعمـل معنـا أو ضدنا. فقـوة جاذبية بعض عاداتنا قد تعوقنا مؤقتًا عـن السير نحو وجهتنا. ولكن قوة الجاذبية هي - أيضًا التي تبقى عالمنا وحدة واحدة وهي - التي تحافظ على سيـر كوكبنا في مداره وتحافظ على نظام الكـون. إنها قوة مؤثرة، وإذا استخدمناها بفاعليـة يمكننـا استغلال قـوة جاذبية عاداتنا لخلـق الترابط والنظـام الضروريين لتحقيق الفعالية في حياتنا.

تعريف "العادات"

مـن أجل أهدافنا المنشودة سنعرِّف العادات بأنها نقطة التقاء *المعرفة والمهارة والرغبة*.

والمعرفـة هـي - منظور فكري نظري، وبعبارة أخرى هي *مـا تفعله ولماذا تفعله*. والمهارة هي *كيفية القيام بهذا الأمر*. أما الرغبة فهي الدافع؛ أي *الحاجة إلى القيام بهـذا الأمـر*. لكي يتحول أمـر ما إلى عادة فـي حياتك لا بد أن تتحلـى بكل الصفات الثلاث السابقة.

وربمـا كان تعاملي مـع الزملاء أو الـزوج أو الزوجة أو الأطفـال يشوبه شيء من القصـور؛ لأنني دائمًـا مـا أخبرهم بما أفكـر فيه، ولكننـي لا أمنح نفسـي الفرصة للاستمـاع إليهم. ولن *أدرك* حاجتي إلى الإنصات إلى الآخرين ما لم أعرف المبادئ الصحيحة للتعامل معهم.

ورغـم أننـي أعرف تمام المعرفة أهميـة الاستماع إلى الآخريـن من أجل تحقيق تواصـل فعّال، فربمـا لا تتوافر لديَّ هذه المهـارة. وربما لا أعرف حقًّـا كيف أنصت بعمق لشخص آخر.

ولكـن معرفتي أنني بحاجة للإنصات ومعرفتي كيـف أنصت ليستا كافيتين. فأنا إن لـم *أرغب* فـي الاستماع إلـى الآخرين رغبة قويـة فلن يتحول الأمـر إلى عادة في حياتي. فخلق العادات يتطلب العمل على الأبعاد الثلاثة.

وعمليــة تحــول الكينونة/الرؤية هــي عملية تصاعديــة. فالكينونة تغيــر الرؤية، والأخيــرة بدورهــا تغيــر الكينونــة وهكــذا دواليــك. أي أننــا ننمــو نمــوًّا تصاعديًّــا حــادًّا. ويمكننا فعل ذلــك من خلال تطوير كل مــن المعرفة والمهــارات والرغبة في الانتقــال إلى مستويات جديدة مــن الفعالية على المستــوى الشخصي ومع الآخرين، بينمــا نقوم بكسر المنظورات الفكريــة القديمة والتي قد تكــون مصدرًا من مصادر الأمن الزائف طوال سنوات عدة.

وفــي بعض الأحيان تتسم هــذه العملية بأنها مؤلمة. فهــذا التغيير يكون نابعًا من هــدف أسمــى، من خلال اعتقادك أن مــا تريده الآن تابع لما تريــد أن تكون عليه في المستقبــل. ولكن هذه العملية تولــد السعادة، وهي "ما نسعــى لتحقيقه في حياتنا". ومــن ثم، يمكن تعريف السعادة ولو جزئيًّا بأنها ثمــرة الرغبة والقدرة على التضحية بما تريد *الآن* من أجل ما تريد في *المستقبل*.

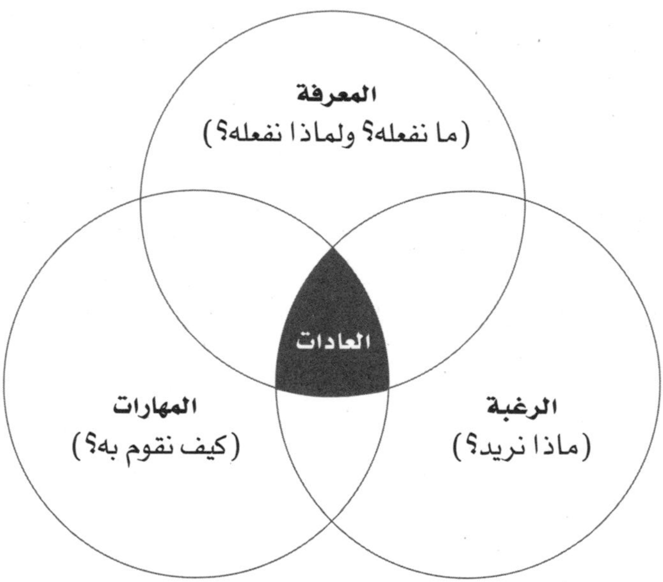

العادات الفعّالة المؤثرة

مبادئ وأنماط السلوك الداخلية

تدرج النضج

إن كتاب العادات السبع لا يقدم مجموعة منفصلة أو عشوائية من الوصفات النفسية، بل يقدم تطور الفعالية على المستوى الشخصي، وعلى مستوى التعامل بين الأفراد بما يتوافق وقوانين الطبيعة المتعلقة بالنمو باستخدام نهج تدريجي ومتتابع ويتسم بدرجة عالية من درجات التكامل. وتتقدم بنا هذه العادات على تدرج النضج بدءًا من *الاعتماد على الآخرين* إلى *الاعتماد على الذات* ثم إلى *الاعتماد بالتبادل*.

كل منا بدأ حياته رضيعًا يعتمد *اعتمادًا كليًّا* على من حوله، في التوجيه والإطعام والاستمرارية. ولو لم يتم إطعامنا لما بقينا على قيد الحياة أكثر من ساعات معدودة أو ربما أيام قليلة على أكثر تقدير.

ثم تدريجيًّا وعلى مر الشهور والسنين نصبح أكثر *اعتمادًا على الذات* من الناحية البدنية والعقلية والعاطفية والمادية أيضًا إلى أن نتمكن من العناية بأنفسنا في النهاية، ومن ثم نتلقى التوجيهات من داخلنا ونعتمد على أنفسنا.

وبينما ننمو وننضج يزداد إدراكنا أن الطبيعة تتطلب *الاعتماد بالتبادل* وأن هناك نظامًا بيئيًّا يحكم الطبيعة بما فيها المجتمع. كما نكتشف أيضًا أن المناطق المهمة والأسمى في طبيعتنا ترتبط ارتباطًا وثيقًا بعلاقاتنا بالآخرين - وهذا يعني أن الحياة الإنسانية تتطلب الاعتماد بالتبادل.

وتجرى عملية النمو من مرحلة الطفولة إلى مرحلة البلوغ في إطار قوانين الطبيعة. وبالطبع هناك أبعاد كثيرة للنمو، على سبيل المثال لا يعني بالضرورة اكتمال نضجنا البدني اكتمال نضجنا العاطفي والعقلي تبعًا لذلك. ومن ناحية أخرى لا يعني اعتماد الشخص بدنيًّا على غيره عدم اكتمال نضجه العاطفي والعقلي.

وعلى تدرج النضج، فإن *الاعتماد على الآخرين* هو منظور فكري مفاده *أنت* - أنت تعتني بي وتقف إلى جانبي، وإذا لم تفعل سألقي عليك باللوم إذا ألم بي خطب.

و*الاعتماد على الذات* هو منظور فكري مفاده *أنا* - *أنا* يمكنني القيام بهذا الأمر، و*أنا* المسئول، و*أنا* أعتمد على نفسي، و*أنا* من يملك حق الاختيار.

أما *الاعتماد بالتبادل* فهو منظور فكري مفاده *نحن* - *نحن* يمكننا القيام بهذا الأمر، و*نحن* يمكننا أن نتعاون، و*نحن* يمكننا مزج مهاراتنا وقدراتنا معًا لنصنع شيئًا عظيمًا لنا جميعًا.

والناس الذين يعتمدون على غيرهم في حاجة إلى مَن يحقق لهم ما يريدون. أما الناس الذين يعتمدون على ذواتهم يمكنهم الحصول على ما يريدون

بجهودهم الشخصية. والناس الذين يتبادلون الاعتماد على بعضهم البعض يوحدون جهودهم لتحقيق أعظم نجاحاتهم.

وإذا كنت أعتمد بدنيًا على شخص آخر - نتيجة للإصابة بالشلل أو إعاقة أو أي شيء آخر يعوق حركتي البدنية - فهذا يعني أنني في حاجة إلى مساعدتك. وإذا كنت أعتمد على الآخرين من الناحية العاطفية فإنني إذن أستقي تقديري لذاتي وشعوري بالأمان من رأي الآخرين فيّ، وقد يحطمني عدم حبهم إياي. أما إذا كنت أعتمد على الآخرين من الناحية العقلية فهذا يعني أنني في حاجة إلى من يفكر لي، ويفكر في مشكلاتي وهمومي نيابة عني.

وعلى الجانب الآخر، إذا كنت أعتمد على ذاتي من الناحية البدنية فإنني قادر على فعل ما يحلو لي. وإذا كنت أعتمد على ذاتي من الناحية العقلية فهذا يعني أنني قادر على التفكير لذاتي، والانتقال من أحد مستويات التفكير العام إلى المستوى الآخر، ومن ثم يمكنني التفكير بأسلوب إبداعي وتحليلي، وأنظم وأعبر عن أفكاري بأساليب مفهومة. وإذا كنت أعتمد على ذاتي من الناحية العاطفية، فسوف يتولد بداخلي رضا عن ذاتي، وسوف تنبع توجهاتي من الداخل، ولن يتأثر شعوري بتقديري لذاتي بحب الآخرين إياي أو حسن معاملتهم.

ومن السهل أن ترى أن الاعتماد على الذات أكثر نضجًا من الاعتماد على الآخرين. فيعد الاعتماد على الذات إنجازًا عظيمًا في حد ذاته، ولكن الاعتماد على الذات ليس هو التفوق المطلق.

غير أن المنظور الفكري الحالي للمجتمع يمجد الاعتماد على الذات. وهو الهدف المنشود للكثير من الأفراد والحركات الاجتماعية. ويحتل الاعتماد على الذات موقع الصدارة في العديد من المناهج التي تتناول التنمية الذاتية، وكأن التواصل والعمل بروح الفريق والتعاون مصنفان في القيم الأقل شأنًا.

ولكن الكثير من تأكيدنا في الوقت الحالي على الاعتماد على الذات هو رد فعل للاعتماد على الآخرين - أي وجود من يتحكم فينا ويستغلنا ويتلاعب بنا.

ويبدو أن المفهوم المحدود للاعتماد المتبادل يحمل بداخله معنى الاعتماد على الآخرين، ومن ثم نجد - لأسباب تغلفها الأنانية - أناسًا يهدمون زيجاتهم، ويهجرون أطفالهم ويتخلون عن كل مسئولياتهم الاجتماعية باسم الاعتماد على الذات أو الاستقلالية.

وغالبًا هذا النوع من رد الفعل الذي يتكون بداخل الناس "التحرر من جميع القيود" و "أن يصبحوا أحرارًا " و"تحقيق الذات" و"فعل ما يحلو لهم" يكشف عن المزيد من الاعتماد على الآخرين الذي لا مفر منه؛ لأنه يكون نابعًا من الداخل لا من الخارج - ومن أمثلة هذا الاعتماد على الآخرين السماح لنقاط ضعفنا بهدم حياتنا العاطفية، أو الإحساس بأننا ضحايا نتيجة لتصرفات الآخرين أو الأحداث الخارجة عن إرادتنا.

وبالطبع، ربما نحتاج إلى تغيير ظروفنا، بيد أن مشكلة الاعتماد على الآخرين هي مسألة تتعلق بالنضج الشخصي، وعلاقتها بالظروف محدودة للغاية. فيستمر كل من الاعتماد على الآخرين وعدم النضج حتى في ظل ظروف أفضل.

ويعزز الاعتماد الحقيقي على الذات قوتنا التي تعزز فاعليتنا بدلًا من أن ندع الآخرين يتصرفون نيابة عنا. كما أنه يحررنا من اعتمادنا على الآخرين وعلى الظروف، وهو هدف تحرري قيم في ذاته. ولكنه في الوقت نفسه لا يعد الهدف الأسمى للحياة الفعّالة.

ولا يتناسب التفكير المستقل وحده مع مفهوم الاعتماد بالتبادل. فالأشخاص المستقلون ممن لا يمتلكون القدرة على التفكير أو العمل مع الآخرين ربما يكونون أفرادًا منتجين؛ ولكنهم لا يستطيعون أن يكونوا قادة جيدين أو يعملون مع فريق. فهم لا يعتنقون المنظور الفكري الضروري للنجاح في الزواج أو العائلة أو الواقع المؤسسي.

والحياة بطبيعتها تتطلب قدرًا كبيرًا من الاعتماد بالتبادل. ومحاولة تحقيق الحد الأقصى من الفعالية من خلال الاعتماد على الذات يشبه لعب التنس في نادي الجولف - بالطبع لا تكون الأدوات ملائمة للواقع.

ويتسم مفهوم الاعتماد بالتبادل بأنه أكثر نضجًا وأكثر تقدمًا. فإذا كنت من الناحية البدنية أستخدم مبدأ الاعتماد بالتبادل فأنا قادر على الاعتماد على ذاتي؛ ولكنني أدرك في الوقت نفسه أننا لو عملنا أنا وأنت معًا لأمكننا إنجاز الكثير من العمل، بقدر يفوق ما قد أنجزه بمفردي حتى لو بذلت قصارى جهدي. وإذا كنت من الناحية العاطفية أتعامل من منطلق الاعتماد بالتبادل، فأنا أتمتع بقدر كبير من الإحساس بقيمة الذات، ولكنني أدرك أنني أيضًا في حاجة إلى الحب والعطاء والشعور بحب الآخرين. وإذا كنت من الناحية العقلية أستخدم مبدأ الاعتماد بالتبادل، فإنني أدرك حاجتي إلى عقول أخرى جدية لتفكر معي.

وعندما أكون شخصًا يعمل بمبدأ الاعتماد بالتبادل، فهذا يعني أن لديَّ فرصة سانحة لأشرك الآخرين فيما لديَّ بكل صدق، ومن ثم تتاح لي الفرصة لأشارك الآخرين مواردهم وإمكانياتهم الهائلة.

والاعتماد بالتبادل هو خيار من حق الأشخاص الذين يعتمدون على ذواتهم فقط. أما الأشخاص الذين يعتمدون على غيرهم فليس بإمكانهم أن يختاروا الاعتماد بالتبادل كأسلوب للحياة. فهم لا يملكون الشخصية التي تأهلهم للقيام بهذا الخيار، كما أنهم لا يملكون قدرًا كافيًا من أنفسهم.

ولهذا السبب ستتناول العادات الأولى والثانية والثالثة خلال الفصول التالية موضوع االتحكم في الذات. إن هذه العادات الثلاث هي التي ستحولك من شخص يعتمد على الآخرين إلى شخص يعتنق مبدأ الاعتماد بالتبادل، وهي "الانتصارات الشخصية" التي هي جوهر نمو الشخصية. وبالطبع *الانتصارات الشخصية تسبق الانتصارات الجماعية*. ولا يمكنك قلب هذه العملية بأي حال من الأحوال إلا إذا تمكنت من حصاد أرض قبل أن تزرعها. إنها عملية تسير من الداخل إلى الخارج.

وبعدما تصبح شخصًا يعتمد على ذاته بحق يصبح لديك الأساس لتحقيق الاعتماد بالتبادل الفعّال، فتصير شخصًا يتمتع بأساس الشخصية الذي من خلاله يمكنك العمل بفعالية لتحقيق "انتصارات عامة" مع فريق عمل، من خلال التعاون والتواصل - وهي العادات الرابعة والخامسة والسادسة.

ولكن هذا لا يعني أنه يتعين عليك التفوق في التحلي بالصفات الأولى والثانية والثالثة قبل العمل على الصفات الرابعة والخامسة والسادسة. إن فهم التسلسل سيساعدك على التعامل مع النمو تعاملًا فعّالًا، ومع ذلك فأنا لا أقترح عليك عزل نفسك لعدة سنوات حتى تتمكن من التحلي بالعادات الأولى والثانية والثالثة.

والاتصال بالعالم كل يوم هو جزء من عالم الاعتماد بالتبادل. ولكن يمكن لمشكلات هذا العالم الخطيرة أن تجعل من الصعب رؤية أهداف الشخصية الأساسية بسهولة. وفهم كيف تؤثر كينونتك في كل تفاعل من تفاعلات الاعتماد بالتبادل، سوف يساعدك على تركيز جهودك بشكل متسلسل ومتوافق مع قوانين النمو الطبيعية.

والعادة السابعة هي عادة التجدد - وهو التجدد المنتظم والمتوازن للأبعاد الأربعة الأساسية للحياة. وهذه العادة تحيط بالعادات الأخرى وتجسدها، وهي عادة التحسين المتواصل التي تخلق النمو التصاعدي الحاد الذي يحملنا معه إلى

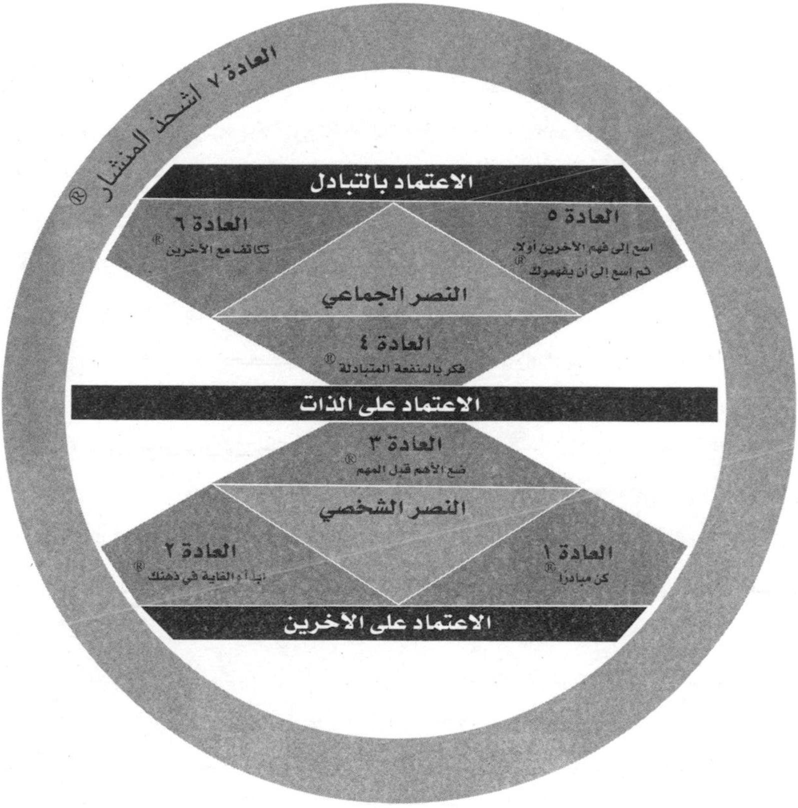
العادة ٧ اشحذ المنشار ®
الاعتماد بالتبادل
العادة ٦
تكاتف مع الآخرين ®
العادة ٥
اسع إلى فهم الآخرين أولًا،
ثم اسع إلى أن يفهموك ®
النصر الجماعي
العادة ٤
فكر بالمنفعة المتبادلة ®
الاعتماد على الذات
العادة ٣
ضع الأهم قبل المهم ®
النصر الشخصي
العادة ٢
ابدأ والغاية في ذهنك ®
العادة ١
كن مبادرًا ®
الاعتماد على الآخرين

مستويات جديدة من فهم ومعايشة العادات الأخرى، حيث تحلق حولها من داخل طائرة أكثر تطورًا وعلوًّا*.

والرسم التوضيحي في الصفحة السابقة يمثل استعراضًا لتدرج العادات السبع، واعتمادها المتبادل على بعضها البعض. وسوف يستخدم هذا الرسم التوضيحي خلال الكتاب بينما نكتشف تدرج العلاقات بين العادات وكذلك اتحادها مع بعضها البعض - وكيف يؤدي هذا إلى صنع أطر جديدة جريئة لكل منها يضيف المزيد إلى أهميتها. وسأقوم بتوضيح كل مفهوم أو عادة عند تقديمها.

تعريف الفعالية

إن العادات السبع هي عادات *الفعالية*. ولأنها قائمة على المبادئ فهي تحقق الحد الأقصى من النتائج المفيدة طويلة المدى. والعادات السبع هي الدعائم الأساسية لشخصية الإنسان، وهي مركز تعزيز الخرائط الصحيحة، والتي من خلالها يمكن للفرد وضع حلول فعّالة للمشكلات وتعظيم الفرص والاستمرار في التعلم والتكامل مع المبادئ الأخرى في نمو تصاعدي حاد.

وتعتبر هذه العادات السبع فعّالة لأنها تقوم على أساس من المنظورات الفكرية الفعالة المتناغمة مع قوانين الطبيعة، وهو مبدأ أطلق عليه توازن (الإنتاج/ القدرة على الإنتاج) الذي يتخلى عنه الناس. وفي الواقع، يمكننا فهم هذا المبدأ فهمًا جيدًا إذا تذكرنا قصة أيسوب الخيالية، والتي تحكي عن الإوزة التي تبيض بيضة ذهبية.

وتدور أحداث هذه القصة الخيالية حول فلاح فقير دخل حظيرته في أحد الأيام فوجد إوزته وضعت بيضة ذهبية، فظن في أول الأمر أنها خدعة، وهم بإلقاء البيضة ولكنه عاود التفكير مرة أخرى في الأمر وقرر أخذ البيضة لعرضها على الصائغ لتقييمها.

وعندما عرف أن البيضة من الذهب الخالص لم يتمالك نفسه بعد أن عرف أنه يمتلك ثروة بين يديه. وفي اليوم التالي، انتابته دهشة شديدة عندما وجد بيضة ذهبية أخرى، وتكرر الأمر وأصبح يهرول كل صباح إلى الحظيرة ليجد بيضة ذهبية أخرى في انتظاره. وأضحى الفلاح الفقير يمتلك ثروة كبيرة، وكان يظن أنه يحلم من فرط سعادته.

---

* لترى إلى أي مدى تتحلى بالفعالية - ومواطن القوى لديك وكيف يمكنك تحسينها - اطلع على تقييم نسبة الفعالية الشخصية (PEQ) على الموقع الإلكتروني التالي: www.7HabitsPEQ.com

ولكـن تضخم ثروته جعله جشعًـا وغير صبور، وضاق ذرعًا بأمـر انتظار البيضة الذهبيـة كل صبـاح؛ لـذا قـرر أن يذبـح الإوزة ليحصـل علـى كل البيضـ الذهبـي دفعـة واحدة. ولكنه عندما شق بطـن الإوزة وجدها خاوية ولم يكن بداخلها أي بيض ذهبي - ولم يعد يحصل على أي بيض ذهبي لأنه قتل الإوزة التي تبيض له ذهبًا.

وأعتقـد أن هـذه القصـة الخياليـة تحمل في مضمونهـا أحد قوانيـن الطبيعة - التعريف الأساسي للفعالية؛ يرى الكثير من الناس الفعالية من خلال المنظور الفكري للبيضة الذهبية: كلما كنت منتجًا زاد عملك وأصبحت أكثر فعالية.

ولكن كما اتضح من خلال القصة فإن الفعالية الحقيقية مكونة من شقين: المنتَج (البيض الذهبي) والأصل المنتِج أو القدرة على الإنتاج (الإوزة).

فـإذا كان النموذج الذي تسير حياتك وفقًا له يركز على البيض الذهبي ويتجاهل الإوزة؛ فسرعـان ما تفقد الأصل الذي ينتج البيض الذهبي. وعلى الجانب الآخر، إذا اعتنيت بالإوزة ولم تهتم بالبيض الذهبي فسرعان ما تفقد الوسيلة الضرورية لإطعام نفسك أو إطعام الإوزة.

وتكمـن الفعالية في التـوازن - أي ما أطلق عليه تـوازن (إ/ق إ). وترمز (*إ*) إلى *إنتاج* النتائج المرجوة، بينما ترمز (*ق إ*) إلى "معايير *القدرة على الإنتاج*، أي القدرة أو الأصل الذي ينتج البيض الذهبي.

أنواع الأصول الثلاثة

توجـد ثلاثة أنواع أساسية للأصـول: الأصول المادية والأصـول المالية والأصول البشرية. والآن، سندرس كل واحد منها على حدة.

منـذ عدة سنوات مضـت قمت بشراء *أصل مادي* وهو آلة جـز الحشائش. وظللت أستخدمهـا مرات ومـرات دون أن أفكر في صيانتها. وبالفعل ظلـت الآلة تعمل جيدًا لموسميـن، غير أنهـا تعطلت. وعندما حاولـت إعادتها للعمل عن طريـق صيانتها أو شحذها اكتشفت أن المحرك قد فقد أكثر من نصف قدرته، ومن ثم أصبحت عديمة الفائدة.

ولو كنت أحسنت الاستثمار في (ق إ) - أي الحفاظ على الأصل وصيانته - لكنت الآن محتفظًـا بـ (إ) سليمًا - أي حديقـة مشذبة. وبالطبع، وبالحال الـذي آلت إليه الآلـة اضطررت إلى إنفاق مـال ووقت لاستبدالها أكثر مما كنت سأفعل لو أجريت لها الصيانة اللازمة. إذن، لم يكن الأمر فعالًا.

وفي أثناء بحثنا عن المردودات أو النتائج قصيرة المدى غالبًا ما ندمر أصلًا ماديًا قيمًا - مثل السيارة أو المغسلة أو المجفف أو حتى جسمنا أو البيئة. إذن الحفاظ على توازن (إ) و (ق إ) من شأنه إحداث فرق هائل في الاستخدام الفعّال للأصول المادية.

ولهذا الأمر تأثير قوي على الاستخدام الفعّال للأصول *المالية*. إلى أي مدى يخلط الناس بين المبدأ والفائدة؟ هل سبق لك انتهاك مبدأ ما من أجل تحسين مستواك المعيشي، ومن أجل الحصول على المزيد من البيض الذهبي؟ كلما قلت المبادئ انخفضت الطاقة المنتجة للفائدة أو الدخل. ويظل رأس المال يقل تدريجيًا حتى يبيت غير كاف للوفاء بالاحتياجات الأساسية.

وأهم أصولنا المالية هو قدرتنا على الكسب. وإذا لم نداوم على الاستثمار في تحسين (ق إ) الخاص بنا، فهذا يعني أننا نحد من الخيارات المطروحة أمامنا، ونحبس أنفسنا داخل سجن وضعنا الحالي، ونفرُّ رعبًا من رأي المؤسسة التي نعمل بها، أو رأي رئيس العمل، ونتحول إلى الاعتماد على الآخرين اقتصاديًا، ونتحول إلى الموقف الدفاعي، ومرة أخرى أقول إن هذا هو ما يطلق عليه انعدام الفعالية.

وبالنسبة للأصول *البشرية* فإن توازن (إ/ ق إ) يشكل أهمية كبيرة أيضًا تفوق أهمية الأصلين السابقين، ولكنه أكثر أهمية لأن الناس يتحكمون في الأصول المادية والمالية.

عندما يركز زوجان كل اهتمامهما على البيض الذهبي والفوائد أكثر من اهتمامهما بالحفاظ على العلاقة التي تجعل من تحقق تلك الفوائد أمرًا ممكنًا فإنهما غالبًا ما يصبحان منعدمي الإحساس، ولا يهتم أحدهما بمشاعر الآخر، ويهملان تقوية روابط المودة بينهما والمجاملات البسيطة التي تعتبر الغذاء الذي يعمق العلاقة بينهما. ويشرع كل واحد منهما في التلاعب بالطرف الآخر و"التركيز" على احتياجاته الشخصية، وتبرير موقفه وكذلك البحث عن دليل يؤكد خطأ الطرف الآخر. ويتحول الحب وثراء العلاقة والرقة والتلقائية إلى أشباح من الماضي، وتوهن الإوزة يومًا بعد يوم.

والآن، ماذا عن علاقة الآباء بأبنائهم؟ عندما يكون الأبناء صغارًا يكونون معتمدين اعتمادًا كليًا على من حولهم لأنهم ضعفاء. ويضحى من السهل إهمال عمل (ق إ) - أي التدريب، و التواصل وتدعيم العلاقات، والإنصات. ويصبح من السهل التلاعب، والحصول على ما تريد بالطريقة التي تراها - الآن! فأنت الأكبر والأذكى

وأنت على حق! إذن، ما المانع في أن تملي عليهم ما يفعلون؟ وإذا استدعى الأمر، يمكنك الصياح فيهم وتهديدهم والإصرار على ما تريد.

أو يمكنك التساهل معهم، ويمكنك السعي وراء البيضة الذهبية الخاصة بكونك محبوبًا بأن تسعدهم وتعطيهم ما يريدون وقتما يشاءون. ومن ثم، ينشئون دون أي إحساس داخلي بالمعايير أو التوقعات، وبدون تأديب أو تحمل للمسئولية.

وفي أي من الحالتين - التسلط أو التساهل - فأنت تفكر بعقلية البيضة الذهبية. فأنت إما أن تفرض رأيك عليهم، أو ترغب في كسب حبهم. ولكن في هذه الأثناء ما الذي يحدث للإوزة؟ وما القدر الذي يمكن أن يحظى به هذا الطفل في رحلته في الحياة من الإحساس بتحمل المسئولية وضبط النفس، والثقة في قدرته على اتخاذ القرارات الصحيحة أو تحقيق أهداف مهمة؟ وماذا عن علاقتك بطفلك؟ فعندما يصل إلى سنوات المراهقة الحرجة ويواجه أزمة الهوية، هل سيعرف من خلال خبرته معك أنك ستستمع إليه دون أن تحاول إصدار أحكام، وأنك تهتم به بالفعل كإنسان وأنك تثق به مهما حدث؟ هل ستكون العلاقة بينكما قوية بالقدر الذي يسمح لك بالنزول إلى مستواه والتواصل معه والتأثير عليه؟

ولنفترض أنك ترغبين في أن تكون حجرة ابنتك نظيفة - هذا هو (إ) - الإنتاج - أي البيضة الذهبية. ولنفترض أنك تريدين منها تنظيف الحجرة - هذا (ق إ) القدرة على الإنتاج. إذن ابنتك هي الإوزة - الأصل الذي ينتج البيضة الذهبية.

فإذا كان هناك توازن بين (إ) و (ق إ) فهذا يعني أنها ستسعد بتنظيف حجرتها دون أن تحتاج إلى تذكير؛ لأنها ملتزمة ولديها قدر من الانضباط لتحافظ على هذا الالتزام. إذن الابنة تمثل أصلًا قيمًا يمكنه إنتاج بيض ذهبي.

ولكن إذا كنت تركزين منظورك الفكري على الإنتاج وتنظيف الحجرة، فإنك ستكونين في شقاق دائمًا معها. وربما تتصاعد جهودك لتصبح تهديدًا وصياحًا في وجهها، وفي أثناء محاولتك للحصول على البيضة الذهبية ستضرين بصحة الإوزة.

والآن، سأشارككم تجربة (ق إ) ممتعة مررت بها مع إحدى بناتي: كنا نخطط لموعد شخصي، وهو أمر أستمتع به مع كل واحد من أبنائي. وكنا نجد متعة في ترقب هذا الموعد بقدر ما نستمتع به عند حدوثه.

لذا، فقد اقتربت من ابنتي قائلًا: "حبيبتي، الليلة ليلتك. ما الذي تنوين القيام به؟".

فأجابتني: "أبي، لا بأس".

فقلت لها: "كلا، ما الذي تنوين عمله؟".

فأجابتني أخيرًا: "حسنًا ما أريد القيام به لن تود أنت القيام به".

فأجبتها باهتمام: "بلى يا حبيبتي، أود القيام بأي شيء تريدين".

فأجابتني: "أود مشاهدة فيلم حرب *النجوم*، ولكنني أعلم أنك لا تحب حرب النجوم. لقد غالبك النعاس وأنت تشاهده من قبل لأنك لا تحب هذا النوع من الأفلام الخيالية. لا بأس بهذا الأمر يا أبي".

"كلا يا حبيبتي، إذا كان هذا ما تودين القيام به فإنني أود القيام به أيضًا".

"أبي، لا تكترث لهذا الأمر. ليس من الضروري الخروج في هذا الموعد". وسكتت لبرهة ثم استطردت: "ولكن هل تعلم لماذا لا تحب حرب *النجوم*؟ لأنك لا تفهم فلسفة وتدريب فرسان الجيداي".

"ماذا؟".

"هل تعرف الأمور التي تدرسها يا أبي؟ إنها الأمور نفسها التي يتضمنها تدريب فرسان الجيداي".

"حقًّا؟ لنذهب إذن ونشاهد حرب *النجوم*".

وبالفعل ذهبنا وجلست إلى جواري وبدأت تقدم لي منظورًا فكريًّا. وأصبحت أنا تلميذها وهي المعلمة، وكان الأمر رائعًا بالفعل. ومن منطلق هذا المنظور الفكري الجديد بدأت أرى كيف تتجلى فلسفة فرسان الجيداي الأساسية في التدريب في ظل الظروف المختلفة.

ولم تكن تجربة (إ) هذه مخططًا لها، بل كانت ثمرة رائعة للاستثمار في (ق إ). وكانت تجربة مدعمة للروابط ومُرضية للغاية. ولكننا استمتعنا بالبيض الذهبي أيضًا - حيث قمنا بتغذية الإوزة التي هي - قيمة العلاقة.

(ق إ) الخاصة بالمؤسسات

واحدة من بين الموضوعات المهمة الكثيرة المتعلقة بأي مبدأ صحيح هو قابليته للتطبيق على مدى متسع من الظروف والأحوال. ومن خلال هذا الكتاب أود أن أشارككم بعضًا من الأساليب التي يمكن من خلالها تطبيق هذه المبادئ في المؤسسات - بما في ذلك العائلات والأفراد على حد سواء.

عندما يخفق الناس في احترام توازن (إ/ ق إ) عند استخدامهم الأصول المادية داخل المؤسسة، فإنهم يقللون من فعالية المؤسسة، وغالبًا ما يخلفون للآخرين وراءهم إوزًّا ميتًا.

على سبيل المثال، عندما يكون شخص ما مسئولًا عن أصل مادي مثلًا فإنه يكون متلهفًا من أجل ترك انطباع جيد لدى رؤسائه. وربما تكون الشركة في مرحلة نمو سريع، ومن ثم تأتي الترقيات سريعًا. لذا، يحاول هذا الشخص تحقيق مستويات عالية من الإنتاج متجاهلًا ضرورة إراحة الماكينة أو صيانتها. فهو يبقيها تعمل ليل نهار محققًا إنتاجًا مذهلًا ومخفضًا للتكلفة، وبالطبع تصل الأرباح إلى مستويات غير مسبوقة. وخلال وقت قصير يحصل على الترقية التي يريدها - والتي هي البيضة الذهبية!

ولكن لنفترض أنك خليفته في العمل، بالطبع سترث الإوزة في أسوأ حالتها؛ فالماكينة ستكون دائمة التعطل. لذا، سيتعين عليك بذل المزيد من الاستثمار في إراحة الماكينة وصيانتها، وبالتالي سيصل مؤشر التكلفة إلى عنان السماء، أما مؤشر الأرباح فإنه سيصل إلى أدنى المستويات. من الذي سيلام لفقدان البيض الذهبي؟ بالطبع أنت! وعلى الرغم من أن سلفك هو من قام بتصفية الأصل فإن الإدارة تحسب وحدات الإنتاج على أساس التكلفة والمكسب فقط.

ويعتبر توازن (إ/ ق إ) أمرًا ذا أهمية خاصة عند تطبيقه على الأصول البشرية للمؤسسة - أي العملاء والعاملين.

أعرف مطعمًا يقدم حساء محار رائعًا، وفي أثناء وقت الغداء تجده مزدحمًا على الدوام. ثم بيع المطعم لمالك جديد كان كل ما يعنيه التركيز على البيض الذهبي - لذا فقد قرر تخفيف طبق الحساء. وبعد حوالي شهر انخفضت التكاليف وارتفع الدخل وزادت الأرباح. ولكن بدأ عدد الرواد يقل رويدًا رويدًا. وذهبت الثقة أدراج الرياح وانحدر مستوى المطعم إلى الصفر. وحاول مالك المطعم الجديد يائسًا استعادة المطعم، ولكنه تجاهل الرواد وزعزع ثقتهم وخسر الأصل؛ وهؤلاء الرواد للمطعم، ولم تعد هناك الإوزة التي كانت تبيض ذهبًا.

وهناك مؤسسات تتحدث دومًا عن العملاء متجاهلة تمامًا الناس، أي الموظفين الذين يتعاملون مع العملاء. ولكن مبدأ (ق إ) يحثك دائمًا على *التعامل مع موظفيك بالطريقة ذاتها التي تريد منهم التعامل بها مع أفضل عملائك*.

بإمكانك شراء مجهود شخص ولكن لا يمكنك شراء قلبه؛ فقلبه هو موطن الحماس والولاء. وبإمكانك أن تشتري موظفًا، وتجعله يعمل لديك مرة ثانية، لكن لا يمكنك شراء عقله، فعقله هذا هو موطن إبداعه وذكائه وموارده.

وتعني (ق إ) معاملة موظفيك على أنهم متطوعون تمامًا كما تعامل عملاءك كمتطوعين؛ لأن هذه هي حقيقتهم بالفعل. فهم يتطوعون بأفضل ما لديهم: قلوبهم وعقولهم.

كنت ذات مرة مع مجموعة عندما طرح أحدهم سؤالًا: "كيف يمكنك إصلاح الموظفين الكسولين وغير الأكفاء؟"، فأجابه رجل آخر قائلًا "بنسفهم!"، وأيد العديد من الحاضرين هذا النوع من الأسلوب الإداري "أصلحهم أو انسفهم".

ولكن شخصًا آخر من المجموعة طرح سؤالًا: "من الذي يجمع البقايا؟".

"لا توجد بقايا".

قال الرجل الآخر: "حسنًا، لم لا تفعل هذا مع عملائك؟ لماذا لا تقول: أنت، إذا لم تكن مهتمًا بشراء هذه البضاعة فلتغادر المكان".

فقال "لا يمكنك فعل هذا مع العملاء".

"إذن، لماذا تفعل هذا بالعاملين لديك؟".

"لأنهم يعملون لدي".

"نعم. هل العاملون لديك مخلصون لك؟ هل يبذلون قصارى جهدهم؟ ما معدل دوران العمالة، أو الاستعاضة بعاملين جدد لديك؟ ".

"هل تمزح؟ لا يمكنك العثور على عاملين أكفاء في هذه الأيام. إن معدل دوران العمالة مرتفع للغاية، وكذلك الغياب والعمل بوظيفتين. الناس اليوم لا يعبأون بشيء".

* * *

إن هذا التركيز على البيض الذهبي - هذا التوجه وهذا المنظور الفكري - غير ملائم وغير كاف بالمرة من أجل تفجير الطاقات الهائلة الموجودة داخل عقول وقلوب الناس. نعم، إن النتائج قصيرة المدى مهمة، ولكنها ليست كل شيء.

إن الفعالية تكمن في التوازن. والتركيز الزائد على (إ) سيؤدي إلى تدمير الصحة وإهلاك الماكينة واستنزاف أرصدة البنك وتحطيم العلاقات. والإفراط في التركيز على (ق إ) يشبه الشخص الذي يجري لمدة ثلاث أو أربع ساعات في اليوم، ويفتخر بالعشر سنوات الذي سيضيفها ذلك إلى عمره، ولكنه لا

يعـي أنه يمضيها فـي الجري - أو شخصًا لا ينفك يذهب إلـى المدرسة طوال عمره، ولكنــه غير منتج ويعيشـ على التفاخر بالبيض الذهبي الــذي يحققه الآخرون - إنها متلازمة الطالب الأبدي.

هـذا وليس من السهل الحفـاظ على توازن (إ/ ق إ)، هـذا التوازن بين البيضة الذهبيـة (الإنتاج) وصحــة ورفاهية الإوزة (القدرة على الإنتـاج). غير أنني أرى أن هذا التوازن هو جوهر الفعالية. فهو يحدث التوازن بين الأمور قصيرة المدى وبعيدة المـدى. كما أنه يوازن بين الحصول على درجـة علمية والثمن الذي لا بد من دفعه - وهــو التعليم. ويـوازن أيضًا بين الرغبة في الحصول علـى حجرة نظيفة وبناء علاقة يشعر من خلالها الطفل بالالتزام والاستعداد الداخلي بالمداومة على تنظيف حجرته وهو يشعر بالسعادة دون الحاجة إلى رقابة خارجية.

إنــه مبـدأ يمكنــك رؤيته يتحقق فـي حياتك الخاصــة عندما تحـرق الشمعة من طرفيهـا لتحصل علـى المزيد مـن البيض الذهبـي، وينتهي الأمر بـك إلى المرض والإنهـاك وعدم القدرة علـى تحقيق المزيد من الإنتـاج، أو عندما تنعم بنوم هادئ، وتستيقظ في الصباح مستعدًّا للإنتاج طوال اليوم.

ويمكنــك أن تـرى هذا عندما تبـذل قصارى جهدك لتسير الأمــور كيف تشاء مع شخصـ مـا؛ ولكنك تشعر داخلك بخـواء العلاقة بينكما، أو عندمــا تستثمر وقتًا في علاقة ما، وتجد لديك الرغبة والقدرة على العمل والتواصل معًا، وتشعر بأنها تطورت تطورًا جيدًا.

ويعد توازن (إ/ ق إ) هو جوهر الفعالية وهو صالح لجميع مناحي الحياة، ويمكنك إمـا العمـل معـه أو ضده ولكنــه موجود. إنــه المنارة الهاديــة، وهو تعريـف الفعالية ومنظورها الفكري، وهو عماد العادات السبع.

كيف تستخدم هذا الكتاب؟

قبـل أن نشـرع في التحدث عــن العادات السبــع للناس الأكثر فعاليــة أود اقتراح تغييرين فــي المنظورات الفكرية، واللذين من شأنهما زيــادة الفائدة التي ستحققها من خلال هذا الكتاب الذي بين يديك.

أولًا، أود أن أقتـرح ألا "تتعامل" مع هذه المــادة على أنها كتاب تقرؤه مرة واحدة ثم تحفظه على أرفف المكتبة.

وربما تختار قراءة الكتاب دفعة واحدة باعتباره وحدة متكاملة. بيد أن هذه المادة معدة لتكون رفيقًا لك في عملية النمو والتغيير المستمرة. وهي مادة مرتبة ترتيبًا تدريجيًا، وعقب كل عادة ستجد مقترحات حول كيفية التطبيق، ومن ثم يمكنك دراسة أي واحدة من العادات والتركيز عليها حين تكون مستعدًا لذلك.

وبينما، ننتقل إلى مستويات أعمق من الفهم والتطبيق يمكنك العودة مرة أخرى إلى المبادئ التي تضمها كل عادة، والعمل على توسيع مدى معارفك ومهاراتك ورغباتك.

ثانيًا، أود أن أقترح عليك تغيير منظورك الفكري عند انخراطك في مطالعة هذه المادة من دور المتعلم إلى دور المعلم، وعليك اتباع منهج من الداخل إلى الخارج واضعًا نصب عينيك مشاركة أو مناقشة ما تعلمت مع غيرك خلال ٤٨ ساعة من تعلمك ما قرأت.

على سبيل المثال، إذا علمت أنك ستعلم شخصًا آخر ما تعلمت عن مبدأ توازن (إ / ق إ) خلال ٤٨ ساعة، فهل ستشعر بفارق حال قراءتك؟ والآن، حاول تجربة هذا وأنت تقرأ هذا الجزء الأخير من الفصل الذي بين أيدينا؛ بمعنى أن تقرأ لأنك خلال اليوم أو غدًا ستعلم ما قرأت لزوجتك أو أبنائك أو زملائك في العمل أو أصدقائك والمعلومات ما زالت حاضرة في عقلك، ولاحظ الفارق الذي سيطرأ على عملياتك العقلية والعاطفية.

وأستطيع أن أضمن لك أنك إذا تعاملت مع المادة المقدمة في الفصول التالية من هذا المنطلق فلن تتذكر ما قرأت فحسب، بل سيتسع منظورك للأمور ويتعمق فهمك لها، وستزداد دوافعك لتطبيق المادة التي تعلمتها.

وبالإضافة إلى هذا، عندما تتشارك ما تعلمت مع الآخرين بكل صراحة وأمانة ستندهش عندما ترى كل المفاهيم السلبية التي كونها الآخرون عنك تتلاشى. فهم سيرون فيك شخصًا يتغير وينمو، كما ستزداد لديك نزعة مساعدة الآخرين ودعمهم وأنت تعمل على جعل العادات السبع جزءًا لا يتجزأ من حياتك، وربما تجد الآخرين يشاركونك هذا.

ما الذي يمكنك توقعه؟

من خلال التحليل الأخير الذي أجرته مارلين فيرجسون لاحظت ما يلي: "ليس بمقدور أي شخص إقناع شخص آخر بالتغيير؛ لأن كل واحد منا يحرس بوابة تغيير

تفتح من الداخل فقط. ولا يسعنا فتح بوابة أي شخص آخر لا بالمناقشات ولا بالاستعطاف".

وإذا قررت فتح "بوابة التغيير" بداخلك لتفهم المبادئ المتضمنة في العادات السبع فهمًا صحيحًا وتعيشها، فإنني أؤكد لك أنك ستحظى بالعديد من الأمور الإيجابية في حياتك.

أولًا سيكون نموك *ارتقائيًا*، ولكن صافي التأثير سيكون *ثوريًا*. ألا تتفق معي أن العمل بمبدأ توازن (إ / ق إ) من شأنه تغيير حياة معظم الأشخاص والمؤسسات؟

أما صافي تأثير فتح "بوابة التغيير" أمام أول ثلاث عادات - وهي عادات النصر الشخصي - فهو زيادة ثقتك بنفسك زيادة ملحوظة. فسوف تتمكن من معرفة نفسك معرفة أعمق - بأسلوب ذي مغزى ستتعرف طبيعتك وقيمك المتأصلة وقدرتك الإسهامية المتفردة. فعندما تعيش قيمك الخاصة فإن هويتك وتكاملك وحس السيطرة لديك وتوجهاتك الداخلية ستندمج معًا وتصل بك إلى فيض من السلام والسعادة الداخلية، وحينها ستتمكن من معرفة نفسك من الداخل ولن تعود في حاجة إلى انتظار آراء الناس فيك أو وضع نفسك في مقارنة مع الآخرين. ولن يعود "الخطأ" و"الصواب" معيار ما تؤول إليه الأمور.

والأمر المثير للسخرية هو أنك ستكتشف أنه بينما يقل اهتمامك برأي الآخرين فيك سيزيد اهتمامك برأي الناس في أنفسهم وعالمهم الخاص، بما في ذلك علاقتهم بك. فأنت لن تبني حياتك العاطفية على نقاط ضعف الآخرين. وبالإضافة إلى ذلك، ستجد أنه من الأسهل والأفضل أن تتغير لأنك ستكتشف أن هناك شيئًا - شيئًا عميقًا في قرارة نفسك - لن يتغير أبدًا.

وبينما تفتح أبواب التغيير أمام العادات الثلاث الأولى - عادات النصر الشخصي - ستكتشف بل وستطلق العنان للرغبة وللموارد التي من شأنها إصلاح وإعادة بناء العلاقات التي أفسدتها أو قطعتها. وستتحسن العلاقات الجيدة وتصبح أعمق وأكثر قوة وأكثر إبداعًا، كما أنها ستتسم بروح المغامرة.

وإذا تمكنت من تأصيل العادة السابعة بداخلك فإنها ستعمل على تجديد العادات الست الأولى، وتجعل منك شخصًا معتمدًا على ذاته بالفعل وقادرًا على تحقيق مبدأ الاعتماد بالتبادل. ومن خلال هذا يمكن شحن بطاريات الشخصية.

ومهمـا كان موقفـك الحالي أستطيـع أن أؤكد لك أنك لست عبـدًا لعاداتك، وأنه بإمكانـك استبدال الأنمـاط القديمة مثل الشخصية الانهزاميـة بأنماط جديدة مثل عادات الفعالية والسعادة والعلاقات القائمة على الثقة.

وبدافـع مـن اهتمامي الصادق بكم أشجعكم على فتح بوابـة التغيير والنمو وأنتم تدرسـون تلك العادات. ولكن كن صبورًا مـع نفسك لأن النمو الذاتي هو القارب الذي يحملك، وهو الأرض المقدسة التي تقف عليها ولا يوجد استثمار أفضل منه.

ويبدو جليًّا أنه ليس حلًّا سريعًا. ولكنني لا أشك في أنك ستشعر بالفوائد وسترى نتائـج فورية من شأنها تشجيعك. وكما قال توماس بين "إن ما نكسبه بسهولة نضيعه بسرعـة. إن مـا يعطي القيمة لشـيء هو مقدار اهتمامنا به. فالقـدر يحدد لكل شيء قيمته".

الجزء الثاني

النصر الشخصي

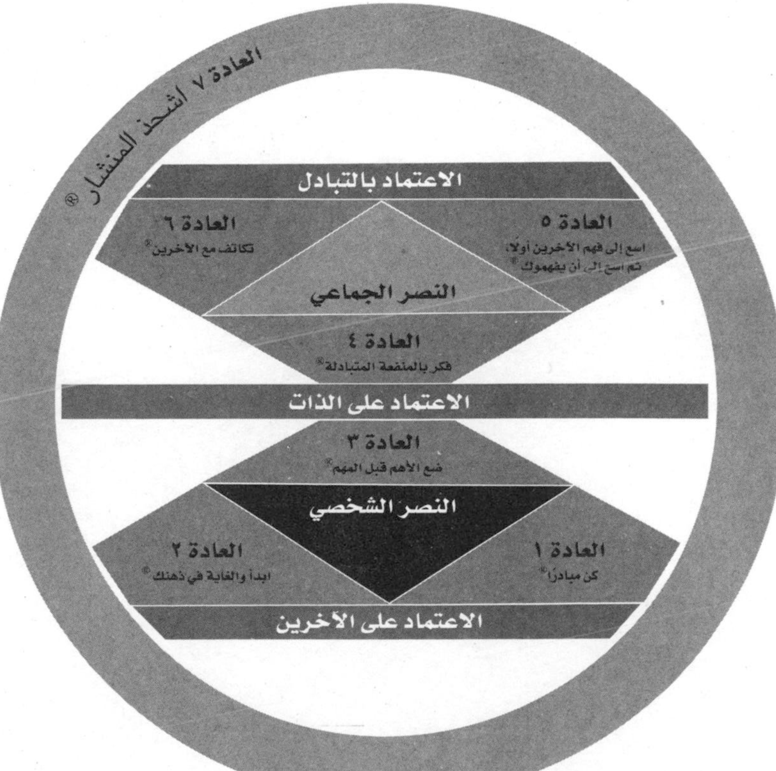

العادة ١ :
كن مبادرًا®

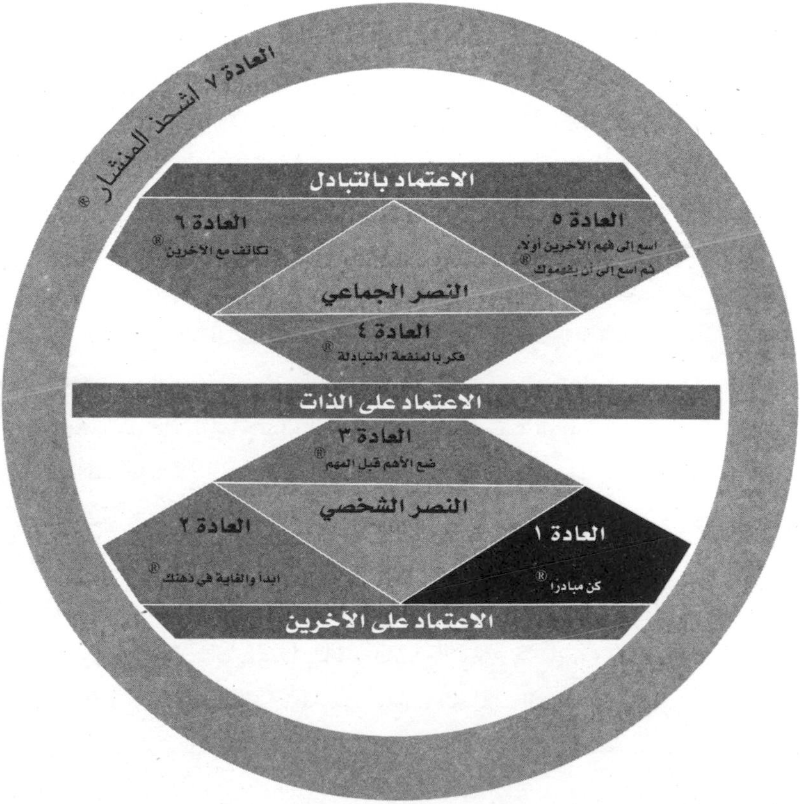

مبادئ الرؤية الشخصية

لا أعرف حقيقة مشجعة للإنسان أكثر من قدرته الأكيدة على الارتقاء بحياته، مستخدمًا جهوده الواعية.

هنري ديفيد ثورو

حاول وأنت تقرأ هذا الكتاب الانفصال عن ذاتك، والتخلي عن وعيك الذاتي، والنظر إلى نفسك وأنت تقرأ بعين عقلك. هل يمكنك أن تنظر إلى نفسك وكأنك شخص آخر؟

والآن، لنحاول أمرًا آخر. فكر في حالتك المزاجية الحالية. هل يمكنك تحديدها؟ ما الذي تشعر به الآن؟ كيف تصف حالتك الذهنية الحالية؟

والآن، خذ دقيقة للتفكير في الطريقة التي يعمل بها عقلك. هل هو سريع ويقظ؟ هل تشعر بأنك ممزق بين القيام بهذا التدريب العقلي وتقييم المقصد منه؟

إن قدرتك على القيام بهذا الأمر هي قدرة بشرية فريدة لا تمتلكها الحيوانات، ونحن نطلق عليها "الوعي الذاتي" أو القدرة على التفكير في عملية التفكير ذاتها. ولهذا السبب جعل الله سبحانه وتعالى الإنسان صاحب اليد العليا في هذا العالم، ولهذا السبب هو الذي يحقق تطورات قيمة عبر الأجيال المختلفة.

ولهذا السبب أيضًا يمكننا الارتقاء والتعلم من تجاربنا الشخصية وتجارب الآخرين، ولنفس السبب يمكننا بناء عاداتنا والإقلاع عنها.

إننا لسنا المشاعر التي تعترينا، ولسنا الحالات المزاجية التي تنتابنا، ولسنا الأفكار التي تعتمل داخل عقولنا. والحقيقة الثابتة أننا نستطيع التفكير في تلك

الأشياء، وهو ما يميزنا عن عالم الحيوانات. إذن، الوعي الذاتي يمكننا من الانفصال عن أنفسنا وتفحص الطريقة التي "نرى" بها أنفسنا - تصورنا الذاتي لأنفسنا - والذي يعد المنظور الفكري الأساسي للفعالية. وهو لا يؤثر على توجهاتنا وسلوكياتنا فحسب، بل يؤثر على الطريقة التي نرى بها الناس. لذا، فهو خريطتنا لمعرفة أسس طبيعة البشر.

وفي الحقيقة، إلى أن نهتم بالطريقة التي نرى بها أنفسنا (وكيف نرى الآخرين) فإننا لن نتمكن من فهم كيف يرى الناس أنفسهم وكيف يشعرون بالعالم المحيط بهم. وسنعمد دون أن نشعر إلى إقحام نوايانا في سلوكهم، ثم نصف أنفسنا بالموضوعيين.

وبالطبع، هذا يحد من إمكانياتنا الشخصية، ومن قدرتنا على إقامة علاقات جيدة مع الآخرين. ولكن لأن البشر يتمتعون بصفة الوعي الذاتي المتفردة، يمكننا دراسة منظوراتنا الفكرية لتحديد ما إذا كانت واقعية أم قائمة على أساس، أو أنها نابعة من التأثيرات الخارجية والظروف.

المرآة الاجتماعية

إذا كان المنظور الوحيد الذي نرى أنفسنا من خلاله هو انعكاس للمرآة الاجتماعية - أي من خلال المنظور الفكري للمجتمع، ومن خلال الآراء والمفاهيم والمنظورات الفكرية للمحيطين بنا - فهذا يعني أننا نرى انعكاسًا لأنفسنا في حجرة المرايا المجنونة في الملاهي.

"أنت دائمًا متأخر".

"لماذا لا تستطيع الإبقاء على الأشياء منظمة؟".

"لا بد أنك فنان!".

"إنك تلتهم الطعام بنهم!".

"لا أستطيع تصديق أنك فزت!".

"الأمر بسيط للغاية. لم لا تستطيع أن تفهم؟".

كل هذه الرؤى غير مترابطة وغير متناسبة. وغالبًا ما تكون من نسج الخيال وليست انعكاسًا لشيء؛ فهي تبرز مخاوف ونقاط ضعف الناس الذين يقولونها أكثر مما يقدم انعكاسًا دقيقًا لما نحن عليه بالفعل.

ويخبرنا انعكاس المنظور الفكري للمجتمع بأننا إلى حد كبير مسيرون بالمؤثرات الخارجيـة والظروف. وفـي حين أننا مدركون للتأثير الهائـل للمؤثرات الخارجية في حياتنا، إلا أن الاعتراف الصريح *بخضوعنا* لها، وأننا لا نملك أدنى سيطرة على مثل هذا التأثير، يخلق خريطة مختلفة تمامًا.

توجد ثلاث خرائـط اجتماعية دقيقة لتفسير طبيعة الإنسان - أي ثلاث نظريات لكـون الإنسان مسيرًا - متعارف عليها عالميًّا سواء بشـكل مستقل أو متآلف - لشرح طبيعـة الإنسان. النظريـة الأولى هي نظرية *الحتمية الوراثية* التـي تقول إننا نحصد صنيعـة أجدادنا. ولهذا السبب قد نعاني حدة المـزاج، الذي انتقل إلينا من أجدادنا عبر الحامض النووي. وهو يواصل انتقاله من جيل إلى جيل عبر سلسلة وراثية؛ بمعنى أنت أيرلندي، وهذه طبيعة الشعب الأيرلندي.

أمـا النظريـة الثانية فهي *الحتمية النفسية* التي تقول إننـا نحصد صنيعة آبائنا، بمعنـى أن توجهاتـك الشخصيـة وتركيبة شخصيتـك هما في الأساس نتـاج أسلوب تربيتـك والتجارب التي مررت بها في طفولتـك. أي أن شعورك بالخوف من مواجهة الناس هو نتاج الأسلوب الذي رباك عليه والداك. وإذا كان ينتابك شعور كبير بالذنب إذا ارتكبـت أي خطـأ فلأنك "تتذكر" المشاعـر الدفينة المحفـورة بداخلك عندما كنـت ضعيفًا جـدًّا وتميل إلى الاعتماد على الآخرين. إنـك "تتذكر" العقاب العاطفي والرفض ومقارنتك بأقرانك إذا أخفقت في أداء ما هو متوقع منك.

أمـا النظرية الثالثة فهي *الحتميـة البيئية* التي تقول إن رئيسـك هو الذي، يجني عليـك - أو زوجـك أو ربمـا ذلـك المراهق سيـئ الطبـاع أو وضعك الاقتصـادي أو السياسـات التي تنتهجها بـلادك - بمعنى آخر، شيء ما في بيئتـك هو المسئول عن الموقف الذي أنت فيه.

وتقـوم كل واحدة من تلك الخرائط على أساس نظرية المثير/الاستجابة، والتي غالبًـا ما ترتبط في أذهاننا بتجـارب بافلوف على الكلاب. والفكرة الأساسية هي أن هناك استجابة شرطية بعينها تحدث نتيجة لوجود مثير محدد.

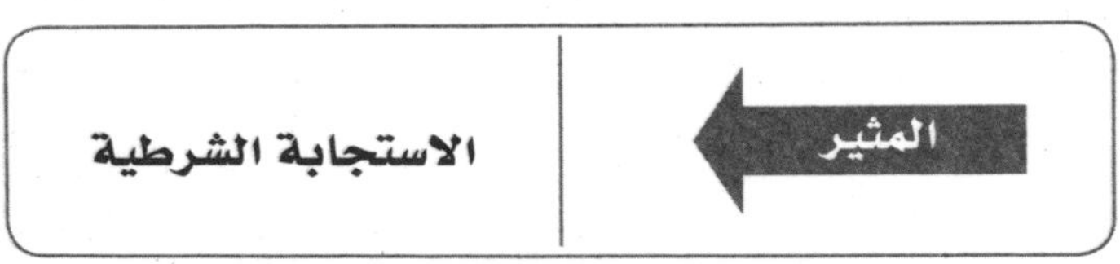

كيف تصف هذه الخرائط الحتمية بدقة وبشكل هادف الأرض؟ إلى أي درجة من الوضوح تعكس هذه الخرائط الطبيعة الحقيقية للإنسان؟ هل تصبح تنبؤات ذاتية التحقق؟ هل هي قائمة على مبادئ نستطيع إيجاد إثبات لها بداخلنا؟

بين المثير والاستجابة

ولكي تتمكن من الإجابة عن تلك الأسئلة اسمح لي بأن أروي لك قصة فيكتور فرانكل المؤثرة.

كان فرانكل من أتباع مذهب الحتمية، وتربى في كنف علم النفس الفرويدي، حيث كان يسلم بأن أي شيء يحدث لك في طفولتك يشكل شخصيتك، وبالتالي يسيطر على حياتك بأكملها. وبذلك تكون أطر حياتك قد تكونت بالفعل ولا يكون بوسعك فعل شيء إزاءها.

كان فرانكل أيضًا طبيبًا نفسيًّا. وقد تم اعتقاله في المعسكرات النازية الألمانية، حيث مر بتجارب بغيضة للغاية لا تسمح لنا أصول اللياقة بأن نعرضها هنا.

وقد هلكت أسرته بالكامل فيما عدا أخته. وقد عانى فرانكل نفسه التعذيب وانتهكت كرامته مرات عديدة، ولم يعرف قط إن كانت نهايته ستكون كمن سبقوه أم أنه سيكون من بين الناجين.

وفي أحد الأيام، بينما كان جالسًا في غرفته بالمعتقل وحيدًا وعاريًا، بدأ يدرك ما أسماه لاحقًا "آخر حريات البشرية" - الحرية التي لم يكن بمقدور معتقليه النازيين سلبه إياها. إن بإمكانهم السيطرة على بيئته بشكل كامل، وباستطاعتهم فعل ما يريدونه بجسده، ولكن فيكتور فرانكل نفسه كان مخلوقًا مدركًا لذاته يستطيع النظر بعين الملاحظ لمحيطه. فكانت هويته الأساسية سليمة لم يصبها أي أذى. *كان يستطيع أن يقرر في قرارة نفسه كيف سيؤثر كل هذا عليه*. وبين ما حدث له - أو المحفز - واستجابته له، تولدت حريته أو القوة لاختيار هذه الاستجابة.

وفي وسط تجاربه تلك تخيل فرانكل نفسه في ظل ظروف مختلفة، من بينها إلقاء المحاضرات على طلابه بعد خروجه من معسكرات الاعتقال. كان يصف نفسه في الفصل الدراسي - بعين عقله - ويشرح لتلاميذه الدروس التي كان يتعلمها في أثناء تعذيبه.

ومن خلال سلسلة من تدريبات ضبط النفس تلك - الذهنية والعاطفية والأخلاقية عن طريق استخدام الذاكرة والخيال في الأساس - بدأ يصقل حريته الصغيرة وغير الناضجة إلى أن أضحت أكبر وأكبر، وحتى أصبح يتمتع بقدر من الحرية يفوق ذلك الذي يتمتع به معتقلوه النازيون. لقد كان لديهم مزيد من *الامتيازات*، ومزيد من الاختيارات للاختيار من بينها في بيئتهم، ولكنه كان يتمتع بمزيد من *الحرية*، وبمزيد من القوة الداخلية لتحقيق اختياراته. وقد أصبح مصدر إلهام لمن حوله، بمن في ذلك بعض حراسه. فقد ساعد الآخرين على إيجاد معنى لمعاناتهم، لإيجاد الكرامة داخل سجنهم.

وفي خضم تلك الظروف المذلة والبائسة، استخدم فرانكل موهبة الإدراك الذاتي البشرية كي يكتشف مبدأ أساسيًّا عن طبيعة الإنسان: *بين المثير والاستجابة، يتمتع الإنسان بحرية الاختيار*.

وتكمن داخل حرية الاختيار تلك المواهب التي تجعل منا بشرًا متفردين عن غيرهم من المخلوقات. فبالإضافة إلى الإدراك الذاتي، فنحن نمتلك *الخيال*، وهو المقدرة على تصور أشياء لا يمكن حدوثها في واقعنا الحالي. ونمتلك *الضمير*، وهو وعي داخلي عميق بالصواب والخطأ وبالمبادئ المسيطرة على سلوكنا، وإحساس بدرجة انسجام أفكارنا وأفعالنا معها. ونمتلك *الإرادة الحرة*، وهي المقدرة على التصرف بناءً على الوعي الذاتي، بعيدًا عن كل المؤثرات الأخرى.

وحتى أكثر الحيوانات ذكاءً لا تمتلك أيًّا من هذه المواهب. فهي تخضع للبرمجة باستخدام الغريزة أو التدريب كي تستطيع اكتساب مهارة معينة. إن بالإمكان تدريبها لكي تكون مسئولة، ولكن ليس باستطاعتها أن تكون مسئولة عن هذا التدريب. بمعنى آخر، ليس بمقدورها توجيه هذا التدريب. إنها لا تستطيع تغيير البرمجة؛ بل إنها حتى غير مدركة لهذه العملية.

ولكن بسبب مواهبنا البشرية المتفردة، نستطيع كتابة برامج جديدة لأنفسنا بعيدة كل البعد عن غرائزنا وتدريبنا. ولعل هذا هو السبب في المحدودية النسبية لمقدرة الحيوانات واللامحدودية لمقدرة الإنسان. ولكن إذا عشنا مثل الحيوانات، وتركنا غرائزنا والمؤثرات الخارجية والظروف تتحكم بنا وخضعنا لذاكرتنا الجماعية، فستصبح مقدرتنا نحن أيضًا محدودة.

وقد نشأ المنظور الفكري الحتمي من دراسة الحيوانات - الفئران، الحمير، الحمام، الكلاب - والأشخاص المصابين بالعصاب والذهان. وبالرغم من أن مثل

هـذا التصور قد يتناسب ومعايير بعينها لـدى بعض الباحثين لأنه يبدو قابلًا للقياس والتوقـع، إلا أن تاريـخ البشر وإدراكنـا الذاتي يخبراننا بأن هـذه الخريطة لا تصف الأرض على الإطلاق!

إن مواهبنـا البشرية المتفردة تسمو بنا فـوق عالم الحيوان. والقدر الذي نصقل ونطـور به هذه المواهب يعزز من قوتنـا لكي نستغل إمكاناتنـا الفريدة. فبين المثير والاستجابة تكمن أعظم قوة نملكها؛ ألا وهي حرية الاختيار.

تعريف "المبادرة"

في أثناء اكتشافه المبـدأ الأساسي لطبيعة الإنسان، وصف فرانكل خريطة ذاتية دقيقـة بدأ مـن منطلقها يطور العـادة الأولى والأكثـر أهمية للشخـص ذي الفاعلية العالية في أي بيئة، وهي عادة *المبادرة*.

فـي حيـن أن كلمة *مبادرة* معروفـة الآن في مجـال الإدارة فـإن التعريف الدقيق للكلمـة لن تجده في معظم القواميس. فهـي تعني أكثر من مجرد أخذ خطوة للأمام. إنهـا تعني أننا كبشـر مسئولون عن حياتنا. تعني أن سلوكنا هـو نتاج قـراراتنا وليس ظروفنـا؛ فنحن نستطيع أن نضـع المشاعر في مرتبة أدنى مـن القيم. ونحن نمتلك حس المبادرة والمسئولية التي تمكننا من تحقيق ما نريد.

وإذا نظرنـا بدقة إلـى كلمة "*مسئوليـة*" - فسنجد أنها تحمل فـي طياتها معنى قدرتك على اختيار نوعية الاستجابة الصادرة عنك. والناس الذين يتمتعون بالمبادرة السريعـة يدركون تمامًا معنى تحمل المسئولية ولا يعلقون سلوكياتهم على الظروف أو الأحـوال؛ لأنهم يعـون تمامًا أن سلوكياتهـم هي نتاج لاختيارهـم الواعي المبني على أساس من القيم وليست وليدة الظروف التي يمرون بها والمبنية على المشاعر.

ولأن المبـادرة هي طبيعـة إنسانية، فإن كانـت حياتنا نتاج الظـروف والمؤثرات الخارجيـة فـإن ذلك لأننـا اخترنا - عن قصـد أو قسرًا - تمكين هـذه الأشياء التي تتحكم فينا.

وهذا الاختيار يحولنا إلى أشخاص *انفعاليين*، وهذا النوع من الناس يتأثر بالبيئة الماديـة المحيطة به. فعندما يكون الجـو صحوًا يكون مزاجهم معتدلًا، وعندما يكون الجـو ملبـدًا بالغيوم فإنـه يؤثر على سلوكياتهـم وأدائهم. أمـا الأشخاص المبادرون فيخلقـون الطقس الملائم لهم - فلا يعنيهم هطول المطـر أو إشراق الشمس طالما أن مـا يحكمهم هو القيـم التي تحث على العمل المثمر، والتـي بدورها لا تتأثر بحالة الطقس.

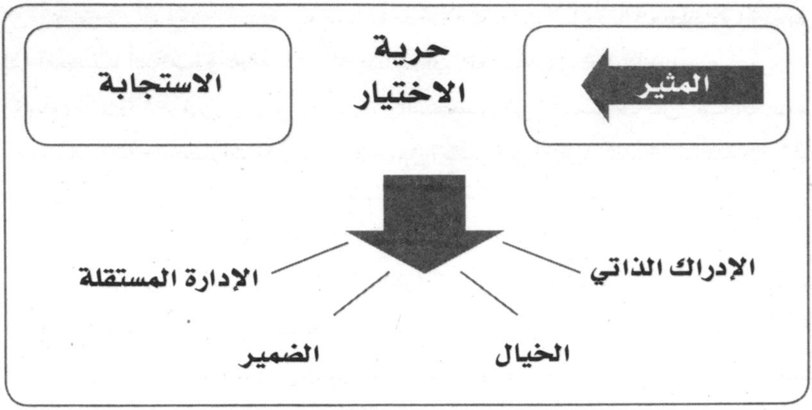

نموذج المبادرة

والأشخاص الانفعاليون يتأثرون أيضًا بالبيئة الاجتماعية المحيطة أو "الجو الاجتماعي"، أي أنهم يكونون سعداء إذا أحسنت معاملتهم، أما إذا أسيئت معاملتهم فإنهم يلجأون فورًا إلى الدفاع أو الاحتماء. ويبني الأشخاص الانفعاليون حياتهم العاطفية حول سلوكيات الآخرين، مما يعزز من نقاط ضعف الآخرين من السيطرة عليهم.

وتعد المقدرة على وضع المشاعر في مرتبة أدنى من القيم هي جوهر الأشخاص الانفعاليين؛ فيتركون المشاعر والظروف والمؤثرات الخارجية تتحكم فيهم. ولكن ما يتحكم في الأشخاص المبادرين هو القيم - قيم هادفة وليدة تفكير عميق واختيار دقيق.

ومع ذلك، يتأثر الأشخاص المبادرون بالمثيرات الخارجية - سواء المادية أو الاجتماعية أو النفسية. غير أن استجابتهم لتلك المثيرات، سواء الواعية أو اللا واعية، هي اختيار أو استجابة أساسها القيم.

وطبقًا لملاحظة إلينور روزفلت: "لا يمكن لشخص أن يجرحك إلا بموافقتك". وكما قال غاندي: "لا يمكنهم أن يأخذوا منا احترامنا لأنفسنا ما لم نعطهم نحن إياه". إن ما يجرحنا ليس الحدث في حد ذاته، بل موافقتنا وسماحنا بحدوثه في المقام الأول.

أعترف بأنه من الصعب تقبل هذا الأمر من الناحية العاطفية، خاصة إذا أمضينا أعوامًا وأعوامًا في الاعتقاد أن التعاسة التي نعانيها عائدة للظروف أو سلوكيات الآخرين. وإلى أن يتمكن الشخص من الاعتراف بأن "ما أنا عليه اليوم هو نتاج لخيارات الأمس" فإنه لن يتمكن من قول: "لقد اتخذت خيارات مختلفة".

ذات مرة بينما كنت في مدينة ساكرامنتو أتحدث في موضوع المبادرة وقفت سيدة من الحاضرين في منتصف محاضرتي وأخذت تتحدث بحماس. فالتفت إليها عدد من جمهور الحاضرين الكبير، وفجأة أدركت السيدة ما تفعل وذابت خجلًا وسارعت بالجلوس. ولكن يبدو أنها اكتشفت صعوبة التحكم في نفسها، لذا عاودت التحدث إلى الناس المحيطين بها مرة أخرى، وبدت سعيدة للغاية.

وكنت متلهفًا لفترة الاستراحة حتى أتبين ما حدث. وبمجرد أن أُعلِن عنها حتى انطلقت إلى السيدة واستأذنتها في مشاركتها التجربة.

فصاحت بسعادة: "لا يمكنك تخيل ما حدث لي، إنني أعمل ممرضة لرجل لا يمكنك تخيل مدى تعاسته وجحوده. إنه لم يعبر لي ولو مرة واحدة عن تقديره، إنه حتى لا يلاحظني من الأساس، ودائمًا ما يصيح في وجهي ويتصيد لي الأخطاء. ولقد حول هذا الرجل حياتي إلى جحيم مطبق، وغالبًا ما أصب جام غضبي من تصرفاته على أفراد أسرتي. ولا يختلف شعور الممرضات الأخريات عن شعوري هذا، وكلنا يأمل موته.

"وبينما أنت واقف هناك موضحًا أنني لن أتعرض للجرح وأن ما من شيء ليجرحني دون موافقتي، وإنني من اختار التعاسة عنوانًا لحياته العاطفية - كنت غير مقتنعة بكلامك هذا.

"بيد أنني ظللت أفكر فيه. ولقد تغلغل داخل أعماقي وبدأت أتساءل: هل أمتلك القوة لأختار استجاباتي؟

"وعندما أدركت أخيرًا أن قوة الخيار بيدي وعندما ابتلعت مشاعر المرارة، أدركت أنني اخترت تعاستي بيدي، وأدركت أنه كان بإمكاني اختيار ألا أكون تعيسة.

"وعند هذه اللحظة نهضت وشعرت بأنني بدأت أطلق الغضب الموجود بداخلي، وودت أن أصرخ في العالم بأسره "أنا حرة! لقد تحررت من سجني ولن أترك معاملة أي شخص تتحكم بي بعد الآن"".

إذن، ليس ما يحدث لنا هو ما يجرحنا بل استجابتنا له هي ما تفعل ذلك. وبالطبع، يمكن أن نصادف أمورًا تتسبب لنا في أذى بدني أو مادي، وقد تتسبب لنا في حزن. ولكن لا ينبغي أن تتعرض شخصيتنا وهويتنا الأساسية لأي جرح. وفي الواقع، إن أصعب التجارب التي نمر بها هي البوتقة التي تشكل شخصيتنا وتنمي قوانا الداخلية، وهي تعني الحرية في التعامل مع أصعب الظروف في المستقبل وإلهام الآخرين كي يقوموا بالمثل أيضًا.

وقد كان فرانكل أحد هؤلاء الذين تمكنوا من تطوير الحرية الشخصية في أحلك الظروف لإلهام الآخرين ومساعدتهم على الارتقاء. وتقدم لنا السير الذاتية لسجناء حرب فيتنام شهادة أخرى مقنعة حول قوة الحرية الشخصية وتأثير الاستخدام المسئول لها في إطار ثقافة السجن وعلى المساجين الآخرين في حينها وحتى الآن.

وكلنا يعرف أشخاصًا يمرون بظروف عصيبة مثل مرض لا أمل في شفائه، أو إعاقة بدنية، غير أنهم حافظوا على قوتهم العاطفية العظيمة. ولكن إلى أي مدى تمكنَّا من الاستفادة من قوتهم! فلا شيء أعظم وأعمق أثرًا من إدراك الإنسان أن شخصًا آخر استطاع تحدي المعاناة والظروف، وأنه يجسد ويعبر عن قيمة تلهم حياة الآخرين وترتقي بها.

وواحدة من أعظم اللحظات الملهمة التي تعرضنا لها أنا وساندرا منذ أكثر من أربع سنوات مضت كانت مع صديقتنا العزيزة كارول، والتي توفيت إثر إصابتها بمرض السرطان. وكانت كارول إحدى وصيفات ساندرا في حفل الزفاف وقد دامت صداقتهما الحميمة لأكثر من ٢٥ عامًا.

وعندما وصلت كارول إلى مراحل المرض الأخيرة كانت ساندرا تمضي معظم الوقت معها في محاولة لمساعدتها على كتابة قصة حياتها. وكانت تعود من تلك الجلسات الصعبة والدهشة والإعجاب يملآنها من شجاعة صديقتها ورغبتها في تدوين رسائل خاصة لتقدمها لأطفالها خلال مراحل أعمارهم المختلفة.

وكانت كارول تأخذ أقل قدر ممكن من العقاقير المسكنة لكي تتمكن من التحكم الكامل في قواها العقلية والعاطفية. وكانت تتحدث هامسة إلى جهاز التسجيل أو إلى ساندرا لتدون بدورها ما تقول. لقد كانت كارول مبادرة وشجاعة ومهتمة للغاية بالآخرين، حتى إنها كانت مصدر إلهام للعديد من الناس حولها.

ولن أنسى أبدًا تجربة النظر بعمق في عيني كارول في اليوم السابق لوفاتها، والشعور بذلك الألم الأجوف، والشعور بكل تلك الخصال الرائعة التي تمتلكها. فكنت أرى في عينيها حياة ثرية بالإسهامات والخدمات وحبها واهتمامها وتقديرها للآخرين.

وعلى مر السنين سألت مجموعات من الناس كم واحدًا منهم مر بتجربة معايشة لحظة احتضار شخص كان يتمتع بتوجه رائع ويحاول التواصل بحب وتعاطف، وظل يقدم للآخرين خدمات حتى حانت لحظة رحيله. وغالبًا ما يرد ربع الحاضرين بالإيجاب، فأعاود سؤالهم مرة أخرى كم منهم لن ينسى هؤلاء الأشخاص وكم منهم غيرته تلك الشجاعة الملهمة ولو لفترة مؤقتة، وتركت أثرًا عميقًا به وحفزته لبذل المزيد من الجهد في الأعمال النبيلة وتقديم الخدمات والتعاطف مع الآخرين. وبلا تردد جاء رد نفس الأشخاص بالإيجاب.

ويقترح فيكتور فرانكل أن الحياة بها ثلاث قيم أساسية - التجربة أو الأشياء التي تحدث لنا؛ والإبداع أو الأشياء التي نصنعها؛ والتوجه أو طبيعة استجابتنا في ظل الظروف الصعبة مثل المرض المميت.

وتثبت تجربتي مع الناس وجهة نظر فرانكل بأن أسمى وأهم القيم الثلاث هي قيمة التوجه - والتي تعني المنظور الفكري أو إعادة التشكيل. وبعبارة أخرى ما يهم هو *استجابتنا* لتجارب الحياة التي تمر بنا.

وغالبًا ما يتمخض عن الظروف الصعبة تغير في المنظورات الفكرية، إذ تتشكل أطر مرجعية جديدة يرى الناس من خلالها العالم وأنفسهم والآخرين وكذلك أمور الحياة الضرورية الأخرى. ويعكس منظورهم الأكثر شمولية قيم التوجه التي ترتقي بهم وتلهمهم.

الأخذ بزمام المبادرة

الأصل في طبيعة البشر هو الفعل لا رد الفعل، والذي من شأنه مساعدتنا على اختيار استجابة محددة تتوافق مع ظروف معينة نمر بها؛ الأمر الذي يمكننا من خلق الظروف.

والأخذ بزمام المبادرة لا يعني أن تكون لحوحًا أو وقحًا أو عدوانيًّا، بل أن تدرك المسئولية الملقاة على عاتقك لتصل إلى هدفك.

وعلى مر السنوات كنت أقدم استشارات للأشخاص الذين يرغبون في الالتحاق بوظائف أفضل، وأنصحهم دومًا بإظهار المزيد من المبادرة وأن يكونوا مهتمين بأداء اختبار القدرات والمهارات، ودراسة كل ما يتعلق بالمجال الذي يعملون به وكذلك أدق المشكلات التي يمرون بها، ثم وضع عرض تقديمي فعّال يوضحون من خلاله كيف يمكن أن تؤهلهم قدراتهم للمساعدة في حل المشكلات التي تواجهها المؤسسة؛ وهذا هو ما يطلق عليه "بيع الحلول"، وهو منظور فكري أساسي من أجل تحقيق النجاح في العمل.

وفي الغالب، تكون الاستجابة المتوقعة هي الحصول على الوظيفة. ويمكن لمعظم الناس اختبار مدى تأثير هذا الأسلوب عند إجراء مقابلات للحصول على وظيفة أو ترقية. إلا أن الكثير من الناس يخفقون في اتخاذ الخطوات الضرورية - أي المبادرة - من أجل تحقيق ما يصبون إليه.

"لا أعلم إلى أين أذهب لأداء اختبار المهارات والقدرات".

"كيف يمكنني دراسة المشكلات المتعلقة بالمجال أو المشكلات المؤسسية؟ لا أحد يرغب في مساعدتي".

"ليس لديَّ أدنى فكرة حول كيفية تقديم عرض مؤثر".

وهنا ينتظر الكثير من الناس حتى يقع أمر ما، أو أن يمد إليهم أحدهم يد المساعدة. ولكن الناس الذين تنتهي بهم الحال بالحصول على وظائف جيدة هم أولئك الذين يتمتعون بحس المبادرة، والذين يملكون حلولًا للمشكلات - ولا يمثلون هم المشكلات - والذين يملكون زمام المبادرة للقيام بكل ما هو ضروري في إطار المبادئ الصحيحة لتنفيذ المهمة الموكلة إليهم.

وعندما لا يتحمل أحد أفراد العائلة - حتى لو كان أصغر الأبناء - المسئولية منتظرًا قيام شخص آخر بالعمل نيابة عنه أو تقديم الحلول، فإننا نقول له: "استخدم مواردك وأمسك بزمام المبادرة". وفي الحقيقة، في أغلب الأحيان قبل أن نتفوه بكلمة واحدة فإنه يصيح قائلًا: "أعلم، استخدم مواردك وأمسك بزمام المبادرة!".

إن حمل الناس على تحمل المسئولية لا يقلل من شأنهم، بل إنه مجرد تشجيع وحث لهم. فالمبادرة طبيعة بشرية؛ وعلى الرغم من أن عضلات المبادرة قد تكون خاملة في الوقت الحالي فإنها موجودة. وإذا احترمنا طبيعة المبادرة لدى الآخرين فإننا نعكس لهم من خلال مرآة المجتمع صورة واضحة وغير مشوهة.

وبالطبـع، لا بد من الأخذ في الاعتبار مستوى نضـج الشخص الذي نتعامل معه. فنحـن لا يمكننا توقع درجة عالية من درجات التعـاون البناء من أولئك الغارقين في بحر التواكل العاطفي. ولكن يمكننا على الأقل تعزيز طبيعتهم الأساسية، وتوفير الجو المناسب الذي يمكنهم من خلاله اغتنام الفرصة وحل المشكلات بأسلوب يغلب عليه الاعتماد على الذات.

كن مبادرًا® أو انتظر رأي الآخرين

إن الفـرق بيـن الناس الذين يأخـذون بزمام المبادرة وأولئـك الذين لا يحركون ساكنًـا يشبـه الفرق بين الليل والنهـار. وفي هذا الصدد لا أتحـدث عن اختلاف في الفعالية تتراوح نسبته ما بين ٢٥٪ إلى ٥٠٪، بل أتحدث عن نسبة الاختلاف التي تفوق ٥٠٠٠ ٪ - خاصة إذا كانوا يتحلون بالذكاء والوعي والإحساس بالآخرين.

وتحقيق الفعالية في حياتك باستخدام توازن (إ/ ق إ) يتطلب منك الأخذ بزمام المبـادرة. وتنمية العادات السبع يتطلـب منك الأخذ بالمبادرة أيضًـا. وبينما تطالع العادات الست الأخرى سترى أن كل واحدة منها تعتمد على قوة المبادرة. وكل واحدة منها تضع أمامك المسئولية كي تتحرك وتأخذ الخطوة الأولى، ولكن إذا وقفت ساكنًا فـي انتظار رأي الآخريـن فلن تجني سوى انتظار الفعل لتبـدي رد الفعل. ولن تحظى بنتائج النمو والفرص المتاحة.

ذات مـرة عملت مع مجموعة من الناس في مجـال ترميم المنازل، وكانوا ممثلي عشريـن مؤسسة مختلفـة، والذين كانوا يلتقـون في اجتماعات ربـع سنوية تعقد من أجل مناقشـة الأرقام المحققة ومناقشة المشكلات، وكانـت المناقشات مفتوحة بلا أية محاذير.

وجـاءت هـذه الاجتماعات في خضم فترة ركـود شديدة كانت قـد أثرت بالسلب علـى هذه الصناعـة بالتحديد أكثر مما أثرت على الاقتصـاد بوجه عام. وكان هؤلاء الأشخاص مصابين بإحباط شديد عند بدئنا هذه الاجتماعات.

وفـي أول أيام هذا الاجتمـاع كان السؤال المطروح هو: "مـا الذي يحدث لنا؟ ما أسبابـه؟". وكان ذلك الوقـت مشحونًا بالأحداث، وكانت الضغـوط البيئية المحيطة قويـة، وكانت البطالـة منتشرة، ونزع العديد مـن الناس إلى إيقـاف أصدقائهم عن العمـل لفترة مؤقتة مـن أجل الإبقاء علـى أعمالهم، وبنهاية اليـوم كان الجميع أكثر إحباطًا.

وفي اليوم الثاني انتقلنا إلى سؤال آخر "ما الذي يخبئه لنا المستقبل؟". وشرعنا في دراسة التوجهات البيئية مع افتراض أن هذه التوجهات هي التي ستصنع مستقبلهم. وبنهاية اليوم الثاني كان إحباطنا يزداد، وكانت الأوضاع تزداد سوءًا، وبالطبع كان الجميع يعلم هذا.

لذا، في اليوم الثالث قررنا التركيز على السؤال المبادر "ما هي *استجابتنا*؟ ماذا *سنفعل*؟ كيف نأخذ بزمام المبادرة في ظل هذا الموقف؟"، وتحدثنا في الصباح عن الإدارة وطرق تقليل التكاليف. وعند الظهيرة ناقشنا زيادة حصة السوق. وقمنا بطرح الأفكار في إطار هاتين النقطتين، ثم ركزنا على الأشياء العملية والقابلة للتنفيذ. وهنا ظهرت روح جديدة يملؤها الحماس والأمل، واختتمت هذه الجلسات بإدراك ماهية المبادرة.

وفي نهاية اليوم الثالث قمنا بتلخيص النتائج التي تمخضت عن المؤتمر في إجابة مكونة من ثلاثة أجزاء عن السؤال "كيف يسير العمل؟".

الجزء الأول: إن ما يحدث لنا ليس بالأمر الجيد، وتشير التوجهات إلى أن الأوضاع لن تتحسن، بل ستزداد سوءًا.

الجزء الثاني: ولكن ما نقوم به أمر جيد بالفعل لأننا نحسن عملية الإدارة ونقلل ونرفع حصة السوق.

الجزء الثالث: لذا، فإن العمل سيشهد تحسنًا أكثر من ذي قبل.

والآن، ما إجابة العقل الانفعالي؟ "يا إلهي، دعك من هذا، لنواجه الحقيقة. إن بإمكانك فقط تطبيق منهج التفكير الإيجابي هذا وتلك الطرق النفسية الذاتية إلى هذا الحد. ولكن إن آجلًا أم عاجلًا سيكون عليك مواجهة الواقع".

ولكن هنا يكمن الفرق بين التفكير الإيجابي والمبادرة. لقد واجهنا الواقع بالفعل، وواجهنا واقع الظروف الحالية والتوقعات المستقبلية. ولكننا واجهنا أيضًا واقع أننا نملك قوة اختيار الاستجابة الإيجابية الملائمة لتلك الظروف والتوقعات. وعدم مواجهة الواقع تعني تقبل فكرة أن ما يحدث بالبيئة المحيطة بنا يجب أن يتحكم فينا بالضرورة.

ويمكن للشركات والجماعات والمؤسسات وحتى الأسر التحلي بالمبادرة. ويمكنهما مزج الإبداع ومصادر المبادرة لدى الأشخاص لخلق ثقافة المبادرة داخل المؤسسة. ولا ينبغي على المؤسسة أن تقع تحت رحمة البيئة؛ بل يمكنها الأخذ بزمام المبادرة لتحقيق القيم والأهداف المشتركة للعاملين.

الاستماع إلى لغتنا

لأن توجهاتنا وسلوكياتنا تنبع من منظوراتنا الفكرية، فإذا استخدمنا وعينا الذاتي لدراستها فسنتمكن من رؤية طبيعة الخرائط المهمة من خلالها. وعلى سبيل المثال، اللغة التي نستخدمها هي مؤشر حقيقي يحدد لأي مدى نرى في أنفسنا أشخاصًا مبادرين.

ولغة الأشخاص الانفعاليين تعفيهم من المسئولية.

"هكذا أنا، وهذه هي طبيعتي". *هذا قدري* ولا يمكنني فعل شيء حيال الأمر.

"إنه يدفعني للجنون!" *إنني لست مسئولًا عن هذا، هناك شيء ما يتحكم في حياتي العاطفية لا حيلة لي فيه.*

"لا يمكنني القيام بهذا الأمر. ليس لدي متسع من الوقت". *شيء ما خارج عن إرادتي يحكمني - الوقت المحدود.*

"لو أن زوجتي تتحلى بشيء من الصبر". *إن سلوك شخص آخر يحد من فعاليتي.*

"لا بد من القيام بهذا". *إن الظروف أو الآخرين يدفعونني للقيام بما أفعل، ولا أملك حرية اختيار أفعالي.*

لغة الانفعال	**لغة المبادرة**
ليس بيدي حيلة.	لندرس البدائل المتاحة لنا.
هكذا أنا.	بإمكاني أن أختار طريقة مختلفة.
إنه يدفعني للجنون.	يمكنني التحكم في مشاعري.
إنهم لن يسمحوا لي بهذا.	يمكنني تقديم عرض مؤثر.
يتعين عليَّ القيام بهذا.	لا بد أن أختار الاستجابة الملائمة.
ليس باستطاعتي.	أنا من يقوم بالاختيار.
لا بد.	أفضل.
لو أن.	سأفعل.

وتنشأ هذه اللغة من المنظور الفكري الأساسي للتصميم. والروح الأساسية المسيطرة عليها هي روح التملص من المسئولية. *لست مسئولًا عن هذا، ولا يمكنني اختيار الاستجابة.*

سألني أحد طلابي ذات مرة: "هل تسمح لي بعدم حضور الصف؟ لدي مباراة تنس".

فسألته: "هل يتعين عليك الذهاب أم أنك *اخترت* الذهاب؟".

فأجابني: "يتعين عليَّ الذهاب بالفعل".

"ما الذي سيحدث إن لم تذهب؟".

"سأطرد من الفريق".

"هل ترضى عن هذه العواقب؟".

"كلا".

"بعبارة أخرى، إنك *تختار* الذهاب لأنك تريد البقاء في الفريق. ولكن ما الذي سيحدث إذا فاتك صفي؟".

"لا أدري".

"فكر جيدًا. في اعتقادك ما النتيجة الطبيعية لعدم حضور الصف؟".

"لن تطردني، أليس كذلك؟".

"ستكون هذه عاقبة اجتماعية. سيكون ذلك متكلفًا. إن لم تشارك مع فريق التنس فإنك لن تلعب - هذا طبيعي. ولكن إذا فاتك صفي فما العاقبة الطبيعية؟".

"أعتقد أنني سأفوت التعلم".

"هذا صحيح. إذن يتعين عليك أن تزن عاقبة هذا مقابل عاقبة عدم الذهاب مع فريق التنس، ومن ثم يمكنك الاختيار. أعلم أنني لو كنت مكانك لاخترت الذهاب مع فريق التنس؛ ولكنني لا أفرض عليك القيام بأي شيء".

فأجاب بهدوء: "إذن، *أختار* الذهاب مع فريق التنس".

فأجبته وأنا أصطنع عدم التصديق: "وتفوت صفي؟".

إن المشكلة الخطيرة التي تصاحب لغة الانفعال هي أنها أصبحت نبوءة ذاتية التحقق. إذ يصبح الناس خاضعين للمنظور الفكري الذي يصممون عليه، ويتصنعون الأدلة الداعمة لمعتقدهم. ويتعاظم شعورهم بأنهم ضحايا وأن الأمور خارجة عن سيطرتهم وأنه لا حيلة لهم في اختيار حياتهم أو أنه أمر مقدر. ودائمًا يلومون قوة خارجية - أو أشخاصًا آخرين أو الظروف أو حتى الحظ - على الموقف الذي يمرون به.

في أثناء إحدى الندوات التي كنت أتحدث فيها عن مفهوم المبادرة نهض رجل وقال: "ستيفن، يعجبني ما تقول، ولكن كل موقف يختلف عن الآخر. خذ زواجي مثلًا:

إنني قلق بشأنه لأنني أنا وزوجتي لم نعد نكن لبعضنا البعض المشاعر ذاتها كسابق عهدنا. وأعتقد أنني لم أعد أحبها، كما أنها لم تعد تحبني أيضًا. ما الذي يسعني القيام به؟".

فسألته: "ألم تعد بينكما أية مشاعر؟".

فأجابني مؤكدًا: "هذا صحيح. لدينا ثلاثة أطفال ونحن قلقان بشأنهم. ما الذي تقترحه؟".

فأجبته "أحبها".

"لقد أخبرتك، لم تعد بيننا أية مشاعر".

"أحبها".

"ألا تفهم؟ لقد انتهت المشاعر بيننا".

"إذن أحبها. فالمشاعر إذا لم تكن موجودة فهذا سبب أدعى لتحبها".

"ولكن كيف تحب عندما لا تحب؟".

"يا صديقي إن الحب فعل. والحب - المشاعر - هو ثمرة الحب، أي الفعل. لذا، أحبها واخدمها وضحِّ من أجلها واستمع إليها وقدرها. هل أنت قادر على هذا؟".

وتؤكد الكتابات العظيمة التي تشكل فكر المجتمعات التقدمية أن الحب فعل، ولكن الناس الانفعاليين يحولونه إلى مشاعر - وبعد ذلك تقودهم تلك المشاعر. ويميل كُتاب السيناريو في هوليوود إلى دفعنا إلى تصديق أننا لسنا مسئولين وأننا نتاج لمشاعرنا، ولكن سيناريوهات هوليوود لا تصف الواقع. فلو حكمت مشاعرنا تصرفاتنا فهذا نتيجة لتخلينا عن مسئوليتنا وزيادة قوة مشاعرنا لتدفعنا إلى هذا.

أما الناس المبادرون فيجعلون الحب فعلًا. والحب هو شيء تقوم به وتضحيات تبذلها، والتخلي عن الأنانية كما تفعل الأم التي تلد طفلًا إلى العالم. وإذا أردت دراسة الحب فلا بد أن تقرأ عن هؤلاء الذين بذلوا تضحيات من أجل الآخرين، حتى من أجل أولئك الذين أساءوا إليهم أو حتى لم يبادلوهم الحب. وإذا كنت والدًا فانظر إلى الحب الذي تكنه لأبنائك والتضحيات التي تبذلها من أجلهم. والحب هو قيمة تتحول إلى واقع من خلال الأفعال التي تدل على الحب. والناس المبادرون يضعون المشاعر في مرتبة أدنى من القيم، ومن ثم يتسنى لهم استعادة الحب والمشاعر.

عدم معاناة الهموم

دائرة الاهتمام / دائرة التأثير

وهنــاك طريقة أخرى ممتازة تساعدنا على تنميــة إدراكنا لذاتنا تعتمد على قدر تمتعنــا بالمبــادرة، وهي البحث عن الشيء الذي يجدر بنــا نركز وقتنا وطاقتنا عليه. ولــكل واحد منا مدى متسع من الهموم ومصــادر القلق - صحتنا وأطفالنا ومشكلات العمل والديون القومية والحرب النوويــة. واستخدام "دائرة الاهتمام" يساعدنا على فصل تلك الهموم عن الأمور التي لا تمثل أهمية عقلية أو عاطفية لنا.

وبينمـا ننظـر إلـى تلك الأشيـاء داخل دائـرة الاهتمـام الخاصة بـكل واحد منا يتبيـن لنـا أن هنـاك بعض الأشيـاء تخـرج عـن سيطرتنـا ، وبعضهـا يمكننـا أن نعالجـه إلى حد ما . ونستطيع التعرف على هـذه الهموم الخاصة بالمجموعة الأخيرة ومصادر القلق عن طريق وضعها في إطار مجموعة أخرى هي "دائرة التأثير".

وعندمـا نحدد أي واحدة من هاتين الدائرتين هي محور وقتنا وطاقتنا ، يغدو من السهل علينا تحديد إلى أي درجة نتمتع بشخصية مبادرة.

تركيز الأشخاص المبادرين

(الطاقة الإيجابية تزيد من حجم دائرة التأثير)

والأشخاص المبادرون هم من يركزون جهدهم وطاقتهم على دائرة التأثير. فهم يركزون على الأشياء التي يستطيعون فعل شيء بشأنها. وتتميز طبيعة طاقتهم بالإيجابية والامتداد والتعاظم، مما يزيد من اتساع دائرة تأثيرهم.

ومن ناحية أخرى تجد الأشخاص الانفعاليين يركزون جهودهم على دائرة الاهتمام. إنهم يركزون على اقتناص نقاط ضعف الآخرين والمشكلات الموجودة في البيئة والظروف الخارجة عن سيطرتهم. ويتمخض عن هذا النوع من التركيز إلقاء اللوم وتبني توجه اتهام الآخرين واستخدام لغة انفعالية وتعاظم الشعور بأنهم ضحايا. والطاقة التي تتولد عن هذا النوع من أنواع التركيز تتحد مع إهمال النواحي التي يمكن التعامل معها وتتسبب في تقلص دائرة التأثير.

تركيز الأشخاص الانفعاليين

(الطاقة السلبية تقلص دائرة التأثير)

ومداومة التركيز على دائرة الاهتمام يؤدي إلى تعزيز الأمور التي تحتويها جاعلًا إياها تسيطر علينا. فنحن لا نأخذ بزمام المبادرة التي هي ضرورية لإحداث تأثير إيجابي.

وفي جزء سابق من هذا الكتاب رويت لكم قصة ابني الذي كان يعاني مشكلات خطيرة في المدرسة والقلق الذي انتابنا أنا وساندرا بشأن نقاط ضعف ابننا الواضحة والطريقة التي كان الناس يعاملونه بها.

ولكن تلك الأشياء كانت داخل دائرة اهتمامنا؛ فكلما كنا نركز جهودنا عليها نجد أن الإنجاز الوحيد الذي حققناه هو زيادة شعورنا باليأس وانعدام الحيلة وتعزيز اعتماد ولدنا علينا.

ولكن عندما شرعنا في العمل على دائرة التأثير، وجدنا أنفسنا نركز على منظورنا الفكري، وبالتالي بدأت الطاقة الإيجابية تتدفق منا، مما غير فينا الكثير وأثر في ابننا. وعندما ركزنا على أنفسنا بدلاً من التركيز على القلق بشأن الظروف نجحنا في التأثير على تلك الظروف.

ولأسباب خاصة بالوضع أو الثروة أو الدور الذي يؤديه المرء أو العلاقات توجد بعض الظروف التي تجعل دائرة التأثير الخاصة بالشخص أكبر من دائرة اهتمامه ومخاوفه.

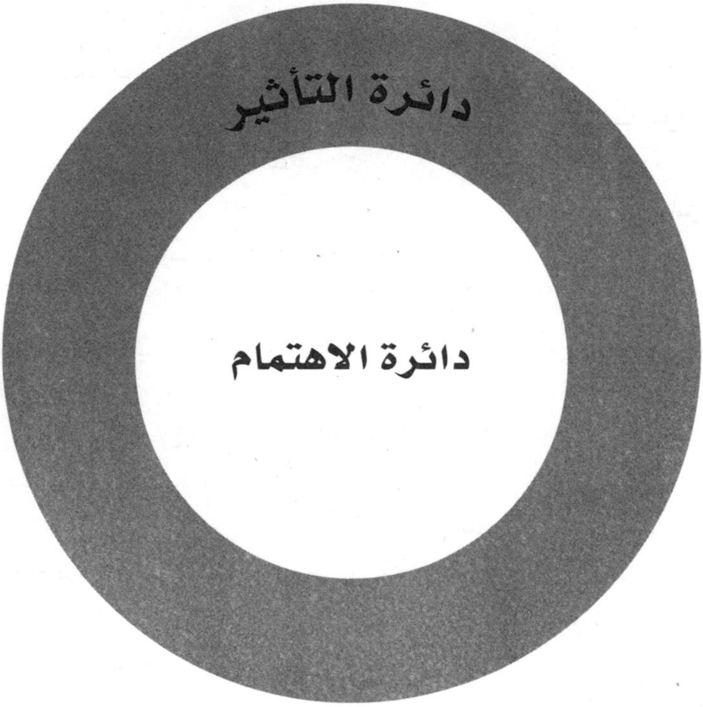

ويعكس هذا الموقف التفكير في المعاناة الشخصية العاطفية الحالية - وهو نمط من أنماط الحياة الأنانية لأنه يركز على دائرة الاهتمام.

وعلى الرغم من أن المبادرين قد يتعين عليهم إعطاء الأولوية لاستخدام تأثيرهم إلا أن لديهم أيضًا دائرة اهتمام تتساوى على الأقل في الحجم مع دائرة التأثير، وذلك بتقبلهم تحمل مسئولية استخدام التأثير بفعالية.

مشكلة مباشرة أو غير مباشرة أو خارجة عن نطاق السيطرة

إن المشكلات التي نواجهها تنقسم إلى ثلاثة أنواع: مشكلات مباشرة (المشكلات التي تتعلق بسلوكياتنا)، ومشكلات غير مباشرة (المشكلات المتعلقة بسلوكيات الآخرين)، ومشكلات خارجة عن السيطرة (المشكلات التي لا حيلة لنا فيها، مثل الماضي أو حقيقة الموقف). والفكر المبادر هو الذي يحدد الخطوة الأولى على طريق حل تلك الأنواع الثلاثة للمشكلات في إطار دائرة تأثيرنا الحالية.

وبالنسبة *للمشكلات المباشرة*، يمكن حلها عن طريق التركيز على عاداتنا. فهي تقع في إطار دائرة تأثيرنا. وهذه هي الانتصارات الشخصية؛ العادات الأولى والثانية والثالثة.

أما *المشكلات غير المباشرة* فتحل بتغيير أساليب التأثير. وهي الانتصارات العامة؛ العادات الرابعة والخامسة والسادسة. وأنا عن نفسي تمكنت من تحديد أكثر من ثلاثين طريقة منفصلة للتأثير الإنساني - منفصلة كانفصال التعاطف عن الصراع، وكانفصال تقديم القدوة عن محاولة الإقناع. ولا يعرف أغلب الناس أكثر من ثلاثة أو أربعة أساليب من إجمالي تلك الأساليب، والتي تبدأ غالبًا بالمنطق، وإذا فشل هذا الأسلوب فإنهم يتحولون إلى الهرب أو الشجار. ولكن إلى أي مدى تتمتع بالفكر المتفتح الذي يسمح لك بتقبل فكرة أن بإمكانك تعلم أساليب جديدة للتأثير الإنساني، بدلًا من بذل محاولات مستمرة في اتباع الأساليب القديمة غير الفعالة "لإعادة تشكيل" شخص آخر؟

وعند مواجهة *المشكلات الخارجة عن نطاق السيطرة* فإنك تتحمل مسئولية تغيير وجهك العابس إلى وجه بشوش، وتقبل المشكلات برضا وسلام نفسي والتعلم منها، حتى لو لم ترق لك. وبهذه الطريقة لا نسمح لتلك المشكلات بالسيطرة علينا. ونحن نتضامن مع جمعية علاج المدمنين المجهولين في الدعاء الذي يتلونه: "يا إلهي، امنحني الشجاعة لتغيير الأشياء التي باستطاعتي، بل يتعين على تغييرها، والسكينة التي تساعدني على تقبل الأشياء التي لا يسعني تغييرها، والحكمة في إدراك الفرق".

وسواء كانت المشكلة مباشرة أو غير مباشرة أو خارجة عن السيطرة، فإننا نملك بين أيدينا الخطوة الأولى التي تساعدنا على وضع الحل. فتغيير عاداتنا وتغيير أساليب التأثير التي نتبعها وتغيير نظرتنا للمشكلات الخارجة عن سيطرتنا كلها أمور تقع داخل دائرة تأثيرنا.

توسيع دائرة التأثير

من الملهم أن ندرك أن الاستجابة التي نختارها عند التعامل مع ظرف معين تُحدث تأثيرًا قويًا في هذا الظرف. فإذا قمنا بتغيير جزء من الوصفة الكيميائية فإننا نغير طبيعة الناتج بالتبعية.

* * *

منذ عدة سنوات مضت عملت مع إحدى المؤسسات التي يرأسها شخص يتمتع بدرجة عالية من الحيوية، كما أنه قادر على قراءة مؤشرات الموقف. وكان بحق مبدعًا وموهوبًا ويتمتع بقدرات كبيرة وذكاء حاد، وقد عرف الجميع عنه كل هذه الصفات، ولكنه كان ديكتاتورًا في إدارته - وكان يتعامل مع الجميع كأنهم مجرد سعاة عليهم توصيل الرسالة فقط دون أن يعوا ما تحمله. وكان يستخدم لغة الأمر مع العاملين معه بالمؤسسة "اذهب لفعل هذا أو ذاك، والآن افعل هذا أو ذاك. أنا من يتخذ القرار هنا".

والتأثير الطبيعي لأسلوب التعامل هذا هو أنه قد بنى علاقات غير ودودة مع فريق العمل التنفيذي. وتحولت ردهات المؤسسة إلى ساحات للشكوى من أسلوبه. وكانت المناقشات الدائرة بينهم معقدة ومتباينة وكأنهم يحاولون حل المشكلة. في النهاية لم يستطيعوا إيجاد الحل، بل أعفوا أنفسهم من تحمل مسئولية ما يجري باسم أن المدير لديه نقاط ضعف.

فعلق أحدهم قائلاً: "لا يسعني تحمل ما حدث هذه المرة. لقد دلف إلى قسمي في اليوم التالي ووجد كل شيء معدًا، ولكنه أعطى تعليمات مخالفة تمامًا، وذهب العمل الذي انكببت عليه طيلة عدة أشهر أدراج الرياح. لا أدري كيف أواصل العمل معه. ألن يتقاعد؟".

فأجابه أحدهم: "إنه فقط في التاسعة والخمسين. هل تعتقد أنه سيستمر في العمل لمدة ست سنوات أخرى؟".

"لا أدري. إنه من النوع الذي لا يتقاعد على أية حال".

ولكن كان هناك بين هؤلاء العاملين شخص مبادر تحركه القيم لا المشاعر. لذا، فقد أخذ بزمام المبادرة وفكر فيما يشعر به المدير وتمكن من قراءة الموقف. وهو لم يغفل نقاط ضعف المدير، ولكنه لم يتوقف عندها لينتقده بل حاول تعويضها. فقد كانت مشكلة المدير تكمن في ضعف أسلوبه وكان بدوره يحاول إخفاء هذا الضعف

عن العاملين معه. وكان يتعامل فقط مع مواطن قوة المدير، وهي البصيرة والموهبة والإبداع.

لذا، ركز هذا الرجل على دائرة تأثيره. وكان المدير يستخدمه كساع أيضًا. ولكنه كان يقدم أكثر مما هو متوقع منه - فكان يتوقع احتياجات المدير ويمعن في قراءة همومه الأساسية، لذا فحينما كان يقدم المعلومات له كان يقدم معها تحليلًا وتوصيات.

وذات يوم عندما التقيت المدير في أثناء جلسة استشارية قال لي: "ستيفن، لا يسعني تصديق ما فعله هذا الرجل. فهو لم يقدم لي المعلومات التي أحتاج إليها فحسب؛ بل قدم معلومات إضافية هي بالضبط ما أحتاج إليه. ولم يكتف بهذا بل عرض عليَّ تحليلًا لهذه المعلومات وفقًا لاهتماماتي الأساسية وأرفق معه قائمة بتوصياته.

"وجاءت تلك التوصيات متوافقة تمامًا مع التحليل وجاء التحليل متوافقًا تمامًا مع البيانات. إنه إنسان متميز! كم أشعر بالراحة لأنني ما عدت أقلق بشأن هذا الجزء من العمل".

وكانت الجملة المحورية في الاجتماع التالي هي "افعل هذا وافعل ذاك"، حيث كان المدير يوجهها لجميع التنفيذيين، فيما عدا شخص واحد. فعندما كان يوجه المدير الحديث لهذا الشخص كان يقول له "ما رأيك؟". هكذا، ازداد حجم دائرة تأثير هذا الرجل.

وقد تسبب هذا الأمر في إثارة بلبلة داخل المؤسسة، فنزعت العقول الانفعالية إلى الوقوف في الردهات، وإطلاق سهام ورصاصات الاتهامات الجائرة ضد الرجل المبادر.

فطبيعة الناس الانفعاليين هي التنصل من مسئولياتهم، فمن الأسلم بالنسبة لهم أن يقولوا: "إنها ليست مسئوليتي" لأنني لو قلت: "إنني مسئول عن هذا" فربما يعني خلاف هذا قولي: "أنا غير جدير بتحمل المسئولية". وسيُضحي من الصعب أن أقول إنني أمتلك قوة اختيار استجابتي، وقد يتمخض عن تلك الاستجابة انخراطي في بيئة سلبية تتسم بانعدام الأمانة، خاصة إذا تنصلت من مسئولياتي لسنوات عديدة بسبب نقاط ضعف شخص ما.

ومن ثم، ركز هؤلاء العاملون على إيجاد المزيد من المعلومات، والمزيد من البيانات والأدلة التي تساعدهم على تبرير تنصلهم من مسئولياتهم.

ولكـن هذا الرجل كان مبــادرًا معهم أيضـًـا. ونمت دائرة تأثيــره عليهم تدريجيًّا وواصلــت اتساعهــا إلى الحد الذي جعـل أيًّا منهم يستطيع اتخــاذ خطوة واحدة دون الرجــوع إليه، بما في ذلك مدير المؤسسة نفسه. ومع ذلك، لم يشعر المدير بأن هذا الرجـل مصدر تهديد، والسبب أن قوة هذا الرجل أكملت قوته وعوضت نقاط ضعفه. لذا، فهو يتمتع بقوة رجلين - قوة الفريق المساعد.

لــم يكــن نجاح هذا الرجــل معتمدًا علــى الظــروف؛ فالكثير مــن العاملين كانوا يخضعــون لنفس الظروف، لكــن استجابته لتلك الظروف وتركيــزه على دائرة تأثيره هما الركيزة الأساسية التي أحدثت فرقًا.

ويوجــد الكثير من الناس يعمدون إلى تفسيــر معنــى "المبادر" بأنه شخص لحوح وعدوانــي وعديم الإحساس، ولكن هــذا التفسير بعيد كل البعد عن المعنى الحقيقي. فالشخــص المبادر ليس لحوحًا، بل هو شخــص ذكي تقوده القيم، ولديه القدرة على قراءة الأحداث ويعلم ما يتعين عليه القيام به.

لنأخــذ غاندي مثالاً هنا. ففي الوقت الذي كان ينتقده فيه مهاجموه في المجالس التشريعيــة لأنه لم يشاركهم دائــرة اهتمامهم - التي انصبت على الاهتمام بالخطب التي تدين الإمبراطورية البريطانية لقمعها الشعب الهندي - انتقل غاندي إلى حقول الأرز موسعـًـا دائرة تأثيره بهــدوء وبطء وبطريقة تدريجية مناسبــة. وكانت هذه هي القاعــدة العريضة للتأييد والثقة التي تبعتــه في جميع أنحاء الريف. وعلى الرغم من أن غانــدي لــم يتقلد أي منصب رسمــي أو سياسي إلا أنه - من خــلال فهمه مشاعر النـاس وشجاعته وتوقد ذهنه والإقناع الأخلاقي - تمكن من إخضاع إنجلترا لرغباته وكســر الهيمنــة السياسية التي كانــت تقيد حرية ثلاثمائة مليــون شخص، وذلك من خلال القوة العظيمة لدائرة تأثيره الموسعة.

المتطلبات والصفات

واحدة من الطرق التي يمكن استخدامها لتحديد الدائرة التي يقع بداخلها قلقنا هي التمييز بين المتطلبات والصفات. فدائرة اهتماماتنا مليئة بالمتطلبات.

"سأكون سعيدًا *لو تمكنت* من دفع أقساط المنزل".

"*ليت* رئيسي لم يكن ديكتاتورًا".

"*ليت* زوجي كان صبورًا".

"ليت أطفالي كانوا مطيعين" .

"لو حصلت على شهادتي..." .

"ليتني أحظى ببعض الوقت لنفسي" .

أما دائرة التأثير فهي مليئة بالصفات - *أستطيع التحلي بالمزيد من الصبر والحكمة وأكون محبًا*؛ أي أن التركيز يكون على الشخصية.

ففي أي وقت نفكر فيه قائلين: "ها هي المشكلة" يكون *التفكير هو عين المشكلة*. فنحن نعزز قوة تلك المشكلة التي نشير إليها ونسمح لها بالسيطرة علينا. وهنا يأتي تغير المنظور الفكري من "الخارج إلى الداخل" - فما يوجد بالخارج ينبغي أن يتغير أولًا حتى نتغير نحن.

أما التناول المبادر فهو يتعلق بالتغيير من الداخل إلى الخارج: أن تكون مختلفًا. وعندما تصبح مختلفًا تتمكن من إحداث تغيير إيجابي في الخارج - باستطاعتي أن *أكون* واسع الحيلة بشكل أكبر والعمل بجد أكثر، كما أنه باستطاعتي أن *أكون* خلاقًا وأكثر تعاونًا.

وواحدة من أفضل القصص التي أحب الاستشهاد بها هي قصة سيدنا يوسف عليه السلام، الذي بيع في مصر وبالطبع، كان من السهل عليه الوقوع في جب الشفقة على النفس بعد أن أصبح عبدًا للعزيز، والتركيز على نقاط ضعف إخوته الذين تسببوا له في هذه المحنة، وعلى نقاط ضعف سيده وكل شيء آخر خارج عن نطاق سيطرته - ولكن سيدنا يوسف كان مبادرًا وركز على *الصفات*. وخلال فترة زمنية قصيرة كان يدير قصر العزيز، بل أضحى مسئولًا عن جميع ممتلكاته لأن ثقته بسيدنا يوسف كانت عالية.

ثم تعرض سيدنا يوسف لمحنته الشديدة الشهيرة ورفض المساومة على مبادئه. ونتيجة لموقفه هذا أُلقي في غياهب السجن ظلمًا لمدة ثلاثة عشر عامًا. ولكنه كان مبادرًا رغم المحنة وركز على دائرته الداخلية، أي صفاته وليس متطلباته. وسرعان ما أصبح هو من يدير السجن ثم مصر بأسرها لاحقًا، وأصبح الرجل الثاني بعد الفرعون.

وأنا على علم بأن هذه الفكرة تعد تغيرًا دراميًّا في المنظور الفكري للكثيرين. فمن الأسهل في هذه المواقف إلقاء اللوم على الآخرين وعلى المؤثرات الخارجية وعلى الظروف السيئة التي نمر بها. بيد أننا مسئولون عن السيطرة على حياتنا والتأثير بقوة في ظروفنا من خلال التركيز على *الصفات* وعلى كينونتنا.

إذا كان زواجـي يعانـي مشـكلات فما المكسـب الحقيقي الذي أجنيـه من وراء التركيـز دومًـا على عيـوب زوجتـي؟ فعندما أقـول إنني لسـت مسئولًا فإننـي أجعل مـن نفسـي ضحية لا حول لها وأضع نفسي في موقف سلبي. كما أنني أقلل من تأثيري علـى زوجتي - فقيامـي بالتذمر وتوجيـه الاتهامـات والانتقاد الدائـم يجعل زوجتي تشعـر بأنها ليس بإمكانها فعل شيء إزاء نقاط ضعفهـا. كما يعد انتقادي إياها أسوأ مـن السلوك الذي أود تقويمه. ونتيجـة لهذا تذبل وتذوي قدرتي على التأثير الإيجابي في الموقف.

فـإذا أردت بالفعـل تحسين الوضع، فلا بد أن أعمل علـى شيء واحد من الأشياء التي تقع في نطاق سيطرتي؛ أي أعمل على تغيير نفسي. فيمكنني التوقف عن محاولة إعـادة تشكيل زوجتي، والتركيز على نقاط ضعفي. كما يمكنني التركيز على الاعتقاد أننـي الشريك الأقوى في هذا الزواج وأنني مصـدر للحب والدعم غير المشروطين. ونتيجـة لكل هذا ستشعر زوجتي بقـوة المثال المبادر، وستكـون استجابتها من نفس النـوع، ولكن سواء فعلـت أم لم تفعل فإن انشغالي بالتفكيـر فيمن *أكون*، وصفاتي هو أكثر الأساليب فعالية لأتمكن من التأثير في الموقف الذي أمر به.

وبالطبـع، توجد العديـد من الأساليب التـي يمكن استخدامها للعمـل على دائرة التأثيـر - أن تكـون مستمعًا أفضل، وأن تكون شريكًا محبًّا في زواجك وأن تكون طالبًا أفضـل وأن تكـون موظفًـا أكثر تعاونًـا وأكثر تفانيًا. وفـي بعض الأحيـان، يكون أكثر الأمـور - التي نستطيـع القيام بها - مبادرة هي أن نكون سعـداء وأن نبتسم ابتسامة صادقـة. فالسعادة - مثلها مثل التعاسة - اختيار بأخذ زمام المبادرة. وتوجد العديد من الأشيـاء تستبعد تمامًا من دائرة تأثيرنا كالطقس مثـلًا. ولكن بوصفنا أشخاصًا مبادريـن فباستطاعتنا أن نحمل معنا طقسنا المادي أو الاجتماعي. وباستطاعتنا أن نكـون سعداء ونتقبل تلك الأشياء التي لا نستطيع السيطـرة عليها في الوقت الحالي؛ بينما نحن نركز جهودنا على الأشياء التي يمكننا القيام بها.

الطرف الآخر للعصا

قبـل أن نحـول تركيز حياتنا على دائـرة التأثير، نحن في حاجـة إلى التفكير في أمرين يقعان ضمن دائرة الاهتمام تفكيرًا أعمق - *العواقب والأخطاء*.

ففـي حين نتمتع بحريـة اختيار أفعالنـا، فإننا لا نملك ترف اختيـار عواقب تلك الأفعـال؛ لأن العواقـب محكومـة بقانـون الطبيعة. وهـي تقع خارج دائـرة الاهتمام.

فبإمكاننا أن نختار الوقوف أمام قطار مسرع، ولكننا لا نستطيع أن نقرر ماذا سيحدث لنا بعد أن يصدمنا القطار.

وباستطاعتنا أن نختار الغش في معاملاتنا التجارية. وفي حين أن العواقب الاجتماعية لهذا القرار تعتمد على ما إذا كان أمرنا سينكشف أم لا، لا بد أن نعلم أن العواقب الطبيعية لشخصيتنا الأساسية هي نتيجة ثابتة.

وسلوكنا يخضع لسيطرة المبادئ. فالعيش في توافق معها يجلب عواقب حميدة أما انتهاكها فيجلب عواقب وخيمة. ونحن نتمتع بحرية اختيار استجابتنا لأي موقف؛ ولكن عند قيامنا بذلك فنحن نختار بالتبعية العواقب المرتقبة. "عندما نختار أحد أطراف العصا فنحن نختار الطرف الآخر".

ومما لا شك فيه أن كل واحد منا مرت بحياته لحظات اختار فيها أمورًا اتضح فيما بعد أنها كانت خاطئة. فقد جلبت علينا اختياراتنا عواقب تمنينا فيما بعد لو لم تحدث. وإذا خُيِّرنا مرة أخرى لقمنا بالأمر بطريقة مختلفة. ونحن نطلق على هذه الخيارات كلمة أخطاء، وهي الأمر الثاني الذي يميز تفكيرنا.

وبالنسبة لهؤلاء الذين يملؤهم الندم، ربما يكون أكثر تدريب على المبادرة يحتاجون إليه هو أن يدركوا أن أخطاء الماضي توجد أيضًا في دائرة الاهتمام. ولا يمكننا استدعاؤها أو إصلاحها، كما لا يمكننا التحكم في العواقب التي تنتج عنها.

كان ابني يلعب ظهيرًا رابعًا في أثناء دراسته في الجامعة، وقد تعلم أن يحرك رابطة المعصم بين الأشواط حتى يتمكن من تصفية ذهنه إذا ارتكب هو أو أحد اللاعبين خطأ جسيمًا ومن ثم لا يتأثر أداء اللعبة التالية بما حدث في اللعبة السابقة.

أما التناول المبادر للوقوع في الخطأ فهو الاعتراف به على الفور وتصحيحه والتعلم منه. واتباع هذه القاعدة حرفيًّا هو مفتاح التحول من الفشل إلى النجاح. وكما يقول تي جي واتسن مؤسس شركة آي بي إم: "يقع النجاح على الجانب الأقصى من الفشل".

ولكن عدم الاعتراف بالخطأ وعدم تصحيحه والتعلم منه هو خطأ من نوع آخر. فذلك عادة ما يغرق الشخص في خداع الذات، ويقوده إلى طريق التبرير، وغالبًا يؤدي إلى اختلاق الأعذار (اختلاق أكاذيب) للذات وللآخرين. وهذا الخطأ الثاني - تلك التغطية - يعزز الأول؛ حيث لا يعطيه الأهمية المتناسبة مع حجمه، مما يتسبب في إلحاق ضرر أعمق بالذات.

وأكثر الأمور إيلامًا لنا ليست أخطاءنا أو أخطاء الآخرين، وإنما هي استجابتنا لتلك الأمور. فمطاردتنا للأفعى السامة التي لدغتنا لن يعود علينا بشيء سوى سريان السم في كل أعضاء جسمنا؛ فالأفضل في هذه الحالة اتخاذ التدابير اللازمة لاستخراج السم.

إن استجابتنا لأي خطأ تؤثر على جودة اللحظة التالية. لذا، من المهم أن نعترف على الفور بأخطائنا ونصوبها، ومن ثم تفقد تأثيرها على اللحظة التالية، ومن ثم نستعيد قوتنا مرة أخرى.

قطع التعهدات والوفاء بها

داخل قلب دائرة تأثيرنا تكمن قدرتنا على قطع عهودنا ووعودنا والحفاظ عليها. والعهود التي نقطعها على أنفسنا ويقطعها الآخرون والالتزام بتلك العهود هو جوهر أخذنا بزمام المبادرة والتحسين الفعلي لها.

كما أنها جوهر نمونا. ومن خلال مواهب طبيعية نمتلكها مثل *الوعي الذاتي*، *والضمير* نستطيع معرفة نقاط ضعفنا والجوانب التي تحتاج للتحسين، والمواهب التي يمكن تنميتها، وما نحن بحاجة إلى تغييره في حياتنا أو التخلص منه نهائيًا. وعندما ندرك وجود *خيالنا وإرادتنا المستقلة* ونستخدمهما للتعامل مع هذا الوعي - قطع الوعود ووضع الأهداف والإخلاص في القيام بها - فإننا نبني مواطن القوة في شخصياتنا، ونبني كينونتنا، والتي تجعل من أي أمر آخر إيجابي في حياتنا ممكنًا.

ومن هنا نجد طريقتين يمكننا من خلالهما السيطرة على حياتنا على الفور. الطريقة الأولى هي أن *نقطع على أنفسنا عهدًا* - ونفي به. أو أن *نضع هدفًا نصب أعيننا* ونجتهد لتحقيقه. فعندما نأخذ على أنفسنا عهودًا حتى ولو كانت صغيرة، يتكون لدينا تكامل داخلي يولد لدينا وعيًا بالتحكم بالنفس والشجاعة والقوة التي تؤهلنا لتحمل مسئوليات حياتنا. وحفاظنا على العهود التي قطعناها على أنفسنا وللآخرين سيعظم تدريجيًا اعتمادنا على المبادئ الأخلاقية أكثر من اعتمادنا على حالتنا المزاجية.

والقوة التي تساعدنا على قطع العهود على أنفسنا والوفاء بها هي جوهر تنمية العادات الأساسية للفعالية. فجوانب مثل المعرفة والمهارة والرغبة تقع جميعًا ضمن نطاق سيطرتنا، والتركيز على أي واحدة منها يقوي التوازن بين الثلاثة. وكلما اتسعت

منطقة التقاطع نجحنا في تأصيل المبادئ التي هي أساس العادات، والتي تشكل قوة الشخصية التي تقودنا بتوازن نحو زيادة الفعالية في حياتنا.

المبادرة: اختبار الثلاثين يومًا

إننا لسنا مضطرين للمرور بتجربة السجن في معسكرات الاعتقال التي مر بها فرانكل كي ندرك وننمي مهارة المبادرة لدينا. بل يمكننا من خلال الأحداث اليومية تنمية مهارة المبادرة للتغلب على الضغوط غير العادية للحياة. ويمكننا تنميتها من خلال الطريقة التي نقطع بها العهود على أنفسنا ونفي بها، أو أسلوب تعاملنا مع الازدحام المروري، أو طريقة استجابتنا لعميل ثائر، أو التعامل مع طفل غير مطيع. ويمكننا تنميتها أيضًا من خلال أسلوب عرضنا للمشكلات وكيفية تركيزنا على طاقاتنا، وكيفية تنميتها من خلال اللغة التي نستخدمها.

وأنا أتحداك أن تخضع لاختبار مبادئ المبادرة لمدة ثلاثين يومًا. فقط جربه ببساطة وراقب ما يحدث. كل ما عليك فعله هو التركيز على دائرة تأثيرك لمدة ثلاثين يومًا. اقطع على نفسك عهودًا وحافظ عليها. وكن مرشدًا، لا مصدرًا للأحكام، وكن قدوة لا ناقدًا، وكن جزءًا من الحل لا جزءًا من المشكلة.

حاول أن تجرب هذا الاختبار على علاقتك الزوجية وأسرتك وفي عملك. وامتنع عن مناقشة نقاط ضعف الناس مع الآخرين ولا تناقش نقاط ضعفك أيضًا. وإذا ارتكبت خطأ ما فاعترف به وصححه وتعلم منه في الحال. وإياك والوقوع فريسة للوم والاتهام، بل حاول التركيز على الأشياء التي تقع ضمن نطاق سيطرتك. قم بالتركيز على نفسك؛ أي على *صفاتك*.

وانظر إلى نقاط ضعف الآخرين بعين التعاطف لا الاتهام. فالمشكلة لا تكمن فيما تفعل، أو ما يتعين عليك فعله بل في الاستجابة التي تختارها وفقًا للموقف وما عليك فعله. وإذا ضبطت نفسك تفكر قائلًا: "ها هي المشكلة" فتوقف على الفور؛ فهذا النوع من التفكير هو عين المشكلة.

إن الذين يمارسون حريتهم الوليدة بخطوات حثيثة سيتمكنون تدريجيًّا من توسيع نطاق تلك الحرية. أما أولئك الذين لا يمارسونها فإن ذلك سيؤدي إلى ذبولها للدرجة التي يمكن معها القول حرفيًّا إن "غيرهم سيعيش لهم حياتهم". فهم يتصرفون من منطلق النص الذي كتبه لهم آباؤهم أو زملاؤهم أو مجتمعهم.

ونحـــن مسئولون عن تحقيق فعاليتنا الخاصة من أجل تحقيق سعادتنا، بل سأقول من أجل معظم الظروف التي نمر بها.

ويقول صامويل جونسون: "لا بد أن يتدفق نبع الأفكار من داخل العقل، ومن يمتلك القليل من المعرفة حول الطبيعة الإنسانية ويسعى وراء السعادة إلى الحد الذي يدفعه إلى تغيير أي شيء عدا شخصيته فإنه يهدر حياته في جهود لا طائل منها، ويضاعف من الأسى الذي يحاول التخلص منه".

وإدراك أننـــا مسئولـــون - "وعلى قـــدر المسئولية" - هو أساســـ تحقيق الفعالية وأساس أي عادة من عادات الفعالية التي سنناقشها.

مقترحات للتطبيق

١. لمدة يوم كامل استمع إلـــى اللغة التي تستخدمها وإلى لغة المحيطين بك كـــم مرة تستخدم وتسمع عبارات انفعالية "لو" أو "لا أستطيع" أو "يتعين علي"؟

٢. حدد تجربة قد تمر بها في المستقبل القريب، والتي تعرف وفقًا لخبرتك السابقـــة أنك قد تكتفي بالاستجابة الانفعالية فحسب إزاءها - استعرض الموقف في إطار دائرة تأثيرك. كيف يمكنك الاستجابة بطريقة مبادرة؟ حـــاول أن تخلق التجربة بصورة حية في عقلـــك، وتصور نفسك تستجيب استجابـــة مبادرة. وذكـــر نفسك بالفجوة بين المثيـــر والاستجابة. واقطع على نفسك عهدًا بممارسة حقك في حرية الاختيار.

٣. اختر مشكلة من عملك، أو من حياتك الشخصية تسبب لك ضيقًا شديدًا. وحدد هل هي مشكلة مباشرة أم غير مباشرة أم مشكلة خارجة عن نطاق السيطـــرة، وحدد أول خطوة في إطار دائـــرة تأثيرك على القيام بها لحل المشكلة، ثم اتخذ تلك الخطوة.

٤. حـــاول أن تكون مبـــادرًا بالفعل وأنت تجـــرب اختبار الثلاثيـــن يومًا. وكن واعيًا للتغيرات التي تحدث في إطار دائرة تأثيرك.

العادة ٢:
ابدأ والغاية في ذهنك®

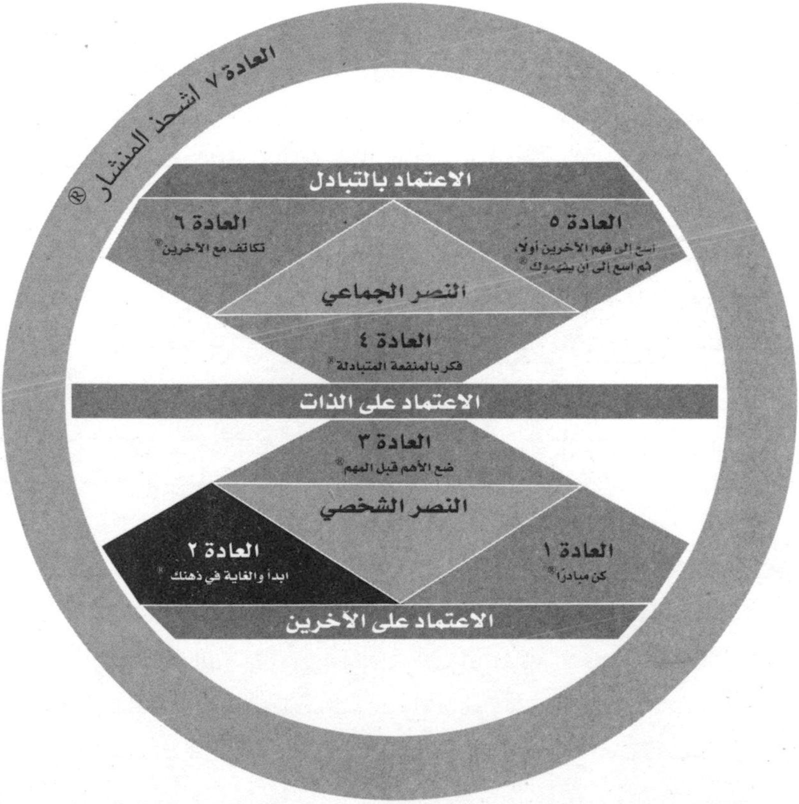

مبادئ القيادة الشخصية

إن ما يوجد خلف ظهورنا في الماضي، وما يوجد أمام أعيننا بالمستقبل هي أمور قليلة القيمة، مقارنة بما يكمن بداخل أنفسنا.

أوليفر ويندل هولمز

أرجو أن تجد مكانًا تجلس فيه بمفردك وأنت تقرأ الصفحات التالية دون أن يقاطعك أي شيء. وحاول تصفية ذهنك من كل شيء - عدا ما ستقرؤه وما سأدعوك للقيام به. ولا يقلقنك جدول مواعيدك أو عملك أو أسرتك أو أصدقاؤك - ركز فقط على ما سأقوله وكن متفتح الذهن.

تخيل نفسك ذاهبًا إلى جنازة شخص تحبه. وتصور نفسك تقود سيارتك متجهًا إلى دار الجنائز حيث تصفُّ سيارتك وتترجل منها. وبينما أنت في طريقك إلى الداخل لاحظت وجود زهور، وتمر بك وجوه الأهل والأصدقاء، وتشعر بأنهم يشاركونك من قلوبهم لوعة فراق هذا الشخص ومتعة معرفته.

وبينما تسير إلى الحجرة الأمامية لتلقي نظرة على التابوت تكتشف أنك تقف وجهًا لوجه أمام نفسك. إنها جنازتك التي ستكون بعد ثلاثة أعوام من الآن. لقد حضر جميع الناس لتكريمك وللتعبير عن حبهم وتقديرهم إياك.

وها أنت تجلس في حفل تأبينك، وتنظر إلى برنامج الجنازة في يدك: سوف يكون هناك أربعة متحدثين؛ الأول أحد أفراد أسرتك، وقد جاء كذلك من جميع أنحاء البلاد أقرباؤك من الدرجة الأولى، وكذلك أفراد العائلة الآخرين - الأبناء والإخوة والأخوات وأبناء الإخوة والأخوات والعمات والأعمام وأبناء الأعمام والأجداد لحضور التأبين. والمتحدث الثاني هو أحد أصدقائك الذي يمكنه إلقاء الضوء على شخصك.

أمـا المتحدث الثالث فهو أحد زملاء العمل، والرابع من الجيران أو الجمعية الخيرية التي أنت عضو فيها.

والآن فكر بعمق: ما الذي تود أن يقوله كل واحد من هؤلاء عنك وعن حياتك؟ كيف تريـد منهم وصفك كزوج أو زوجـة أو أب أو أم؟ كيف تريد منهم وصفك كابن أو ابنة عم؟ كصديق؟ كزميل عمل؟

مـا الشخصية التـي تود أن يراك عليها الجميع؟ مـا الإسهامات والإنجازات التي تود أن يتذكروها؟ انظر بدقة إلى الناس المحيطين بك. ما الفرق الذي تود أن تحدثه في حياتهم؟

وقبـل أن تتابع القراءة خذ دقائـق معدودة لتدون ملحوظة حول انطباعاتك. فهذا من شأنه زيادة فهمك الشخصي للعادة الثانية.

ما المقصود بـ "أن تبدأ والغاية في ذهنك"؟

إذا شاركـت بجدية في هــذه التجربة التصورية، فإنك لمست للحظة بعض قيمك الأساسية العميقة، وتمكنت من الاتصال لمدة قصيرة بالنظام الاسترشادي الداخلي الموجود في قلب *دائرة التأثير*.

والآن، أود أن تتدبر جيدًا كلمات جوزيف أديسون:

> عندمـا أنظـر إلـى قبور العظمـاء يموت بداخلـي أي شعـور بالحسد، وعندمـا أقرأ العبارات الجميلة المكتوبة عليها تذوى بداخلي كل الرغبات الجامحة، وعندما أرى عيون الآباء تقطر حزنًا عند القبور ينفطر قلبي تعاطفًا معهم، وعندما أرى قبور الآباء أنفسهم أفكـر في عـدم جدوى الحزن على هؤلاء الذين سنلحق بهـم سريعًا، وعندما أرى الملوك يرقدون جنبًا إلى جنب مع هؤلاء الذين انتزعوا منهم الحكم وأرى المتنافسين أو الرجال الذيـن قسموا العالم بسبـب أفكارهم وأثاروا به النزاعات يرقـدون جنبًا إلى جنب تحت التـراب أتدبر بحزن ودهشة المنافسـات والصراعات والمناظرات بين الجنس البشري. وعندمـا أقرأ التواريخ المختلفة المكتوبة على القبور لبعـض الذين توفوا بالأمس والذين توفوا منذ مئات السنين أفكر في يوم القيامة؛ حيث سنحشر جميعًا.

ورغم أن العادة الثانية تنطبق على كثير من الظروف ومستويات الحياة المختلفة، فـإن التطبيـق الأساسي لهـا "أن تبدأ والغاية فـي ذهنك"؛ أي أن تبـدأ يومك بتخيل أو بصـورة أو بالمنظـور الفكري لنهاية حياتـك في إطار مرجعيتـك أو المعيار الذي

تحدده. وكل جزء من أجزاء حياتك - سلوكك اليوم وغدًا والأسبوع المقبل والشهر المقبل - يمكن اختباره في إطار ما يهمك بالفعل. وعندما تكون تلك النهاية واضحة في ذهنك، يمكنك أن تكون واثقًا أن أي شيء تفعله في أي يوم لن ينتهك المعايير التي تحددها لنفسك وتضعها على رأس اهتماماتك القصوى، وأن كل يوم من أيام حياتك سوف يسهم إسهامًا ذا مغزى في أسلوب رؤيتك لحياتك كلها.

ويقصد بالبدء والغاية في ذهنك أن تفهم وجهتك، وأن تعرف إلى أين تذهب، ومن ثم تفهم أين تقف الآن، وبالتالي تخطو على الطريق الصحيح.

ومن السهل للغاية أن تقع في فخ نشاط ما، وأن تقع في فخ الحياة التي تعج بالأنشطة، وأن تظل تبذل جهدًا مضنيًا لتتسلق سلم النجاح لتكتشف في النهاية أنك تستند إلى الجدار الخطأ. فمن الممكن أن تظل *منشغلًا* للغاية، ولكن دون أن تكون *فعالًا*.

ومعظم الناس يكتشفون أنهم حققوا انتصارات جوفاء ونجاحات جاءت على حساب أشياء اكتشفوا فجأة أنها أكثر أهمية. وغالبًا ما يتسارع الناس من كل ضروب الحياة - الأطباء والأكاديميون والممثلون والسياسيون ورجال الأعمال والرياضيون وحتى السباكون - لتحقيق دخل أعلى أو للحصول على درجة وظيفية أعلى، ليكتشفوا في النهاية أن سعيهم لتحقيق هدفهم قد أعماهم عن أشياء مهمة بالنسبة لهم، والتي لم يعد لها وجود في حياتهم الآن.

كم تختلف حياتنا عندما نعرف ما الأشياء المهمة، ونحتفظ داخل أذهاننا بهذه الصورة ونعمل كل يوم لنكون ونفعل ما نريد. فإذا وضع السلم على الجدار الخطأ فإن كل خطوة نخطوها تقربنا بسرعة إلى المكان الخطأ. وربما نكون شديدي الانشغال وربما نكون *أكفاء*، ولكن لن نحقق *الكفاءة* الحقيقية ما لم نبدأ والغاية في أذهاننا.

وإذا فكرت جيدًا فيما تريد أن يُقال عنك في أثناء جنازتك فستدرك *تعريفك* للنجاح. وربما يكون مختلفًا كل الاختلاف عن الفكرة التي كنت تعتقد أنها في ذهنك. ربما لا تكون الشهرة أو الإنجاز أو المال أو أي شيء آخر نتوق لتحقيقه جزءًا من الجدار الصحيح لبناء النجاح الحقيقي.

وعندما تبدأ والغاية في ذهنك سيتكون لديك منظور مختلف. ذات مرة سأل رجل عجوز رجلًا آخر في أثناء جنازة صديق لهما: "ماذا ترك هذا الرجل؟" فأجابه صديقه: "لقد ترك كل شيء".

كل الأمور تبتكر مرتين

إن مفهوم "ابدأ والغاية في ذهنك®" قائم على أساس أن جميع *الأمور تُبتكر مرتين*؛ أي أنها تبدأ بالابتكار الذهني أو الأول، ثم الابتكار المادي أو الثاني.

ولنأخذ إنشاء منزل مثالًا لنا. فعندما تشرع في بناء منزل تضع كل التفاصيل قبل أن تدق مسمارًا واحدًا في المكان. فتحاول جاهدًا أن تكوِّن فكرة واضحة حول نوعية المنزل الذي تريد. فإذا كنت تخطط لبناء منزل عائلي فلا بد أن تجهز حجرة يمكن للأسرة التجمع فيها، واضعًا في حسبانك أن تكون الأبواب منزلقة، وأن يكون هناك فناء حيث يمكن للأطفال اللعب في الهواء الطلق. إنك تركز على الأفكار أولًا. وبينما تعتمل الأفكار في ذهنك تتكون لديك صورة واضحة للمنزل الذي تريده.

بعد ذلك تقوم بإعداد رسم للمنزل واضعًا مخطط البناء - كل هذا يجري قبل أن تضع جاروفًا بالأرض. وما لم تقم بكل هذه الأمور فستضطر عند الابتكار الثاني أو الابتكار المادي إلى إجراء تغييرات مكلفة قد تصل إلى ضعف تكلفة إنشاء المنزل.

والنجار يتبع قاعدة "قس مرتين واقطع مرة واحدة". إذن، عليك التأكد من الرسم - الابتكار الأول؛ وهذا يعني التدقيق في الرسم، والتأكد من أنه ما تريد بالفعل، وأنه يحمل كل أفكارك. ثم قم بتحويل هذا الرسم إلى حجارة وأخشاب. وفي كل يوم تتجه فيه إلى موقع العمل راجع الرسم كي تكون قراراتك قائمة عليه. وهكذا، تبدأ واضعًا الغاية في ذهنك.

إليك مثالًا آخر في مجال إدارة الأعمال. فإذا أردت أن تكون صاحب شركة ناجحة فلا بد أن تحدد بوضوح ما تصبو إلى إنجازه. وتفكر مليًّا في المنتج أو الخدمة التي ترمى إلى تقديمها. وليكن هذا وفقًا لمتطلبات السوق الذي تعمل به، ثم نظم كل العناصر المتعلقة بالتمويل والبحوث والتطوير والتشغيل والتسويق والعمالة والمنشآت وما إلى ذلك من الأمور التي من شأنها مساعدتك على بلوغ هدفك. ويتوقف نجاح عملك أو فشله على قدر تفكيرك في الغاية عندما بدأت العمل. ويرجع سبب فشل معظم الأعمال وهي في مرحلة الابتكار الأول إلى مشكلات من نوع الافتقار إلى رأس المال، وعدم فهم السوق فهمًا جيدًا والافتقار إلى خطة عمل.

المبدأ نفسه ينطبق على تنشئة الأبناء فإذا أردت أن ينشأ أطفالك على تحمل المسئولية والانضباط فلا بد أن تكون هذه الغاية واضحة في ذهنك في أثناء تعاملك اليومي معهم. واحذر التعامل معهم بأساليب من شأنها التقليل من تقديرهم لذاتهم أو انضباطهم.

ويستخدم الناس هذا المبادئ في نواح مختلفة من حياتهم بدرجات متفاوتة. فقبل القيام برحلة، تحدد وجهتك أولًا وتضع خطة لأفضل الطرق التي تتبعها. وقبل أن تزرع حديقتك، تضع خطة في عقلك أو ربما تضعها على ورقة. وكتابة الخطب تسبق إلقاءها والتفكير في أسلوب تنسيق الحديقة يسبق عملية التنسيق ذاتها، وتصميم الملابس يسبق إدخال الخيط في الإبرة.

وفقًا لمدى فهمنا لمبدأ الابتكار الأول والابتكار الثاني وتحملنا مسئولية الاثنين، فنحن نوسع حدود دائرة تأثيرنا. ووفقًا لمدى عدم تناغمنا مع هذا المبدأ وتولي مسئولية الابتكار الأول، فنحن نعمل على تقليص دائرة تأثيرنا.

العمل وفقًا لمخطط مسبق أو وفقًا للعادة

صحيح أن الأشياء تُبتَكر مرتين، بيد أنه ليس كل ابتكار أول نتاج لتصميم واعٍ. ففي حياتنا الشخصية، قد يؤدي إهمال تنمية وعينا الذاتي وتحمل مسئولية الابتكار الأول إلى دفع الآخرين والظروف الخارجة عن دائرة تأثيرنا إلى تشكيل حياتنا وفقًا للعادة. ومن ثم، نعيش وفقًا للنص الذي تكتبه لنا أسرنا أو زملاؤنا، ووفقًا لأهواء ورغبات الآخرين، وضغوط الظروف - إنها النصوص المرسومة لنا منذ نعومة أظافرنا، والتي شكلها كذلك ما تدربنا عليه وما اعتدناه.

إذن، هذه الحياة المرسومة ليست نتاجًا لمبادئ بل هي صنيعة البشر. وهي قد تغذت على خوفنا العميق واعتمادنا اللا محدود على الآخرين واحتياجنا إلى التقبل والحب والشعور بالانتماء، وحاجتنا إلى الشعور بأهميتنا وقيمتنا - أي الشعور بأن وجودنا له قيمة.

وسواء أدركنا هذا أو لم ندركه، وسواء كنا نملك سيطرة عليه أو لم نملكها، فهناك ابتكار أول في كل جزء من أجزاء حياتنا - فنحن إما أن نكون الابتكار الثاني لتصميمنا المبادر أو الابتكار الثاني لأهواء ورغبات الآخرين أو الظروف أو العادات السابقة.

والوعي الذاتي والخيال والضمير كلها قدرات بشرية متفردة تمكننا من فحص الابتكارات الأولى، وتولي مسئولية ابتكارنا الأول، أي كتابة نص حياتنا. وبعبارة أخرى، العادة الأولى تقول "أنت المبتكر"، والعادة الثانية هي الابتكار الأول.

القيادة والإدارة ـ الابتكاران

إن العادة الثانية قائمة على أساس القيادة الشخصية، بمعنى أن القيادة هي الابتكار الأول. والقيادة تختلف عن الإدارة. فالإدارة هي الابتكار الثاني والذي سنناقشه لاحقًا في العادة الثالثة. ولكن القيادة لا بد أن تأتي أولاً.

إن الإدارة تركز على القاعدة الأساسية: كيف يمكنني إنجاز تلك الأمور على الوجه الأكمل؟ أما القيادة فتركز على الخطوط العلوية: ما الأشياء التي أود تحقيقها؟ وكما قال بيتر دراكر و وارن بينس: "الإدارة هي أداء الأمور بالطريقة الصحيحة، أما القيادة فهي القيام بالأمور الصحيحة". والإدارة هي الكفاءة في ارتقاء سلم النجاح، أما القيادة فهي التأكد من أن السلم يستند إلى الجدار الصحيح.

وتستطيع سريعًا فهم الفرق المهم بين القيادة والإدارة إذا ما تخيلت مجموعة من المنتجين يشقون طريقهم عبر الغابة باستخدام المناجل. وهؤلاء هم المنتجون، الذين يقدمون حلولاً للمشكلات، ويزيلون العواقب التي تعترض طريقهم.

والمديرون يقفون خلف هؤلاء المنتجين يشحذون المناجل، ويضعون السياسات ويجهزون الأدوات ويضعون برامج التنمية، ويعدون التقنيات المتطورة ويضعون جداول العمل وبرامج التعويضات الناجمة عن استخدام المنجل.

والقائد هو الشخص الذي يتسلق شجرة ويقوم بعمل مسح شامل للموقف ويصيح: "إننا نسير في الغابة الخطأ".

ولكن ما جواب المديرين والمنتجين المنشغلين والفاعلين؟ "اصمت! إننا نحرز تقدمًا!".

ونحن كأفراد وجماعات وشركات غالبًا ما ننشغل بقطع الشجيرات والحشائش دون أن نفطن أننا نسير في الغابة الخطأ. والبيئة سريعة التغير التي نعيش بها تزيد من أهمية القيادة الفعّالة عن أي وقت سابق في كل منحى من مناحي الحياة ـ سواء كان هذا المنحى يتسم بالاعتماد على الذات أو الاعتماد بالتبادل.

لذا، تتزايد حاجتنا إلى رؤية أو وجهة وبوصلة (أي مجموعة من المبادئ أو التوجيهات) وتقل حاجتنا إلى خريطة للطريق؛ حيث إننا سنعتمد في الغالب على مقدرتنا على اتخاذ القرارات السريعة، ونحن غالبًا نجهل ماهية الأرض التي نتقدم فيها أو ما يعوزنا لنمضي قدمًا فيها. بيد أن البوصلة الداخلية ستوجهنا دائمًا.

ولا تعتمد الفعالية ـ وحتى البقاء على قيد الحياة في الغالب ـ على مقدار المجهود المبذول، ولكن تعتمد على ما إذا كان الجهد المبذول يسير نحو الغاية الصحيحة أم

لا، وتعتمد عملية التحول في معظم الصناعات والمهن على القيادة أولًا ثم الإدارة ثانيًا.

وفي مجال الأعمال، يشهد السوق تغيرًا سريعًا، حتى إن العديد من المنتجات والخدمات التي حظيت برضا العملاء ووافقت أذواقهم خلال السنوات القلائل الماضية أصبحت غير رائجة اليوم. لذا، يتعين على القياديين المبادرين المؤثرين مراقبة التغيرات البيئية عن كثب، وخاصة عادات الشراء الخاصة بالعملاء ودوافعهم، وتوفير القوة اللازمة لتنظيم الموارد وتوجيهها في الاتجاه الصحيح.

وتتأثر البيئة تأثرًا ملحوظًا بتغيرات مثل تحرر مجال خطوط الطيران من الرقابة الحكومية، والتكلفة الباهظة للرعاية الصحية، والجودة الأفضل والكمية الكبرى للسيارات المستوردة. وإذا لم تضع الصناعات المختلفة البيئة في اعتبارها؛ بما في ذلك فرق العمل والتدريب على القيادة الخلاقة والحفاظ على المسار الصحيح، فلن يتمكن خبراء الإدارة من منع تلك الصناعات من الفشل والانهيار.

وقيل عن الإدارة الفعّالة التي تعمل بدون قيادة فعّالة: "إن هذا الأمر يشبه صف مقاعد فوق سطح السفينة تيتانك". فمهما حققت الإدارة من نجاح فإنه لن يعوض فشل القيادة. لكن القيادة أمر صعب؛ لأننا غالبًا ما نحصر أنفسنا في إطار المنظور الفكري للإدارة.

بعد عام كامل من دورة عقدت حول تنمية مهارات العاملين في مدينة سياتل، وفي أثناء الجلسة الأخيرة حضر إليَّ رئيس شركة بترول وقال لي: "ستيفن، في الشهر الثاني للدورة عندما أشرت إلى الفرق بين الإدارة والقيادة تدبرت وضعي كرئيس للشركة، وأدركت أنني لم أكن قائدًا في أي يوم. فقد كانت الإدارة مستحوذة عليَّ ودفنت نفسي تحت ضغوط التحديات الملحة والتفاصيل اليومية. لذا، قررت الانسحاب من الإدارة وتولاها أناس آخرون لأنني أرغب بالفعل في قيادة مؤسستي.

"وكم كان ألم الانسحاب مضنيًا؛ لأنني توقفت عن التعامل مع الأمور العاجلة والملحة التي تقع تحت ناظري، والتي كنت أشعر بأنها تحتاج للإنجاز الفوري. ولم أتلمس شعور الآخرين بالرضا بينما شرعت في التصارع مع المسائل المتعلقة بالتوجه، وقضايا بناء ثقافة، والتحليل العميق للمشكلات، وانتهاز الفرص الجديدة المتاحة. وقد عانى الآخرون كذلك ألم التخلي عن أساليب العمل المريحة التي اعتادوها، كما افتقدوا سهولة الوصول إليَّ، وهو الأمر الذي اعتادوه. فكانوا لا يزالون

يريدون أن أكون متاحًا لهم وأن أستجيب لهم وأساعدهم على حل المشكلات اليومية التي تعترضهم.

"ولكنني أصررت وكنت مقتنعًا تمام الاقتناع بحاجتي إلى توفير قيادة لهم - وهذا ما فعلته. واليوم اختلف عملنا تمامًا. فقد أصبحنا أكثر تواكبًا مع البيئة المحيطة بنا. لـذا، فقد تضاعفت إيراداتنا أربع مرات عن ذي قبل، وتحقق كل هذا لأنني انخرطت في القيادة".

وأنـا مقتنع بأن أغلبية الآباء يقعون في فـخ المنظور الفكري للإدارة والتفكير في السيطرة والفعالية، ووضع القواعد بدلًا من التركيز على التوجيهات والأهداف ودفء المشاعر الأسرية.

ونحـن نفتقر إلى وجود القيـادة في حياتنا الشخصية، ونركز على الإدارة الفعالة ووضع الأهداف وتحقيقها قبل أن نحدد قيمنا.

إعادة كتابة النص: كن أنت المبتكر الأول لحياتك

كمـا سبق ولاحظنا، تقوم المبـادرة على أساس موهبة الإدراك الذاتي التي يتفرد بها البشر. أما الموهبتان الإنسانيتان الإضافيتان واللتان تساعدان على توسيع دائرة المبادرة وممارسة القيادة الشخصية في حياتنا فهما *الخيال والوعي*.

ومن خلال الخيال يمكننا تصور عوالم القدرات الكامنة التي لم تُكتشف بعد والتي لا تـزال كامنـة بداخلنـا. ومن خـلال الوعي نستطيـع الاتصـال بالقوانيـن الكونية أو المبـادئ باستخـدام مهاراتنـا الفرديـة ومجـالات إسهاماتنـا، وباستخـدام خطوطنا الاسترشادية التي من خلالها نستطيع تطويرها تطويرًا فعالًا. وشأنهما شأن الإدراك الذاتي فإن هاتين الموهبتين تساعداننا على كتابة النص الخاص بنا.

ولأننـا نعيش بالفعل العديد مـن النصوص التي كتبها لنـا أشخاص آخرون، فإن عمليـة كتابـة النص الخاص بنـا هي في الواقـع عملية "إعـادة كتابـة" أو تغيير في المنظور الفكري - تتعلق بإدخال بعض التعديلات على المنظورات الفكرية الأساسية المتكونـة لدينـا بالفعـل. وبينما نحن فـي طريقنا إلـى التعرف علـى النصوص غير الفعالة والمنظـورات الفكرية الخاطئة وغير المكتملة لدينـا، يمكننا المبادرة بكتابة النصوص الخاصة بنا.

وخـلال عمليـة تطويـر الإدراك الذاتـي، يكتشـف العديد منـا بداخلـه نصوصًا غيـر فعّالـة وعـادات متأصلـة عديمـة النفـع لا تتـلاءم تمامًـا مـع الأشيـاء القيمة فـي حياتنا. وتقـول العادة الثانية إننا لا ينبغي علينا التعايش مع تلك النصوص، وإننا مسئولـون عن استخدام خيالنا وملكاتنا الإبداعية لكتابـة نصوص جدية أكثر فعالية وتلاؤمًا مع قيمنا المتأصلة والمبادئ الصحيحة التي تعطي لقيمنا معنى.

لنفترض على سبيـل المثال أن ردود أفعالي تجاه أطفالـي مبالغ فيها، ولنفترض أنهم ما إن يشرعوا في القيام بشيء ما حتى أشعر بأنه غير ملائم، ومن ثم يتولد لديّ شعـور بتوتر وألم في معدتي، وأشعـر بأن ارتفاع حوائطي الدفاعيـة يزداد استعدادًا لخوض المعركـة. ولا يتركـز اهتمامي علـى النمو والتفهـم بعيدي المـدى، بل على السلوك قصير المدى. وكل ما أحاول القيام به هو كسب المعركة وليس الحرب.

وأبدأ في سحب ذخيرتي - التفوق الحجمي وقوة السلطة - ويعلو صوتي بالصياح أو التهديـد والوعيـد أو إيقاع العقاب. وأقف مزهوًّا بالنصـر الذي حققته وسط ركام العلاقـة التـي تحطمت، في حيـن يشعر أطفالـي بالقهر خارجيًّا بينمـا تستعر نيران التمرد بداخلهم، ويكبتون مشاعر ستنفجر يومًا ما في أقبح صورها.

والآن، إذا كنـت أجلـس فـي الجنـازة التـي تخيلناهـا آنفًـا، وهَـمَّ أحـد أبنائي بالحديـث، فـأود أن تكـون حياتـه مثـالاً لانتصـار التعليـم والتدريـب والانضبـاط المزدانيـن بالحـب وليـس مناوشات لعـلاج جروح العلاقـة بالحلول السريعـة. وأود أن يمتلئ قلبـه وعقلـه بالذكريـات السعيدة عـن الأوقـات المثمرة التـي أمضيناها معًا. كما أود أن يتذكرني في صورة الوالد المحب الذي يشاركه لحظات مرحه ومتاعب نمـوه. أود أن يتذكـر الأوقات التي كان يهرول إليَّ حاملاً مشكلاته ومخاوفه. أتمنى لو أننـي استمعت إليه وأجبته وساعدته. وأريد من ابني أن يعرف أنني لست كاملاً ولكنني عملت جاهدًا وأنني أحبه حبًّا شديدًا ربما أكثر من أي شخص في العالم.

والسبـب في أنني أرغب في هذه الأشيـاء أنني بداخلي أقدر أطفالي وأحبهم وأود مساعدتهم وأقدر دوري كوالد.

بيـد أننـي دائمًـا لا أرى تلك القيم حين أعلَـق في "توافه الأمـور". وتدفن الأمور المهمة تحت طبقات المشكلات الملحة، والهموم الحالية والسلوك الخارجي، وأتحول إلـى إنسان انفعالـي. وغالبًا ما يحمل أسلـوب تعاملي اليومي مـع أطفالي القليل مما أشعر به تجاههم.

ولأنني مدرك ذاتي ولأنني أملك الخيال والوعي أستطيع اختبار قيمي الداخلية. ويمكنني تبين أن النص الذي أعيش من منطلقه لا يتوافق مع تلك القيم، وأن حياتي ليست نتاج تصميمي المبادر، بل هي نتاج للابتكار الأول الذي تركته يتشكل وفقًا للظروف وللآخرين. فأنا أستطيع التغير ويمكنني أن أحيا من منطلق خيالي وليس من منطلق ذاكرتي. كما يمكنني استغلال إمكانياتي غير المحدودة بدلاً من تقييد نفسي بالماضي، وبالتالي أصبح المبتكر الأول لحياتي.

ويقصد بالبدء والغاية في ذهني أن أعيش دوري كوالد بالإضافة إلي أدوار حياتي الأخرى. وأنا أضع نصب عيني قيمًا وتوجهات واضحة، والمقصود به أيضًا أن أكون مسئولًا عن ابتكاري الأول، وأن أعيد كتابة النص الخاص بي بحيث تتلاءم منظوراتي الفكرية التي ينبع منها سلوكي وتوجهي مع قيمي الأصيلة، وتتوافق مع المبادئ الصحيحة.

كما يقصد به أيضًا أن أبدأ كل يوم وهذه المبادئ راسخة في ذهني. ومن ثم، عندما تطرأ المشكلات والتغيرات وأواجه التحديات يمكنني اتخاذ قراراتي وفقًا لتلك المبادئ. إن بإمكاني التعامل بنزاهة، وأنا لست بحاجة إلى إصدار رد فعل إزاء العواطف والظروف. ويمكنني أن أكون مبادرًا بالفعل ومتحمسًا للمبادئ لأن قيمي واضحة.

الرسالة الشخصية في الحياة

البدء والغاية في ذهنك هو أكثر الطرق التي أعرفها فعالية لوضع *رسالة شخصية في الحياة* أو فلسفة أو عقيدة. إنها طريقة تركز على ما تريد أن تكون (الشخصية) وما تريد أن تفعل (الإسهامات والإنجازات) وعلى القيم أو المبادئ التي يقوم على أساسها ما تكون وما تفعل.

ولأن كل إنسان متفرد فستعكس رسالة شخصية في الحياة هذا التفرد في الشكل والمضمون. وقد عبر صديقي رولف كير عن عقيدته الشخصية بهذه العبارات:

> انجح في المنزل أولًا.
> اطلب العون من الله سبحانه وتعالى.
> لا مجال لأنصاف الحلول عندما يتعلق الأمر بالنزاهة.
> تذكر الناس الذين يشملهم الأمر.
> استمع إلى الطرفين قبل إصدار حكم.

اسع للحصول على استشارة الآخرين.
رد غيبة الغائبين.
كن مخلصًا وحاسمًا.
تنبأ بنبوءة واحدة لكل عام.
ضع خطة الغد اليوم.
تعجل بينما تنتظر.
حافظ على توجه إيجابي.
حافظ على روح الدعابة.
كن منظمًا في حياتك الشخصية والعملية.
لا تخش ارتكاب الأخطاء - واخش غياب الاستجابات الخلاقة والبناءة والتصحيحية المتعلقة بتلك الأخطاء.
سهل النجاح لمرءوسيك.
أنصت ضعف ما تتكلم.
ركز كل القدرات والجهود على المهمة التي بين يديك، ولا تقلق على الوظيفة التالية أو الترقية.

وقد عبرت إحدى السيدات التي تسعى سعيًا حثيثًا وراء إحداث توازن بين عملها وبيتها عن إحساسها برسالة حياتها الشخصية تعبيرًا مختلفًا:

سأسعى جاهدة للموازنة بين عملي وأسرتي؛ لأن كليهما مهم بالنسبة لي.

سأجعل من منزلي واحة ننعم فيها أنا وأفراد أسرتي وأصدقاؤنا وضيوفنا بالمرح وبالراحة وبالسلام وبالسعادة. وسأعمل على توفير بيئة نظيفة ومنظمة كل ما فيها ينطق بالحياة وبالراحة. وستتسم اختياراتي بالحكمة فيما يتعلق بما نأكل ونقرأ ونشاهد ونفعل. فأنا أرغب في تعليم أطفالي كيف يحبون وكيف يتعلمون وكيف يضحكون وكيف يعملون وينمّون مهاراتهم المتفردة.

وأنا أقدر الحقوق والحريات والمسئوليات التي يحترمها مجتمعنا الديمقراطي. لذا، سأكون مواطنة مهتمة ومطلعة وأشترك في العملية السياسية لأضمن أن صوتي مسموع ومؤثر في الانتخابات.

وسأبدأ بنفسي وأكون إنسانة مبادرة لتحقيق أهداف حياتي. وسوف أؤثر في الظروف والفرص بدلًا من تركها تؤثر فيّ.

وسأحاول دائمًا أن أربأ بنفسي عن العادات الهدامة التي اعتدتها. وسأعمل على تنمية عادات جديدة من شأنها تخليصي من عاداتي القديمة وأوجه القصور لديّ، وسأزيد من إمكانياتي واختياراتي.

وسيكون المال عبدًا لي لا سيدًا. وعلى مر الوقت سأسعى لتحقيق الاستقلال المادي. وستخضع مطالبي لاحتياجاتي وإمكانياتي. وسأعمل على تخليص نفسي من الديون الاستهلاكية عدا قرض المنزل والسيارة. وستكون نفقاتي أقل من دخلي وسأنظم مدخراتي أو أستثمر جزءًا من دخلي.

وبالإضافة إلى ذلك، سأستغل ما أملك من مال ومواهب لأجعل الحياة ممتعة وأدخل البهجة على حياة الآخرين من خلال تقديم الخدمات والاشتراك في الأعمال الخيرية.

ويمكننا أن نطلق على الرسالة الشخصية في الحياة الدستور الشخصي. وشأنه شأن دستور الولايات المتحدة الأمريكية فهو غير قابل للتغيير؛ فعلى مر المائتي عام الماضية لم يجر على الدستور سوى ستة وعشرين تعديلًا - عشرة منها كانت في وثيقة الحقوق الأصلية.

ويعد الدستور الأمريكي هو المعيار الذي تقيّم على أساسه كل القوانين في البلاد. وهو الوثيقة التي يقسم رئيس الولايات المتحدة على الدفاع عنها ودعمها عندما يؤدي اليمين. وهو معيار المواطنة لدى كل المواطنين. وهو الأساس والمركز الذي يمكن الناس من المرور في خضم الأمور الجسام مثل الحرب الأهلية وحرب فيتنام وأزمة ووترجيت. إنه المعيار المكتوب والعامل الأساسي الذي تقيَّم وتوجه على أساسه كل الأشياء الأخرى.

ما زال الدستور قائمًا ونافذًا حتى اليوم لأنه قائم على أساس من المبادئ السليمة والحقائق الثابتة التي يتضمنها إعلان الاستقلال. وتلك المبادئ هي التي منحت الدستور قوة دائمة حتى في خضم الغموض الاجتماعي والتغيرات. وكما قال توماس جيفرسون: "إن أمننا المتفرد يكمن في الدستور المكتوب".

وتصبح الرسالة الشخصية في الحياة معيارًا للفرد عندما تكون قائمة على أساس معايير سليمة. فهي تصبح دستورنا الشخصي والأساس الذي نتخذ بناء عليه كل القرارات التوجيهية في الحياة، والأساس الذي نتخذ وفقًا له القرارات اليومية في خضم الظروف، والانفعالات التي تؤثر على حياتنا. وهذه الرسالة تمد الفرد بالقوة اللا محدودة نفسها في ظل التغيرات.

وليس بمقدور الناس تقبل التغيير ما لم يكن هناك جوهر ثابت بداخلهم لا يتغير. فالمفتاح الأساسي للقدرة على التغيير هو الإحساس الثابت - الذي لا يطرأ عليه أي تغيير - بمن تكون، وما الذي تود القيام به وما القيم التي تعيش بها.

ومع وجود رسالة لنا بالحياة يكون بمقدورنا الانسجام مع التغيرات. ولن نحتاج إلى أحكام مسبقة أو تحامل. ولن نحتاج إلى التعرف على كل ما تحتويه الحياة، وإلى عمل نموذج أولي، وتصنيف لكل شيء ولكل شخص من أجل التعامل مع الواقع.

وتتغير بيئتنا الشخصية في طرفة عين. وهذا التغيير السريع يحرق عددًا كبيرًا من الناس ممن يشعرون بعدم قدرتهم على التعامل مع التغيير والتماشي مع الحياة، ومن ثم يتحولون إلى أشخاص انفعاليين، وغالبًا ما يستسلمون آملين في تحسن الأمور فيما بعد.

بيد أن الأمور لا يجب أن تسير على هذا النحو. فقد تعلم فيكتور فرانكل مبدأ المبادرة في معسكرات الاعتقال النازية، كما أنه تعلم أيضًا أهمية وجود هدف ومعنى للحياة. وجوهر العلاج بالمعنى - وهي الفلسفة التي توصل إليها ودرَّسها فيما بعد، والقائمة على البحث عن معنى لحياة المرء - أن العديد من الأمراض التي يطلق عليها الأمراض العقلية والعاطفية هي في الأساس أعراض للشعور بالخواء والافتقار إلى معنى الحياة. والعلاج بالمعنى يعمل على إزالة أعراض الشعور بالخواء من خلال مساعدة الفرد على اكتشاف معنى وجوده في الحياة ورسالته فيها.

وعندما تشعر برسالتك في الحياة سوف تمتلك جوهر المبادرة. إنك تمتلك الرؤية والقيم التي توجه حياتك، وتمتلك الاتجاه الأساسي الذي تضع على أساسه أهدافك طويلة الأجل وقصيرة الأجل. إنك تملك في يدك قوة دستورك المكتوب القائم على أساس من المبادئ الصحيحة، والذي يمكن على أساسها قياس كل قرار يتعلق بالاستغلال الأمثل لوقتك وطاقتك ومواهبك قياسًا فعالًا.

في المركز

حتى تتمكن من كتابة رسالتك الشخصية في الحياة، ينبغي عليك البدء من مركز دائرة تأثيرك. ويتألف المركز من أهم منظوراتنا الفكرية الأساسية؛ أي العدسة التي نرى العالم من خلالها.

وهذا هو الموضع الذي نتعامل بداخله مع رؤيتنا وقيمنا. وهنا نستخدم موهبة الوعي الذاتي لنختبر خرائطنا - إذا كنا نعتنق المبادئ الصحيحة - ونتأكد من أن الخرائط تقدم وصفًا دقيقًا للأرض، وأن منظوراتنا الفكرية قائمة على أساس الواقع. وهنا نستخدم موهبة الضمير كبوصلة تساعدنا على تتبع مواهبنا

المتفـردة، والجوانب التي يمكننا الإسهام فيها. وهنـا نستخدم موهبة الخيال لصنع الغاية التي نرجوها داخل عقولنا وتحديد اتجاه وهدف لبدايتنا، وتوفير مادة الدستور الشخصي المكتوب.

وهنـا أيضًا تمكننـا جهودنـا المركـزة مـن تحقيـق أعظـم النتائـج. فبينمـا نعمـل علـى مركز دائـرة تأثيرنا نقوم بتوسيعهـا، وهذه هي ذروة فعاليـة القدرة على الإنتاج (ق إ)، والتي من شأنها التأثير على فعالية كل منحى من مناحي حياتنا.

وبغض النظر عما يحتل مركز حياتنا فهو بـلا شك المصدر الذي يمدنا بالأمان والإرشاد والحكمة والقوة.

ويمثل *الأمن* إحساسك بقيمتك وهويتك ومرساك العاطفي وتقديرك لذاتك وقوة شخصيتك الأساسية أو افتقارك لها.

ويقصـد *بالإرشاد* مصـدر التوجه في حياتـك، وإطار مرجعيتـك الداخلي الذي يفسـر لـك ما يحدث بالخـارج بناءً على مقاييـس أو مبادئ أو معاييـر ضمنية تحكم قراراتك وتصرفاتك لحظة بلحظة.

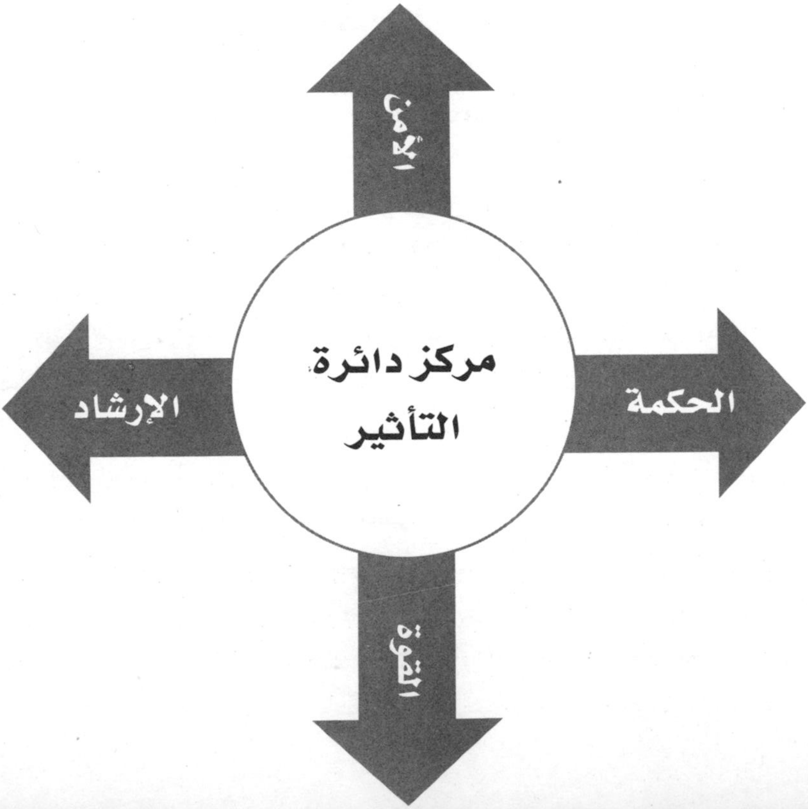

أمـا *الحكمة* فهـي منظورك للحيـاة وإحساسك بالتوازن وتفهمـك لكيفية تطبيق الأجـزاء والمبـادئ المختلفة وربطها ببعضها البعض. وتتضمـن الحكمة القدرة على إصـدار أحـكام صحيحة والفهم والتميـز السليم. إنهـا بنية أو وحدة واحـدة، أو كل متكامل.

والقـوة هي الملكة أو القدرة على التصـرف، وهي القوة والتأثير اللذان يساعدان علـى إنجاز الأعمال. وهي الطاقـة الحيوية المستخدمة في اتخاذ القرارات. كما أنها تتضمـن القدرة على التغلب على العادات المتأصلـة، وزرع عادات أخرى بديلة أسمى وأكثر فعالية.

وتلـك العوامل الأربعـة - الأمن والإرشاد والحكمة والسلطـة - تعتمد على بعضها البعـض. فالأمـن والإرشـاد الواضحـان يؤديـان إلى الحكمـة، وتصبـح الحكمة هي الشـرارة أو الحافز الذي يطلـق القوة ويوجهها. وعندما تجتمع تلـك العوامل الأربعة معًـا وتتناغم مع بعضها البعض فإنها تخلـق القوة العظيمة للشخصية النبيلة، وتخلق شخصية متوازنة وتخلق تكاملًا فرديًا جميلًا.

وتنطـوي تلك العوامل التـي تدعم الحياة على كل بعد من أبعـاد الحياة. لذا، إذا لـم تكـن كلها موجـودة فلا فائدة منهـا. ويمكن حسـاب درجة تطويرك لـكل واحدة منهـا بعمل مقياس مدرج يشبه تدرج النضج الـذي سبق وصفه. ففي أدنى تدرج على المقيـاس تتسـم العوامل الأربعة بالضعـف. وتكون أنت إنسانًـا معتمدًا على الظروف أو الآخريـن أو الأشيـاء التـي لا تخضع لسيطرتـك المباشرة. وعنـد أعلى تدرج على المقيـاس تكون أنت المسيطر. فأنت تتمتع بقوة الاعتماد على الذات وأسس العلاقات الثرية التي تتسم بالاعتماد - بالتبادل.

ويقـع *الأمن* في مكان ما على المقياس المدرج بين الإحساس العالي بعدم الأمان عنـد أحد الأطراف، حيث تتخبط حياتك داخـل جميع القوى التي تتلاعب بها، وعند الطـرف الآخر يوجد إحساس عال بالقيمة والأمن الشخصي . ويتواجد *إرشادك* على المقيـاس المدرج ما بين الاعتماد على المرآة الاجتماعية أو غيرها من موارد التوجه الداخلـي القوية غيـر المستقرة والمتغايـرة. وتقع *حكمتك* في مـكان ما بين خريطة تفتقـر إلـى الدقة تمامًا حيـث كل شيء مشوش ولا شيء يبدو مناسبًـا وبين خريطة للحيـاة شديدة الدقة، حيـث كل الأجزاء والمبادئ مرتبطة ببعضهـا البعض ارتباطًا وثيقًـا. وتكمـن *قوتك* في مكان ما بيـن الجمود أو تقمصك دور دميـة خيوطها في يد

شخص آخر يحركها كيفما يشاء، وبين أن تكون شخصًا مبادرًا يمتلك القوة للتصرف طبقًا لقيمه الخاصة بدلًا من أن يترك الفرصة للآخرين وللظروف للتلاعب به.

وموقع تلك العوامل على المقياس المدرج ودرجة تكاملها وانسجامها وتوازنها وتأثيرها على كل منحى من مناحي الحياة هو نتاج مركزك، أي المنظورات الفكرية الكامنة في قرارة نفسك.

المراكز البديلة

لكل واحد منا مركزه الخاص على الرغم من أننا عادة لا ندرك وجوده، كما أننا لا ندرك أيضًا التأثيرات التي يضفيها هذا المركز على حياتنا.

والآن، لنجر دراسة موجزة للعديد من المنظورات الفكرية الأساسية للناس كي نفهم جيدًا كيف تؤثر على تلك الأبعاد الأربعة الأساسية وكيف تتفجر الحياة منهم.

التمحور حول شريك الحياة. الزواج هو إحدى العلاقات الإنسانية الأكثر حميمية واستمرارًا وإنتاجًا. وقد يبدو تمحور الزواج حول أحد الزوجين طبيعيًّا وملائمًا.

غير أن التجربة والملاحظة لهما رأي مخالف. فعلى مر السنوات التي عملت فيها مع العديد من الأزواج الذين يعانون مشكلات في زواجهم لاحظت خيطًا بعينه ينسج نفسه في كل علاقة زوجية تتسم بالتمحور حول أحد الزوجين. وهذا الخيط هو الاعتماد العاطفي القوي.

وإذا كان إحساسنا بقيمة مشاعرنا مستمدًّا في المقام الأول من زواجنا، فهذا يعني أننا أصبحنا نعتمد اعتمادًا كبيرًا على هذه العلاقة، ومن ثم نصبح عرضة للتأذي نتيجة للتقلبات المزاجية ومشاعر الزوج وسلوكه ومعاملته للطرف الآخر، أو لأية أحداث خارجية تفرض نفسها على العلاقة - مثل وجود طفل، أو الأقارب، أو حدوث تدهور في الأوضاع الاقتصادية، أو النجاح على المستوى الاجتماعي، وما إلى ذلك.

وعندما يعاني الزواج زيادة المسئوليات والضغوط ننزع إلى اللجوء للنصوص التي كتبت لنا في أثناء مرحلة البلوغ، ولكن الطرف الآخر في الزواج يقوم بالمثل أيضًا. وعادة ما تكون تلك النصوص مختلفة، فتكون النتيجة أن تطفو على السطح أساليب مختلفة للتعامل مع المسائل المالية أو تربية الأبناء أو التعامل مع الأقارب. وعندما تتحد تلك النزعات الدفينة مع الاعتماد العاطفي في الزواج تنكشف عيوب علاقة الزواج التي تتمحور حول أحد الزوجين.

وعندما نعتمد على شخص نختلف معه تتفاقم حاجاتنا وصراعاتنا والنتيجة تكون انفعالات حب - كراهية مبالغًا فيها، وردود أفعال تتسم إما بالمواجهة أو الهروب، والانسحاب، والعدوانية، والشعور بالمرارة، والبغض، والمنافسة الباردة. وعندما يحدث هذا نسقط في هوة الخلفيات الاجتماعية والعادات، في محاولة مستميتة لتبرير سلوكنا والدفاع عنه ونحن في الوقت نفسه نهاجم الشريك الآخر.

ومما لا شك فيه أن تعرضنا للأذى يدفعنا إلى حماية أنفسنا من التعرض للمزيد من الجروح. ومن ثم، نجد ملاذًا في السخرية والمزاح والنقد - وأي شيء - آخر يحمينا من كشف ضعفنا الداخلي. وكل شريك في الزواج ينزع إلى انتظار مبادرة الطرف الآخر بإظهار حبه لا ينال سوى خيبة الأمل فحسب، بل يتعدى الأمر إلى تأكده من مصداقية الاتهامات التي يوجهها إلى الشريك الآخر.

والتظاهر بأن كل شيء على ما يرام في العلاقة هو أمان زائف. فيضحى الإرشاد قائمًا على أساس العواطف اللحظية، وتضيع الحكمة والقوة في التفاعلات السلبية للتخلي عن جميع أشكال الاعتماد والاحتياج للآخر.

التمحور حول الأسرة. ثمة مركز آخر شائع هو الأسرة. وهذا الأمر أيضًا قد يبدو طبيعيًّا وملائمًا. فبوضعها إحدى مناطق التركيز والاستثمار العميق تقدم الأسرة فرصًا عظيمة لتعميق العلاقات والحب والمشاركة؛ وهو ما يجعل للحياة قيمة. ولكن عندما تصبح الأسرة محورًا فإنها - وهي مفارقة حقيقية - تدمر كل العناصر الضرورية لنجاح الأسرة.

والناس الذين يجعلون الأسرة محور حياتهم يستمدون الإحساس بالأمان أو القيمة الذاتية من تقاليد العائلة وثقافتها أو من سمعة العائلة. لذلك فإنهم يصبحون عرضة للتأذي عند حدوث أية تغيرات في هذه العادات أو الثقافة، وكذلك أي شيء من شأنه التأثير في تلك السمعة.

والآباء الذين يجعلون الأسرة محور حياتهم لا يملكون الحرية العاطفية أو القوة لتربية أبنائهم بالمعتقدات الحقيقية التي يحملونها في عقولهم. وإذا كان هؤلاء الآباء يستمدون أمنهم من الأسرة، فهذا يعني أن حاجاتهم إلى زرع محبتهم في أطفالهم سوف تطغى على أهمية الاستثمار طويل الأجل في نمو أبنائهم وتطورهم، أو ربما يركزون على السلوك الملائم والصحيح في هذه اللحظة. فهم يعتبرون أي سلوك غير ملائم مصدر تهديد لأمنهم، وهنا ينتابهم شعور بالضيق وتقودهم المشاعر

اللحظيـة ويستجيبـون تلقائيًّا للهموم اللحظية بدلًا من التركيـز على نمو الطفل بعيد الأجل وتطوره. وقد يعمدون إلى الصراخ والصياح. وقد يبالغون في رد فعلهم ويوقعون العقـاب وفقًا لمزاجهم السيئ. وينزع هؤلاء الآباء إلى حب أبنائهم حبًّا مشروطًا مما يـؤدي إلى تحول الأطفال إلى الاعتماد العاطفـي أو التخلي عن جميع أشكال الاعتماد والاحتياج للآخر والتمرد.

التمحـور المالـي. أحد المحاور الأخرى المنطقية والأكثـر شيوعًا في حياة الناس هو جني المال. فيعد الأمان الاقتصادي مطلبًا أساسيًّا كي يحظى المرء بفرصة للإنجاز في اتجاه آخر. وفي هرم أو تدرج الاحتياجات يتربع البقاء المادي والأمان المالي على القمة. أما الاحتياجات الأخرى فلا يتم حتى تنشيطها إلى أن يتم إشباع هذه الحاجة الأساسية أو إشباع الحد الأدنى منها على الأقل.

ومعظمنـا تواجهـه مخـاوف مالية. وتوجـد العديد مـن القوى فـي الثقافة الأعم تتلاعـب بأحوالنـا الاقتصادية ممـا يتسبب في شعورنا بالهم والقلـق - وهذا الشعور الذي لا يطفو على سطح الوعي.

وفـي بعض الأحيـان توجد أسبـاب نبيلـة واضحة لجنـي المال مثـل الرغبة في الاهتمـام بأحد أفراد العائلة. وتعد تلك أمـورًا مهمة. بيد أن التركيز على جني المال كمحور للحياة سيؤدي إلى عدم التمكن من جنيه.

الآن، فكر ثانية في عوامل دعم الحياة الأربعة - الأمن والإرشاد والحكمة والقوة. ولنفترض أنني أستقي شعوري بالأمان من وظيفتي أو من دخلي أو من رأس مالي. ولأن هناك العديد من العوامل التي تؤثر في الأسس الاقتصادية فإنني أشعر بالقلق وعدم الارتيـاح تجـاه الأشياء التي قد تؤثر فيها، وألجأ إلـى حمايتها والدفاع عنها. وعندما أستقـي شعوري بالأمان من قيمتي أصبح عرضة للتأذي من أي شيء قد يؤثر في هذه القيمـة. غير أن العمل والمال وحدهما لا يوفران الحكمة ولا الإرشاد، ويقدمان درجة محـدودة مـن درجات القوة والأمن. وكل مـا أحتاج إليه للتعرف علـى حدود التمحور حول المال هو وقوع أزمة في حياتي، أو في حياة من أحب.

والنـاس الذين تتمحور حياتهم حول المـال يهمشون أسرهم أو أولوياتهم الأخرى بفرض أن الجميـع يتفهمون أن المتطلبـات الاقتصادية تأتي في المقـام الأول. وأنا أعرف والدًا كان على وشك المغادرة مع أبنائه في رحلة إلى السيرك كان قد وعدهم بهـا، وعندما سمـع رنين الهاتف - وكانت مكالمة له من العمل يطلبون منه المجيء -

رفض الذهاب. وعندما ذكرته زوجته بأنه يتعين عليه التوجه إلى العمل أجابها "العمل سيبقى ولكن الطفولة لا تعود". وظل أطفاله يذكرون هذا الموقف طيلة حياتهم ليس بوصفه درسًا في ترتيب الأولويات فقط؛ بل تعبيرًا عن الحب سيظل باقيًا في قلوبهم.

التمحور حول العمل. قد يتحول الناس - الذين تتمحور حياتهم حول العمل - إلى "مدمني عمل"، والذين يقودون أنفسهم إلى الإنتاج على حساب الصحة والعلاقات وغيرهما من جوانب الحياة المهمة الأخرى. وهم يستقون هويتهم الأساسية من خلال عملهم - "أنا طبيب" أو "أنا كاتب" أو "أنا ممثل".

ولأن هويتهم وإحساسهم بقيمتهم الذاتية تدور في فلك عملهم، يتعرض إحساسهم بالأمان للخطر إذا ما حال شيء دون متابعة ما يفعلون. وعملية الإرشاد لديهم تشكلها متطلبات العمل. وتتركز حكمتهم وقوتهم في المناطق المحدودة في عملهم، وتكون هذه العوامل غير فعالة في مناحي الحياة الأخرى.

التمحور حول التملك. واحدة من القوى المهيمنة على العديد من الناس هي التملك - ليس تملك الأشياء الملموسة والمادية فحسب مثل الملابس المسايرة للموضة والمنازل والسيارات والقوارب والمجوهرات، بل تملك الأشياء المعنوية كذلك، مثل الشهرة والمجد والوجاهة الاجتماعية. ويدرك معظمنا، من خلال تجربتنا الشخصية، مدى فساد هذا التمحور؛ لأنه ببساطة قد يتلاشى سريعًا وقد يتأثر بالعديد من القوى.

وإذا كان إحساسي بالأمن قائمًا على سمعتي، أو على الأشياء التي أمتلكها فإن حياتي ستكون عرضة لتهديد وخطر دائم؛ لأن هذه الممتلكات قد تفقد أو تسرق أو تنخفض قيمتها. وعندما أكون في حضرة شخص أعظم قيمة مني أو أكثر شهرة أو أفضل وضعًا فإنني أشعر بالدونية. أما إذا كنت في حضرة شخص أقل مني قيمة أو شهرة أو وضعًا فإنني أشعر بالتفوق. إن إحساسي بقيمتي متذبذب دومًا. فأنا لا أشعر بأي استقرار أو ثبات أو بالذاتية. فأنا أحاول دائمًا حماية وتأمين أصولي أو ممتلكاتي أو أوراقي المالية أو وضعي أو سمعتي. وقد سمعنا جميعًا قصصًا عن أشخاص انتحروا عقب خسارتهم ثرواتهم بسبب انخفاض مفاجئ لأسعار الأسهم في البورصة، أو فقدان شهرتهم بسبب تغيير سياسي.

التمحور حول السعادة. أحد المحاور الشائعة وأحد حلفاء التملك هو المرح والسعادة. ونحن نعيش في عالم يتيح السعادة الفورية ويشجعها. فيؤثر التليفزيون والسينما

تأثيـرًا كبيرًا على زيادة توقعات النـاس. فهما يعرضان للناس ما يملكه الآخرون، وما يمكنهم القيام به ليعيشوا حياة سهلة وممتعة.

وعلـى الرغم من البريق الذي يشع من الحياة التي تتمحور حول السعادة واللوحة رائعـة الجمـال، إلا أن تأثيره على أعمـاق الإنسان وإنتاجيته وعلاقاتـه نادرًا ما يرى بدقة ووضوح.

والسعـادة البريئة المعتدلة تساعـد البدن والعقل على الاسترخاء، كما أنها تدعم الأسـرة وتعزز العلاقـات. ولكن السعادة وحدها لا يتمخض عنهـا شعور عميق ودائم بالرضـا أو إحساس بالإشباع. فسرعان ما يشعـر الشخص الذي تتمحور حياته حول السعـادة بالملل مع كل مستوى يصل إليه من مستويـات المرح، ويصبح نهمًا لتحقيق المزيـد، بمعنى أن المرحلـة التالية للسعادة لا بد أن تكون أكبـر وأفضل وأكثر إثارة. عنـد هذه المرحلة يتحول الشخص إلى إنسـان نرجسي يفسر الحياة من منظور قدر السعادة الفورية التي يحصل عليها.

وتهـدر الحياة مع الكثيـر من العطلات الطويلـة، وكم الأفلام الهائـل ومشاهدة التليفزيـون لفترات طويلـة وممارسة ألعـاب الفيديو - وإهدار الكثيـر من الوقت في الاستمتـاع بالمتع دون ضابـط؛ مما يؤدي إلى ضعف تدريجي فـي مقاومة الشخص، ليكتشـف أن حياته تسربت من بين يديه دون أن يدري. وتبقى إمكانياته غير مستغلة، وتصـدأ مهاراتـه نتيجة لعدم تطويرهـا، ويضحى كسول العقل والـروح خاوي القلب. إذن، أيـن الأمـان والإرشـاد والحكمـة والقوة في هـذا؟ إنهـا تأتي عنـد أدنى تدرج للمقياس، وليدة السعادة اللحظية العابرة.

وفي كتاب مالكوم ماجريدج A Twentieth–Century Testimony كتب يقول:

> اليـوم، عندمـا أنظـر إلـى حياتـي الماضيـة؛ حيث كنـت في بعض الأحيـان أفعل مـا يطـرأ علـى ذهنـي فحسـب، أكتشـف أن مـا كنـت أراه رائعًـا ومغريًا بالأمس يبدو لـي عبثًـا وبلا قيمة اليـوم. على سبيـل المثـال، كل النجاحـات التي حققتهـا مثل كوني معروفًـا وأحظـى بثنـاء الآخريـن، ومثـل كسـب المـال أو إثـارة إعجـاب شخـص مـا أو السفر في طول الأرض وعرضها، وتفسير وتجربة كل الأفكار الهزلية.
>
> وعندمـا تتأمـل في ماضيك ستكتشـف أن كل ما تفعله لإسعاد ذاتـك ما هو إلا خيال ووهم، أو ما يطلق عليه بسكال "لعق الأرض".

التمحور حول صديق/ عدو. يمكن القول إن الشباب الصغار تحديدًا ودون استثناء تتملكهم فكرة التمحور حول الصديق. وتصبح مسألة تقبلهم وانتمائهم داخل مجموعة من الأقران لها الأهمية القصوى؛ وتكون مرآة المجتمع المشوهة والمتغيرة هي مصدر العوامل الأربعة الداعمة للحياة مما يتسبب في اعتمادهم اعتمادًا كبيرًا على أمزجة الآخرين المتقلبة ومشاعرهم وتوجهاتهم وسلوكياتهم.

ويمكن أن تركز عملية التمحور حول صديق على شخص واحد فحسب لتأخذ بعضًا من أبعاد الزواج. فقد ينبثق من عملية التمحور حول صديق الاعتماد العاطفي على شخص واحد وتتفاقم دائرة الاحتياج / الصراع.

ولكن ماذا عن *العدو* عندما يكون هو محور حياة الشخص؟ معظم الناس لن يفكروا في هذا الأمر، ويحتمل أنهم لا يدركون هذا في المقام الأول. ومع ذلك، فإن التمحور حول العدو هو أمر شائع الحدوث، ولا سيما حينما يكون هناك الكثير من التفاعل بين أناس مختلفين في الشخصية. وحينما يشعر الإنسان بأنه تعرض للظلم على يد شخص يمثل قيمة عاطفية أو اجتماعية في حياته يسهل وقوعه فريسة لإحساسه بالظلم جاعلاً من حياة الشخص الآخر محورًا لحياته. والشخص الذي تتمحور حياته حول العدو يتحول من إنسان مبادر إلى شخص يبدي التخلي عن الاعتماد في رد فعله تجاه توجهات وسلوكيات عدوه.

وقد كان لي صديق يدرس في الجامعة أصيب بحالة من التوتر والقلق نتيجة لضعف أحد الإداريين، والذي كانت تربطه به علاقة سيئة. وأضحى يفكر في هذا الرجل طوال الوقت حتى تحول الأمر إلى هوس. وقد شغله هذا الأمر لدرجة أن علاقته بهذا الرجل أثرت سلبًا على علاقته بأسرته وعلاقته بربه وعلاقته بزملائه في العمل. وفي النهاية، توصل إلى قرار بترك الجامعة وقبول وظيفة تدريس في مكان آخر.

فبادرته سائلًا: "لو لم يكن هذا الرجل موجودًا أما كنت تفضل البقاء والتدريس في هذه الجامعة؟".

فأجابني: "بلى، ولكن طالما أنه هنا سيدمر بقائي بالجامعة كل شيء في حياتي؛ لذا عليَّ المغادرة".

فسألته: "ما الذي يدفعك إلى جعل هذا الرجل محورًا لحياتك؟".

فأصابه سؤالي بصدمة وأنكر قيامه بذلك بالطبع. ولكنني أوضحت له أنه هو من سمح لهذا الشخص ونقاط ضعفه بتشويه خريطة حياته بالكامل وزعزعة إيمانه وعلاقته بمن يحبه.

وأخيرًا اعترف بأن هذا الشخص كان له تأثير كبير عليه، ولكنه أنكر اتخاذه هذه الخيارات. وألقى بالمسئولية على وضع المدير التعيس، مبرئًا ساحته تمامًا ورافضًا تحميل نفسه أية مسئولية.

وفي أثناء تواصل الحديث بيننا أخذ يدرك تدريجيًّا أنه بلا شك يتحمل المسئولية. ولكن لأنه لم يتعامل مع هذه المسئولية التعامل الأمثل تحول إلى إنسان غير مسئول.

يقع العديد من الأشخاص المطلقين فريسة لهذا النموذج. فهم يبالغون في الإحساس بالغضب والمرارة وإيجاد المبررات لأنفسهم بالنسبة لعلاقتهم بالشريك السابق. وبشكل سلبي هم ما زالوا متزوجين من الناحية النفسية؛ فهم في حاجة إلى ضعف الشريك السابق ليبرروا لأنفسهم اتهاماتهم.

والعديد من الأطفال "الكبار" يواصلون حياتهم وهم يبغضون آباءهم سواء في السر أو في العلن، ويلومونهم على الإساءات التي تعرضوا لها في الماضي أو الإهمال أو تفضيل أحد الأبناء على الآخر، ومن ثم يجعلون الكراهية هي محور حياتهم، ويعيشون في ظل سيناريو الانفعال والتبرير اللذين يصاحبان هذا التمحور.

والشخص الذي تتمحور حياته حول صديق أو عدو يفتقر إلى الإحساس الغريزي بالأمان. ويكون إحساسه بقيمته الذاتية عرضة للتغير السريع وفقًا للحالة العاطفية أو لسلوكيات الآخرين. ويستقي إرشاده من منظور استجابة الناس لفعله، وتتقيد الحكمة لديه بفعل عدسة المجتمع أو جنون الارتياب الناجم عن التمحور حول العدو؛ ومن ثم تنعدم قوة الشخص، ويصبح مربوطًا بخيوط يحركها الآخرون.

التمحور حول دار العبادة. أعتقد أن كل واحد يواظب على الذهاب إلى دار العبادة سيدرك أن هذا ليس مرادفًا للروحانية. فيوجد العديد من الناس الذين ينشغلون بالذهاب إلى الاعتناء بدار العبادة، والمشاركة في مشروعاتها، ولكن ينعدم إحساسهم بالاحتياجات البشرية المحيطة بهم؛ وهو ما يتناقض تمامًا مع المبادئ التي يقولون إنهم يؤمنون بها. وهناك البعض الآخر الذي لا يواظب على الذهاب إلى دار العبادة باستمرار، أو لا يذهب أبدًا، ومع ذلك تعكس توجهاته وسلوكياته تمحورًا رائعًا حول مبادئ التكافل الأساسية.

ولقد اكتشفت من خلال اشتراكي طيلة حياتي في المشروعات التي تقيمها دار العبادة، وكذلك جماعات خدمة المجتمع، أن الذهاب إلى دار العبادة لا يعني

بالضرورة التمسك بالمبادئ التي تلقن في أثناء الاجتماعات: بمعنى انك قد تكون عضوًا نشطًا في دار العبادة، ولكنك لا تطبق المبادئ التي يتضمنها الدين.

ومبدأ التمحور حول دار العبادة يجعل الشخص يعطي الأولوية للصورة أو المظهر، مما يؤدي إلى الرياء أو النفاق الديني الذي يقوض الأمان الشخصي والقيمة الذاتية. ويستقي الإنسان إرشاده من الضمير الاجتماعي، وينزع الإنسان الذي تتمحور حياته حول دار العبادة إلى إطلاق مصطلحات زائفة على الناس مثل "نشط" أو "غير فعال" أو "متحرر" أو "متدين" أو "متحفظ".

ولأن دور العبادة هي مؤسسات رسمية قوامها السياسات والبرامج والأنشطة والناس، فإنها وحدها لن تمنح الإنسان إحساسًا غريزيًا بقيمته. ولكن المبادئ الحية التي تدرس داخل دور العبادة هي التي تستطيع القيام بهذا الأمر، في حين أن المؤسسة الدينية لا تستطيع القيام به بمفردها.

وليس بمقدور دار العبادة أيضًا منح الشخص إحساسًا دائمًا بالإرشاد. وغالبًا ما ينزع الناس الذين تتمحور حياتهم حول دار العبادة فقط إلى عيش حياة متناقضة والتصرف والتفكير في أيام الجمع أو الآحاد بأسلوب مختلف عنه في باقي أيام الأسبوع. وهذا النوع من الافتقار إلى الوحدة أو التكامل يهدد الأمن، ويؤدي إلى حاجة متزايدة لتبرير الذات، بالإضافة إلى اكتساب مزيد من التصنيفات.

وعندما ينظر الإنسان إلى دار العبادة على أنها غاية في حد ذاتها وليست وسيلة للمساعدة على تحقيق غاية، فإنه يقوض حكمته الذاتية وإحساسه بالتوازن. وعلى الرغم من أن دور العبادة تعلم الناس أين تكمن مواطن القوة إلا أنها ليست مصدر القوة ذاته؛ فهي إحدى الوسائل التي ترشد المرء لإمكانية اكتساب القوة من قوى أعلى.

التمحور حول الذات. ربما تكون الذات هي المحور الأكثر شيوعًا هذه الأيام. والشكل الأكثر وضوحًا للتمحور حول الذات هو *الأنانية* التي تغير قيم معظم الناس. ولكن إذا نظرنا عن كثب لأكثر طرق النمو وتحقيق الذات شيوعًا، فغالبًا ما نجد التمحور حول الذات يكمن في جوهر كل منها.

وفي نطاق محور الذات المحدود نجد القليل من الأمن أو الإرشاد أو الحكمة أو القوة. فشأنه شأن البحر الميت الذي يأخذ كل شيء ولكنه لا يعطي أبدًا، وبالتالي فإنه يتسم بالركود.

ومن ناحية أخرى، فإن الاهتمام بتطوير الذات في إطار المنظور الأشمل لتحسين القـدرات الذاتية من أجل تقديم الخدمـات والإنتاج والمساهمة يعزز العوامل الأربعة الداعمة للحياة في ظل تطورها الهائل.

كانت هذه بعضًا من أشهر مراكز التمحور التي يعتنقها الناس في حياتهم. وغالبًا مـا يكون من السهل إدراك محاور حيـاة الآخرين ولكنك لا تدرك محورك بنفس هذه السهولة. وربمـا تعـرف شخصًا يضع جني المال في صـدارة اهتماماته، وربما تعرف شخصًـا يوجـه كل طاقته إلى تبرير موقفه في علاقة سلبيـة. وإذا أمعنت النظر فقد تتمكـن فـي بعض الأحيان من رؤية مـا وراء هذا السلوك، وتتغلغـل إلى داخل المحور الذي أدى إليه.

التعرف على محورك الشخصي

ولكـن أين تقف أنت؟ مـا المحور الذي تدور حياتك حوله؟ فـي بعض الأحيان قد تصعب رؤية مثل هذا المحور.

وربمـا تكـون أفضـل طريقـة للتعـرف علـى محـورك الخاص أن تنظـر عـن كثب للعوامل الأربعة الداعمة لحياتك. فإذا تمكنت من التعرف على واحد أو أكثر من الأوصاف التي سأذكرها لاحقًا فستتمكن من تعقبها للتعرف على المحور الذي تنبثق منه، وهو المحور الذي ربما يحد من فعاليتك الشخصية.

وفي أغلب الأحيان، يكون محور الإنسان مزيجًا من هذه المحاور أو محاور أخرى. والكثير من الناس هم نتاج العديد من المؤثرات التي تتلاعب بحياتهم. ووفقًا لظروف داخليـة أو خارجية قد يتـم تنشيط أحد هذه المحاور إلى أن يتـم إشباع الاحتياجات التي يتضمنها، وبعد ذلك يصبح محور آخر هو القوة المسيطرة.

ويتكـون عن تنقـل الشخص من محور إلى آخر نسبية أشبـه ما تكون بالأفعوانية. ففـي لحظة تكـون محلقًا وفي اللحظـة الثانية تكون فـي أسفل السافليـن، وتبذل كل الجهـد لتعوض أحـد مواطن الضعف باستعارة القوة مـن موطن ضعف آخر. ومن ثم ينعـدم الإحساس بوحدة الاتجاه وتنعدم الحكمة وينعدم وجـود مصدر دائم للقوة أو للإحساس بالقيمة الذاتية والهوية.

المحور	الأمن	الإرشاد	الحكمة	القوة
التمحور **حول الزوج**	• إحساسك بالأمن يقوم على طريقة معاملة زوجك لك. • أنت معرض للتأذي من التقلبات لزوجك ومشاعره. • هناك خيبة أمل كبيرة ناتجة عن الانسحاب أو الصراع عندما يكون زوجك مختلفًا معك أو لا يفي بتوقعاتك. • أي ـ شيء ـ يؤثر على العلاقة قد تنظر إليه بوصفه تهديدًا.	• تنبثق توجهاتك من احتياجاتك ورغباتك ومن رغبات واحتياجات زوجك. • معيارك لاتخاذ القرار يحدد ما تراه في صالح زواجك أو شريك حياتك أو ما يفضله شريك حياتك ويراه جيدًا.	• مفهومك للحياة يتضمن أمورًا قد يكون لها تأثير إيجابي أو سلبي على شريك حياتك أو على علاقتك.	• تتقوض القوة التي تساعدك على التصرف بسبب نقاط ضعف شريك حياتك وضعفك.
التمحور **حول الأسرة**	• تجد أمنك في تقبل أسرتك لك وتحقيقك لتوقعاتهم. • ينبثق إحساسك بالأمان من أسرتك. • يقوم إحساسك بقيمتك على أساس سمعة عائلتك.	• السيناريو الذي وضعته الأسرة هو المصدر الذي تستقي منه التوجهات والسلوكيات الصائبة. • معيار اتخاذك للقرارت هو ما يصب في صالح الأسرة أو ما يريده أفراد الأسرة.	• تفسر الحياة وفقًا لأسرتك، مما يجعلك تعتنق مفهومًا مشوهًا وتصبح مهووسًا بالعائلة.	• نماذج الأسرة وتقاليدها تقيد تصرفاتك.

التمحور **حول المال**	• صافي ثروتك هو ما يحدد قيمتك. • أنت عرضة للتأذي من كل ما يهدد أمنك الاقتصادي.	• الربح هو المعيار الذي تتخذ قراراتك وفقًا له.	• جني المال هو العدسة التي ترى الحياة وتفهمها من خلالها، ومن ثم تأتي قراراتك غير متزنة.	• أنت مقيد بما يمكنك إنجازه بمالك وبمنظورك المحدود.
التمحور **حول العمل**	• أنت تنزع إلى تعريف نفسك من خلال عملك. • لا تشعر بالراحة إلا في العمل.	• تتخذ قراراتك وفقًا لاحتياجات عملك وتوقعاته.	• أنت تميل إلى تقييد نفسك بقيود العمل. • ترى أن عملك هو حياتك.	• تصرفاتك محدودة بنماذج العمل والفرص الوظيفية والقيود المؤسسية وفي الوقت نفسه تفتقر إلى القدرة على العمل في مناحي الحياة الأخرى.
التمحور **حول التملك**	• يقوم إحساسك بالأمان على أساس سمعتك أو وضعك الاجتماعي ـ أو الأشياء المادية التي تمتلكها. • تنزع إلى مقارنة ما تملك بما يملكه الآخرون.	• تتخذ قراراتك وفقًا لما سيحمي ممتلكاتك أو ينميها أو يقدمها بطريقة أفضل.	• ترى العالم من منظور المنافسة الاقتصادية والعلاقات الاجتماعية.	• ستعمل في حدود ما يمكنك شراؤه أو على أساس الوجاهة الاجتماعية التي تحظى بها.
التمحور **حول السعادة**	• لا تشعر بالأمان ما لم تكن في قمة " سعادتك". • شعورك بالأمان لا يدوم لفترة طويلة وتفقد الشعور به ويعتمد على الوسط المحيط بك.	• تتخذ قراراتك بناء على ما يمنحك السعادة.	• ترى العالم من منظور ما تناله منها.	• تهمل قوتك تمامًا.

(يُتبع فى الصفحة التالية)

المحور	الأمن	الإرشاد	الحكمة	القوة
التمحور **حول الصديق**	• أمنك انعكاس للمرآة الاجتماعية. • تعتمد بدرجة كبيرة على آراء الآخرين.	• معيار اتخاذك للقرارات هو "ماذا سيكون رأيهم؟ " • يسهل إحراجك	• ترى العالم من خلال عدسة المجتمع.	• أنت مقيد بمنطقة الراحة الاجتماعية التي تريحك. • تصرفاتك متقلبة مثل آرائك تمامًا.
التمحور **حول العدو**	• يتعرض أمنك للخطر وفقًا لتحركات عدوك. • تتساءل دائمًا حول ما سيفعله. • تسعى دائمًا للتبرير لذاتك ونيل استحسان أصحاب التفكير المشابه.	• تتبنى موقف التخلي عن كل أشكال الاعتماد وتسترشد بتصرفات عدوك. • تتخذ قراراتك وفقًا لما يقوض عدوك.	• أفاق حكمك ضيقة ومشوهة. • أنت تميل إلى استخدام الأسلوب الدفاعي والمبالغة في ردة الفعل وغالبًا تعاني جنون الارتياب.	• ينبع مقدار القوة البسيط الذي تتمتع به من الغضب والحسد والبغض والعنف والطاقة السلبية التي تضعف وتدمر، تاركة مقدارًا ضئيلًا من الطاقة.
التمحور **حول دار العبادة**	• يقوم إحساسك بالأمان على النشاط الذي تمارسه في دار العبادة، وعلى التقدير الذي تحظى به نتيجة لسلطة الدين وتأثيره.	• تسترشد بتقييم الآخرين لتصرفاتك في إطار تعاليم الدين وتوقعاته.	• ترى العالم على أساس "مؤمنين و "غير مؤمنين" و "منتمين إلى العقيدة" و "غير منتمين".	• تعتقد أن قوتك تنبع من وضعك أو دورك في دار العبادة.
التمحور **حول الذات**	• يتحول أمنك ويتغير دائمًا.	• معاييرك الحاكمة هي "إذا كان ذلك سيمتعني" "ماذا أريد " ما الذي أحتاج إليه" ما الذي سأجنيه من وراء هذا ".	• ترى العالم من خلال القرارات والأحداث والظروف التي تؤثر عليك.	• قدرتك على العمل محدودة بمواردك دون الاستفادة من فوائد الاعتماد بالتبادل.

وبالطبع، يكون التصرف المثالي هو أن تضع لنفسك محورًا واحدًا واضحًا تستطيع من خلاله الحصول على أعلى درجات الأمن والإرشاد والحكمة والقوة، وتعزز قدرتك على المبادرة وتحقيق التناغم والتوافق في كل جزء من أجزاء حياتك.

محور المبادئ

عندما نجعل المبادئ الصحيحة محورًا لحياتنا، فإننا نضع أساسًا قويًّا وصلبًا لتنمية العوامل الأربعة الداعمة للحياة.

ونحن نستمد *أمننا* من معرفة أن المبادئ الصحيحة لا تتغير - على عكس المبادئ الأخرى التي تقوم على أساس الآخرين أو التي تخضع للتغيير الدائم والفوري، ومن ثم يمكننا الاعتماد على هذه المبادئ الصحيحة.

والمبادئ لا تتفاعل مع أي شيء. كما أنها لا تغضب منا أو تتعامل معنا بأسلوب مختلف. فهي لن تطلقنا أو تهرب مع أعز أصدقائنا. كما أنها لن تنال منا، ولن تعد لنا طرقًا مختصرة أو حلولاً سريعة. ولا تعتمد المبادئ على سلوكيات الآخرين أو البيئة أو الأشياء الزائلة. فالمبادئ لا تموت، ولا تتواجد اليوم وتختفي غدًا، ولا تدمرها الحرائق أو الزلازل، كما أنها لا تسرق.

والمبادئ هي حقائق كلاسيكية أساسية وقواسم مشتركة عامة، وهي خيوط منسوجة بقوة وإحكام وتوافق داخل نسيج الحياة.

حتى بين الناس وفي خضم الظروف التي تتجاهل المبادئ، يمكننا استمداد الشعور بالأمان من معرفتنا أن المبادئ أكبر من الناس والظروف، وقد شهد التاريخ على مدار آلاف السنوات الماضية انتصار المبادئ، والأمر يتكرر عبر العصور. والأكثر أهمية هو أنه بإمكاننا أن نستمد شعورنا بالأمان من معرفتنا أنه بمقدورنا تطبيقها في حياتنا وفقًا لتجربتنا الشخصية.

وأعترف أننا لسنا عالمين ببواطن الأمور، وأن معرفتنا بالمبادئ الصحيحة وفهمنا إياها محدود بقلة معرفتنا بطبيعتنا وطبيعة العالم المحيط بنا، وسيل الفلسفات والنظريات الشائعة التي لا تتوافق وتلك المبادئ الصحيحة. وستلقي هذه الأفكار رواجًا لوقت معين وبعد ذلك - شأنها شأن غيرها - سوف تنهار لأنها مبنية على أساس زائف.

نعم، إننا محاصرون، ولكن يمكننا دفع تلك الحدود التي تحاصرنا؛ فيمكننا من خلال تفهم مبادئ نمونا البحث عن المبادئ الصحيحة، ونحن تملؤنا الثقة أننا كلما

تعلمنـــا استطعنا تنقيــة العدسة التي نرى العالم من خلالها بشــكل أكبر. إن المبادئ ثابتة لا تتغير؛ فهمنا لها هو الذي يتغير.

والحكمة والإرشـاد المصاحبان للحياة التي تتمحور حول المبادئ يتمخضان عن الخرائـط الصحيحــة ومن واقــع الأمور وما كانــت عليه وما ستغدو عليــه. وتساعدنا الخرائـط الصحيحــة علــى الرؤية الواضحــة لما نريــد، وكيفية تحقيقــه. ونستطيع استخدام البيانات الصحيحة لاتخاذ قرارات صائبة ذات مغزى ويسهل تنفيذها.

والقــوة الشخصية النابعة من الحياة التــي تتمحور حول المبادئ هي قوة شخص يعــي ذاتــه، ويمتلــك المعرفة والمبــادرة ولا تقيــده توجهــات الآخريــن وسلوكياتهم وتصرفاتهــم، أو العديــد من الظروف والمؤثــرات البيئية التي تقيــد غيره من هؤلاء الناس.

الشيء الوحيد الذي يقيد القوة هو العواقب الطبيعية للمبادئ ذاتها. ونحن نملك حريــة اختيــار تصرفاتنا وفقًا لمعرفتنا بالمبادئ الصحيحــة، بيد أننا لا نملك حرية اختيار عواقــب تصرفاتنا. تذكر "إذا اخترت أحد طرفي العصا فأنت تختار الطرف الآخر بالتبعية".

وللمبادئ دائمًا عواقب طبيعية مرتبطة بها. وتكون العواقب إيجابية عندما تعيش فــي توافق مع المبــادئ، وتكون العواقب سلبيــة عند تجاهل تلك المبــادئ. ولكن لأن هــذه المبادئ تنطبق على الجميع، سواء أدركوا هذا أم لا، تكون القيود عامة وشاملة. وكلما زاد عدد المبادئ الصحيحة التي نعرفها، زادت حريتنا الشخصية التي تجعلنا نتصرف بحكمة.

وعندمــا نجعل هذه المبادئ الثابتة والعالمية محــورًا لحياتنا فإننا نرسى أساسًا لحيــاة قائمة على منظور فكري فعّــال - والذي يصبح المركز الذي تقوم على أساسه كل المراكز الأخرى.

تذكــر أن منظورك الفكــري هو المصدر الــذي تنبع منه توجهاتــك وسلوكياتك. والمنظــور الفكري يشبه النظارة التي تؤثر على طريقــة رؤيتك لكل شيء في حياتك. فــإذا نظرت إلى الأشياء من خــلال المنظور الفكري للمبــادئ الصحيحة سترى من العالــم أمــورًا مختلفة تمامًا عما ستراه لو نظرت من خــلال أي منظور فكري يتمحور حول شيء معين.

المحور	الأمن	الإرشاد	الحكمة	القوة
التمحور **حول المبادئ**	• يقوم أمنك على أساس المبادئ الصحيحة التي لا تتغير، بغض النظر عن الأحوال أو الظروف الخارجية. • أنت تعلم أن المبادئ الصحيحة صالحة دومًا للتطبيق من خلال تجربتك الشخصية. • بوصفها مقياسًا للتطوير الذاتي تتسم المبادئ الصحيحة بأنها دقيقة وموحدة وجميلة وقوية. • تساعدك المبادئ الصحيحة على فهم تطورك، كما أنها تملؤك بالثقة لتتعلم المزيد، وبموجب هذا تزيد من معرفتك وفهمك. • يمدك مصدرك للأمان بجوهر ثابت لا يتغير ولا يخفق، يمكنك من رؤية التغيير كمغامرة وفرصة لتحقيق إسهامات ذات مهمة.	• هناك بوصلة ترشدك لكي تتمكن من رؤية إلى أين ستذهب وكيف ستتصل إلى وجهتك. • أنت تستخدم البيانات الدقيقة التي تجعل قراراتك قابلة للتطبيق وذات مغزى. • أنت تنفصل عن مواقف الحياة ومشاعرها وظروفها وتنظر إلى الصورة الشاملة المتوازنة. وتعكس قراراتك وتصرفاتك الأفكار بعيدة المدى وقصيرة المدى والتضمينات. • في كل موقف تكون إنسانًا واعيًا ومبادرًا، وتحدد أفضل البدائل وتقوم قراراتك على أساس الوعي الذي تعلمك إياه المبادئ.	• تتضمن أحكامك طيفًا واسعًا من العواقب بعيدة المدى التي تعكس توازنًا حكيمًا وطمأنينة تامة. • أنت ترى الأمور من منظور مختلف، ومن ثم تفكر وتتصرف بأسلوب مختلف عن العالم الانفعالي. • أنت ترى العالم من خلال منظور فكري أساسي لحياة فعّالة مخطط لها جيدًا. • أنت ترى العالم من خلال ما يمكنك القيام به من أجل العالم والناس جميعًا. • أنت تنتهج أسلوب حياة مبادرًا وتسعى لخدمة وتنمية الآخرين. • أنت تفسر جميع تجارب الحياة من منطلق فرص التعلم والإسهام.	• قوتك يحدها فقط فهمك وملاحظتك لقانون الطبيعة والمبادئ الصحيحة والعواقب الطبيعية للمبادئ نفسها. • تصبح مدركًا لذاتك وتمتلك المعرفة وتكون إنسانًا مبادرًا لا تقيدك توجهاتك أو سلوكيات أو تصرفات الآخرين. • تصل قدرتك على العمل إلى مدى يتجاوز مصادرك وتشجعك على بلوغ مستويات عالية من الاعتماد بالتبادل. • لا تقوم قراراتك وتصرفاتك على أساس وضعك المالي الحالي أو حدود ظروفك. أنت تمتلك حرية الاعتماد بالتبادل.

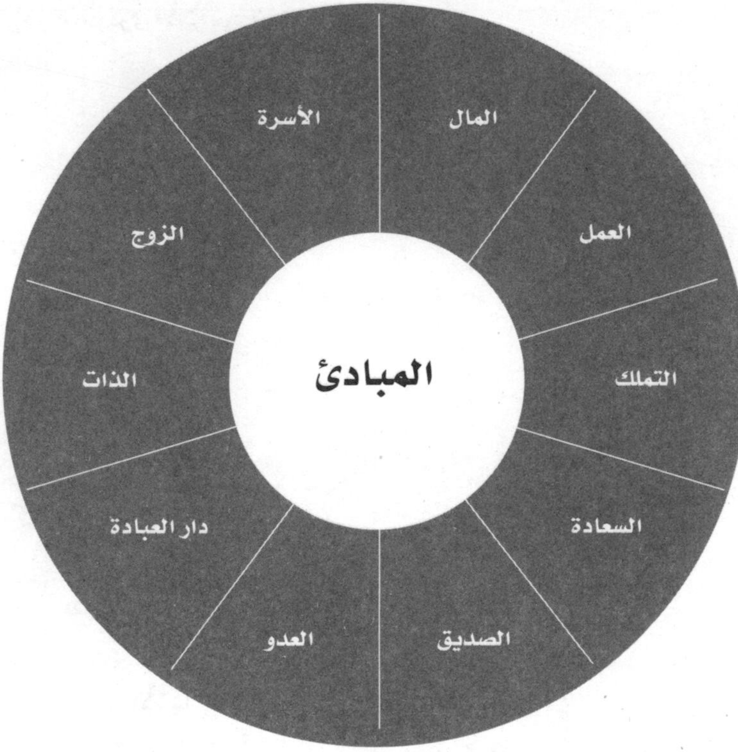

ولقد ضمنت في الملحق جدولاً يوضح كيف يمكن لكل محور من المحاور التي ناقشناها التأثير على الطريقة التي نرى بها كل شيء*. ولكن كي نفهم الاختلاف الذي يحدثه محورك فهمًا سريعًا، لنلق نظرة على مثال واحد لمشكلة محددة في إطار منظورات فكرية مختلفة. وبينما تقرأ حاول أن ترتدى كل نظارة، وحاول أن تشعر بالاستجابة التي تتدفق من المحاور المختلفة.

لنفترض أنك دعوت زوجتك الليلة لحضور حفل موسيقي. والتذاكر معك وهي تشعر بسعادة كبيرة والساعة الآن الرابعة بعد الظهر.

وفجأة طلب منك رئيسك في العمل الحضور إلى مكتبه، وقال إنه في حاجة إلى مساعدتك هذا المساء للتحضير لاجتماع مهم في التاسعة من صباح الغد.

* رجاءً ارجع للملحق (أ).

إذا كنت ترى الأمر من خلال نظارة *التمحور حول الزوج* أو *التمحور حول الأسرة* فستكون أولى اهتماماتك هي زوجتك - وحينها قد تخبر رئيسك بأنك لن تستطيع المكوث لأنك ستصطحب زوجتك إلى حفل موسيقي كمحاولة لإسعادها. وربما تشعر بأنه يتعين عليك البقاء من أجل الحفاظ على وظيفتك؛ ولكنك تشعر بقلق وخوف من رد فعلها وتحاول جاهدًا التبرير لقرارك، وفي الوقت نفسه تحمي نفسك من خيبة أملها وغضبها.

أما إذا كنت ترى الأمر من خلال نظارة *التمحور حول المال* فستركز تفكيرك على الأجر الإضافي الذي ستحصل عليه، أو تأثير العمل لوقت متأخر على الترقية المنتظرة. وحينها قد تتصل بزوجتك وتخبرها ببساطة بأنه يتعين عليك التأخر في العمل بفرض أنها ستتفهم أن الاحتياجات الاقتصادية تأتي في المقام الأول.

وفي حال كنت ترى الأمر من خلال نظارة *التمحور حول العمل* قد تفكر في الفرصة المتاحة أمامك. ويمكنك أن تعرف المزيد عن وظيفتك وإحراز بعض النقاط لدى رئيسك داعمًا مستقبلك المهني. ويحتمل أن تمتدح نفسك لأنك تمضي ساعات أكبر في العمل. لذا، ينبغي على زوجتك أن تفخر بك!

وإذا كنت من النوع الذي يرى الأمر من خلال نظارة *التمحور حول التملك* فربما تفكر في الأشياء التي قد تشتريها بالأجر الإضافي. أو يحتمل أن تفكر في كم سيكون بقاؤك في المكتب لوقت متأخر داعمًا لسمعتك في مكان العمل. وفي الغد ستجد الجميع يتحدثون عن مدى شهامتك ونبلك، وكم أنت شخص مضحٍّ ومخلص للعمل.

والتمحور حول السعادة يعزز احتمالية تركك العمل والتوجه إلى الحفل الموسيقي حتى لو كانت زوجتك ستسعد لبقائك في العمل لوقت متأخر. فأنت تستحق الترفيه عن نفسك وقضاء ليلة ممتعة!

وعندما *تتمحور حياتك حول الصديق*، سيتأثر القرار الذي تتخذه بما إذا كنت وجهت دعوة إلى أصدقائك لحضور الحفل الموسيقي أم لا، أم هل سيتأخر زملاؤك في العمل أيضًا.

وإذا كنت من النوع الذي يرى الأمر من خلال نظارة *التمحور حول العدو* فهذا يعني أنك ستبقى في العمل إلى وقت متأخر؛ لأنك على يقين من أن هذا سيعلي من قدرك في المكتب لتتفوق على هذا الشخص الذي يعتقد أنه مكسب كبير للشركة.

فبينما هو في الخارج يلهو تكون أنت قابعًا في الشركة تؤدي عمله وعملك، مضحيًا بسعادتك الشخصية من أجل صالح الشركة التي لا يعبأ هو لأمرها.

وإذا كانت حياتك *تتمحور حول دار العبادة* فربما تتأثر بخطط أفراد جماعتك الدينية لحضور الحفل الموسيقي، أو ما إذا كان أفراد جماعتك الدينية يعملون معك بنفس الشركة أم لا، أو حسب طبيعة الحفل الموسيقي - هل هو حفل ديني أم مجرد حفل موسيقي عادي. وربما يتأثر قرارك أيضًا بمفهوم "عضو جماعة دينية نشط" وبما إذا كنت ترى العمل لوقت متأخر "خدمة" أم "سعيًا وراء ثروة مادية".

وعندما *تتمحور حياتك حول ذاتك* فهذا يعني أنك ستفعل ما هو في صالحك؛ هل الأفضل بالنسبة لك قضاء الأمسية خارج المنزل؟ أم أنه من الأفضل أن تكسب بعض النقاط عند رئيسك؟ فإلى أي مدى تؤثر فيك الآراء المختلفة وتكون شغلك الشاغل؟.

* * *

وبينما نطرح أساليب عديدة للتعامل مع حدث واحد هل سيكون من المدهش بزوغ مشكلات إدراكية من نوعية تدريب "سيدة شابة / سيدة عجوز" عند تفاعلاتنا مع الآخرين؟ هل باستطاعتك إدراك التأثير الكبير لمحاورنا علينا؟ وكيف أنها تظهر في دوافعنا وقراراتنا اليومية وتصرفاتنا (أو في كثير من الأحوال ردود أفعالنا) وتفسيرنا للأحداث؟ لهذا السبب من المهم جدًا فهم محورك الشخصي. وما لم يحفزك هذا المحور لتكون شخصًا مبادرًا فسيكون إجراء تغيير في منظورك الفكري لخلق هذا المحور أمرًا أساسيًّا من أجل تحقيق فعاليتك.

وعندما يكون *محورك هو المبادئ* فستحاول الوقوف بمنأى عن العواطف المحيطة بالموقف وبعيدًا عن العوامل التي من شأنها التأثير عليك لتتمكن من تقييم الخيارات المطروحة أمامك. عندما تنظر إلى الكل المتوازن آخذًا في حسبانك كل الاعتبارات - احتياجات العمل واحتياجات الأسرة والاحتياجات الأخرى ذات الصلة والتداعيات الأخرى المحتملة للقرارات البديلة - ستتمكن من التوصل إلى أفضل الحلول.

إن ذهابك إلى الحفل أو مكوثك في العمل ما هو إلا جزء صغير من قرار فعّال. فأنت قد تتخذ القرار نفسه مع عدد من المحاور المختلفة. ولكن هناك فروقًا عديدة مهمة تظهر عندما تتحرك من منطلق منظور فكري قائم على المبادئ.

بـادئ ذي بدء، الناس والظروف لا يتلاعبون بك لأنك تبادر باختيار ما تحدد أنه أفضل البدائل المتاحة لك؛ أي أن قراراتك أساسها الوعي والمعرفة.

ثانيًـا، أنـت تعرف جيـدًا أن قرارك فعّال لأنـه جاء وفقًا لمبـادئ تصحبها نتائج متوقعة بعيدة المدى.

ثالثًـا، ما تختاره يسهم في تشكيل قيمك المطلقة. والبقاء لوقت متأخر في العمل لكـي تتفوق على شخص يختلف تمامًا عـن بقائك لأنك تقدر فعالية رئيسك وأنك تود بشـدة الإسهام في الارتقاء بشركتك. والتجـارب التي تحظى بها وأنت تنفذ قراراتك يكون لها قيمة ومعنى في إطار سياق حياتك ككل.

رابعًا، يمكنك التواصل مع زوجتك ورئيسك في إطار شبكات العلاقات القوية التي صنعتهـا من خلال الاعتماد بالتبـادل. ولأنك شخص يعتمد على نفسه يمكنك انتهاج أسلـوب الاعتماد بالتبادل بفعالية. وربما تقرر إسناد جزء من العمل إلى شخص آخر والمجيء في الصباح الباكر للقيام بما تبقى.

وأخيـرًا، ستشعر براحة كبيرة للقـرار الذي اتخذته. فمهمـا كان اختيارك فأنت ستركز عليه وتستمتع به.

عنـدمـا تتمحور حياتك حول المبادئ سترى الأمور بشكل مختلف؛ وهذا سيقودك إلـى التفكير بأسلوب مختلـف، ومن ثم تتصرف بطريقة مختلفة. ولأنك تتمتع بدرجة كبيـرة من الأمـن والإرشاد والحكمة والقوة التي تتدفق من مصدر قوي لا يتغير فإنك بذلك تضع أساسًا لحياة تملؤها المبادرة وتتميز بمستوى عال من الفعالية.

كتابة رسالة شخصية في الحياة واستخدامها

بينما نغوص ونتغلغل في أعماقنـا ونفهم منظوراتنا الفكريـة الأساسية ونغيرها لتتوافـق مع المبادئ الصحيحة، فإننا نخلق محورًا فعالاً وقويًا، وفي الوقت ذاته ننقي العدسـة التي نـرى العالم من خلالها. وحينها يمكننا تركيز هـذه العدسة على كيفية تعاملنا مع هذا العالم باعتبارنا أشخاصًا متميزين.

يقـول فرانـكل إننا *نتتبـع* رسائل حياتنـا ولا *نخترعهـا*. وكم أحب اختيـاره لهذه الكلمـات. وأعتقـد أن كل واحـد منا لديه جهـاز مراقبـة داخلي، جهـاز استشعار أو ضميـر يمنحنـا إدراكًا لمواطـن تفردنا والإسهامـات المتميزة التي نقـوم بها. وكما يقـول فرانكل: "لكل واحد منـا هدف أو رسالة في الحياة يؤديهـا... ومن ثم لا يمكن استبداله، كما لا يمكن تكرار حياته. لذلك فإن مهمة كل واحد منا متفردة تمامًا مثل الفرصة التي تسنح له لتنفيذها".

وتذكرنا محاولتنا التعبير لفظيًا عن هذا التفرد ثانية بأهمية المبادرة في العمل في إطار دائرة تأثيرنا. فعندما نسعى لجعل معنى مجرد لحياتنا بعيدًا عن دائرة اهتمامنا، فهذا يعني التخلي عن مسئوليتنا المبادرة وترك ابتكارنا الأول بين أيدي الظروف والآخرين.

إن معنى حياتنا يأتي من الداخل. ومرة أخرى كما قال فرانكل: "لا ينبغي أن يسأل الإنسان عن معنى حياته، بل لا بد أن يدرك أنه من سيُسأل. وبعبارة أخرى، الحياة تسأل كل واحد منا، ولن يتمكن من الإجابة عن سؤال الحياة ما لم يجب عن سؤال حياته الشخصية، والرد الوحيد الذي يمكنه تقديمه للحياة هو تحمل المسئولية".

ويعد تحمل المسئولية أو المبادرة أمرًا أساسيًا وحيويًا للابتكار الأول. دعونا نعد إلى الاستعارة بلغة الكمبيوتر: تقول العادة الأولى "أنت المبرمج"، ثم تقول العادة الثانية "اكتب البرنامج". وإلى أن تتقبل فكرة أنك مسئول وأنك أنت المبرمج، لن تتمكن فعليًا من الاستثمار في كتابة البرنامج.

ونحن بصفتنا أشخاصًا مبادرين يمكننا البدء بوضع مصطلح لما نريد أن نكون عليه في الحياة؛ وبذلك يمكننا كتابة رسالة حياتنا الشخصية، أي دستورنا الشخصي.

والرسالة الشخصية في الحياة ليست شيئًا يكتب بين يوم وليلة، بل تتطلب تفكيرًا عميقًا وتحليلًا دقيقًا وتعبيرًا متدبرًا، وغالبًا إعادة كتابة أكثر من مرة لتخرج في شكلها النهائي. وقد يستغرق الأمر منك عدة أسابيع أو حتى شهورًا قبل أن تشعر بارتياح حقيقي تجاه ما كتبت، وقبل أن تشعر بأنها تعبير كامل ودقيق عن قيمك وتوجهاتك الداخلية. وحتى مع ذلك ستكون في حاجة إلى مراجعة دائمة وإدخال تغييرات بسيطة نتيجة للرؤى الإضافية أو تغيرات الظروف التي تطرأ على مر السنوات.

ولكن الأمر الأساسي هو أن تصبح رسالتك الشخصية في الحياة دستورًا، وأن تعبر بحزم عن رؤاك وقيمك. وتصبح هي المعيار الذي تقيس على أساسه كل ما يمر بحياتك.

ومؤخرًا انتهيت من مراجعة رسالتي الشخصية في الحياة، وهو أمر أقوم به بانتظام. فأنا أتوجه إلى الشاطئ وأجلس بمفردي عند طرف ممر سير الدراجات، وأخرج المفكرة الخاصة بي وأشرع في تنقيح ما بها. ويستغرقني الأمر عدة ساعات، ولكن بعدها ينتابني إحساس بالصفاء والتنظيم والالتزام، إنه إحساس بالسعادة والحرية.

وأجـد هذه العملية بنفس أهميـة المنتج ذاته. وعملية كتابـة الرسالة الشخصية فـي الحياة أو مراجعتها تغيـرك؛ لأنها تدفعك إلى التفكير في أولوياتك تفكيرًا عميقًا وبحرص حتى تتوافق سلوكياتك مع معتقداتـك. وبينما تفعل هذا سيبدأ الآخرون في الشعـور بأن الظـروف لا تسيرك. فأنت تمتلـك إحساسًا بالرسالة فيمـا تفعل، وهذا يشعرك بالمتعة*.

استغل جميع إمكانياتك العقلية

يساعدنا الوعي على تمحيص أفكارنا، وهذا يساعدنا على وجه التحديد في وضع رسالـة الحياة الشخصية؛ لأن الموهبتين البشريتيـن الغريزيتين اللتين تمكناننا من ممارسـة العادة الثانية - الخيال والوعي - هما في الأساس من الوظائف التي يؤديها الفصـ الأيمن للمخ. وعندما تـدرك كيف تستغل إمكانيات فص المخ الأيمن ستتمكن من زيادة قدرتك على الابتكار الأول زيادة كبيرة.

وطـوال عقود أجريت الكثير من الأبحاث على مـا يطلق عليه نظرية هيمنة المخ، وتشيـر النتائـج بالأسـاس إلى أن نصفـي كرة الدمـاغ - الأيسر والأيمـن - يكون له الهيمنـة على وظائف محددة، ويتعامل مع أنواع مختلفة من المعلومات، ويعالج أنواعًا مختلفة من المشكلات.

ونصـف كرة الدماغ الأيسر مسئول عن العمليات اللفظية / المنطقية، أما نصف الدمـاغ الأيمن فهو مختص بالمشاعـر، وهو مسئول عن الجانـب الإبداعي. ويتعامل الفصـ الأيسر مع الكلمات، أمـا الفص الأيمن فيتعامل مع الصور ويتعامل الأيسر مع الأجـزاء والتحديات، والأيمن مع الكل والعام والعلاقات بين الأجزاء. ويتعامل الفص الأيسـر مـع التحليل؛ وهو مـا يعني تقسيم الأشيـاء إلى أجزاء، بينمـا يتعامل الفص الأيمـن مع التركيب؛ وهو ما يعني تجميع تلـك الأجزاء. كما يتعامل الفص الأيسر مع التفكير المتسلسل، ويتعامل الفص الأيمن مع التفكير الفوري السريع. والفص الأيسر مقيد بالوقت، أما الأيمن فهو حر بلا قيود.

وعلـى الرغـم من أن النـاسـ يستخدمون فصي المـخ إلا أن أحدهما قد ينزع إلى السيطـرة على الفرد. وبالطبع، الأمر المثالي هو صقـل وتطوير القدرة على الانتقال بيـن فصـي المخ، ومـن ثم يتسنـى للشخصـ أولًا الإحساس بما يتطلبـه الموقف ثم

---

* إذا كنت ترغب في كتابة رسالتك الشخصية في الحياة أو ترغب في رؤية المزيد من الأمثلة عليها، فقم بزيارة الموقع الإلكتروني التالي: www.franklincovey.com/MSB

استخدام الأداة الملائمة للتعامل معه. ولكن ينزع الناس إلى الخلود إلى "منطقة الراحة" الخاصة بنصف كرة الدماغ المسيطر، ومعالجة كل عملية يتطلبها الموقف وفقًا لأداء أي من فصي المخ: الأيمن أو الأيسر.

وكما قال أبراهام ماسلو: "من يجيد استخدام المطرقة يميل إلى التفكير في أن كل شيء حوله هو مسمار". وهذا عامل آخر يؤثر على المفهوم المختلف لـ تدريب "السيدة الشابة/ السيدة العجوز". والناس الذين يستخدمون فص الدماغ الأيمن وفص الدماغ الأيسر ينظرون إلى الأشياء بمنظور مختلف.

ونحن نعيش في عالم يسيطر عليه فص الدماغ الأيسر حيث الهيمنة للكلمات والقياس والمنطق، وحيث تقبع في الظل الملكات الإبداعية والمشاعر والأحاسيس والمهارات الفنية الطبيعية. ويجد الكثير منا صعوبة في الولوج إلى إمكانيات نصف الدماغ الأيمن.

وأعترف بأن هذا الوصف شديد التبسيط، ومما لا شك فيه أن الدراسات الحديثة تلقي المزيد من الضوء على وظائف المخ. ولكن بيت القصيد هنا هو أننا قادرون على أداء أنواع متعددة من العمليات، ولكننا بالكاد نصل إلى إمكاناتنا، وعندما ندرك قدرات عقولنا المتعددة نستغلها بأساليب أكثر فعالية.

طريقتان للاستخدام الملائم لفص المخ الأيمن

إذا استخدمنا نظرية المخ المسيطر كنموذج لنا فهذا دليل على أن جودة ابتكارنا الأول تؤثر تأثيرًا كبيرًا على قدرتنا على استخدام فص المخ الإبداعي الملائم. وكلما كنا قادرين على استغلال قدرات المخ الصحيحة زادت قدرتنا على التصور وعلى الإبداع، وعلى تجاوز حدود الزمن والحاضر والظروف، وعلى تكوين صورة متكاملة لما نريد أن نفعل وما نريد أن نكون عليه.

توسيع المنظور

في بعض الأحيان ننأى بعيدًا عن بيئة فص المخ الأيسر ونماذج تفكيره وننتقل إلى الفص الأيمن دون أية خبرة تخطيطية. فمثلًا موت شخص عزيز أو المعاناة من مرض عضال، أو الوقوع في أزمة مالية، أو المشكلات الصعبة - جميعها أسباب قد تؤدي بك إلى التراجع، والنظر إلى حياتك لتطرح بعض الأسئلة الصعبة مثل "ما الأشياء المهمة بالفعل؟ لماذا أفعل هذا؟".

ولكـن إذا كنت إنسانًا مبادرًا فلن تنتظر الظروف أو الآخرين ليخلقوا تجارب من شأنها توسيع منظورك؛ لأنك قادر على صنع تجاربك الخاصة بوعي منك.

وتوجـد عدة طرق للقيام بهـذا. فمن خلال قوى خيالـك تستطيع تصور جنازتك كمـا سبق وفعلنا في بداية هـذا الفصل، وكتابة مرثيتك. فـي الحقيقة عليك كتابتها وكن دقيقًا فيما تكتب.

كمـا يمكنـك تصور عيـد زواجك الخامـس والعشريـن، ثم تصور عيـد زواجك الخمسيـن. واطلب مـن شريك حياتك أن يتصـور هذا معك. وحـاول التمسك بروح العلاقة الأسرية التي تود خلقها من خلال الاستثمار اليومي على مر السنوات.

ويمكنـك أيضًا تصـور تقاعدك من العمل. مـا الإسهامات والإنجـازات التي تود تحقيقها في مجال عملك؟ ما خطط تقاعدك؟ هل ستحاول الانخراط في مجال آخر؟

حـاول توسيـع عقلـك، وتصور التفاصيـل باستفاضة وحـاول تغليفهـا بالمشاعر والعواطف والأحاسيس قدر الإمكان.

وأنـا شخصيًّـا قمت بـأداء تدريـب التصور هذا مـع العديد من الطـلاب الذين أدرِّس لهم بالجامعة، وكنت أقول لهم: "افترضوا أن حياتكم لن يبقى فيها سوى هذا الفصل الدراسي فقط. ومن المفترض أن تكونوا طلبة حسني السلوك. تصوروا كيف ستمضون آخر فصل دراسي لكم".

وفجـأة أخذت الأمور قالبًا مختلفًـا. فقد ظهرت على السطح قيم لم يدركوها من قبل.

وطلبـت مـن الطلبة أيضًا أن يعيشـوا بمنظور موسع لمدة أسبـوع على أن، يدونوا تجاربهم في دفاتر يومياتهم.

وجاءت النتيجة مدهشة، إذ بدأوا في الكتابة لآبائهم يخبرونهم كم أنهم يحبونهم ويقدرونهم، وأصلحوا علاقاتهم مع إخوتهم وأخواتهم وأصدقائهم.

وكان الموضـوع الأساسـي المسيطر علـى أنشطتهم والمبـدأ الواضح هو الحب؛ فافتراضهـم أن حياتهم قصيرة جعلهم لا يتفوهـون بالكلمات البذيئة، أو التفكير في الأفـكار السيئة، أو التقليل من شأن الآخريـن وإلقاء الاتهامات. وأضحى من الواضح أنهم جميعًا يتحلون بالقيم والمبادئ الصحيحة.

توجد العديد من الأساليب التي تمكنك من استخدام خيالك وتُبْقِيك على اتصال دائم بالقيم. ولكن كانت النتيجة الواضحة لاستخدامي لأي منها واحدة. فعندما يتعهد الناس بجدية لمعرفة ما يهمهم وما يريدون بالفعل - يبدأون في انتهاج الأخلاق الحميدة - وحينها يتسع تفكيرهم أكثر وأكثر.

التصور والتوكيدات اللفظية

العلاقات الشخصية ليست تجربة فردية، ولا تبدأ وتنتهي بكتابة رسالة الحياة الشخصية، بل هي عملية مستمرة لوضع رؤيتك وقيمك نصب عينيك وتنظيم حياتك بحيث تتوافق مع تلك الأشياء المهمة. وخلال جهودك تلك يمكن لقدرات فص مخك الأيمن الهائلة أن تساعدك أيما مساعدة خلال عملك اليومي، من أجل جعل رسالة حياتك الشخصية جزءًا من حياتك، وهو تطبيق آخر لمبدأ "البدء والغاية في ذهنك".

والآن، لنعد إلى مثال ضربناه سابقًا: لنفترض أنني والد يحب أطفاله حبًّا جمًّا. ولنفترض أنني أرى أن هذا هو إحدى القيم الأساسية في رسالة حياتي الشخصية. ولكن لنفترض أنني على مستوى التعامل اليومي أعاني مشكلة رد الفعل المبالغ فيه.

في هذه الحالة، يمكنني استخدام قوة فص المخ الأيمن لتصور وكتابة "تأكيد لفظي" يساعدني على أن أصبح أكثر توافقًا مع قيمي العميقة في حياتي اليومية.

و"التأكيد اللفظي" له مكونات خمسة أساسية: *شخصي* و*إيجابي* و*الزمن الحاضر* و*التصور* و*المشاعر*. لذا، ربما أكتب شيئًا مثل: "كم هو مُرض لي (عاطفيًّا) أنني (شخصيًّا) أستجيب (الزمن الحاضر) بالحكمة والحب والحزم وضبط النفس (إيجابي) عندما يسيء أطفالي التصرف".

ثم يمكنني تصور هذا، وقضاء عدة دقائق يوميًّا في الاسترخاء بدنيًّا وذهنيًّا. وقد أفكر في المواقف التي أساء أطفالي التصرف فيها وأتصورها بتفاصيل أكثر. ويمكنني الشعور بملمس الكرسي الذي أجلس عليه، والأرضية التي أطؤها والملابس التي أرتديها. ويمكنني رؤية الثوب الذي ترتديه ابنتي، والتعبير الذي يعلو وجهها. وكلما كان تصوري أوضح وأكثر حيوية ازداد عمق معايشتي له وقلَّت رؤيتي للأمر من منظور المشاهد.

ثم يمكنني رؤية ابنتي وهي تفعل شيئًا محددًا يجعلني أثور وأغضب بشدة. ولكن بدلًا من أن أستجيب استجابتي الطبيعية، أتصور استجابة أخرى تمكنني من معالجة

الموقف من منطلق الحب والقوة وضبط النفس؛ وهو ما قمت بكتابته في التأكيد اللفظي. أستطيع أن أكتب البرنامج وأكتب النص بالتوافق مع قيمي ورسالة حياتي الشخصية.

وإذا فعلت هذا فسيتغير سلوكي مع مرور الأيام. وبدلًا من العيش في إطار السيناريوهات المأخوذة عن والدي أو عن المجتمع أو الموروثة أو الموجودة في البيئة، سأعيش وفقًا للسيناريو الخاص بي، الذي كتبته بنفسي من خلال قيمي المختارة.

ولقد ساعدت ابني شون وشجعته على استخدام عملية "الابتكار" خلال مستقبله الكروي. وبدأنا هذا عندما كان يلعب ظهيرًا رابعًا في المدرسة الثانوية، وفي النهاية علمته كيف يقوم بهذا بمفرده.

كنا نحاول أن نجعله يسترخي ذهنيًّا من خلال التنفس العميق واستخدام أساليب الاسترخاء العضلي المتدرج، ومن ثم يشعر بأنه أصبح أهدأ من الداخل. بعد ذلك، أساعده على تصور نفسه أنه في قلب أصعب المواقف التي يمكن تصورها.

فيتخيل ابني هجومًا سريعًا قادمًا نحوه. هنا ينبغي أن يقرأ الهجمة والاستجابة. يجب أن يتخيل الإرشادات التي يتلقاها عقب قراءة الدفاع. وسيتخيل القراءات السريعة من الملتقي الأول والمتلقي الثاني والمتلقي الثالث، وسيتخيل الخيارات التي لن يقوم بها.

وعند نقطة محددة من مستقبله الكروي أخبرني بأنه يشعر بالتوتر. ولكن بعد أن تحدثنا أدركت أنه كان يتصور هذا التوتر. لذا، عملنا على تصور الاسترخاء في خضم ضغط الظروف. واكتشفنا أن طبيعة التصور أمر بالغ الأهمية، وأن تصور أشياء خاطئة يتمخض عن القيام بأمور خاطئة.

* * *

وقد أجرى تشارلز جارفيلد بحثًا مكثفًا على مجموعة مختارة من أصحاب الأداء العالي في مجال الرياضة والأعمال. وقد استحوذت عليه فكرة جودة الأداء خلال عمله في برنامج ناسا لأبحاث الفضاء عندما كان يراقب رواد الفضاء وهم يتدربون على كل شيء – وأي شيء مرارًا وتكرارًا في بيئة تحفيزية قبل أن يذهبوا إلى الفضاء. وعلى الرغم من حصوله على درجة الدكتوراه في الرياضيات، فإنه قرر العودة مرة أخرى، والحصول على درجة دكتوراه أخرى في مجال علم النفس ودراسة السمات الشخصية لأصحاب الأداء العالي.

وأحد أهم الأشياء التي أظهرها بحثه هو أن الرياضيين المصنفين على العالم وغيرهم من ذوي الأداء العالي يقومون بعملية التصور - إنهم يرون كل شيء ويشعرون به ويجربونه قبل القيام به بالفعل؛ إنهم يبدأون والغاية في أذهانهم.

ويمكنك القيام بهذا الأمر في كل ما يتعلق بحياتك، فقبل أداء شيء معين أو قبل عرض البيع أو في المواجهات الصعبة أو في التحديات اليومية التي تواجهك في أثناء تحقيق أهدافك، تصور الأمر بوضوح كأنه حي وواقعي؛ تصوره مرارًا ومرارًا. وقم بخلق "منطقة راحة" داخلية. وبعد ذلك وعندما تخوض الموقف بالفعل ستشعر بأنه ليس غريبًا ولن تشعر بالخوف.

ويعتبر فص دماغك الأيمن المبدع أحد أهم الأصول التي تمتلكها، والذي يساعدك على وضع رسالة حياتك الشخصية ودمجها في حياتك.

ويوجد العديد من المؤلفات ومجموعة كاملة من أشرطة الفيديو والكاسيت التي تتناول عملية التصور والتأكيدات اللفظية. وتتضمن أحدث التطورات التي أدخلت على هذا المجال أشياء مثل البرمجة غير المباشرة، والبرمجة اللغوية العصبية وأشكال جديدة من عمليات الاسترخاء والتحدث إلى النفس. وهي جميعًا تتضمن التفسير والتوضيح والمجموعات المختلفة من المبادئ الأساسية للابتكار الأول.

ومراجعتي للكتب التي تتحدث عن النجاح جعلتني أقرأ مئات الكتب التي تناولت هذا الموضوع. وعلى الرغم من أن بعضها احتوى على ادعاءات مبالغ فيها قائمة على القصص والأساطير لا الأدلة العلمية، إلا أنني أعتقد أن هذه المادة في مجملها تبدو صحيحة. ويأتي معظمها في الأصل من دراسة العديد من الناس للكتب الدينية.

وفيما يتعلق بالقيادة الشخصية الفعالة، تنشأ أساليب التصور والتأكيدات اللفظية طبيعيًّا من أساس التفكير الجيد من خلال الأهداف والمبادئ التي تصبح محورًا لحياة الشخص. وهما بالغا القوة عند استخدامهما في إعادة كتابة السيناريو والبرمجة وكتابة الأهداف والمبادئ التي يلتزم بها الإنسان في قلبه وعقله. وأعتقد أن محور كل الديانات التي يضمها أي مجتمع هو نفس المبادئ والممارسات تغلفها لغة مختلفة: تأمل، صلاة، تعاليم، رحمة، مودة، وصور عديدة لاستخدام الوعي والخيال.

ولكن إذا أصبحت تلك الأساليب جزءًا من أخلاقيات الشخصية وازدادت خطورة بفعل تدني الشخصية والمبادئ، فقد يساء استخدامها من أجل خدمة محاور أخرى وخاصة محور الذات.

والتأكيدات اللفظية والتصور شكلان من أشكال البرمجة، ولا بد أن نكون واثقين من أننا لا نسلم أنفسنا إلى أية عملية برمجة لا تتوافق مع محورنا الأساسي أو تنشأ من مصادر تتمحور حول جني المال أو تغليب المصلحة الشخصية أو أي شيء آخر بخلاف المبادئ القويمة.

ويمكن استخدام الخيال لتحقيق نجاح سريع، والذي يتأتى حينما يركز الشخص على المكاسب المادية، أو على "ما الذي سأجنيه من وراء هذا". ولكنني أعتقد أن أعلى مستوى لاستخدامات الخيال هو التوافق مع استخدام الوعي لتخطي الذات، وتحقيق إسهامات في الحياة على أساس الهدف المتفرد والمبادئ التي تحكم واقع الاعتماد بالتبادل.

تحديد الأدوار والأهداف

بالطبع، يصبح فص المخ الأيسر المسئول عن المنطق/الألفاظ مهمًّا عند محاولتك تخيل صور ومشاعر فص مخك الأيمن في صورة كلمات رسالة الحياة الشخصية المكتوبة. وكما يساعد تدريب التنفس على توحد الجسم مع العقل، تعد الكتابة نوعًا من النشاط العضلي النفسي والعصبي، والذي يساعد على تواصل العقل الواعي والعقل الباطن وتوحيدهما. والكتابة هي عملية تنقية وبلورة وتوضيح للأفكار، كما أنها تساعد على تقسيم الكل إلى أجزاء.

ولكل واحد منا عدد من الأدوار يلعبها في الحياة - جوانب أو إمكانيات مختلفة نكون مسئولين عنها. فربما على سبيل المثال أقوم بلعب دوري كفرد وزوج وأب ومعلم وعضو في جماعة دينية ورجل أعمال. وكل دور من هذه الأدوار له أهميته.

وواحدة من المشكلات الكبرى التي تنشأ عندما يعمل الناس من أجل إضفاء المزيد من الفعالية على حياتهم هي أنهم لا يوسعون مدى تفكيرهم بالقدر الكافي. فهم يفقدون حس التناسب والتوازن والبيئة الطبيعية اللازمة لتحقيق حياة فعّالة. وربما يستهلكهم العمل مهملين صحتهم، وباسم النجاح المهني يهملون أغلى العلاقات في حياتهم.

وربما تكتشف أن رسالة الحياة الخاصة بك أكثر توازنًا وأكثر يسرًا في التعامل معها إذا قسمتها إلى أدوار محددة في حياتك والأهداف التي تود تحقيقها. ولنأخذ الدور المهني مثالًا. فربما تكون رجل مبيعات أو مديرًا أو مطور منتجات. ما الذي

ستحققه في هذا النطاق؟ ما القيم التي تسترشد بها؟ والآن، فكر في أدوارك الشخصية - الزوج أو الزوجة أو الأب أو الأم أو الجار أو الصديق. ما المهم بالنسبة لك؟ فكر في أدوارك التي تلعبها في المجتمع - الدور السياسي والخدمات العامة والمؤسسات التطوعية.

وقد استخدم أحد المديرين فكرة الأدوار والأهداف لخلق رسالة الحياة التالية:

إن رسالتي هي أن أحيا بصدق وأن أحدث فرقًا في حياة الآخرين.

ولتحقيق هذه المهمة، أعمد إلى:

الإحسان: أحب الجميع - كل فرد - بغض النظر عن مواقفهم.

التضحية: أكرس وقتي ومواهبي ومواردي لتنفيذ رسالتي.

الإلهام: أعلم الجميع بالأمثلة أن الله سبحانه رحيم بنا جميعًا، وأنه بإمكاننا تخطي كل العقبات.

التأثير: إنني أحدث فرقًا في حياة الآخرين.

هذه الأدوار تأخذ الأولوية لتحقيق رسالتي:

الزوج: شريك حياتي هو أهم إنسان في حياتي. ونحن معًا نتشارك ثمار الانسجام والعمل والإحسان والإنفاق الرشيد.

الأب: أساعد أبنائي على الانغماس في مزيد من متع الحياة.

الابن/الأخ: أنا موجود دائمًا لتقديم المساعدة والحب.

الشخص الورع: ألتزم بطاعة الله وأواظب على أداء فرائضه وأساعد غيري من عباده.

الجار: أتبع تعاليم الدين الحنيف بالبر بالجيران.

عامل تغيير: أنا عامل محفز لتطوير الأداء العالي داخل المؤسسات الأكبر.

معلم: أعلم الأشياء الجديدة كل يوم.

إن كتابـة رسالة حياتك في صورة أدوار مهمة يمنحـك التوازن والانسجام، وأنت سترى كل دور واضحًا أمام عينيك، ويمكنك مراجعة أدوارك باستمرار لتتأكد من أن أحد تلك الأدوار لا يستحوذ عليك إلى الحد الذي يجعلك تهمش غيره من الأدوار التي تساويه في الأهمية، بل قد تكون أكثر أهمية.

وبعـد أن تتعـرف على الأدوار المختلفـة في حياتك يمكنـك التفكير في الأهداف طويلـة الأجـل التي تود تنفيذها في كل دور من تلك الأدوار. إننا الآن نعمل داخل فص المـخ الأيمـن ونستخدم الخيال والإبـداع والوعي والإلهام. وإذا كانـت هذه الأهداف امتـدادًا لرسالة الحياة القائمة على أساس المبادئ القويمة فإنها ستختلف اختلافًا كبيـرًا عن تلـك الأهداف التي يحددهـا الناس العاديـون؛ لأنها ستكـون متوافقة مع المبـادئ القويمـة وقوانيـن الطبيعـة والتـي تمنحك المزيـد من القـوة لتحقيق تلك الأهـداف. إنك لا تحقق أهـداف شخص آخر، بل هي أهدافك أنت التي تعكس قيمك المتأصلـة ومواهبك المتفردة. إنها إحساسك بالرسالة؛ وهي تنمو من خلال أدوارك المختارة في الحياة.

والهدف الفعّال هو ذلك الذي يركز في المقام الأول على النتائج لا على النشاط. وهـو يحدد لك وجهتك، وفي خلال هذه العملية يساعدك على تحديد مكانك. كما أنه يقدم لك معلومات مهمة حول كيفية الوصول إلى وجهتك ويخبرك عندما تصل ويوحد جهـودك وطاقاتك. وهو يعطـي معنى وهدفًا لكل ما تفعل. وفـي النهاية يسعه ترجمة نفسه في صورة أنشطة يومية، ومن ثم تصبح إنسانًا مبادرًا مسئولًا عن حياتك تحقق في كل يوم الأشياء التي تمكنك من تحقيق رسالة حياتك الشخصية.

والأدوار والأهداف تمنح الهيكل والاتجاه المنظم لرسالة حياتك الشخصية. وإذا لـم تكن لك رسالة للحيـاة الشخصية حتى هـذه اللحظة فهذا هو المـكان المناسب لتبدأ. كل ما عليك فعله هو أن تحدد الجوانب المتنوعة لحياتك والنتيجتين أو الثلاث التـي تشعـر بضـرورة تحقيقها فـي كل منطقة لتتقدم، ممـا يمنحك منظـورًا أشمل لحياتك والإحساس بالاتجاه.

وبينمـا ننتقل إلى العادة الثالثة سنتعمـق أكثر وأكثر في مناطق الأهداف قصيرة الأجـل. والتطبيق المهم عند هـذه النقطة هو التعرف علـى الأدوار والأهداف طويلة الأجـل ذات الصلـة برسالـة حياتـك. وهـذه الأدوار والأهـداف ستمـدك بالأساس المناسـب لتحديد الأهداف تحديدًا فعـالًا وتنفيذها عندما نصل إلـى العادة الثالثة حيث الإدارة اليومية لحياتك ووقتك.

رسالة الحياة للأسر

وللعادة الثانية تطبيقات عدة لأنها تقوم على أساس المبادئ. إضافة إلى ذلك يصبح الأفراد والأسر وجماعات الخدمات والمؤسسات من كل نوع أكثر فعالية طالما أنهم يبدأون والغاية في أذهانهم.

وتوجد العديد من الأسر التي تُدار من منطلق الأزمات والأمزجة المتقلبة والحلول السريعة والإشباع الفوري - لا على أساس من المبادئ القويمة. وتظهر الأعراض على السطح طالما هناك ضغوط؛ فيصبح الناس تهكميين أو ناقدين أو صامتين، أو يشرعون في الصراخ والمبالغة في رد الفعل. والأطفال الذين يشاهدون هذا النوع من السلوك ينشأون على مفهوم أن الطريقة الوحيدة لحل المشكلات هي الصراع والشجار.

وأساس أي أسرة قائم على كل ما هو ثابت وما هو موجود دائمًا - القيم والرؤى المشتركة. وعندما تكتب رسالة حياة الأسرة فهذا يعني أنك تعبر عن أساسها الحقيقي.

وتصبح رسالة الحياة هي دستور الأسرة ومعيارها وأساس اتخاذ القرارات. ورسالة الحياة من شأنها الحفاظ على استمرارية ووحدة الأسرة بالإضافة إلى اتجاهها. وعندما تتوافق القيم الفردية مع قيم الأسرة يعمل الأفراد معًا من أجل تحقيق أهداف واحدة محسوسة بعمق.

مرة أخرى، العملية بنفس أهمية المنتج؛ حيث تتحول عملية كتابة رسالة الحياة وتنقيحها إلى مفتاح عملية تحسين أحوال الأسرة. والعمل المشترك من أجل وضع رسالة حياة الأسرة يبني قدرة إنتاجية (ق إ) ويحافظ عليها.

وعندما تحصل على مدخلات من كل فرد من أفراد الأسرة، ثم تكتب رسالة حياة الأسرة وتحصل على تغذية استرجاعية تراجعها وتستخدم عبارات قالها أفراد الأسرة، فهذا يعني أن أفراد الأسرة يتحدثون ويتواصلون، وهو الأمر الذي يفوق غيره أهمية. وأفضل رسالة حياة هي تلك التي يضعها أفراد الأسرة معًا بروح الاحترام المتبادل، معبرين عن وجهات نظرهم المختلفة ومتكاتفين ليحققوا معًا ما لا يمكن لفرد إنجازه بمفرده. والمراجعة الدورية لتوسيع المنظور أو تأكيد التغيير أو الاتجاه أو تعديل أو إضفاء معنى جديد للعبارات التي أبلاها الزمن، يساعد على المحافظة على وحدة الأسرة في إطار قيمها وأهدافها المشتركة.

وتصبح رسالة الحياة هي الإطار الفكري الذي يحكم الأسرة. وعندما تظهر أزمة أو مشكلة نرجع إلى الدستور ليذكرنا نحن أفراد الأسرة بالأمور الأكثر أهمية، ويقودنا في الاتجاه الصحيح لحل المشكلة واتخاذ القرار الصائب القائم على المبادئ القويمة.

وفي منزلنا نعلق رسالة حياتنا على الحائط في حجرة الأسرة، حتى نطالعها كل يوم ونراقب تصرفاتنا.

وعندما نقرأ عبارات حول صوت الحب في منزلنا والنظام والاستقلال المسئول والتعاون، وتقديم يد المساعدة والوفاء بالاحتياجات وتطوير المهارات وإظهار الاهتمام بمهارات الآخرين وتقديم الخدمات لهم، تتشكل لدينا معايير نعرف من خلالها كيف نتصرف مع الأمور المهمة لنا كأسرة.

وعندما نخطط لأهداف أسرتنا وأنشطتها نقول "في ضوء تلك المبادئ، ما الأهداف التي سنعمل عليها؟ ما خطة العمل التي ستساعدنا على إنجاز أهدافنا، وتجعل من هذه القيم حقيقة؟".

إننا نراجع هذه الرسالة مرارًا، ونعمل على تغيير الأهداف والوظائف مرتين كل عام في سبتمبر ويونيو - بداية الدراسة ونهاية الدراسة - لنعكس الوضع الحالي كما هو، ولنعمل على تحسينه وتقويته. إننا نتجدد معها، كما أنها تؤكد التزامنا بمعتقداتنا وما ندافع عنه.

رسالة الحياة للمؤسسات

رسالة الحياة مهمة للغاية للمؤسسات الناجحة. إن أحد أهم الأهداف التي أركز عليها مع المؤسسات هو مساعدتهم على تطوير رسائل حياة فعالة. ولكي تكون فعالة لا بد أن تنبع هذه الرسالة من أعماق المؤسسة. وينبغي أن يشارك كل واحد بأسلوب ذي مغزى - ليس على مستوى واضعي الخطط الماهرين فحسب بل على مستوى الجميع. ومرة أخرى، تتساوى عملية اشتراك الجميع في الأهمية مع أهمية كتابة الرسالة، وهي مفتاح استخدام الرسالة.

ودائمًا ما أشعر بالسعادة كلما ذهبت إلى شركة آي بي إم وشاهدت عملية التدريب هناك. فمرارًا وتكرارًا أرى قادة المؤسسة يتحدثون ويقولون إن آي بي إم تهتم بثلاثة أشياء: كرامة الفرد والامتياز والخدمة.

وتمثـل هذه الأشياء الثلاثـة معتقدات شركة آي بـي إم الأساسية - كل ما عداها قابـل للتغير، أما هي فثابتة لا تتغير. وشأنها شـأن الضغط الأسموزي، فهذه المبادئ تنتشـر في كل أرجاء المؤسسة لتكون قاعدة هائلة للقيم المشتركة والأمن الشخصي لكل فرد من العاملين.

وذات مـرة كنـت أدرب مجموعة مـن العاملين في شركة آي بـي إم في نيويورك. وكانـت مجموعـة صغيرة قوامهـا حوالي عشريـن شخصًا ومرض أحدهـم. واتصل بزوجتـه في كاليفورنيا والتي عبرت عن قلقها لأن مرضه يتطلب علاجًا خاصًّا. فرتب المسئولون عن جلسة التدريب في آي بي إم لاصطحابه إلى مستشفى ممتاز به أطباء متخصصـون في هذا المرض. ولكنهم استشعروا من زوجته إحساسها بعدم الارتياح ورغبتها في عودته إلى بلدته حيث يوجد طبيب يمكنه التعامل مع حالته.

لـذا، قـرروا اصطحابه إلـى المنزل. ولأنهم شعـروا بالقلـق إزاء الوقت الذي قد يستغرقهـم للوصول إلى المطـار وانتظار طائرة تجارية قامـوا بجلب طائرة مروحية لتصل به إلى المطار واستأجروا طائرة خاصة لتقله إلى كاليفورنيا.

لا أدري كـم كلفهم الأمر؛ ولكنني أعتقد أنه آلاف الدولارات. بيد أن شركة آي بي إم تؤمن بكرامة الفرد. إنه المبدأ الذي تتبناه الشركة. وبالنسبة للحاضرين كان هذا مثالاً حيًّا على معتقدات الشركة ولم يمثل لهم مفاجأة، لكنه أبهرني.

وفي وقت لاحق كان من المقرر أن أدرب ١٧٥ مديرًا لمركز تسوق في أحد الفنادق. وقد أدهشني مستوى الخدمة هناك. إنه لم يكن مصطنعًا، فقد بدا هذا المستوى من الخدمة واضحًا على جميع المستويات، وكان تلقائيًّا بدون أية رقابة.

وكنـت قد وصلت متأخرًا وحجزت غرفة وسألت عما إذا كانت هناك خدمة غرف متوافـرة، فأجابني موظف الاستقبال: "كلا، يا سيـد كوفي، ولكن إن كنت تحب ذلك يمكنني إحضار شطيرة أو سلاطة أو أي شيء ترغب فيه ويكون متوافرًا في المطبخ". لقـد كان سلـوك هذا الرجل معنيًّـا براحتي ورفاهيتي. وقد استطـرد قائلاً: "هل تود معاينة حجرة الاجتماع؟ هل لديك كل ما تريد؟ بماذا أخدمك؟ أنا هنا في خدمتك".

لم يكن هناك مشرف يراقبه، بل كان صادقًا.

وفـي اليوم التالـي، كنت في منتصـف العرض عندمـا اكتشفت أننـي لم أحضر معـي كل الأقلام الملونـة التي أحتاج إليها. لذا، خرجت وتوجهـت إلى البهو في أثناء

استراحـة قصيـرة ووجدت أحد العاملين يهرع إلى حجـرة اجتماعات أخرى فبادرته قائـلاً: "لدي مشكلة. إنني هنا أدرب مجموعة من المديرين ولديّ استراحة قصيرة، ولكنني في حاجة إلى المزيد من الأقلام الملونة".

فتحـرك مسرعًا وانتبه لي، ثم نظر إلى بطاقة الاسـم وقال: "سيد كوفي، سأحل لك المشكلة".

لـم يقل لي: "لا أدري أين أذهـب" أو "حسنًا، توجه إلى الاستعلامات"، لقد اهتم بالأمر فحسب، وجعلني أشعر أنه منحني امتيازًا بأدائه هذه الخدمة لي.

ولاحقًـا كنت أجلس في أحد أركان البهو أنظـر إلى بعض الأعمال الفنية، ثم جاء أحد العاملين بالفنـدق إليَّ، وقال: "سيد كوفي، أتود مطالعة الكتب التي تقدم شرحًا للأعمال الفنية الموجودة بالفندق؟". يا لها من مقدرة على توقع احتياجات الآخرين! يا له من تفانٍ في أداء للعمل!

ثـم لاحظت أحد العاملين يقف على سلـم مرتفع ينظف نوافذ البهو. وقد رأى من تلـك النقطة المرتفعـة سيدة تعاني صعوبـة بسيطة في السير بالعـكاز في الحديقة. ولكنهـا لم تسقـط بالفعل وكان معها أناس آخرون. ولكنه نـزل على السلم وتوجه إلى الخـارج وساعد السيدة علـى الوصول إلى البهو وتأكد من أنهـا حصلت على الرعاية المطلوبة. ثم عاد مرة أخرى لإنهاء تنظيف النوافذ.

وودت اكتشاف الطريقة التي ساعدت هذه المؤسسة على خلق ثقافة بين العاملين تجعلهم يقدرون خدمة العملاء إلى هـذا الحد. فالتقيت بالمدبرات والسقاة والعمال واكتشفت أن هذا التوجه قد تغلغل داخل عقول جميع العاملين وقلوبهم وسلوكياتهم.

ثم توجهت إلى الباب الخلفي حيث المطبخ، وهنـاك شاهدت القيمة المحورية: "لا نرضـى بديلًا عن تقديم خدمة شخصية متميـزة". وأخيرًا توجهت إلى المدير وقلت له: "إن وظيفتي هي مساعدة المؤسسات على تطوير شخصية روح الفريق القوية، أي ثقافة فريق العمل. وكم أدهشني ما يجري هنا".

فتسـاءل قائلًا: "أتـود معرفة مفتاح السـر الحقيقي؟"، وقدم لـي رسالة الحياة الخاصة بسلسلة الفنادق.

وبعد قراءتها أبديت إعجابي بها: "يا لها من رسالة مثيرة للإعجاب! ولكن أعرف العديد من الشركات التي لديها مثل هذه الرسائل الرائعة".

فسألني: "هل تود رؤية الرسالة الخاصة بهذا الفندق؟".

"هل تعني أنك وضعت رسالة خاصة بهذا الفندق؟".

"نعم".

"هل هي مختلفة عن تلك الخاصة بسلسلة الفنادق؟".

"نعـم، تتوافق مـع تلك الرسالة، ولكن هذه تتلاءم مـع موقفنا وبيئتنا وعصرنا". وقدم لي ورقة أخرى.

فسألته: "من وضع رسالة الحياة هذه؟".

فأجابني: "الجميع".

"الجميع؟ بالفعل الجميع؟".

"نعم".

"حتى المدبرات؟".

"نعم".

"والسقاة؟".

"نعم".

"وموظفو الاستقبال؟".

"نعـم. هل تود الاطلاع علـى رسالة الحياة التي كتبها النـاس الذين حيوك الليلة الماضيـة؟"، وأخرج رسالة الحياة التي كتبوها بأنفسهم والمنسجمة مع جميع رسائل الحياة الأخرى. وقد شارك الجميع ومن كل المستويات في وضعها.

وكانت رسالة حياة الفندق محورًا في إطار كبير. إنها تولد رسائل حياة أكثر عمقًا وتخصصًـا لمجموعة بعينها من العاملين. وهـي قد استخدمت كمعيار لكل القرارات المتخـذة. وتوضـح ما يعمـل هؤلاء الناس مـن أجله، وكيف تكـون علاقتهم بالعملاء وكيف يتعاملون مع بعضهم البعض. ولقد أثرت على أسلوب المديرين والقادة، وأثرت في نظـام التعويضات، وأثرت في نوعية الناس الذين يجـري تعيينهم وكيف يتدربون وينمـون مهاراتهـم. وكل درب من دروب المؤسسة يعمل فـي الأساس من منطلق هذا المركز، رسالة الحياة.

وفي وقت لاحق زرت فندقًا آخر ينتمي إلى السلسلة نفسها، وأول شيء قمت به عند الحجز هو السؤال عن رسالة الحياة التي يتبعونها، والتي سرعان ما قدموها لي. وفي هـذا الفندق فهمت المزيد عن شعـار "لا نرضى بديلًا عن خدمة شخصية متميزة".

ولمدة ثلاثة أيام كنت أراقب كل موقف يتطلب استدعاء خدمة. وكنت أجد الخدمة تقـدم دومًا بأسلوب مثير للإعجاب وبطريقة ممتازة. ولكنها دائمًا متخصصة. فعلى

سبيـل المثـال كنت في منطقـة حمامات السباحـة، وسألت أحـد العاملين عن مكان المقهى، فسار معي حتى أوصلني إليه.

ولكـن أكثر مـا أثـار إعجابي هـو مشاهدة أحـد العامليـن وهو يعتـرف لرئيسه بارتكابـه خطـأ ما. فكنا قد طلبنا خدمـة الغرف، وأخبرونا بموعـد وصول طلبنا إلى الغرفة. وفي طريقه إلـى غرفتنا سكب عامل خدمة الغرف الشيكولاته الساخنة، وقد استغرق الأمر عدة دقائق إضافية حتى يغير المفرش الموجود على الصينية ويحضر شرابًـا آخر. لذا، تأخرت خدمة الغرف لمدة خمس عشرة دقيقة، ولم يكن الأمر بهذه الأهمية.

ومع ذلـك، وفي صباح اليوم التالي اتصل بنا مدير خدمة الغرف، واعتذر ودعانا إلـى تناول الفطور في البوفيه، أو إحضاره إلى الغرفة تحية من الفندق وللتعويض عن المعاملة غير اللائقة.

ما الذي يمكن قوله عن ثقافة مؤسسة يعترف فيها الموظف بخطئه، خطأ لا يعلم عنـه أي شخص آخر، إلـى مديره حتى يحصل العميل أو الضيـف على رعاية وتقدير أفضل.

وقـد أخبرت مدير الفندق الأول الذي زرته بأنني أعرف الكثير من الشركات التي لديهـا رسائـل حياة مؤثرة ورائعة. ولكـن هناك فرقًا حقيقيًّا، فرقًـا كبيرًا في فعالية رسالـة الحياة التي يشترك جميع أفراد المؤسسة فـي وضعها، وبين تلك التي يكتبها كبار الموظفين الذين يجلسون في أبراج عاجية.

وإحـدى المشـكلات الأساسية التي تواجـه المؤسسات، بما فـي ذلك الأسر، هي أن النـاس لا يلتزمـون بالقرارات التي يتخذها الآخرون نيابـة عنهم. فهي ببساطة لا تروقهم.

وفـي معظم الأحيان في أثناء عملـي مع المؤسسات أجد أناسًـا تختلف أهدافهم اختلافًـا تامًّـا عن أهداف شركاتهم. وكثيرًا ما أرى أنظمة المكافأة أبعد ما تكون عن نظام القيم الموضوع.

وعندما أبدأ العمل مع مجموعة من الشركات التي وضعت رسالة حياة من نوع ما، أسألهـم "كم من الناس هنا يعلمون أن لديكم رسالة حياة؟ كم منكم يعلم محتواها؟ كم منكـم اشترك في وضعها؟ كم منكم يؤمن بها ويستخدمها كإطار مرجعي لاتخاذ قراراته؟".

وبـدون اشتراك الجميع لن يكون هناك أي التزام. ضع خطًّا تحت هذه العبارة أو ارسم دائرة حولها. *بدون مشاركة لن يكون هناك التزام.*

والآن، فـي المراحل المبكرة ـ عندما ينضم شخص جديد إلى مؤسسة أو عندما يولـد طفـل جديد لأسرة ما ـ يمكنك أن تحدد له هدفًـا، والذي سيروقه، لا سيما إذا كانت العلاقة والتوجهات والتدريب تتسم جميعًا بالجودة.

ولكـن عندمـا يصبح الناس أكثـر نضجًا وتأخـذ حياتهم معنـى منفصلًا يودون المشاركـة؛ مشاركة ذات مغـزى. وإذا لم يشاركوا فلن تروقهـم الرسالة الموضوعة. ومـن ثم، تنشأ لديك مشكلة تتعلق بالدافع لا يمكنـك حلها وأنت على مستوى التفكير نفسه الذي تسبب فيها.

لهـذا السبب يستغرق وضع رسالة المؤسسة وقتًا وصبرًا ويتطلب مشاركة الجميع مـع وجود المهـارة والتفهم. ومرة أخرى رسالة الحياة ليست حـلًّا سريعًا، بل تتطلب وقتًا وإخلاصًا واتباع المبادئ القويمة والشجاعة والتكامل مع النظام والبناء وأسلوب الإدارة فيمـا يتعلق بالرؤى والقيم التي يتم مشاركتها. ولكن كل هذا قائم على أساس المبادئ القويمة التي تنجح دومًا.

وتخلـق رسالـة الحيـاة للمؤسسة ـ تلـك التي تعكـس بالفعل القيم والـرؤى التي يتشاركهـا الجميع داخل المؤسسة ـ وحـدة عظيمة والتزامًا هائلًا. وهي ترسخ داخل عقـول النـاس وقلوبهم إطـارًا مرجعيًّا أو معايير محـددة أو إرشـادات يمكنهم حكم أنفسهـم من خلالهـا. وهم لن يحتاجوا إلى مـن يوجههم أو يراقبهـم أو ينتقدهم أو يظلمهم. فهم يتعاملون مع أساس لا يتغير يدور حول ما تقوم عليه المؤسسة.

مقترحات حول التطبيق

١. قـم بتدوين انطباعاتك حول تصور جنازتك كمـا في بداية هذا الفصل. يمكنك استخدام الجدول التالي لترتب أفكارك.

٢. خصص بعض الوقـت لتدون أدوارك كما تراهـا الآن. هل أنت راضٍ عن المرآة التي تعكس حياتك؟

٣. حدد وقتًا لتفصل نفسك عن الأنشطة اليومية، وتبدأ في العمل على رسالة حياتك الشخصية.

٤. ألق نظـرة على المخطط في الملحق (أ) لتستعرض المحاور المختلفة، وضـع دائرة حـول تلك التـي يمكنك التعـرف عليها. هل تشـكل نموذجًا للسلوك في حياتك؟ هل أنت راض عن مضامين تحليلاتك؟

منطقة النشاط	الشخصية	الإسهامات	الإنجازات
الأسرة			
الأصدقاء			
العمل			
دار العبادة / خدمة المجتمع... إلخ			

٥. ابدأ بتجميع الملاحظات والأقوال والأفكار التي قد ترغب في استخدامها كمصدر للمادة التي تستخدمها لكتابة رسالة حياتك.

٦. حدد مشروعًا ستواجهه في القريب وطبق عليه مبادئ الابتكار العقلي. واكتب النتائج التي ترغبها والخطوات التي ستتبعها لتحقق هذه النتائج.

٧. تحدث عن مبادئ العادة الثانية مع أفراد أسرتك أو مجموعة العمل، واقترح عليهم أن تبدأوا معًا في عملية تطوير رسالة حياة الأسرة أو المجموعة.

العادة ٣ :
ضع الأهم قبل المهم®

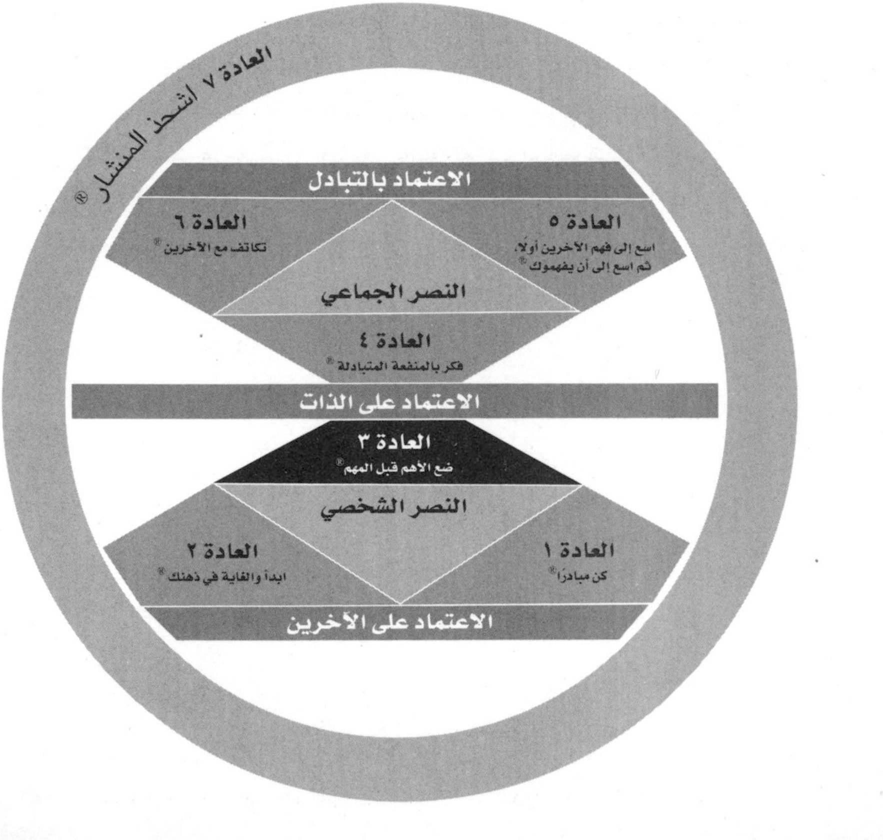

مبادئ الإدارة الشخصية

يجب أن تأتي الأشياء المهمة دومًا قبل الأشياء الأقل أهمية.

جوته

هلا استغرقت دقيقة ودونت إجابة قصيرة عن السؤالين التاليين؟ إن إجاباتك ستكون مهمة بالنسبة لك لتبدأ العمل على العادة الثالثة.

السؤال الأول: ما الشيء الذي يمكنك عمله (ولا تفعله الآن) والذي إذا انتظمت في فعله سيحدِثُ فرقًا هائلًا وإيجابيًّا في حياتك الشخصية؟

السؤال الثاني: ما الشيء الموجود في عملك أو حياتك المهنية والذي من شأنه تحقيق النتائج نفسها؟

سنعود إلى الإجابات في وقت لاحق. ولكن أولًا، لنضع العادة الثالثة في منظورها الصحيح.

العادة الثالثة هي الثمرة الشخصية وهي التطبيق العملي للعادتين الأولى والثانية.

تقول العادة الأولى "أنت المبتكر، إذن أنت المسئول". وهي قائمة على أساس المواهب الأربع البشرية المتفردة: *الخيال والوعي والإرادة المستقلة والوعي الذاتي*. وهي تبث فيك القوة كي تقول: "يا له من برنامج غير صحي! حملته معي منذ طفولتي وانتقل لي من خلال مرآة المجتمع. وأنا لا أحب هذا النص غير الفعّال. لذا، يمكنني التغيير".

والعادة الثانية هي الابتكار الأول أو الابتكار العقلي. وهي تقوم على أساس *الخيال* أي القدرة على التبصر ورؤية الإمكانيات وابتكار داخل عقولنا ما لا نستطيع رؤيته في

الوقت الحاضر بأعيننا. *والضمير* هو القدرة على تتبع مناحي تفردنا، والإرشادات الشخصية والأخلاقية والتي من خلالها نستطيع تحقيق هذا التفرد. وهي الصلة العميقة التي تربطنا بتصوراتنا الذهنية الأساسية والقيم والرؤى التي تحدد ما سنكون عليه.

إذن، العادة الثالثة هي الابتكار الثاني، أي الابتكار المادي. وهي تحقيق للعادتين الأولى والثانية وتحويلهما إلى واقع، كما أنها النتيجة الطبيعية لهما. وهي تدريب على *الإرادة المستقلة* حتى تتمحور حول المبادئ، وهي تمارس يومًا بيوم ولحظة بلحظة.

وللعادتين الأولى والثانية أهمية قصوى كما أنهما مطلب أساسي للعادة الثالثة فلا يمكنك التمحور حول المبادئ دون أن تعي وتطور في البداية حس المبادرة لديك. ولا يمكنك التمحور حول المبادئ دون أن تعي وتطور في البداية تصوراتك الذهنية وتفهم كيف تغيرها وتجعلها تتوافق مع هذه المبادئ. ولا يسعك أن تتمحور حول المبادئ دون رؤية وتركيز على الإسهام المتفرد الذي يمكنك تحقيقه.

ولكن مع وجود هذا الأساس *يمكنك* التمحور حول المبادئ يومًا بيوم ولحظة بلحظة عندما تعيش العادة الثالثة وبممارسة إدارة الذات الفعّالة.

وتذكر أن الإدارة تختلف اختلافًا جليًا عن القيادة. فالقيادة هي نشاط خاص بفص المخ الأيمن يتميز بالقوة الهائلة. والقيادة تشبه الفن لأنها تقوم في الأساس على الفلسفة. فلا بد أن تطرح جميع الأسئلة المطلقة المتعلقة بالحياة عندما تتعامل مع مسائل القيادة الشخصية.

ولكن عندما تتعامل مع تلك المشكلات تشرع في حلها وتبدأ في إدارة نفسك بفعالية، لتخلق حياة تتوافق مع إجاباتك. ولن تصنع القدرة على الإدارة أي فرق يذكر ما لم تكن في "الغابة الصحيحة". ولكن إذا كنت تقف في الغابة الصحيحة ستصنع كل الفرق. وفي الحقيقة، ستحدد القدرة الجيدة على الإدارة جودة ووجود الابتكار الثاني. والإدارة - هي التقسيم والتحليل والتسلسل والتطبيق المحدد لفص المخ الأيسر الذي يعمل طبقًا لحدود زمنية، وهو أساس حكم الذات الفعال. وشعاري الخاص بالفعالية الشخصية هو: قم *بالإدارة من اليسار والقيادة من اليمين*.

قوة الإرادة المستقلة

بالإضافة إلى الوعي الذاتي والخيال والإدراك فإن *الإرادة المستقلة* هي الموهبة البشرية الرابعة، التي تجعل من إدارة الذات الفعّالة أمرًا ممكنًا. والإرادة المستقلة

هي القدرة على اتخاذ القرارات والخيارات والتصرف وفقًا لها. كما أنها القدرة على اتخاذ إجراء بدلًا من انتظار قيام الآخرين بذلك نيابة عنك، وأن تكون مبادرًا في تنفيذ البرنامج الذي وضعته من خلال المواهب الثلاث الأخرى.

والإرادة البشرية مذهلة للغاية. فعلى مر الزمن انتصرت الإرادة البشرية في مواجهتها مع الصعوبات غير المعقولة. فالأشخاص من أمثال هيلين كيلر ضربوا للعالم أروع الأمثلة على القيمة وقوة الإرادة المستقلة.

ولكن ونحن ندرس هذه الموهبة في سياق الإدارة الفعالة للذات ندرك أن النجاح الدائم عادة لا يتحقق نتيجة للجهد الذاتي الجبار الملحوظ الذي يُبذل مرة واحدة في العمر. فالقوة تتأتى من تعلم كيفية استغلال تلك الموهبة العظيمة لاتخاذ قراراتك اليومية.

وتكاملنا الشخصي هو المقياس الذي يحدد درجة تنميتنا لإرادتنا المستقلة في كل شئون الحياة. والأمانة هي القيمة التي نغرسها في أنفسنا، وهي قدرتنا على التعهد لأنفسنا والحفاظ على العهد و"أن نفعل ما نقول"، والتحلي بالصدق مع النفس؛ وهذا جزء مهم وأساسي في السمات الأخلاقية، وجوهر النمو المبادر.

والإدارة الفعالة هي البدء بالأهم فالمهم. فإذا كانت القيادة هي التي تقرر "الأشياء التي تأتي في المقام الأول"، فإن الإدارة هي التي تضع الأولويات يومًا بيوم ودقيقة بدقيقة. والإدارة هي الانضباط، أي تأدية المهام.

وفي اللغة الإنجليزية، كلمة (Discipline) - بمعنى الانضباط - مشتقة من كلمة (Disciple) - بمعنى التابع؛ أي تابع لفلسفة ما، أو تابع لمجموعة من المبادئ، تابع لمجموعة من القيم، تابع لهدف سامٍ أو شخص يمثل هذا الهدف.

وبعبارة أخرى، إذا كنت مديرًا فعالًا لنفسك، وانضباطك ينبع من داخلك فإن ذلك ناتج عن إرادتك الحرة، فأنت تابع لقيمك العميقة ومصادرها. لذا، أنت تملك الإرادة والأمانة الحرة لتصنع مشاعرك ورغباتك، ومزاجك في مرتبة أدنى من تلك القيم.

وواحدة من أفضل المقالات التي قرأتها هي "العامل المشترك للنجاح" بقلم إي. إم. جراي، الذي أفنى حياته في البحث عن عامل واحد مشترك بين جميع الناجحين. وقد اكتشف أن هذا العامل ليس الكد في العمل أو حسن الحظ أو العلاقات الإنسانية، على الرغم من أهمية كل ما سبق، بيد أن العامل الذي يفوق ما عداه أهمية هو جوهر العادة الثالثة - البدء بالأهم فالمهم.

وقال في ملاحظته: "من عادة الشخص الناجح القيام بالأشياء التي لا يحب الفاشلون القيام بها. وهم بدورهم يبغضون القيام بتلك الأشياء أيضًا؛ ولكن بغضهم لها يوجد في مرتبة التابع الأدنى لأهدافهم".

وتتطلب هذه التبعية هدفًا ورسالة وإحساسًا واضحًا للقيم والتوجه والخاص بالعادة الثانية، و"نعم" قوية صادرة من الداخل تمكنك من قول "لا" للأشياء الأخرى. كما أنها تتطلب أيضًا إرادة مستقلة للقيام بما لا تريد القيام به، وأن تعمل وفقًا لقيمك وليس وفقًا لرغباتك واحتياجاتك المحمومة اللحظية. إنها القوة التي تمكنك من التعامل بصدق مع ابتكارك الأول المبادر.

أجيال أربعة لإدارة الوقت

من خلال العادة الثالثة سنتعامل مع العديد من الأسئلة التي تتناول الحياة وإدارة الوقت. وبصفتي تلميذًا قديمًا في محراب هذا المجال الرائع، فأنا شخصيًّا مقتنع بأن جوهر التفكير المتميز في مجال إدارة الوقت يمكن تلخيصه في عبارة واحدة: رتب *أولوياتك ونفذها*. وتمثل هذه العبارة تطوير ثلاثة أجيال لنظرية إدارة الوقت، وأفضل طريقة للقيام بهذا هي التركيز على مجموعة كبيرة ومتنوعة من الموضوعات والمواد.

وقد تطورت إدارة الذات لتتخذ شكل نموذج مماثل للعديد من الجوانب الأخرى من المشاعر الإنسانية. وتتوالى كبرى الأهداف التنموية أو "الموجات" - كما يسميها ألفين توفلر في تتابع، ويضيف كل واحد منها بعدًا حيويًّا جديدًا. على سبيل المثال، في مجال التنمية الاجتماعية أعقبت الثورة الزراعية الثورة الصناعية وتلتها ثورة المعلومات. وأحدثت كل موجة متعاقبة هزة عنيفة في المجتمع والتطور الشخصي.

وبالمثل، في مجال إدارة الوقت، يبني كل جيل فوق بناء الجيل الذي سبقه - وكل واحد منهم يقودنا إلى المزيد من السيطرة على أنفسنا. ويمكن أن تتميز الموجة الأولى أو الجيل الأول بكتابة الملاحظات ووضع القوائم؛ وهو جهد يبذل من أجل إضفاء معرفة وخصوصية على العديد من المتطلبات المفروضة على وقتنا وطاقتنا.

وقد يتميز الجيل الثاني بالتقويمات وتدوين المواعيد. وتعكس هذه الموجة محاولة للنظر إلى المستقبل، ووضع جدول أعمال للأحداث والأنشطة المستقبلية.

أمـا الموجـة الثالثة فهـي تعكس مجـال إدارة الوقـت الحالي. وهـي تضيف إلى الموجـات السابقـة فكـرة مهمة وهـي ترتيـب الأولويـات، وتوضيح القيـم، ومقارنة الأنشطـة القيمة ذات الصلة، والتي تقوم على أساس علاقتنا بتلك القيم. وبالإضافة إلى ذلك، فهي تركز على وضع الأهداف - وخاصة الأهداف طويلة ومتوسطة وقصيرة الأجـل، والوقت والطاقـة التي ستبذل من أجل تحقيقها وذلك بالتوافق مع القيم. كما تتضمن أيضًا فكرة التخطيط اليومي؛ بمعنى وضع خطة محددة لإنجاز تلك الأهداف والأنشطة عظيمة القيمة.

وفي حين قدم الجيل الثالث إسهامًا كبيرًا، إلا أن الناس بدأوا يدركون أن التنظيم "الفعـال" والتحكـم فـي الوقـت يعطيان نتائـج عكسية فـي الغالب. فيخلـق التركيز علـى الفاعلية توقعات تتعارض مع فرص تنمية علاقات قويـة، والوفاء بالاحتياجات البشرية، والاستمتاع باللحظات السعيدة اليومية.

ونتيجة لهـذا، أصبح الناس مقيدين ببرامـج إدارة الوقت والخطط التي تجعلهم يشعـرون بأنهـم مثقلون بالمواعيد، وأنهم "يتخلصون مـن كل ما هو مفيد"، وعاودوا اتبـاع أساليب الجيـل الأول أو الجيل الثانـي للحفاظ على العلاقـات وتلقائية الحياة وجودتها.

ولكن ظهر جيل رابع مختلف في نوعه. وهذا الجيل يدرك أن "إدارة الوقت" ليست التسميـة الصحيحة - لأن التحدي ليس في إدارة الوقت بل في إدارة أنفسنا. والرضا هـو نتاج التوقع، وكذلك تحقيق الهدف، ويقـع التوقع (والشعور بالرضا) داخل دائرة تأثيرنا.

وبـدلًا مـن التركيز علـى *المهام والوقـت*، يركز الجيـل الرابع علـى الإبقاء على *العلاقات* وتدعيمها وتحقيق *نتائج* - أي باختصار الحفاظ على توازن (إ/ ق إ)

المربع ٢

ويمكـن رؤية مجال التركيـز الأساسي للجيل الرابع لـلإدارة على مصفوفة إدارة الوقت الموجودة بالصفحة التالية. ونحن ننفق وقتنا بأربع طرق أساسية.

وكمـا ترى، فالعامـلان اللذان يحـددان نشاطًا ما هما *العاجـل والمهم*. ويقصد *بالعاجـل* ما يتطلب اهتمامًا فوريًّا أي "الآن". والأشيـاء العاجلة تتحكم فينا؛ فجرس الهاتف على سبيل المثال هو أمر عاجل، ومعظم النـاس لا يتحملون فكرة ترك الهاتف يرن.

ويمكنك إمضاء ساعات في تحضير المواد، ويمكنك ارتداء ملابسك والتوجه إلى مكتب شخص ما لتناقش مسألة محددة، ولكن إذا دق جرس الهاتف وأنت ما زلت هناك فسيكون له الأولوية أكثر من زيارتك الشخصية.

وإن كان عليه الاتصال بشخص ما فإنه على الأرجح لن يقول "سأكون معك خلال ١٥ دقيقة، انتظر معي". ولكن هؤلاء الناس قد يدعونك منتظرًا في المكتب لنفس المدة تقريبًا بينما ينهون محادثة تليفونية مع شخص آخر.

وغالبًا ما تكون الأنشطة العاجلة واضحة ومرئية؛ فهي تلح علينا وتصر على أن نقوم بها. وغالبًا ما تكون مشتركة مع الآخرين. وفي الغالب تكون نصب أعيننا. وغالبًا ما يكون أداؤها مبهجًا وسهلًا ومرحًا. ولكن في أغلب الأحيان تكون غير مهمة!

مصفوفة إدارة الوقت

	عاجل	غير عاجل
مهم	١ الأنشطة: الأزمات المشكلات الملحة مشروعات محدودة بمهلة زمنية	٢ الأنشطة: المنع، أنشطة (ق إ) بناء العلاقات إيجاد فرص جديدة التخطيط، إعادة الابتكار
غير مهم	٣ الأنشطة: المقاطعات، بعض المكالمات الهاتفية، البريد، بعض التقارير، بعض المقابلات، أمور ملحة وشيكة أنشطة عامة	٤ الأنشطة: أمور غير مهمة، الانشغال بالعمل بعض البريد بعض المكالمات الهاتفية مضيعو الوقت الأنشطة المبهجة

ومن ناحية أخرى، *الأهمية* لها علاقة بالنتائج. فإن كان هناك أمر مهم، فهذا يعني أنه يسهم في رسالة حياتك وقيمك، وأنه يأتي على رأس أهدافك.

ونحـن *نتفاعل* مـع الأمور العاجلة، أما الأمور المهمة غيـر العاجلة فتتطلب الأخذ بزمام المبـادرة، وعلينا العمل من أجل نيل الفرص وتحقيق ما نريد. وإذا لم نمارس العـادة الثانيـة وإذا لم تكن لدينا فكرة واضحة حول ما هـو المهم، وعن النتائج التي نرجوها فقد نحيد عن الاستجابة إلى ما هو عاجل.

انظـر لوهلـة إلى المربعـات الأربعة الخاصـة بمصفوفة إدارة الوقـت. المربع ١ يحتـوى على الأمـور المهمة والعاجلة. وهـو يتعامل مع النتائج المهمـة، والتي تتطلب عنايـة فورية. وغالبًا ما نطلق علـى المربع ١ "الأزمـات" أو "المشكلات". وكل واحد منـا لديـه بعض من أنشطة المربع ١ في حياته. بيـد أن المربع ١ يستنزف الكثير من النـاس. ومثل هؤلاء الأشخاص هم مديرو أزمات وذوو عقول تتمحور حول المشكلات ومقيدون بالمواعيد النهائية لتسليم العمل.

وطالمـا أنـك تركز على المربع ١ فإنـه يظل يكبر ويكبر حتـى يسيطر عليك. إنه يشبه الأمواج المتلاطمة عندمـا تتعرض لمشكلة كبيرة تصرعك وترهقك وتطرحك أرضًا. وما أن تصارع مرة ثانية لتقف على قدميك حتى تواجه مشكلة أخرى تصرعك وتطرحك أرضًا.

وبعض الناس تهزمهم المشكلات طوال اليوم وكل يوم. والمتنفس الوحيد لهم هو الهـروب إلى الأنشطة غيـر المهمة وغير العاجلة، وهي أنشطـة المربع ٤. لذا عندما تنظـر إلـى المصفوفة الإجمالية ستجد ٩٠ ٪ من وقتهم ينفق في المربع ١، وأن أغلب العشـرة بالمائـة تنفق في المربع ٤ مع إهمال المربعين ٢ و٣. وهذه هي الطريقة التي يعيش بها النـاس الذين يديرون حياتهم من منطلق الأزمات.

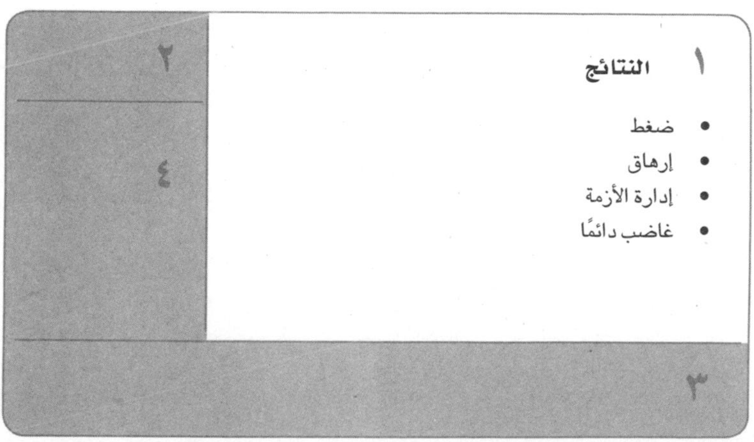

وهنـاك أناس آخرون ينفقـون جانبًا كبيرًا مـن وقتهم في "الأمـور العاجلة غير المهمـة" المربـع ٣، معتقدين أنهم يقفـون في المربع ١. وهم ينفقـون معظم وقتهم فـي الاكتفاء برد الفعل تجاه الأشياء العاجلة مفترضين أنها مهمة أيضًا. ولكن الواقع أن تصنيـف هذه الأمـور على أنها عاجلة يكون قائمًا في الغالب على أولويات وتوقعات الآخرين.

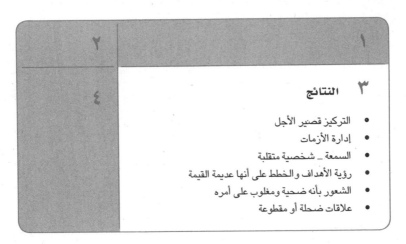

١	٢
٣ **النتائج** • التركيز قصير الأجل • إدارة الأزمات • السمعة ـ شخصية متقلبة • رؤية الأهداف والخطط على أنها عديمة القيمة • الشعور بأنه ضحية ومغلوب على أمره • علاقات ضحلة أو مقطوعة	٤

والنـاس الذين يمضـون وقتهم في التركيز على المربعيـن ٣ و ٤ فحسب غالبًا ما يحيون حياة غير مسئولة.

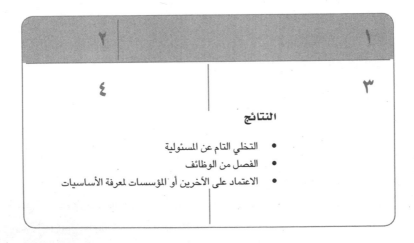

١	٢
٣	٤

النتائج

• التخلي التام عن المسئولية
• الفصل من الوظائف
• الاعتماد على الآخرين أو المؤسسات لمعرفة الأساسيات

أمـا الناس ذوو الفعالية فيبتعدون عن المربعين ٣ و ٤ لأنهما - سواء كانا يضمان أمورًا عاجلة أم لا - غير مهمَين. كما أنهم يقلصون المربع ١ إلى الحجم الذي يسمح لهم بإنفاق المزيد من الوقت في المربع ٢.

والمربـع ٢ هو قلـب الإدارة الشخصية الفعالة. وهو يتعامل مـع الأمور التي تكون غيـر عاجلة ولكنها مهمة. كما أنه يتعامل مع الأشياء مثل بناء العلاقات وكتابة رسالة الحيـاة الشخصية، والخطـط طويلة الأجل والتدريب والصيانـة الوقائية والإعداد - أنـت تعلم أنك في حاجة إلى القيام بكل هـذه الأشياء ولكنك نادرًا ما تقوم بها؛ لأنها غير عاجلة.

١	٢
	النتائج • الرؤية، المنظور • التوازن • الانضباط • التحكم • القليل من الأزمات

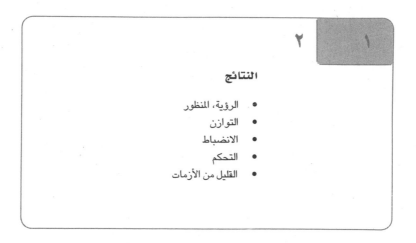

دعونـا نوضـح عبـارة بيتر دراكـر عندما قـال إن النـاس ذوي الفعاليـة لا تعمل عقولهـم على المشكلات، بل تعمل على انتهاز الفرص. إنهم يغذون الفرص ويجوِّعون المشـكلات، ويتسم تفكيرهم بالأسلوب الوقائي. وهم يعانـون أزمات المربع ١ والتي تتطلـب الاهتمام الفوري، ولكنها قليلة العدد. وهم يحافظون على توازن (إ/ ق إ) من خـلال التركيـز على الأنشطة المهمـة ولكن غير عاجلة بناء على الكفـاءة العالية في مربع ٢.

مـع وضـع مصفوفة إدارة الوقت فـي ذهنك، خذ دقيقة لتفكر فـي إجابة الأسئلة التـي طرحناها فـي بداية هذا الفصل. ما المربع الذي يلائم كل واحد منها؟ هل هي مهمة؟ هل هي عاجلة؟

أعتقد أنها تلائم المربع ٢. وهي تبدو واضحة الأهمية غير أنها ليست عاجلة. ولأنها ليست عاجلة فأنت لا تقوم بها.

والآن، ألق نظرة أخرى على طبيعة الأسئلة: ما الشيء الذي تستطيع القيام به في حياتك الشخصية والمهنية، والذي إذا فعلته بانتظام *سيحدث فرقًا إيجابيًا هائلًا في حياتك*؟ أنشطة المربع ٢ هي التي تتسم بهذا التأثير. وتحقق فعاليتنا قفزات متسلسلة عندما نقوم بهذه الأنشطة.

وقد طرحت سؤالًا مماثلًا على مجموعة من مديري التسويق في أحد المراكز التجارية. "إذا كان عليك القيام بأمر واحد في حياتك المهنية تعلم أنه سيؤثر تأثيرًا إيجابيًا هائلًا على النتائج التي ترجوها، فما عساه أن يكون هذا الأمر؟". فأجمعوا على أنه بناء علاقات شخصية مفيدة مع المستأجرين وملاك المحال داخل المركز التجاري، وهو نشاط المربع ٢.

وقد أجرينا تحليلًا للوقت الذي يمضونه في هذا النشاط، فوجدنا أنه أقل من ٥ ٪. وقد كانت لهم أسباب وجيهة - مشكلات تتلوها مشكلات. فقد كان لديهم تقارير يعدونها، واجتماعات يحضرونها، وخطابات يردون عليها، ومكالمات هاتفية، ومقاطعات. إذن مربع ١ يستحوذ عليهم ويستنزفهم.

وهذا يعني أنهم يمضون وقتًا أقل مع مديري المحال، وحتى الوقت الذي يمضونه معهم تسيطر عليه الطاقة السلبية. والسبب الوحيد لزيارتهم مديري المحال هو تعزيز ممارساتهم البعيدة كل البعد عن التوافق مع إرشادات المركز أو ما شابه.

وكان ملاك المحال يكافحون من أجل البقاء، ناهيك عن تحقيق الرخاء. فقد كانوا يعانون مشكلات مع العمالة، ومشكلات مع المصروفات، ومشكلات مع المخزون والكثير من المشكلات الأخرى. ولم يتلق معظمهم أي تدريب على الإدارة. وكان البعض منهم تجارًا ماهرين، ولكنهم كانوا في حاجة إلى المساعدة. ولم يكن المستأجرون يرغبون حتى في رؤية ملاك المركز التجاري؛ وكانت هذه مشكلة أخرى.

لذا، قرر الملاك أن يكونوا أشخاصًا مبادرين، وحددوا هدفهم وقيمهم وأولوياتهم. وفي محاولة للتوافق مع هذه الأولويات، قرروا قضاء ثلث وقتهم في بناء علاقات مع المستأجرين.

ومن خلال عملي مع المؤسسة لمدة عام ونصف رأيت أرباحهم تقفز إلى حوالي ٢٠ ٪، وهو ما يمثل أكثر من أربعة أضعاف الزيادة. وبالإضافة إلى ذلك فقد غيروا

أدوارهم؛ إذ أصبحوا مستمعين ومدربين ومستشارين للمستأجرين. لذا، كانت عملية التبادل مليئة بالطاقة الإيجابية.

وكان التأثير كبيرًا وشاملًا التركيز على العلاقات والنتائج بدلًا من الوقت والطرق، وزادت الأرباح. وسعد المستأجرون بنتائج الأفكار الجيدة والمهارات، وأصبح مديرو المركز أكثر فعالية ورضا، وزادت قائمة المستأجرين المحتملين وعوائد الإيجار بناءً على زيادة المبيعات التي حققتها محال المستأجرين. ولم تعد هناك حاجة إلى وجود رجال الشرطة أو مرور المشرفين؛ فقد أصبحوا يحلون المشكلات ويقدمون المساعدات بأنفسهم.

وسواء كنت طالبًا بالجامعة، أو عاملًا في خط تجميع أو بناء منازل أو مصمم أزياء، أو رئيس شركة أعتقد أنك لو سألت عن مضمون المربع ٢ وصقلت مبادرتك للسعي وراءه فإنك ستحصل على النتائج نفسها. ومن ثم، ستزيد فاعليتك زيادة هائلة. وستتقلص مشكلاتك وأزماتك لتصل إلى الحد الذي يمكن التعامل معه لأنك ستفكر أولًا وتعمل على الجذور وتقوم بالإجراءات الوقائية التي تحافظ على الموقف بدلًا من الوصول إلى منطقة الأزمات في المقام الأول. وفي مجال إدارة الوقت يسمى هذا المبدأ بمبدأ باريتو - تصدر ٨٠ ٪ من النتائج عن ٢٠٪ من الأنشطة.

ما الذي يتطلبه الأمر لتقول "لا"

المكان الوحيد الذي يساعدك على إتاحة الوقت للمربع ٢ منذ البداية يأتي من المربعين ٣ و٤. وفي الوقت نفسه لا يمكنك تجاهل الأنشطة العاجلة المهمة في المربع ١، على الرغم أن هذه المساحة ستتقلص عندما تمضي المزيد من الوقت في الوقاية والإعداد للمربع ٢. ولكن الوقت المبدئي المخصص للمربع ٢ لا بد أن يأتي من المربعين ٣ و٤.

وينبغي عليك أن تكون شخصًا مبادرًا لتعمل على المربع ٢؛ لأن المربعين ١ و ٣ يعملان عليك. فلكي تتمكن من قول "نعم" للأولويات المهمة التي يتضمنها المربع ٢ ينبغي في البداية أن تتعلم كيف تقول "لا" لغيرها من الأنشطة، والتي تبدو في بعض الأحيان أمورًا عاجلة.

منــذ فترة زمنيــة دُعيت زوجتي للعمل رئيس لجنة فــي جمعية لخدمات المجتمع. وكانت لديها بالفعل مجموعة من الأشياء المهمة التي تحاول التركيز عليها، ولم تكن بالفعل ترغب فــي تولي هذا المنصب. ولكنها تعرضت للضغط لقبول هذا العمل؛ لذا فقد وافقت أخيرًا على قبوله.

ثــم اتصلــت هاتفيًّا بإحدى صديقاتهــا لتسألها عما إذا كانــت ستشارك في هذه اللجنــة، وبعد فترة طويلــة أمضتها صديقتها في الاستماع إليهــا قالت لها: "ساندرا، إنــه يبــدو مشروعًا رائعًا، وهــو بالفعل يستحــق المشاركة فيه. وكم أقــدر دعوتك لي للمشاركــة فيه. وإن هــذا لشرف لي. ولكن لعدة أسباب لــن أستطيع المشاركة، ولكن أود أن تعلمي كم أقدر دعوتك إياي".

وقــد كانت ساندرا مستعدة لكل شيء عــدا قول "لا" بطريقة لبقة. لذا فقد لجأت لي وتنهدت قائلة: "كم وددت أن أقولها أنا أيضًا".

إنني لا أقصد أو أوحي إليك بأنه لا يتعين عليك المشاركة في مشروعات الخدمة الاجتماعيــة؛ فمثل هذه الأمور مهمة، ولكن عليــك أن تقرر ما هي أهم أولوياتك، وأن تتحلــى بالشجاعة وتقول "لا" للأشيــاء الأخرى، وأنت مسرور ومبتسم وبدون الحاجة إلــى الاعتذار. والطريقة التي تساعدك على القيام بهذا أن تجعل "نعم" أكبر تتأجج بداخلك لشيء آخر؛ لأن عدو "الأفضل" غالبًا ما يكون "الجيد".

وتذكــر أنك دائمًا تقول "لا" لشيء مــا. إذا لم يكن لأشياء تبدو عاجلة في الحياة فإنهــا تكــون لأشياء أساسية وأكثر أهمية. وحتــى إذا كان العاجل جيدًا فإن الجيد قد يحجــب عنك الأفضل، ويبعــدك عن المساهمة المتميزة - هــذا في حال سماحك له بهذا.

عندمــا كنت مديــرًا للعلاقات العامة فــي إحدى الجامعات الكبــرى، عينت كاتبًا موهوبًا ومبادرًا ومبدعًا. وفي أحد الأيام بعد مرور عدة أشهر من تسلمه عمله عرجت عليــه في مكتبــه، وطلبت منــه العمل على بعض الأمــور العاجلة، والتــي كانت ملحة بالنسبة لي.

فقال لــي: "ستيفن، سوف أفعل أي شيء تطلبه مني. ولكن دعني أخبرك بوضعي الحالي".

ثم اصطحبني إلى اللوح المعلق على الحائط حيث دون أكثر من عشرين مشروعًا يعمل عليها، بالإضافة إلى معايير الأداء والمواعيد النهائية التي سبق الحديث عنها. وكم كان شخصًا منظمًا للغاية، وهو السبب الذي دفعني إلى الذهاب إليه في المقام الأول. "إذا أردت إنجاز أمر ما فعليك التوجه إلى شخص مشغول".

ثم قال لي: "ستيفن، إن القيام بالعمل الذي تريده الآن سيستغرق مني عدة أيام. فأي من هذه المشروعات تود مني تأجيلها أو إلغاءها لأستوفي مطلبك؟".

حسنًا، لم أرغب في تحمل مسئولية أمر مثل هذا، ولم أشأ تعطيل مسيرة واحد من أكثر العاملين إنتاجية؛ لأنني وددت التعامل بمفهوم الإدارة وفقًا للأزمة الحالية. إن الأعمال التي أود إنجازها عاجلة لكنها ليست مهمة. لذا، بحثت عن مدير أزمات آخر لينجز العمل.

إننا نقول "نعم" و "لا" لمختلف الأشياء يوميًّا وعادة عدة مرات باليوم. لذا، فإن التركيز على المبادئ القويمة والتركيز على رسالة الحياة الشخصية يساعداننا على الحكم على الأمور بحكمة وفعالية.

ومن خلال عملي مع العديد من الجماعات المختلفة أقول لهم إن جوهر الوقت الفعّال وإدارة الحياة هو الترتيب والتنفيذ في إطار أولويات متوازنة. ثم أطرح عليهم هذا السؤال: إذا كنت مخطئًا في واحدة من تلك الجوانب الثلاثة فأي منها ستختار: (١) انعدام القدرة على تحديد *الأولويات* (٢) القدرة أو الرغبة في *الترتيب* في إطار الأولويات (٣) الافتقار إلى *الانضباط* في التنفيذ في إطار الأولويات، من أجل الحفاظ على أولوياتك أو أولويات مؤسستك؟

ويقول معظم الناس إن خطأهم الأساسي هو الافتقار إلى الانضباط. ومع التفكير العميق أعتقد أن هذا غير صحيح؛ فالمشكلة الأساسية هي أن أولوياتهم لم تغرس بعمق في قلوبهم وعقولهم، أي أنهم لم يعمقوا وجود العادة ٢ داخل أنفسهم.

ويوجد العديد من الناس الذين يدركون قيمة أنشطة المربع ٢ في حياتهم سواء صنفوها على أنها مهمة أو لا. وهم يحاولون إعطاء الأولوية لتلك الأنشطة ويجعلونها جزءًا من حياتهم من خلال الانضباط الذاتي فحسب. ولكن بدون التمحور حول المبادئ وبدون رسالة حياة لن يكون لديهم الأساس الضروري للحفاظ على جهودهم. فهم في هذا الحين سوف يعملون على الأوراق؛ أي على التوجهات والسلوك

الانضباطي دون حتى التفكير في تفحص الجذور؛ أي المنظورات الفكرية الأساسية التي من خلالها تتدفق توجهاتهم وسلوكياتهم الطبيعية.

ويركز المربع ٢ على المنظور الفكري الذي ينمو من التمحور حول المبادئ. فإذا كنت تتمحور حول الزوج أو المال أو الأصدقاء أو السعادة أو أي عامل خارجي فهذا يعني أنك ستستمر في الارتداد إلى المربعين ١ و ٣، وتكتفي برد الفعل تجاه القوة الخارجية التي تتمحور حياتك حولها. وحتى لو كنت تتمحور حول نفسك، ستنتهي بك الحال بالمربعين ١ و ٣، أي سوف تكتفي برد الفعل على الأحداث اللحظية. ولا يمكن لإرادتك المستقلة وحدها أن تحقق لك الانضباط.

وكما يقول المعماريون: *شكل البناية يتبع الغرض منها*. وبالمثل فإن الإدارة تتبع القيادة. والأسلوب الذي تنفق به وقتك هو نتيجة للطريقة التي تنظر بها إلى وقتك، والطريقة التي تنظر بها إلى أولوياتك بالفعل. فإذا كانت أولوياتك تنبع من التمحور حول مركز المبادئ ورسالة الحياة الشخصية، وإذا كانت مغروسة داخل قلبك وعقلك فسترى في المربع ٢ مكانًا طبيعيًّا لاستثمار وقتك.

ومن المستحيل أن تقول "لا" للأشياء المحببة في المربع ٣ أو إلى متعة الهروب في المربع ٤ ما لم يكن بداخلك "نعم" أكبر متأججة. فقط حينما تتمتع بالإدراك الذاتي لتفحص برنامجك - والخيال والوعي لابتكار برنامج جديد ومتفرد وقائم على المبادئ، والذي يمكنك أن تقول "نعم" له - في ذلك الحين فقط ستتمتع بقوة إرادة مستقلة لتقول "لا" لكل ما هو غير مهم في حين ترسم ابتسامة حقيقية على وجهك.

الانتقال إلى داخل المربع ٢

إذا كانت أنشطة المربع ٢ هي قلب الإدارة الشخصية الفعالة - "الأشياء المهمة" التي يجب أن نضعها في المرتبة الأولى - فكيف ننظم وننفذ الأشياء من منطلق هذه الأنشطة؟

إن الجيل الأول لإدارة الوقت لا يدرك حتى فكرة الأولويات من الأساس، فقد اكتفى بوضع الملاحظات وقوائم مهام والتي نقوم بشطب بنود، منها مما يولد لدينا إحساسًا مؤقتًا بأننا حققنا إنجازًا كلما نظرنا في القائمة ووجدنا أحد بنودها مشطوبًا، ولكنها قائمة تخلو من أولويات محددة. وبالإضافة إلى هذا لا توجد علاقة بين ما هو موجود بالقائمة وبين قيمنا المطلقة وأهدافنا في الحياة. وببساطة نحن نستجيب لكل ما يخترق إدراكنا وينبغي إنجازه.

ويستخدم العديد من الناس المنظور الفكري للجيل الأول كأسلوب لإدارتهم. وهو أسلـوب يعتمد على أقل قدر من المقاومة. فلا وجود للألم أو القيود، وكم هو ممتع أن "تذهب مع التيار". والضوابط الخارجية المفروضة والجداول تعطي للناس إحساسًا بعدم تحملهم مسئولية النتائج.

ولكـن إذا أردنـا تعريف المديرين الذيـن ينتمون إلى الجيـل الأول فسنقول إنهم أناسٌ لا يتمتعـون بالفعالية. فإنتاجيتهـم ضعيفة وأسلوب حياتهـم لا يساعدهم على بنـاء قدراتهم الإنتاجية. فنتيجة لتقاذف القوى الخارجيـة لهم غالبًا ما ينظر إليهم الآخرون بوصفهم أشخاصًا لا يعتمـد عليهم ولا يتحملون المسئولية، وبالكاد يتمتعون بالقدرة على التحكم في النفس وتقدير الذات.

أمـا المديـرون الذين ينتمـون إلى الجيـل الثاني فهـم يتمتعون بقـدر ضئيل من التحكـم؛ فهم يخططون ويضعون جداول مسبقـة، وعمومًا هم أكثر تحملًا للمسئولية لأنهم "يظهرون" في الوقت الذي يفترض بهم الظهور فيه.

ولكن مرة أخرى الأنشطة التي يحددونها لا تخضع للأولويات أو الارتباط الملحوظ مع القيم والأهداف العميقة وهم يحققون بعض الإنجازات المهمة وينزعون إلى وضع الجداول.

والمديـرون الذيـن ينتمـون إلـى الجيـل الثالـث يخطون خطـوات متميـزة إلى الأمام. وهم يحددون أهدافهم وقيمهم، ويضعون خطة يومية ويحددون الأنشطة التي لها الأولوية.

وكمـا قلـت، هذا هو المكان الذي لا يتمركز فيه معظم مجـال إدارة الوقت اليوم. ولكـن للجيل الثالث بعض أوجه القصـور الخطيرة. فأولًا، هم يعانـون قصر الرؤية، بمعنـى أن التخطيـط اليومي غالبًا ما يفوت أشياء مهمـة لا ترى إلا من خلال منظور أشمـل. كما أن لغتهم المستخدمة، وهي "التخطيط اليومي"، تركز على ما هو عاجل فحسب - "الوقت الحالي". وبينما يوفر تحديد الأولويات الخاص بالجيل الثالث ترتيبًا للأنشطـة، فإنهم لا يتأكدون من الأهمية القصـوى للأنشطة في المقام الأول - فهم لا يضعون الأنشطة في سيـاق المبادئ ورسالة الحياة الشخصية والأدوار والأهداف. وهـذا يعني أن قيم الجيل الثالث القائمة على أساس التخطيط اليومي تضع مشكلات وأزمات المربع ١ والمربع ٣ على رأس الأولويات.

وبالإضافـة إلى ذلـك، تتسم نصوص الجيل الثالـث المتعلقة بـالأدوار الإدارية بانعدام التوازن، كما أنها تفتقر إلى الواقعية، وتخلق نزعة إلى اتخام الجدول اليومي،

والنتيجة تكون الإحباط والرغبة في التخلي عن الخطة والهروب إلى المربع ٤. كما أن التركيز على إدارة الوقت والفاعلية يؤدي إلى تقييد العلاقات بدلًا من بنائها.

وفي حين تدرك الأجيال الثلاثة قيمة أدوات الإدارة فإن أيًّا منها لم يقدم أداة تمكن الشخص من أن يحيا وفقًا لأسلوب حياة محور المبادئ، أي المربع ٢. فالجيل الأول بملحوظاته وقوائمه لم يقدم لنا أكثر من مجرد طريقة نتعرف من خلالها على الأشياء التي تتسرب إلى إدراكنا، ومن ثم لا ننساها. والجيل الثاني قدم لنا جداول المواعيد والنتائج، أي مجرد مكان نسجل فيه مواعيدنا المستقبلية، ومن ثم نتواجد في المكان والموعد المتفق عليهما.

وحتى الجيل الثالث مع كل هذا الكم من المخططين والمواد والتركيز فإنه يركز على مساعدة الناس على ترتيب أولويات أنشطة المربعين ١ و ٣ والتخطيط لها. وعلى الرغم من أن العديد من المدربين والاستشاريين يدركون قيمة أنشطة المربع ٢، فإن أدوات التخطيط الحقيقية للجيل الثالث لا تيسر عملية تنظيمها وتنفيذها.

ولأن كل جيل يبنى على أسس الجيل السابق، فإن القوى وبعضًا من الأدوات التي تستخدمها الأجيال الثلاثة السابقة تقدم مادة للجيل الرابع. ولكن هناك حاجة إضافية إلى وجود بُعد جديد وتصور ذهني جديد يمكننا من التحرك داخل المربع ٢، لنصبح متمحورين حول المبادئ ونتحكم في أنفسنا لنقوم بما هو مهم بالفعل.

أداة المربع ٢

إن الهدف من إدارة المربع ٢ هو إدارة حياتنا إدارة فعّالة - من محور ينبثق عن مبادئ قويمة، ومن منطلق معرفة برسالة حياتنا الشخصية مع التركيز على المهم والعاجل كذلك، وفي إطار الحفاظ على التوازن بين زيادة إنتاجنا ورفع قدرتنا على الإنتاج.

ومما لا شك فيه أن هذا هو أحد الأهداف الطموحة للأشخاص العالقين في صغائر الأمور التي يتضمنها المربعان ٣ و٤. ولكن الاجتهاد من أجل تحقيق هذا سيخلق تأثيرًا رائعًا على الفعالية الشخصية.

وتنظيم المربع ٢ يحتاج للإيفاء بستة معايير مهمة:

الترابط. ويقصد به وجود تناغم ووحدة وتكامل بين رؤيتك ورسالتك وأدوارك وأهدافك وأولوياتك وخططك ورغباتك وانضباطك. وينبغي أن تتضمن خططك

مساحة لرسالة حياتك الشخصية حتى يتسنى لك الرجوع إليها. كما ينبغي تخصيص مساحة من أجل أدوارك والأهداف قصيرة وطويلة الأجل.

التوازن. ينبغي أن تساعدك أداتك على الحفاظ على التوازن في حياتك والتعرف على أدوارك المختلفة، وإبقائها نصب عينيك طيلة الوقت، حتى لا تهمل الجوانب المهمة مثل صحتك وعائلتك والإعدادات المهنية والتنمية الذاتية.

ويبدو أن العديد من الناس يظنون أن النجاح في أحد الجوانب يعوض الفشل في الجوانب الأخرى. ولكن هل يمكن أن يكون هذا صحيحًا؟ ربما يكون صحيحًا خلال وقت محدد في جوانب محددة. ولكن هل يمكن لنجاحك في عملك تعويض زواجك الفاشل أو صحتك المتدهورة أو ضعف شخصيتك؟ إن الفعالية الحقيقية تتطلب توازنًا وأداتك تساعدك على خلق هذا التوازن والحفاظ عليه.

نقاط التركيز في المربع ٢. أنت في حاجة إلى الأداة التي تشجعك وتحفزك، وتساعدك بالفعل على قضاء الوقت الذي تحتاج إليه في المربع ٢، ومن ثم تتمكن من التعامل مع الإجراءات الوقائية بدلًا من إعطاء الأزمات الأولوية. وفي رأيي، أفضل طريقة للقيام بهذا هي أن تنظم حياتك على *أساس أسبوعي*. وفي الوقت نفسه يمكنك وضع أولوياتك اليومية، ولكن الأساس بالنسبة لك هو التنظيم الأسبوعي.

ويوفر لك التنظيم الأسبوعي المزيد من التوازن والاتساق أكثر من التخطيط اليومي. ويبدو أن هناك مفهومًا ثقافيًا ضمنيًا للأسبوع على أنه وحدة زمنية متكاملة. فالعمل والتعليم وغيرهما الكثير من الأنشطة المجتمعية الأخرى تتحرك في إطار الأسبوع وتحدد أيامًا بعينها للاستثمار المركز وأخرى للاسترخاء أو الإلهام. وكل ديانة تجعل يومًا في الأسبوع يكون مخصصًا من أجل التعبد والروحانيات.

ويفكر معظم الناس في الوقت على أساس الأسابيع. لكن معظم أدوات التخطيط المستخدمة في الجيل الثالث تركز على التخطيط اليومي. وفي الوقت الذي قد تساعدك الخطط اليومية على تحديد أنشطتك التي لها الأولوية إلا أنها في الأساس تساعدك على ترتيب أزماتك والعمل. *والأساس هو ألا ترتب ما في جدولك على حسب الأولوية ولكن أن تضع جدولًا لترتيب أولوياتك*. وأفضل طريقة لتحقيق هذا هي التخطيط الأسبوعي.

البُعد الخاص بـ " الناس ". أنت أيضًا في حاجة إلى أداة تتعامل مع الناس وليس الجداول فحسب. ففي حين أنك قد تفكر على أساس *الفعالية* عند التعامل مع الوقت، فإن الشخص الذي يتمحور حول المبادئ يفكر على أساس *الفعالية* في التعامل مع الناس. فقد تأتي أوقات يتعين فيها على أولئك الذين تتمحور حياتهم حول مبادئ المربع ٢ أن يضعوا جداول تنظيم أوقاتهم في مرتبة أدنى من الناس، ولا بد لأداتك أن تعكس هذه القيمة وتيسير التنفيذ بدلًا من خلق شعور بالذنب عند خرق الجدول.

المرونة. لا بد أن تكون أداة التخطيط التي تستخدمها عبدًا لك لا سيدًا. فطالما أنها تعمل من أجلك ولصالحك فلا بد أن تكون منسوجة طبقًا لأسلوب حياتك واحتياجاتك وأساليبك العملية.

إمكانية حمل الأداة. لا بد أن تكون أداتك قابلة للحمل، ومن ثم يتسنى لك أخذها معك في معظم الأحيان. فربما تحتاج إلى مراجعة رسالة حياتك الشخصية وأنت في الحافلة. وربما تحتاج إلى قياس قيمة فرصة جديدة متاحة في مقابل شيء خططت له بالفعل. فإذا كانت مفكرتك محمولة فستحتفظ بها معك، وبالتالي يمكنك مراجعة بياناتك المهمة دائمًا.

وطالما أن المربع ٢ هو قلب إدارة الذات الفعالة فأنت في حاجة إلى أداة تنقلك إلى داخل المربع ٢. وعملي في إطار فكرة الجيل الرابع أدت إلى ابتكار أداة صممت خصيصًا طبقًا للمعايير سالفة الذكر. ولكن يمكن استخدام العديد من أدوات الجيل الثالث طالما أنها صحيحة، ويمكن أن تختلف الممارسات والتطبيقات المحددة من شخص إلى آخر.

كيف تصبح مديرًا لنفسك في المربع ٢؟

رغم أنني أركز هنا على تعليم مبادئ - لا ممارسات - الفعالية إلا أنني أعتقد أنك أيها القارئ ستفهم المبادئ والطبيعة المعززة للقوة للجيل الرابع فهمًا جيدًا إذا جربت التنظيم الأسبوعي على أساس التمحور حول المبادئ في المربع ٢.

ويتضمن تنظيم المربع ٢ أربعة أنشطة أساسية.

تعريف الأدوار. المهمة الأولى هي كتابة أدوارك الأساسية. وإذا لم تفكر بجدية في الأدوار الموجودة في حياتك فستكتب ما يطرأ على ذهنك فورًا. وأنت كفرد لك دور، لكن قد ترغب في كتابة أكثر من دور مثل دورك كفرد من أفراد الأسرة - زوج أو زوجة أو أم أو أب، أو ابن أو ابنة - أو فرد في عائلة كبيرة مكونة من أجداد وأعمام وعمات وأبناء عمومة. وربما تدون أدوارًا أقل في مجال عملك مؤكدًا الجوانب الأخرى التي تود استثمار وقتك وطاقتك فيها بانتظام. وربما تكون لك أدوار في دار العبادة أو المجتمع.

ولا داعي للقلق بشأن تحديد أدوارك بالطريقة التي ستحيا بها ما تبقى من حياتك - فكر فقط في أسبوع واحد، واكتب كل الجوانب التي تمضي فيها وقتك خلال السبعة أيام القادمة.

وإليك مثالين لأساليب مختلفة يرى الناس أدوارهم من خلالها:

١. الفرد
٢. الزوج أو الزوجة/أحد الوالدين
٣. مدير منتجات جديدة
٤. مدير أبحاث
٥. مدير تطوير العاملين
٦. مدير إدارة
٧. رئيس مجلس إدارة شركة نقل

١. تطوير الذات
٢. الزوج أو الزوجة
٣. أحد الوالدين
٤. العمل في بيع العقارات
٥. خدمات المجتمع
٦. عضو في فرقة سيمفونية

اختيار الأهداف. الخطوة التالية هي التفكير في نتيجة واحدة أو نتيجتين لهما أهمية، وتشعر بضرورة تحقيقهما في كل دور خلال السبعة أيام التالية. وستسجل هذه النتائج بوصفها أهدافًا (انظر الصفحة التالية).

وينبغي أن تعكس بعضًا من هذه الأهداف على الأقل أنشطة المربع ٢. والأمثل أن تكون لهذه الأهداف الأسبوعية علاقة بالأهداف طويلة الأجل التي حددتها، وعلاقة برسالة حياتك الشخصية. ولكن حتى إذا لم تكن قد كتبت رسالة حياتك الشخصية فيمكنك أن تشعر بما هو مهم وأنت تحدد كل دور من أدوارك وهدفًا أو اثنين لكل دور.

التطوير الشخصي الفردي

- مسودة مبدئية لرسالة الحياة
- التسجيل في دورة
- زيارة فرانك في المستشفى

الزوج / أحد الوالدين

- تأكيد حجز تذاكر الحفلة السيمفونية
- مشروع تيم العلمي
- دراجة سارة

مدير ـ منتجات جديدة

- اختبار مقاييس السوق
- مقابلة المرشحين المساعدين
- دراسة استطلاع العملاء

مدير ـ أبحاث

- دراسة نتيجة الاختبار الأخير
- حل المشكلات العالقة
- عمل شبكة مع كين وبيتر

مدير تطوير فريق العمل

- مراجعة المسئوليات مع جيني
- زيارة مع سامويلز

مدير إدارة

- نهاية تقارير الشهر
- تقرير مراجعة الرواتب

رئيس مجلس إدارة شركة نقل

- إعداد جدول العمل
- إعداد زيارة مع كونكلين
- بدء خطة العام التالي

وضع جدول. والآن، باستطاعتك التعامل مع الأسبوع التالي وفي ذهنك الأهداف والجدول الزمنى لتحقيقها. على سبيل المثال، إذا كان هدفك هو وضع مسودة أولية لرسالة حياتك، فربما ترغب في تخصيص ساعتين يوم السبت للعمل عليها. وغالبًا ما يكون يوم الأحد (أو أي يوم آخر خاص بك أو بممارستك لشعائرك أو متناسب مع ظروفك) هو اليوم المناسب لتخطيط لأنشطتك الشخصية، بما في ذلك التخطيط الأسبوعي. كما أنه وقت جيد للنظر إلى الوراء والبحث عن الإلهام والنظر إلى حياتك في إطار المبادئ والقيم.

وإذا حددت هدفًا مثل ممارسة الرياضة من أجل تحقيق اللياقة البدنية، فربما تحتاج إلى تخصيص ساعة واحدة لمدة ثلاثة أو أربعة أيام في الأسبوع أو ربما كل يوم من أيام الأسبوع من أجل تحقيق هذا الهدف. وهناك بعض الأهداف التي لن تستطيع إنجازها إلا في أثناء ساعات العمل أو لن تنجزها إلا أيام الإجازة عندما يكون الأطفال بالمنزل. هل بدأت التعرف على مزايا التنظيم الأسبوعي بدلًا من اليومي؟

وبعد أن حددت الأدوار ووضعت الأهداف، يمكنك تخصيص يوم محدد لكل هدف؛ سواء كان هذا الهدف ذا أولوية أو مرتبط بموعد محدد. يمكنك أن تراجع جدولك السنوي أو الأسبوعي لترى أي مواعيد كنت قد حددتها من قبل وتقييم مدى أهميتها في سياق أهدافك، لتنقل ما قررت الاحتفاظ به في جدولك ولتضع خططًا بشأن إعادة جدولة المهام الأخرى أو إلغائها.

وفي أثناء دراستك جدول الأسبوع التالي، لاحظ كم هدفًا من الأهداف التسعة عشر الأكثر أهمية. الموجودة في المربع ٢ . تم وضعها في جدول أو خطة عمل محددة. بالإضافة إلى ذلك، لاحظ المربع المعنون بـ "اشحذ المنشار®" الذي يوفر حيزًا لتخطيط أنشطة المربع ٢ الخاصة بالأبعاد الإنسانية التي سنوضحها في العادة السابعة.

وحتى إذا نحينا عنصر الوقت جانبًا لإنجاز الأهداف التسعة عشر المهمة خلال الأسبوع، ألق نظرة على المساحة المتبقية في الجدول ولم يخطط لها! بالإضافة إلى قدرة المربع ٢ التنظيمية الأسبوعية على مساعدتك في ترتيب الأهم ثم المهم، فإنها تمنحك كذلك الحرية والمرونة في التعامل مع الأحداث غير المتوقعة، وتغيير المواعيد إذا استدعى الأمر، والاستمتاع بالعلاقات والتواصل مع الآخرين، والاستمتاع بالمزيد من التجارب التلقائية - كل هذا لأنك تعرف أنك نظمت أسبوعك تنظيمًا مبادرًا من أجل إنجاز الأهداف التي حددتها في كل جانب من جوانب حياتك.

الجدول الأسبوعي

الأدوار	الأهداف
التطوير الشخصي الفردي	• مسودة مبدئية لرسالة الحياة (١) • التسجيل في دورة (٢) • زيارة فرانك في المستشفى (٣)
شريك الحياة / أحد الوالدين	• التأكيد على حجز تذاكر الحفلة السيمفونية (٤) • مشروع تيم العلمي (٥) • دراجة سارة (٦)
مدير - منتجات جديدة	• اختبار مقاييس السوق (٧) • مقابلة المرشحين المساعدين (٨) • دراسة استطلاع العملاء (٩)
مدير - أبحاث	• دراسة نتيجة الاختبار الأخير (١٠) • حل المشكلات العالقة (١١) • عمل شبكة مع كين وبيتر (١٢)
مدير تطوير فريق العمل	• مراجعة المسئوليات مع جيني (١٣) • زيارة مع ساموبلز (١٤)
مدير إدارة	• نهاية تقارير الشهر (١٥) • تقرير مراجعة الرواتب (١٦)
رئيس مجلس إدارة شركة نقل	• إعداد جدول العمل (١٧) • إعداد زيارة مع كونكلين (١٨) • بدء خطة العام التالي (١٩)

اشحذ المنشار®

ماديًا ____________

عقليًا ____________

روحانيًا ____________

اجتماعيًا / عاطفيًا ____________

الأسبوع	السبت	الأحد
أولويات الأسبوع	أولويات اليوم	
		(١٦) تقرير مراجعة الرواتب

المواعيد / الالتزامات

	السبت	الأحد
٨	(١) الوقت الشخصي	
٩	مسودة رسالة	
١٠	الحياة	
١١		(٨) مقابلة المرشحين
١٢		المساعدين
١		
٢		
٣		
٤		(٣) فرانك ـ المستشفى
٥		
٦		
٧		(٦) دراجة سارة
٨		
المساء		

الإثنين	الثلاثاء	الأربعاء	الخميس	الجمعة
أولويات اليوم				
(٢) تسجيل في دورة	(١٢) كين		(١٤) زيارة ساموليز	
	بيتر			

الساعة	الإثنين	الثلاثاء	الأربعاء	الخميس	الجمعة
المواعيد / الالتزامات					
٨					(٤) إدارة المنزل صف
٩		(٧) اختبار مقاييس	(١١) مشكلات ذات	(١٠) نتائج الاختبار	كارلا
١٠		السوق	علاقة بالأقارب	الدراسي	
١١					
١٢				(١٨) كونكلين	
١	(٩) دراسة آراء				
٢	المستهلكين				
٣			(١٣) الأداء	(١٥) تقرير نهاية	
٤			مراجعة جيني	الشهر	
٥					
٦	(٥) مشروع تيم		(١٧) شركة النقل		
٧			جدول المواعيد		
٨			(١٩) خطة العام التالي		
المساء					الساعة السابعة، مسرح براون

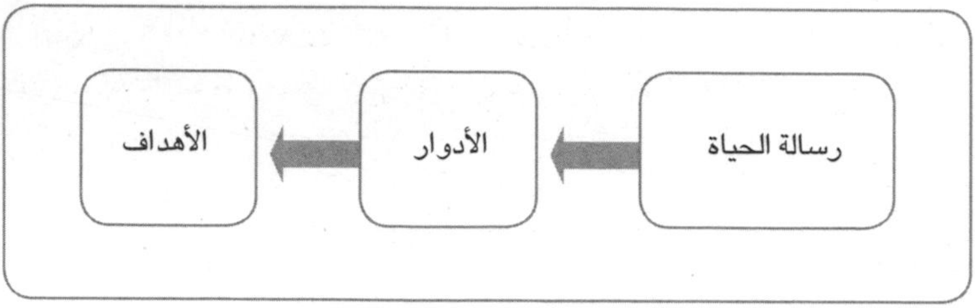

التنظيم طويل المدى

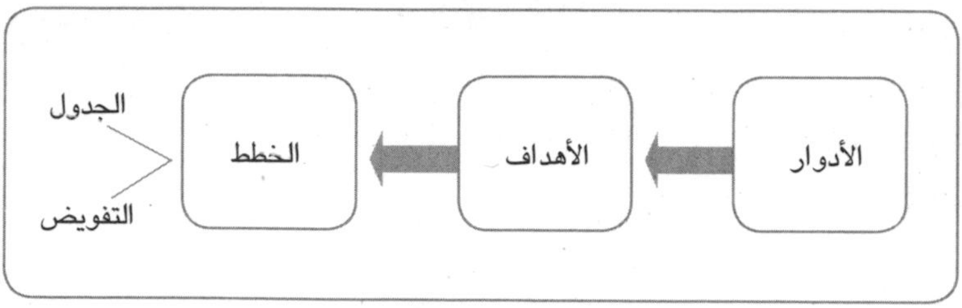

التنظيم الأسبوعي

التكيف اليومي. بدون إجراء تنظيم أسبوعي للمربع ٢ يتحول التخطيط اليومي إلى تكيف يومي - إلى مجرد تحديد للأنشطة التي لها الأولوية والاستجابة إلى الأحداث والعلاقات والتجارب التي لا يمكن التنبؤ بها.

والدقائق القليلة التي تمضيها كل صباح في مراجعة جدولك من شأنها أن تساعدك على التواصل مع القرارات التي اتخذتها على أساس القيم بعد أن نظمت أسبوعك، وكذلك العوامل غير المتوقعة التي قد تطرأ. وبينما تجري فحصًا عامًّا ليومك يمكنك أن ترى أن أدوارك وأهدافك تقدم لك ترتيبًا طبيعيًّا لأولوياتك، والذي ينمو من حسك الداخلي بالتوازن. وعملية ترتيب الأولويات هذه عملية سهلة تحدث في نصف الدماغ الأيمن، وتنبع من إحساسك برسالة حياتك الشخصية.

وربما تجد أن ترتيب الأولويات طبقًا لمنهج الجيل الثالث أ، ب، ج، أو ١، ٢، ٣ يوفر الترتيب المرغوب لأنشطتك اليومية. وربما يكون تقسيم الأنشطة إلى مهمة أو غير مهمة تقسيمًا زائفًا؛ لأنها مرتبة بتسلسل بحيث تكون بعض الأنشطة أكثر أهمية من غيرها. وفي سياق التنظيم الأسبوعي يوفر لك ترتيب الأدوار وفقًا لمنهج الجيل الثالث ترتيبًا للتركيز اليومي.

ولكن تعد محاولة ترتيب الأنشطة وفقًا للأولويات - قبل أن تعرف حتى كيف ترتبط برسالة حياتك الشخصية وكيف تتوافق مع عملية تحقيق التوازن في حياتك - محاولة غير فعالة. فربما تضع أولويات وتنجز أشياء لا ترغب في إنجازها أو لا تحتاج إليها بالمرة.

هل تستطيع رؤية الفرق بين تنظيم أسبوعك بصفتك مديرًا يتمحور حول مركز المبادئ والمربع ٢، وتخطيط أيامك كفرد يتمحور حول شيء آخر؟ هل بدأت تشعر بالفرق الهائل الذي يحدثه التركيز على المربع ٢ على مستوى فعاليتك الحالي؟

وبعد أن جربت قوة المربع ٢ والقائم على التمحور حول المبادئ في حياتي الخاصة، وبعد أن رأيت التحول الذي أحدثته في حياة المئات من الناس، فأنا مقتنع بأن هذا المربع بإمكانه إحداث فرق إيجابي هائل. وكلما كانت الأهداف الأسبوعية الكاملة مرتبطة بإطار أوسع من المبادئ القويمة، ومرتبطة برسالة الحياة الشخصية كانت الفعالية أكبر.

معايشة العادة الثالثة

والآن، نعود إلى الاستعارة المأخوذة من الكمبيوتر: إذا كانت العادة الأولى تقول "أنت المبرمج"، وإذا كانت العادة الثانية تقول "اكتب البرنامج" فإن العادة الثالثة تقول "قم بتشغيل البرنامج"، "عش البرنامج"، ومعايشته هي النتيجة الأساسية لإرادتنا المستقلة وانضباطنا وتكاملنا والتزامنا - ليس فيما يتعلق بالأهداف والجداول قصيرة المدى أو الرغبات اللحظية، ولكن بالمبادئ القويمة وقيمنا العميقة والتي تعطي معنى ومفهومًا لأهدافنا وجداولنا وحياتنا.

وبينما يمر بك الأسبوع، بدون شك ستوجد لحظات تكون فيها أمانتك على المحك. فنزعة الاستجابة إلى أولويات الآخرين العاجلة وغير المهمة - والتي يتضمنها المربع ٣ أو متعة الهروب في المربع ٤ - من شأنها التهديد بالطغيان على أنشطة المربع ٢ المهمة التي خططت لها. ومحور مبادئك والوعي الذاتي والإدراك جميعها توفر لك درجة عالية من درجات الأمن والإرشاد والحكمة لكي تتمكن من استخدام إرادتك المستقلة والحفاظ على تكاملك مع ما يهم بالفعل.

ولأنك لست عالمًا ببواطن الأمور فإنك لا تستطيع دائمًا أن تعرف مقدمًا ما هو المهم بالفعل. فبينما تنظم أسبوعك بدقة ستأتي عليك أوقات تدرك فيها، باعتبارك

شخصًا يعيش وفقًا للمبادئ - أنك في حاجة إلى إخضاع جدولك إلى قيم عليا. ولأنك شخص تعيش وفقًا لمبادئ قوية، يمكنك القيام بهذا من منطلق إحساسك الداخلي بالسلام.

في مرحلة ما من حياته كان أحد أبنائي منهمكًا للغاية في وضع الجداول وتحقيق الفعالية. وذات يوم كان جدوله متخمًا وكانت الأنشطة تشغل كل دقيقة فيه، وكان من بينها شراء بعض الكتب وغسل سيارته وتوصيل زميلته كارول وأشياء أخرى كثيرة.

وسارت الأمور وفقًا للجدول حتى جاءت المهمة الخاصة بـ كارول. فقد كانا يتقابلان منذ مدة طويلة، وفي النهاية قرر أن علاقتهما لن تنجح. لذا، وتماشيًا مع نموذج فعاليته قرر أن يخصص لها في جدوله مكالمة هاتفية يومية مدتها من عشر إلى خمس عشرة دقيقة ليخبرها بذلك.

ولكن نزل عليها الخبر كالصاعقة. وبعد ساعة ونصف الساعة كان لا يزال منهمكًا في محادثة مكثفة معها. وحتى في ذلك الحين لم تكن زيارة واحدة تكفي، وكان الموقف تجربة محبطة لكليهما.

ومرة أخرى لا يمكنك التفكير *بكفاءة* مع الآخرين. فأنت تفكر *بفاعلية* مع *الناس* بينما تفكر *بكفاءة* مع *الأشياء*. ولقد جربت أن أكون "كفئًا" مع الشخص الذي لا يتفق معي أو غير اللطيف ولم ينجح الأمر. وقد جربت تخصيص عشر دقائق من "الوقت عالي الجودة للأطفال أو لأحد الموظفين لحل مشكلة ما؛ ولكنني اكتشفت أن تلك "الكفاءة" تخلق مشكلات جديدة نادرًا ما تحل المشكلات العميقة.

ولقد شاهدت العديد من الآباء - وخاصة الأمهات اللاتي لديهن أطفال صغار - يصابون بالإحباط لأنهم يرغبون في إنجاز الكثير، ولكن كل ما يفعلونه هو تلبية احتياجات أطفالهم الصغار طيلة اليوم. وتذكر أن الإحباط هو نتيجة لتوقعاتنا، التي تكون دائمًا انعكاسًا للمرآة الاجتماعية وليس لقيمنا وأولوياتنا.

ولكن إذا كانت العادة ٢ متأصلة بداخل قلبك وعقلك، فأنت تمتلك بداخلك تلك القيم العليا وهي التي تقودك. ويمكنك إخضاع جدولك لتلك القيم عن طريق التكامل. ويمكنك أن تتكيف وأن تكون مرنًا. ويمكنك ألا تشعر بالذنب عندما لا تستوفي احتياجات جدولك أو عندما تضطر إلى تغييره.

تطورات الجيل الرابع

أحد الأسباب التي دفعت الناس إلى مقاومة استخدام أدوات إدارة الوقت الخاصة بالجيل الثالث هو افتقارها للتلقائية، وأنها تصبح جامدة وغير مرنة. كما أنها تضع الناس في مرتبة أدنى من الجداول؛ لأن المنظور الفكري الخاص بالكفاءة لإدارة الجيل الثالث لا يتوافق مع مبدأ أن *الناس أكثر أهمية من الأشياء*.

أما أداة الجيل الرابع فهي تدرك هذا المبدأ. كما أنها تدرك أيضًا أن الشخص الأول الذي تحتاج إلى التفكير فيه على أساس الفعالية لا الكفاءة هو أنت. وهي تشجعك على قضاء المزيد من الوقت في المربع ٢ لتفهم وتمركز حياتك حول المبادئ لتعبر بوضوح عن أهدافك وقيمك التي تود أن توجه عملية اتخاذ قراراتك اليومية. كما أنها تساعدك على خلق توازن في حياتك. وتساعدك أيضًا على الارتقاء فوق كل الحدود لخططك اليومية والتنظيم ووضع الجداول في إطار سياق أسبوعي. وعندما تتعارض إحدى القيم العليا مع ما خططت له فإنها تعزز قوتك لاستخدام إدراكك الذاتي وضميرك من أجل الحفاظ على تكاملك مع المبادئ والأهداف التي قررت أنها مهمة. وبدلًا من استخدام خارطة الطريق فإنك تستخدم البوصلة الأسبوعية.

والجيل الرابع للإدارة الذاتية أكثر تقدمًا من الجيل الثالث بخمسة أساليب مهمة:

أولًا: *تمحوره حول المبادئ*. فهو لا يقوم بتملق المربع ٢ بل إنه يخلق تصورًا ذهنيًّا محوريًّا يمكنك من رؤية وقتك في سياق ما هو مهم بالفعل وما هو فعال.

ثانيًا: *إنه قائم على الضمير*. فهو يمنحك الفرصة لترتيب حياتك بأفضل الطرق التي تناسب قدراتك وتتوافق مع قيمك الأصلية. ولكنه في الوقت نفسه يمنحك حرية إخضاع جدولك بسلام لقيمك العليا.

ثالثًا: يحدد *رسالتك المتفردة، بما في ذلك قيمك والأهداف طويلة الأجل*؛ وهو ما يمنح الطريقة التي تمضي بها وقتك كل يوم توجهًا وهدفًا.

رابعًا، *يساعدك على إحداث توازن في حياتك من خلال التعرف على أدوارك*، ومن خلال تحديد الأهداف ووضع جدول أسبوعي للأنشطة المرتبطة بكل دور أساسي.

وخامسًا، *يقدم لك سياقًا أكبر من خلال التنظيم الأسبوعي* (مع التكيف اليومي المطلوب) والارتفاع فوق المنظور القاصر لليوم الواحد، وهو ما يبقيك على اتصال وثيق مع قيمك الأصيلة من خلال مراجعة أدوارك الرئيسية.

والخيط العملي المشترك بين جميع هذه التطورات الخمسة هو تركيز أساسي على العلاقات والنتائج وتركيز ثانوي على الوقت.

التفويض: زيادة (إ) و (ق إ)

إننا ننجز كل ما نريد من خلال التفويض - التفويض إما للوقت أو لأشخاص آخرين. فإذا فوضنا في الوقت فهذا يعني أننا نفكر بكفاءة. وإذا فوضنا الآخرين فهذا يعني التفكير *بفعالية*.

ويرفض العديد من الناس تفويض الآخرين؛ لأنهم يشعرون بأن هذا يستغرق الكثير من الوقت والجهد وأن العمل سيكون أفضل لو قاموا به بأنفسهم. ولكن التفويض الفعّال للآخرين قد يكون النشاط الوحيد الأقوى في زيادة التأثير على الآخرين.

ونقل المسئوليات إلى الناس المهرة المدربين يمكنك من توجيه طاقاتك إلى أنشطة أخرى تزيد من قوة تأثيرك. والتفويض يعني النمو على مستوى الأفراد والمؤسسات. وقد نقل عن الراحل جيه. سي. بيني قوله إن أكثر القرارات التي اتخذها حكمة في حياته كان "التخلي"، بعد أن أدرك أنه لم يعد بإمكانه إنجاز كل الأعمال بنفسه. وهذا القرار الذي اتخذ منه فترة طويلة ساعده على تطوير وتنمية المئات من المحال وآلاف البشر.

ولأن التفويض مرتبط بالآخرين فهو نصر جماعي، ويمكن تضمينه أيضًا في العادة الرابعة. ولكن لأننا نركز هنا على مبادئ الإدارة الشخصية فإن القدرة على تفويض الآخرين هي الفرق الأساسي بين دور المدير والمنتج المستقل، وأنا هنا أتناول التفويض من منطلق مهاراتك الإدارية الشخصية.

والمنتج يقوم بكل ما هو ضروري من أجل تحقيق النتائج المرجوة أي الحصول على البيض الذهبي. والوالد الذي يغسل الصحون أو المهندس المعماري الذي يقوم برسم المخططات أو السكرتيرة التي تكتب المراسلات - جميعهم منتجون.

ولكن عندما يخطط الشخص ويعمل مع الناس ومن خلالهم مع وجود نظام من أجل إنتاج البيض الذهبي يتحول هذا الشخص إلى مدير يتبع أسلوب الاعتماد بالتبادل. والوالد الذي يفوض أحد أطفاله لغسل الصحون هو مدير، والمهندس المعماري الذي يرأس فريقًا من المهندسين الآخرين هو أيضًا مدير. والسكرتيرة التي تشرف على السكرتيرات الأخريات هي أيضًا مديرة.

ويمكـن للمنتج استثمار ساعة واحـدة من جهده لإنتاج وحـدة واحدة من النتائج بفرض عدم نقص الكفاءة.

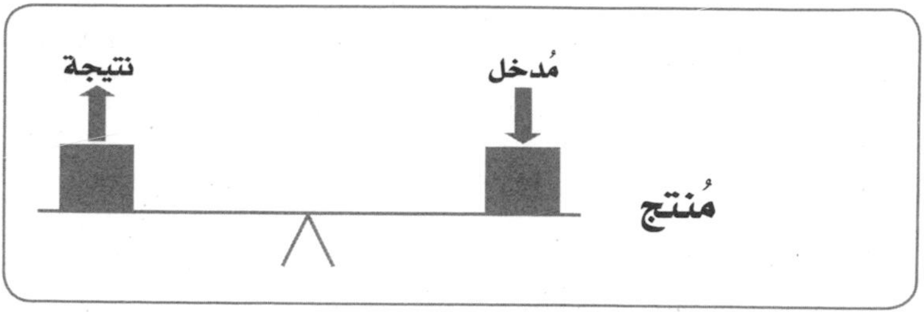

ومـن ناحيـة أخرى، يستطيع المديـر استثمار ساعة واحدة مـن جهده لإنتاج من عشر إلى خمسين أو مائة وحدة من خلال التفويض الفعّال.

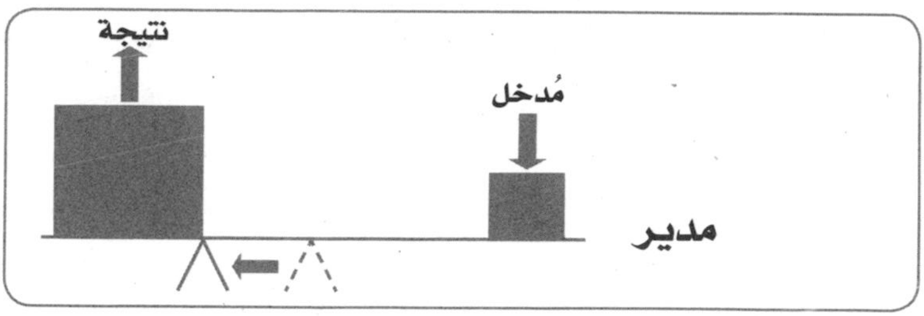

والإدارة في الأساس تنقل نقطة ارتكازها، وأساس الإدارة الفعالة هو التفويض.

تفويض الساعي

يوجـد نوعـان أساسيان مـن التفويض: "تفويضـ الساعي" و"تفويضـ الوكالة" ويقصـد بتفويض الساعي "اذهـب لعمل هذا، اذهب لفعـل ذاك. افعل هذا وأعلمني عندمـا تنتهى". ومعظم النـاس المنتجين لديهم المنظور الفكـري الخاص بتفويض الساعي. هل تذكر مستخدمـي المنجل في الغابة؟ إنهم المنتجون؛ فهم يشمرون عن سواعدهم لأداء عملهم. وحتى عندما يتولون منصب المراقبة أو الإدارة فإنهم يظلون يفكـرون كمنتجيـن. فهم لا يعرفون كيـف يستخدمون أسلوب التفويضـ بحيث يلتزم شخصـ آخر بتحقيق نتائج. ولأنهـم يركزون على المناهج فإنهـم يتحملون مسئولية النتائج.

وقد توليت منصب الساعي المفوض عندما ذهبت أسرتنا للتزلج على الماء؛ فقد كان ابني يتزلج على الماء وهو بارع في التزلج، بينما كنت أنا أقود القارب. وأعطيت الكاميرا لـ ساندرا وطلبت منها التقاط الصور.

وفي البداية، طلبت منها أن تختار الصور التي تلتقطها لأن فيلم الكاميرا ليس فيه الكثير. ثم أدركت أنها لا تعرف كيف تتعامل مع الكاميرا. لذا، أصبحت أكثر تحديدًا وأخبرتها بأن تنتظر حتى تصبح الشمس أمام القارب وحتى يقفز ولدنا أو يدور ويلمس مرفقه.

ولكن كلما فكرت في الفيلم المحدود وقلة خبرتها في التعامل مع الكاميرا زاد قلقي. وأخيرًا قلت لها: "ساندرا، اضغطي على الزر عندما أخبرك، حسنًا؟"، وأمضيت الدقائق التالية في الصياح "التقطي الصورة - التقطيها - لا، لا تلتقطيها!". وكنت أخشى أنني إذا لم أوجهها في كل حركة وكل لحظة فإنها لن تلتقط الصورة الصحيحة.

كان هذا تفويضًا ساعيًا حقيقيًّا، ومراقبة مباشرة للمنهج المستخدم. ويعمد الكثير من الناس إلى استخدام نفس أسلوب التفويض هذا. ولكن إلى أي مدى ينجحون بالفعل؟ وكم من الناس يمكنك مراقبتهم أو التعامل معهم عندما يتعين عليك المشاركة في كل حركة يقومون بها؟

لكن هناك طريقة أفضل بكثير، وأسلوب تفويض أكثر فعالية يقوم على أساس تصور ذهني يعتمد على تقدير الوعي الذاتي والخيال والإدراك والإرادة الحرة للآخرين.

تفويض الوكالة

يركز تفويض الوكالة على النتائج بدلًا من المناهج. وهو يمنح الناس حق اختيار الطريقة ويحملهم مسئولية النتائج. وهو في البداية يستغرق بعض الوقت، ولكنه استثمار جيد لهذا الوقت. فمن خلال تفويض الوكالة يمكنك الارتقاء لأعلى وزيادة تأثيرك على الآخرين.

وتفويض الوكالة يتضمن تفاهمًا متبادلًا واضحًا وصادقًا والالتزام فيما يتعلق بالتوقعات المرجوة في المناطق الخمس.

النتائج المرجوة. ابتكر نوعًا من التفاهم المتبادل لما تريد إنجازه وركز على *الماهية لا الكيفية*؛ أي *النتائج لا الأساليب* والمناهج، وكن صبورًا، وحاول تصور

النتيجة المرجوة، واجعل الآخرين يرونها ويصفونها، وضع رسالة جيدة تحدد ما ستكون عليه النتائج ومتى يتم إنجازها.

الإرشادات. حدد المقاييس التي يعمل الناس على أساسها. ولكن ينبغي أن تكون قليلة قدر المستطاع من أجل تجنب تفويض الأساليب، ولكنها يجب أن تتضمن قيودًا قاسية. فأنت لا ترغب أن يشعر الشخص بأنه مطلق اليد طالما أنه يحقق الأهداف، ومن ثم يمكنه انتهاك أي من القيم المبادرة التقليدية الراسخة. فهذا التفكير من شأنه قتل المبادرة، وإعادة الناس إلى أسلوب التفويض الساعي: "قل لي ما تريد وأنا سأنفذه".

وإذا كنت تعرف مسارات الفشل في وظيفة ما فعليك تحديدها وكن صادقًا ومتفتحًا - وأطلع الشخص على موضع الرمال المتحركة وأين تتربص به الحيوانات المتوحشة. فأنت لا ترغب في تغيير الإطار كل يوم. لذا، دع الناس يتعلموا من أخطائك أو أخطاء الآخرين. وحدد مسارات الفشل المتوقعة وما الذي لا ينبغي القيام به، ولكن لا تملِ عليهم ما يفعلون، بل اجعلهم يتحملون مسئولية النتائج التي حققوها - فعليهم القيام بكل ما هو ضروري في إطار الإرشادات.

الموارد. حدد للشخص الموارد البشرية والمالية والتقنية والمؤسسية التي من شأنها مساعدته على تحقيق النتائج المرجوة.

المسئولية: ضع مقاييس أداء تستخدم لتقييم النتائج والأوقات الزمنية عندما يحين موعد تقديم التقارير والتقييمات.

العواقب. حدد العواقب المترتبة على نتائج التقييم سواء كانت سيئة أو جيدة. ويمكن أن تتضمن تلك العواقب أشياء مثل المكافآت المادية والمكافآت العينية وتولي مناصب مختلفة، وترتبط العواقب الطبيعية برسالة المؤسسة - ككل.

منذ بضع سنوات مضت مررت بتجربة تفويض مثيرة مع أحد أبنائي. كنا نعقد اجتماعًا عائليًّا ورسالة حياة أسرتنا معلقة على الحائط لنتأكد من أن خططنا تتوافق مع قيمنا. وكان كل أفراد الأسرة متواجدين.

وضعت لوحًا كبيرًا وكتبنا عليه أهدافنا - الأمور الأساسية التي نود تحقيقها - والمهام المنبثقة من تلك الأهداف. ثم طلبت متطوعين للقيام بتلك المهام.

وسألت: "مَن يود دفع قسط الرهن العقاري للمنزل؟". ولاحظت أنني الوحيد الذي رفع يده.

"مَن يود دفع أقساط التأمين؟ والطعام؟ والسيارات؟". ويبدو أنني كنت أحتكر جميع الفرص.

"من يود إطعام الرضيع؟". وحظيت هذه النقطة باهتمام أكبر، ولكن بدا أن زوجتي هي الشخص الوحيد الذي يملك المؤهلات المطلوبة لهذه المهمة.

وبينما كنا نقرأ المهام الموجودة بالقائمة واحدة تلو الأخرى اتضح أن الأب والأم يعملان أكثر من ستين ساعة بالأسبوع. ومع أخذ هذا المنظور الفكري في الاعتبار توجد مهام أخرى تأخذ منظورًا مختلفًا.

وقد تطوع ابني ستيفن البالغ من العمر سبعة أعوام للاعتناء بالحديقة. وقبل أن أوكل إليه هذه المهمة فكرت في تدريبه؛ لأنني أردت أن تكون في ذهنه فكرة كاملة عما سيفعله ليعتني بالحديقة. لذلك اصطحبته إلى حديقة الجيران المجاورين.

وقلت له: "انظر يا بني كيف تبدو حديقة الجيران نظيفة ويانعة؟ هذا ما نسعى لتحقيقه: حديقة *يانعة ونظيفة*. والآن تعال وانظر إلى حديقتنا. هل ترى الألوان المختلطة؟ إنها لا تشبه حديقة الجيران وهي ليست يانعة. ما نريده إذن هو حديقة يانعة ونظيفة. والآن، كيف تصبح يانعة هو أمر متروك لك. أنت حر فيما تفعل عدا أن تطليها بالطبع. ولكن سأخبرك كيف كنت سأقوم بالأمر إن كانت هذه المهمة مخولة لي".

"كيف كنت ستقوم به يا أبي؟".

"سأفتح رشاشات الماء. ولكن يمكنك استخدام الدلو أو الخرطوم إذا أردت - الأمر لا يمثل فرقًا بالنسبة لي. كل ما يهمني أن تصبح خضراء يانعة، حسنًا؟".

"حسنًا".

"والآن يا بني لنتحدث عن "نظيفة". أقصد بهذه الكلمة أن تكون الحديقة خالية من أية فوضى مثل الورق والحبال والعظام والعيدان أو أي شيء آخر يترك المكان في فوضى. والآن، سأخبرك كيف تقوم بهذا. دعنا فقط ننظف نصف الحديقة وننظر كيف يبدو الأمر".

وقد جمعنا ملء كيسين من الورق من جانب واحد فقط من الحديقة. "والآن، لنتوجه إلى النصف الآخر. انظر إلى الجانب المقابل. هل ترى الفرق؟ هذا ما يسمى "نظيفة".

ثم هتف: "انتظر! أرى بعض الجرائد خلف الشجيرات!".

"هذا جيد! لم ألحظ وجود تلك الجرائد في الخلف. لك بصر حاد يا بني".

"والآن قبل أن تقرر قبولك هذه المهمة، دعني أخبرك ببعض الأمور؛ لأنك عندما تتولى هذه المهمة لن أتدخل. فهي ستصبح مهمتك. وهذا ما أطلق عليه الوكالة، وهي تعني "وكالة العمل بثقة" وأنا أثق أنك قادر على أداء هذه العمل؛ والآن، مَن رئيسك؟".

"أنت يا أبي؟".

"كلا ليس أنا، بل أنت رئيس نفسك. هل تود أن يتذمر معك والداك طيلة الوقت؟".

"كلا".

"ونحن لا نحب هذا أيضًا؛ فهذا يسبب شعورًا سيئًا في بعض الأحيان، أليس كذلك؟ لذا، ستكون رئيس نفسك. والآن، خمن مَن مساعدك؟ ".

"مَن؟".

"أنا، أنت ستكون رئيسي".

"أنا؟".

"بالفعل. ولكن وقت المساعدة محدد. فأنا لن أكون موجودًا في بعض الأحيان. ولكن عندما أكون متواجدًا قل لي كيف أساعدك. وسأفعل أي شيء تطلبه مني".

"حسنًا!".

"والآن، خمن مَن القاضي الذي سيحكم عليك؟".

"مَن؟".

"أنت، أنت ستحكم على نفسك".

"حقًا؟".

"نعم. سنسير معًا حول الحديقة مرتين في الأسبوع، وأنت ستخبرني كيف تسير الأمور، وكيف ستحكم على نفسك؟".

"يانعة ونظيفة".

"بالفعل!".

لقد دربته على استخدام هاتين الكلمتين لمدة أسبوعين قبل أن أشعر بأنه مستعد لتولي المهمة. وأخيرًا جاء اليوم المهم.

"هل اتفقنا يا بني؟".

"نعم، اتفقنا".

"ما المهمة؟".

"يانعة ونظيفة".

"ماذا تعني بيانعة؟".

نظر إلى حديقتنا والتي بدأ مظهرها يتحسن، ثم أشار إلى المنزل المجاور. "مثل هذه الحديقة".

"وماذا تعني بنظيفة؟ ".

"بدون فوضى".

"مَن الرئيس؟".

"أنا".

"مَن مساعدك؟".

"أنت، عندما يسمح وقتك".

"مَن الحكم؟".

"أنا. وسنسير معًا حول الحديقة مرتين في الأسبوع لأريك ما حل بالحديقة".

"وما الذي نسعى إليه؟".

"يانعة ونظيفة".

وفي هذه الأثناء لم أذكر أي شيء يتعلق بمكافأة؛ لكنني لم أكن لأتردد في إضافة مكافأة لهذه الوكالة.

وبعد أسبوعين ومع الكلمتين اعتقدت أنه أضحى مستعدًّا.

جاء يوم السبت، ولم يفعل شيئًا ومر الأحد... بدون شيء، والإثنين... بدون شيء. وفي صباح الثلاثاء بينما كنت أسير على الممشى في طريقي إلى العمل نظرت إلى الحديقة الصفراء المغطاة بالأوراق. وكان شهر يوليو يزحف علينا بحرارته. "أنا متأكد من أنه سينجز العمل اليوم". واستطعت تبرير تركه العمل يوم السبت؛ لأنه اليوم الذي أبرمنا فيه الاتفاق، ويوم الأحد أيضًا له ما يبرره إذ يقوم بأشياء أخرى، أما يوم الإثنين فلم أستطع إيجاد مبرر له. والآن حل يوم الثلاثاء. بكل تأكيد سيبدأ اليوم. لقد حل فصل الصيف. ما الذي يتعين عليه القيام به بخلاف هذا؟.

كنت أتحرق طيلة النهار للعودة إلى المنزل لأرى ما حدث. وبينما كنت أدور عند المنعطف حتى صدمني المشهد نفسه الذي تركته صباح اليوم. وكان ابني يلعب في المتنزه.

لم يكن هذا مقبولًا بالمرة. وقد أصابني أداؤه بالضيق وخيبة الأمل بعد أسبوعين من التدريب وبعد كل هذه التعهدات. لقد استثمرنا الكثير من الجهد والمال في هذه الحديقة، وأرى أنها تتدهور بينما حديقة الجيران نظيفة وجميلة، وبدأ الموقف يصبح محرجًا بالفعل.

كنت مستعدًّا للعودة إلى أسلوب التفويض الساعي، وأقول له: *يا بني، اذهب إلى الحديقة والتقط القمامة على الفور وإلا!* وأعلم أنه يمكنني الحصول على البيضة الذهبية بهذه الطريقة. ولكن ماذا عن الإوزة؟ ما الذي سيصيب التزامه الداخلي؟

لذا، رسمت على وجهي ابتسامة مصطنعة وعبرت الشارع. "مرحبًا يا بني. كيف تسير الأمور؟".

فأجابني: "جيدة".

"كيف أصبحت الحديقة؟ "، وأعلم أن لحظة نطقي هذه العبارة هي اللحظة التي نقضت فيها الاتفاق. إننا لم نرتب للأمر على هذا النحو، ولم نتفق على هذا.

لذا فقد شعر بأن خرقه الاتفاق له ما يبرره أيضًا فقال "جيدة يا أبي".

فتوقفت عن الحديث وانتظرت حتى موعد العشاء، ثم قلت "يا بني، لننجز الأمر كما اتفقنا عليه. لنسر معًا حول الحديقة وتريني ما فعلت في وكالتك".

وما إن توجهنا إلى الباب حتى شرع في البكاء وانهمرت الدموع من عينيه. وما إن وصلنا إلى منتصف الحديقة حتى وصل إلى درجة النحيب.

"الأمر شاق للغاية يا أبي!".

ما هو الشاق؟ كنت أفكر بيني وبين نفسي. *إنك لم تفعل أي شيء!* ولكنني أعرف ما هو الصعب - إدارة الذات ومراقبة الذات. لذا قلت له: "هل هناك شيء يمكنني مساعدتك به؟".

فالتقط أنفاسه وقال: "هل ستفعل بالفعل؟".

"ماذا كان اتفاقنا؟".

"قلت إنك ستساعدني عندما يتاح لك وقت".

"أنا عندي بعض الوقت".

فركض إلى المنزل وأحضر زوجين من القفازات، وأعطاني أحدهما. "هلا التقطت هذه الأشياء" وأشار بيده إلى القمامة التي خلفتها حفلة الشواء يوم السبت. "إنها تثير اشمئزازي!".

وفعلت ما طلب مني. وكانت هذه هي اللحظة التي وقع فيها الاتفاقية من قلبه. وأصبحت حديقته.

ولقد طلب مساعدتي مرتين أو ثلاثًا فقط طيلة الصيف. واعتنى بالحديقة وحافظ عليها خضراء يانعة ونظيفة حتى إنها أصبحت أفضل مما كانت عليه حين كنت أنا أقوم بالعناية بها. وقد كان يعاتب إخوته وأخواته إذا تركوا شيئًا مثل ورق اللبان على الحشائش.

إن الثقة هي أعلى درجات المحفزات البشرية، وهي تخرج أفضل ما في الناس. ولكنها تحتاج إلى وقت وصبر، وهي في الوقت نفسه لا تنفي الحاجة إلى تدريب الناس وتنمية مهاراتهم حيث ترتقي كفاءتهم إلى مستوى تلك الثقة.

وأنا مقتنع بأنه إذا حقق الطرفان تفويض الوكالة بطريقة صحيحة فسيعود عليهما بفائدة كبيرة؛ حيث سيُنجَز الكثير من العمل في وقت قصير. وأعتقد أن الأسرة المنظمة التي تنفق وقتًا فعالًا في تفويض المهام بين فردين يمكنها تنظيم العمل بحيث يتمكن الجميع من إنجاز العمل في ساعة واحدة فقط من اليوم. ولكن هذا يتطلب رغبة القدرة الداخلية في الإدارة وليس الإنتاج فحسب والتركيز على الفعالية لا الكفاءة.

ومما لا شك فيه أنك أقدر من طفلك على تنظيف الحجرة، ولكن الهدف هو بث القوة في طفلك كي يقوم بهذا. وهو أمر يتطلب وقتًا، ولا بد أن تعمل على تدريبه وتطوير مهاراته؛ وهي عملية تستغرق وقتًا، ولكن كم تبلغ قيمة هذا الوقت لك مستقبلًا؟ إنه يوفر عليك الكثير على المدى البعيد.

وهذه الطريقة تتضمن وضع تصور ذهني جديد تمامًا لمعنى التفويض، وبالتالي فهي تغير طبيعة العلاقات: الوكالة تصبح رئيس طفلك؛ حيث يحكمه ضمير يتضمن التزامًا بالنتائج المرجوة والمتفق عليها. وهي تطلق أيضًا العنان لطاقاته الإبداعية ليفعل كل ما يراه ضروريًّا ومتوافقًا مع المبادئ القويمة ليحقق تلك النتائج المرجوة.

والمبادئ التي يتضمنها تفويض الوكالة صحيحة وقابلة للتطبيق على كل شخص وفي كل موقف. وبالنسبة للصغار يمكنك تحديد عدد قليل من النتائج المرجوة، والكثير من الإرشادات، وحدد لهم الموارد، واعقد معهم لقاءات توضيحية متكررة، ولتكن العواقب فورية. وبالنسبة للناس الأكثر نضجًا، لا بد أن تكون النتائج

أكثـر تحديًا، مع القليل من الإرشادات، والقليل من الإيضاحات، والقليل من المعايير القياسية، والكثير من المعايير القابلة للملاحظة.

وربمـا يكون التفويض الفعّال أفضل مؤشـر لفعالية الإدارة؛ لأنه ببساطة أساسي للنمو على المستوى الشخصي والمؤسسي.

المنظور الفكري للمربع ٢

لا يكمـن مفتـاح الإدارة الفعالة للـذات أو حتى للآخرين من خـلال التفويض في أسلوب بعينه أو أداة أو أية عوامل خارجية؛ فهو داخلي في المنظور الفكري للمربع ٢، والذي يعزز قوتك للرؤية من خلال عدسة المهم بدلاً من العاجل.

ولقـد ضمنـت الملحق تدريبًـا أطلق عليـه "يوم المربـع ٢ في المكتـب"، والذي سيمكنك من رؤية مدى قوة تأثير هذا المنظور الفكري على فعاليتك في بيئة للعمل*.

وبينمـا تعمل علـى وضع تصور ذهني للمربع ٢ سترفع قدرتـك على التنظيم والتنفيذ في كل أسبوع من حياتك، بحيث تتشبث بأولوياتك العميقة - أي أن تفعل ما تقول. ولن تعتمد بعد الآن على أي شخص أو شيء من أجل إدارة حياتك إدارة فعالة.

ومـن المثير أن كل واحـدة من العادات السبع موجودة فـي المربع ٢. فكل واحدة تناقـش أشياء مهمة أساسية، والتي إن أديت بانتظام ستحدث فرقًا إيجابيًا هائلًا في حياتنا.

مقترحات للتطبيق

١. حدد نشاطًا في المربع ٢ تعرف أنه مهمل في حياتك - نشاط إذا تم أداؤه علـى أكمل وجه فسيحدث تأثيـرًا كبيرًا على حياتك سـواء الشخصية أو المهنية. دون هذا النشاط والتزم بتنفيذه.

٢. ارسـم مصفوفـة زمنيـة لإدارة الوقـت، وحـاول تقييـم نسبـة الوقـت الـذي تنفقـه فـي كل مربع. بعد ذلـك سجل وقتـك لمدة ثلاثـة أيام في فواصل زمنية مدتها خمس عشرة دقيقة. إلى أي مدى كان تقييمك دقيقًا؟ هـل أنت راض عن الطريقة التي أمضيـت بها وقتك؟ ما الذي تحتاج إليه للتغيير؟

---

* رجاءً انظر الملحق (ب).

الجدول الأسبوعي

الأدوار | الأهداف

الأسبوع	السبت	الأحد
أولويات الأسبوع	أولويات اليوم	
	المواعيد / الالتزامات	
	٨	٨
	٩	٩
	١٠	١٠
	١١	١١
	١٢	١٢
	١	١
	٢	٢
	٣	٣
	٤	٤
	٥	٥
	٦	٦
	٧	٧
	٨	٨
	المساء	المساء

اشحذ المنشار®

ماديًا ______________________

عقليًا ______________________

روحانيًا ______________________

اجتماعيًا / عاطفيًا ______________________

الإثنين	الثلاثاء	الأربعاء	الخميس	الجمعة
أولويات اليوم				
المواعيد / الالتزامات				
٨	٨	٨	٨	٨
٩	٩	٩	٩	٩
١٠	١٠	١٠	١٠	١٠
١١	١١	١١	١١	١١
١٢	١٢	١٢	١٢	١٢
١	١	١	١	١
٢	٢	٢	٢	٢
٣	٣	٣	٣	٣
٤	٤	٤	٤	٤
٥	٥	٥	٥	٥
٦	٦	٦	٦	٦
٧	٧	٧	٧	٧
٨	٨	٨	٨	٨
المساء	المساء	المساء	المساء	المساء

٣. ضـع قائمة بالمسئوليات التي يمكنك تفويض غيـرك فيها والناس الذين يمكنك تفويضهم أو تدريبهم لتولي مسئولية تلك الجوانب. حدد ما تحتاج إليه للبدء في عملية التفويض أو التدريب.

٤. رتـب أسبوعك التالي. وابـدأ بكتابة أدوارك وأهدافك لهـذا الأسبوع، ثم حـول هذه الأهداف إلى خطة عمل محـددة. وبنهاية الأسبوع قيم إلى أي مـدى ترجمت خطتك قيمك العميقـة وأهدافك لحياتـك اليومية ودرجة تكاملك للحفاظ على تلك القيم والأهداف.

٥. ألـزم نفسك بالتنظيـم على أساس أسبوعي وتحديـد وقت منتظم للقيام بهذا.

٦. حـاول إمـا أن تحـول أداة تخطيطـك الحالية إلـى أداة الجيـل الرابع أو تحصل على مثل هذه الأداة.

٧. انظـر في "يـوم المربع ٢ في المكتب" (الملحـق ب) لتعمق فهمك لتأثير المنظور الفكري للمربع ٢ *.

---

* لترى إلى أي مدى تتحلى بالفعالية - مواطن القوى لديك وكيف يمكنك تحسينها - قم بإجراء تقييم نسبة الفعالية الشخصية (PEQ)على الموقع الإلكتروني التالي: www.7HabitsPEQ.com

الجزء الثالث

النصر الجماعي

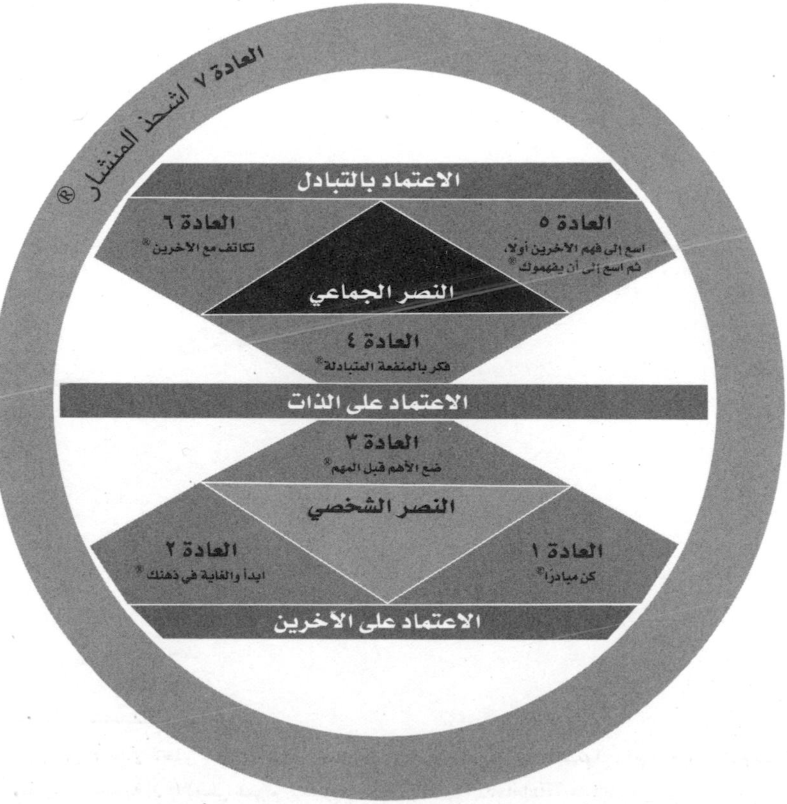

المنظورات الفكرية للاعتماد بالتبادل

لا يمكن أن تكون هناك صداقة بدون ثقة،
ولا ثقة بدون صدق.

صامويل جونسون

قبل الانتقال إلى منطقة النصر الجماعي، لا بد أن نتذكر أن فعالية الاعتماد بالتبادل لا تقوم إلا على أساس الاعتماد على الذات الحقيقي. فالنصر الشخصي يسبق النصر الجماعي. وعلم الجبر يأتي قبل الإحصاء.

وبينما ننظر للوراء ونقوم بمسح الأرض لتحديد أين كنا وأين نقف الآن وعلاقة هذا بمكاننا في المستقبل، نرى بوضوح أننا لم نكن لنصل إلى المكان الذى وصلنا إليه لو لم نَمْشِ الطريق الذى سرنا فيه. ولا وجود لطرق أخرى، ولا وجود لطرق مختصرة. ولا توجد أية طريقة تجعلنا نهبط على الأرض التي نريد بالمظلة. إن الأرض أمامنا مغطاة بشظايا علاقات محطمة لأولئك الذين حاولوا من قبل. فقد حاولوا القفز إلى علاقات فعالة دون التمتع بشخصية ناضجة وقوية تساعدهم على الحفاظ على تلك العلاقات.

ولكنك لا تستطيع القيام بهذا لأنك ببساطة لا بد أن تسير على الطريق. ولن تحقق نجاحًا مع الآخرين ما لم تدفع ثمن النجاح مع نفسك.

منذ عدة سنوات مضت، حينما كنت أعقد ندوة في شاطئ أوريجون، تقدم رجل نحوي وقال لي: "أتعلم يا ستيفن، أنا بالفعل لا أستمتع بحضور مثل هذه الندوات". ولقد نجح في جذب انتباهي.

واستطرد قائلاً: "انظر إلى الجميع هنا، وانظر إلى هذا الشريط الساحلي الجميل والبحر وكل ما يحدث - وكل ما يسعني فعله هو الجلوس هنا والتفكير في سيل الأسئلة التي ستغمرني بها زوجتي عندما أحدثها الليلة في التليفون.

"إنها تعتصرني من أجل الحصول على معلومات. أين تناولت طعام الإفطار؟ من كان موجودًا؟ هل أمضيت الصباح في الاجتماعات؟ متى أخذنا استراحة الغداء؟ ما الذي فعلته في أثناء الغداء؟ كيف أمضيت فترة بعد الظهيرة؟ ما الذى فعلته من أجل الحصول على بعض الترفيه خلال المساء؟ من كان برفقتي؟ دار حديثنا حول ماذا؟

"والشيء الذى تود معرفته حقًّا لكنها لا تسأل عنه قط هو مَن الذى تستطيع الاتصال به للتحقق من المعلومات التي أخبرتها بها. وهي لا تتوقف عن طرح الأسئلة والتشكيك فيما أقول أو أفعل. إنها تنتزع كل المتع التي قد أحظى بها من هذه التجربة. إنني بالفعل لا أستمتع بأي شيء على الإطلاق".

لقد بدا الرجل تعيسًا، ثم قال بشيء من الخجل: "أعتقد أنها تعلم جميع الأسئلة التي يمكن طرحها. لقد قابلتها في ندوة مثل هذه... وكنت حينها متزوجًا من سيدة أخرى!".

وفكرت في المعاني الضمنية التي حملها تعليقه، ثم قلت له: "أنت تنزع إلى الحلول السريعة؟ أليس كذلك؟".

فأجابني: "ماذا تقصد؟".

"حسنًا، أنت تود أن تأخذ مفكًّا وتفتح رأس زوجتك وتعيد ترتيب توجهاتها بسرعة، أليس كذلك؟".

فصاح: "بكل تأكيد أود تغييرها. ولا أعتقد أنها تفعل الصواب حينما تمطرني بسيل منهمر من الأسئلة كما تفعل".

فأجبته: "يا صديقي، لا تستطيع الهروب من المشكلات التي أدخلت نفسك فيها".

إننا نتعامل مع تغيير كبير وأساسي في المنظور الفكري هنا. ربما تحاول تسهيل التفاعل الاجتماعي من خلال استخدام المهارات والتقنيات الشخصية؛ ولكن خلال هذه العملية قد تضطر إلى اختصار قاعدة السمات الحيوية. ولا يمكنك جني الثمار بدون غرس الجذور. إنه مبدأ التسلسل: النصر الشخصي يسبق النصر الجماعي. والسيطرة على النفس والانضباط الذاتي هما أساس العلاقات السوية مع الآخرين.

ويقـول البعض إنك ينبغي أن تحب نفسك قبـل أن تحب الآخرين. وأعتقد أن هذه الفكـرة لهـا مميزاتها، ولكن إذا لم تعـرف نفسك ولم تتحكم فـي نفسك ولم تتمكن مـن ضبـط نفسك، سيكون من الصعـب عليك أن تحبها - عدا علـى المدى القصير وبطريقة سطحية.

وينشـأ احتـرام الذات الحقيقي من الارتقـاء فوق الذات ومـن الاعتماد بالتبادل الحقيقـي. وهذا هو محـور تركيز العادات الأولـى والثانية والثالثـة. ويعد الاستقلال إنجازًا فـي حد ذاتـه. أما الاعتمـاد بالتبـادل فهو خيار لا يقـدر عليه سـوى الناس المستقليـن. ومـا لم نكن راغبين فـي تحقيق الاستقلال الفعلي سيكـون من الحماقة أن نحـاول تطوير مهارات بناء علاقات إنسانية. وربما نحاول، وربما نحقق درجة من درجـات النجاح عندما تشرق الشمس. ولكن عندما تحل الأوقات العصيبة - وستأتي بكل تأكيد - لن يكون لدينا أساس للإبقاء على الأشياء موحدة.

والمكـون الأهـم الذى يمكن إضافته إلى أية علاقة ليس ما نقول أو ما نفعل ولكن مـا نحن عليه. فـإذا كان كلامنا وأفعالنا ينشآن عن تقنيات علاقات إنسانية سطحية (أخلاقيات الشخصية) وليس من داخلنا (السمات الأخلاقية)، فقد يستشعر الناس هذه الازدواجية. ولن نصبح قادرين على ابتكار الأساس الضروري للاعتماد المتبادل الفعال والإبقاء عليه.

والتقنيات والمهارات التي تحدث فرقًا فعليًّا في التفاعل الإنساني هي تلك التي تتدفق طبيعيًّـا من شخصية مستقلة بالفعل. لذا، فإن المـكان الذى نبدأ منه بناء أية علاقة هو داخلنا، داخل دائرة تأثيرنا، أي شخصيتنا. وعندما نصبح مستقلين - مبادرين ونتمحور حـول المبـادئ القويمة وتقودنا القيـم، ونغدو قادرين بصدق علـى التنظيم والتنفيذ في إطـار أولويات حياتنا - حينها نملك حق اختيار الاعتماد بالتبادل - وهو القدرة على بناء علاقات مع الآخرين تتسم بالمبادرة والثراء والاستمرارية.

وبينمـا ننظر إلى الأرض الممتدة أمامنا، نرى أننا ندخل إلـى بعد جديد تمامًا. فالاعتمـاد بالتبادل يفتح أمامنا عوالم من فرص إقامة ارتباطات عميقة وغنية وذات مغـزى، فرص زيادة الإنتاجيـة، فرص تقديم الخدمـات، فرص الإسهـام، والتعلم، والنمـو. ولكنه أيضًـا المكان الذى نشعر فيـه بأعظم الآلام وأكبـر الإحباطات وأكبر العقبات التي تعترض طريق السعادة والنجاح. ونحن نعي هذا الألم لأنه حاد ومزمن.

ونستطيـع العيش غالبًا لسنوات مع الألـم المزمن الناتج عن افتقارنـا للرؤية أو القيادة أو الإدارة في حياتنا الشخصية. وينتابنا شعور غامض بعدم الارتياح، ونحاول

اتخاذ بعض الخطوات لتخفيف هذا الألم، على الأقل لبعض الوقت؛ ولأن الألم المزمن نعتاده ونتعلم التعايش معه.

ولكن عندما نعاني مشكلات في علاقاتنا بالآخرين ندرك هذا الألم الحاد - وغالبًا ما يكون شديدًا ونحاول إيجاد مهرب منه.

ويحدث هذا عندما نحاول إيجاد حلول وتقنيات سريعة - الضمادات الخاصة بالأخلاقيات الشخصية، ولا نفهم أن هذا الألم الحاد ينمو من مشكلة مزمنة أكثر عمقًا. وريثما نتوقف عن معالجة الأعراض والبدء في معالجة المشكلة لن تتمخض سوى عن نتائج عكسية عن جهودنا. ولن نحقق النجاح في فهم هذا الألم المزمن.

والآن، بينما نفكر في تواصل فعّال مع الآخرين، لنعد إلى تعريفنا السابق للفعالية. فقد قلنا إنه توازن (إ / ق إ)، أي المفهوم الأساسي لقصة الإوزة والبيضة الذهبية.

وفي حالة الاعتماد بالتبادل تكون البيضة الذهبية هي الفعالية والتكاتف الرائع، والنتائج التي يخلقها التواصل المفتوح الإيجابي مع الآخرين. ومن أجل الحصول على هذا البيض بانتظام علينا رعاية الإوزة. ونحن في حاجة إلى صنع العلاقات والاهتمام بها لكي نجعل هذه النتائج واقعًا.

لذا، قبل أن ننتقل من نقطة الاستكشاف ونتطرق إلى العادات الرابعة والخامسة والسادسة أود أن أقدم ما أعتقد أنه استعارة قوية لوصف العلاقات ولتعريف توازن (إ/ق أ) وفقًا لحقيقة الاعتماد بالتبادل.

حساب بنك الأحاسيس

نحن جميعًا نعرف ما هو حساب البنك المالي، حيث نودع المال ونبني مخزونًا يمكننا السحب منه عند الحاجة. وحساب بنك الأحاسيس هو استعارة تصف مقدار الثقة التي بنيت في العلاقة؛ وهو الشعور بالأمان الذى ينتابك وأنت مع شخص آخر.

وإذا قمت بإضافة ودائع في حساب بنك الأحاسيس مثل اللباقة والعطف والأمانة وحافظت على عهودي لك، فهذا يعني أنني أبني رصيدًا، وتزداد ثقتك بي، وأستطيع استدعاء هذه الثقة متى احتجت إليها. وأستطيع حتى ارتكاب أخطاء، وسيعوضها هذا المستوى من الثقة والمخزون العاطفي. وربما يكون أسلوب تواصلي غير واضح، ولكنك ستفهم قصدي في كل الأحوال، ولن تجعل مني: "مجرمًا لمجرد كلمة قلتها". وعندما يكون رصيد الثقة كبيرًا يكون التواصل سهلًا وفوريًّا وفعالًا.

ولكن إذا كان من عادتي إظهار الفظاظة وعدم الاحترام والمقاطعة والمبالغة في رد الفعل وتجاهلك وخيانة ثقتك بي وتهديدك أو السيطرة على حياتك، فبدون شك سيصبح حساب بنك الأحاسيس الخاص بي مستنزَفًا. ويبدأ مستوى الثقة في التدني.

إذن، ما المرونة التي قد أحظى بها؟

لا شيء. إنني أسير الآن في حقول ألغام. لذا، عليَّ الانتباه إلى كل ما أتفوه به وأن أزن كل كلمة. إنها مدينة التوتر وهي الملاذ الذي أحتمي بداخله. وهي تحمي ظهري وسياساتي، وتملأ العديد من المؤسسات، وتملأ العديد من الأسر أيضًا، ناهيك عن العديد من الزيجات.

وما لم يتم الحفاظ على رصيد كبير من الثقة من خلال الإيداع المستمر سيتعرض الزواج للتدهور. وبدلًا من التفهم والتواصل الغني والمستمر سيتحول المنزل إلى فندق به شخصان يحاول كل واحد منهما العيش بأساليب حياة مختلفة بكل احترام وتسامح. ويمكن أن تشهد العلاقة المزيد من التدهور لتتحول إلى علاقة عدائية ودفاعية. وتخلق استجابة: "الهروب أو المواجهة" معارك لفظية وصفق الأبواب ورفض الحديث وانسحابًا عاطفيًّا ثم الشفقة على النفس. وربما ينتهي الأمر بشن حرب باردة بالمنزل لا يوقفها سوى الأطفال أو العلاقة الحميمة أو الضغوط الاجتماعية أو الحفاظ على الصورة. أو ربما ينتهي الأمر في ساحات المحاكم؛ حيث تستمر المعارك القانونية التي تدمر الذات لسنوات عديدة، وحيث لا يتوقف الناس عن ذكر خطايا الزوج السابق.

وهذا يحدث في أكثر العلاقات حميمية وثراء ومتعة وإشباعًا والتي يمكن أن تنشأ بين أي شخصين على وجه الأرض. وهناك نجد ضوء فنار (إ/ ق إ) المرشد؛ أمامنا خياران: إما أن نحطم أنفسنا عنده أو نستخدمه كضوء مرشد لنا.

وتتطلب العلاقات الدائمة مثل الزواج إيداعًا مستمرًّا. ومع التوقعات المستمرة تتبخر الإيداعات القديمة. وإذا التقيت مصادفة صديقًا لك من المدرسة الثانوية لم تقابله منذ عدة سنوات، فيمكنك المواصلة من النقطة التي توقفت عندها لأن الإيداعات السابقة ما زالت موجودة. بيد أن حسابك مع الناس الذين تتفاعل معهم باستمرار يتطلب المزيد من الاستثمار المستمر. وفي بعض الأحيان تحدث عمليات انسحاب تلقائية في تفاعلاتك اليومية أو في نظرتهم لك التي لا تعرف أنت عنها شيئًا. وهذا الأمر يصدق على وجه الخصوص على المراهقين.

لنفترض أنك وابنك المراهق تدور بينكما دومًا محادثات من قبيل "نظف حجرتك. أغلق أزرار قميصك. أخفض صوت المذياع. اذهب لقص شعرك. لا تنس أن تأخذ القمامة معك!". وبعد فترة من الزمن يتجاوز السحب الإيداع.

والآن، لنفترض أن ابنك في مرحلة اتخاذ قرارات مهمة ستؤثر على بقية حياته. ولكن مستوى الثقة بينكما أصبح متدنيًا وعملية التواصل بينكما مغلقة وغير مرضية تأخذ شكلًا آليًّا لن يجعله منفتحًا معك ليطلب مشورتك. وربما تمتلك أنت الحكمة والمعرفة اللتين تمكنانك من مساعدته، ولكن لأن حسابك عنده صفر سينتهي به الأمر إلى اتخاذ قراراته بنفسه من منظور عاطفي قصير المدى، الأمر الذى سينتج عنه عواقب سلبية وخيمة على المدى البعيد.

إذن، أنت في حاجة إلى توازن فعّال في التواصل مع هذه المسائل الحساسة. ماذا ستفعل إذن؟

ما الذي سيحدث إذا بدأت الإيداع في رصيد العلاقات؟ ربما تسنح لك الفرصة لتبدي له شيئًا من العطف - كأن تحضر معك مجلة عن التزلج - إذا كان مهتمًّا بهذا - أو ربما تذهب إليه وهو يعمل على مشروع ما وتعرض عليه المساعدة. وبإمكانك أن تدعوه إلى فيلم أو تصطحبه لتناول الآيس كريم بالخارج. وربما يكون الإيداع الأهم هو مجرد الاستماع دون إصدار أحكام أو إلقاء مواعظ أو تلاوة سيرتك الذاتية عليه. استمع إليه فحسب وحاول أن تفهمه واجعله يشعر باهتمامك به وقبولك إياه كإنسان.

وربما لا يستجيب لك في البداية. وقد يتشكك فيك "ما الذي يريده والدي الآن؟ ما التقنية التي تحاول أمي تجربتها علي في هذه المرة". ولكن مع استمرار هذه الإيداعات الصادقة فإنها تتراكم، وبالتالي، يتقلص الرصيد المستنزف.

وتذكر أن الحلول السريعة سراب. فبناء العلاقات وإصلاحها يلزمه بعض الوقت. وإذا لم تكن صبورًا تجاه عدم استجابته، أو عدم امتنانه الظاهري فستقوم بعمليات انسحاب هائلة وإلغاء كل الأشياء الجدية التي قمت بها. "بعد كل ما فعلناه من أجلك وكل هذه التضحيات التي قدمناها لك كيف تكون ناكرًا للجميل إلى هذا الحد؟ نحن نحاول التعامل معك بلطف وأنت تتصرف بهذه الطريقة. لا أستطيع تصديق هذا!".

أعلم أنه من الصعب أن تكون صبورًا؛ فهذا يتطلب شخصية مبادرة والتركيز على دائرة تأثيرك وتغذية الأشياء التي تنمو بدلًا من أن تقتلع الزهور لترى كيف تنمو جذورها".

ولكـن لا وجـود للحلول السريعـة بالفعل؛ حيـث إن بنـاء العلاقـات وإصلاحها هو استثمار طويل الأجل.

ستة إيداعات كبرى

والآن، سأقترح عليكم ستة إيداعات كبرى لتأسيس بنك الأحاسيس.

فهم الفرد

إن محاولـة فهـم شخص آخر قد تكـون واحدة من أهم الإيداعـات الممكنة التي يمكنـك القيام بها، وهـي المفتاح لكل الإيداعات الأخرى. وأنـت ببساطة لا تفهم مم يتكـون الإيداع لشخص آخـر حتى تفهم هذا الشخص. فما قد يمثـل إيداعًا بالنسبة لك - مثل التنزه من أجل مناقشة بعض الأمور أو الخروج لتناول الآيس كريم أو العمل علـى مشروع - قد لا يمثل إيداعًا من منظور الآخر. وربما يراه انسحابًا لأنه لم يلمس الاهتمامات أو الاحتياجات العميقة لديه.

ورسالة شخص ما قد تكون تفاصيل بالنسبة لشخص آخر. فعندما تقوم بالإيداع لا بـد أن يكون ما هو مهـم للشخص الآخر مهمًّا بالنسبة لك بقدر أهميته لكل منكما. فربمـا فـي أثناء عملك على مشروع يأتـي على رأس أولوياتـك يقاطعك طفلك البالغ مـن العمـر ستة أعوام، ويتحدث فـي أمر تراه تافهًا بالنسبة لـك ولكنه مهم جدًّا من وجهـة نظره. لذا، فالأمر يتطلب العادة الثانية لتتعرف على قيم هذا الشخص وتلتزم بها، والعادة الثالثة لتخضع جدولك لهذه الأولوية البشريه. وعندما تتقبل القيمة التي ضمنها في كلامه ستبدو متفهمًا ما يقول، مما يعد إيداعًا عظيمًا.

لـي صديق يهتـم ابنه بالبيسبول اهتمامًـا غير عادى، أما صديقـي فلا يلقي بالًا للعبـة. ولكـن ذات صيف اصطحـب ابنه لمشاهـدة كل مباريات الـدوري التي يلعبها الفريـق. وقد استغرقت الرحلة ستة أسابيع وكلفتـه مبلغًا كبيرًا من المال، ولكن هذه التجربة ربطتهما بعلاقة قوية.

وسُئل صديقي بدوره: "هل تحب البيسبول إلى هذا الحد؟".

فأجاب: "كلا، ولكنني أحب ابني إلى هذا الحد".

وكان لي صديق آخر وهو أستاذ جامعي، والذي كانت علاقته بابنه المراهق مريعة. وكان هذا الرجل يعيش حياة أكاديمية بحتة، وكان يشعر بأن ابنه يهدر حياته بالعمل على تنمية مهارته اليدوية بدلًا من تنمية عقله. ونتيجة لهذا كان يضايق الولد دائمًا، وفي لحظات الندم كان يحاول القيام بعمليات إيداع لا تجدي نفعًا. فالوالد كان يفهم هذه الإشارات كنوع جديد من أنواع الرفض والمقارنة وإصدار الأحكام، وشاركا في عملية انسحاب كبرى. وأصبحت العلاقة بينهما سيئة - الأمر الذى كان يحطم قلب الوالد.

وذات يوم شرحت له مبدأ أن يعتبر ما هو مهم بالنسبة لشخص ما مهمًا بالنسبة له بقدر أهمية هذا الشخص له، وبالفعل آمن بهذا المبدأ من أعماق قلبه. وشارك ابنه في مشروع بناء شكل مصغر لسور الصين العظيم حول منزلهما. وقد كان مشروعًا كبيرًا ولقد عملا معًا جنبًا إلى جنب لمدة عام ونصف العام.

ومن خلال تجربة الارتباط هذه تقدم الابن خلال هذه المرحلة من حياته وزادت رغبته في تطوير عقله. ولكن الفائدة الحقيقية كانت ما حدث لتلك العلاقة. فبعد أن كانت مصدرًا للألم أصبحت مصدرًا للقوة والسعادة للوالد والابن.

ونحن نبرز من سيرنا الذاتية ما نعتقد أن الناس يريدونه أو يحتاجون إليه. ونسقط نوايانا في سلوك الآخرين، ونفسر ما يمثل إيداعًا وفقًا لاحتياجاتنا الشخصية ورغباتنا، أما الآن أو عندما كنا في مرحلة أو عمر مماثل. وإذا لم يفسر الأبناء ما نفعل على أنه إيداع، فإننا نعتبر هذا رفضًا لنوايانا الحسنة وجهودنا ونتخلى عما نفعل.

وتقول القاعدة الذهبية: "عامل الناس كما تحب أن يعاملوك". وفي حين أن المعنى السطحي لهذه العبارة من الممكن أن يكون أن تفعل معهم ما أحببت أن يُفعل معك، إلا أنني أعتقد أن المعنى الجوهري هو فهمهم فهمًا عميقًا كأفراد بالطريقة التي تود أن تفهم بها، ثم تتعامل معهم على أساس هذا الفهم. وكما قال أحد الآباء الناجحين عن تربية الأبناء "اعدل بينهم بمعاملة كل منهم على قدر اختلاف شخصيته".

العناية بالأمور الصغيرة

إن الصور الصغيرة من العطف واللباقة مهمة للغاية. فالصور الصغيرة من السلوكيات الفظة وتلك التي تنم عن عدم اللباقة وعدم الاحترام تؤدي إلى انسحابات كبيرة. وعندما يتعلق الأمر بالعلاقات تكون الأمور الصغيرة لفتات كبيرة.

أتذكـر إحدى الأمسيات التـي أمضيتها مع ابني منذ عـدة سنوات مضت. وكانت نزهـة منظمة للأب مع الأبناء وكانـت تضم الجمباز ومباريـات المصارعة والنقانق والسينما - والألعاب النارية.

وفي منتصف الفيلم نام شون - الذي كان وقتها في الرابعة من عمره - في مقعده. وظل شقيقه ستيفن، الـذى كان في السادسة، مستيقظًا وأكملنا مشاهدة الفيلم معًا. وعندما انتهى الفيلم حملت شون بين ذراعي إلى السيارة وأرقدته في المقعد الخلفي. وكانت ليلة باردة، لذا خلعت معطفي ووضعته برفق فوقه وحوله.

وعندمـا وصلنا إلى المنـزل حملت شون بسرعـة ووضعته في الفراشـ. وبعد أن ارتدى ستيفن بيجامته ونظف أسنانه رقدت إلى جواره وتحدثت معه عن الأمسية التي أمضيناها بالخارج معًا.

"هل أعجبتك السهرة يا ستيفن؟".

فأجابني: "لا بأس بها".

"هل استمتعت بها؟".

"نعم".

"ما أكثر شيء أعجبك فيها؟".

"لا أعلم. أعتقد الترامبولين".

"لقد كان رائعًا أليس كذلك - القيام بتلك الحركات البهلوانية في الهواء والخدع أليس كذلك؟".

كانـت إجابته محـدودة، ووجدت نفسي أجـري محادثة وحدي. وأخـذت أتساءل لمـاذا لـم يكن ستيفن منفتحًا معي بهذه الطريقة؛ فهو عـادة ما يكون منفتحًا عندما تحـدث له أشياء مثيـرة. وهذا أصابني بشيء من خيبة الأمـل. واستشعرت أن هناك خطبًا ما، فقد كان هادئًا ونحن في طريق عودتنا إلى المنزل وكان مستعدًّا للنوم.

وفجأة استدار ستيفن على جانبـه مواجهًا الحائط. وتساءلت عن السبب وشببت بعض الشيء لأرى الدموع تترقرق في عينيه.

"ما الخطب يا حبيبي؟ ما الخطب؟".

فاستـدار مرة أخرى واستشعرت أنه يشعر بشـيء من الحرج لتلك الدموع وكانت شفته وذقنه يرتعشان.

"أبي، لو شعرت بالبرد فهل كنت ستضع معطفك حولي أنا أيضًا؟".

مـن بين كل الأحداث التي جرت بهذه الليلة المميـزة كان أهم شيء لفتة العطف الصغيرة - اللحظة التي لم أعها والتي تظهر الحب لشقيقه الأصغر.

ويـا له من درس شخصـي مؤثر تعلمته من هذه التجربة في وقتها، بل وحتى الآن. إن النـاسـ من داخلهم عطوفون وحساسون، ولا أعتقد أن أي عمر أو تجربة قد تحدث فرقًـا. ففـي الداخل يوجد هـذا القلب الذي يحمـل كل مشاعر العطـف، حتى لو كان الظاهر جامدًا ولا يبدي أية مشاعر.

الوفاء بالعهود

يعـد الوفاء بالعهود أو الوعـود من أهم الإيداعات، وخرق أي منها انسحاب كبير. وفـي الحقيقة لا يوجد انسحاب أكبر من قطع عهد مهـم لشخص ما ثم الرجوع فيه. ففـي المـرة التالية التـي تقطع على نفسك عهـدًا آخر لن يصدقك أحـد؛ لأن الناس ينزعون إلى بناء آمالهم حول الوعود، لاسيما الوعود المتعلقة بحياتهم.

ولقد حاولت بصفتي أبًا وضع فلسفة تقضي بألا أقطع وعدًا وأخلفه. لذلك حاولت وأنـا أقطـع العهود أن أكـون حريصًـا وأضيق نطاق الوعـود وأن أعـي كل المتغيرات والأحداث المستقبلية المحتملة حتى لا يطرأ شيء يبعدني عن الوفاء بعهدي.

ومـن وقت لآخر وعلى الرغم من كل الجهـود التي أبذلها تطرأ أشياء غير متوقعة تجعل من المستحيل أو من غير الحكمة أن أفي بوعدي، ولكنني أقدر هذا الوعد. لذا، إمـا أن أحافـظ عليه مهما حدث أو أوضح للشخص الـذي أعنيه الموقف ككل وأطلب منه حلي من الوعد.

وأعتقـد أنك لو صقلت عادة الحفاظ على الوعود التي قطعتها على نفسك ستبني جسـورًا من الثقة من شأنها تضييق فجـوة التفاهم بينك وبين طفلك. وعندما يرغب طفلـك في القيام بأمر لا تريده - ولأنـك شخص ناضج تستطيع معرفة العواقب التي لا يمكـن لطفلك معرفتها - في هذه الحالة يمكنك أن تقول له "يا بني، إذا فعلت هذا أعـدك بـأن هذه ستكون النتيجة". وإن كان هذا الطفل قد اعتاد الثقة في كلمتك وفي عهودك فسيعمل وفقًا لمشورتك.

توضيح التوقعات

تخيل الصعوبة التي قد تواجهها إذا كنت أنت ورئيسك تتبنيان افتراضات مختلفة فيما يتعلق بمن *المسئول* عن توصيف مهام وظيفتك.

وربما تطرح سؤالًا مثل: "متى أحصل على توصيف وظيفتي؟".

وربما يجيب رئيسك: "إنني أنتظر أن تحضر لي توصيفًا، ومن ثم يمكننا مناقشته".

"اعتقدت أن توصيف مهام وظيفتي هو دورك".

"إنه ليس دوري على الإطلاق. ألا تتذكر؟ فقد أخبرتك منذ البداية بأن قيامك بعملك يعتمد عليك اعتمادًا كبيرًا".

"اعتقدت أنك تقصد أن جودة عملي هي ما تعتمد عليَّ، ولكن لم أعلم أنك كنت تقصد توصيف وظيفتي".

إن عدم وضوح التوقعات في منطقة الأهداف تقوض أيضًا التواصل والثقة.

"لقد قمت بما طلبت مني على الوجه الأكمل، وها هو التقرير".

"لا أريد تقريرًا. الهدف كان حل المشكلة - لا تحليلها ووضع تقرير".

"كنت أعتقد أن الهدف هو التعامل مع المشكلة، ومن ثم يمكننا تفويض شخص آخر".

كم مرة تعرضت إلى هذا النوع من المحادثات؟

"أنت قلت...".

"كلا أنت مخطئ! لقد قلت...".

"لم تفعل! لم تقل أبدًا إنه من المفترض...".

"أوه، بل فعلت وقلت بوضوح...".

"إنك لم تذكر أبدًا...".

"لقد كان اتفاقنا...".

إن السبب وراء كل الصعوبات التي تواجه العلاقات يكمن في اختلاف التوضيحات أو غموضها فيما يتعلق بالأدوار والأهداف. وسواء كنا نتعامل مع مسألة من يفعل ماذا في العمل وكيف تتواصل مع ابنتك عندما تخبرها بأن عليها تنظيف حجرتها أو إطعام السمك أو إخراج القمامة، تأكد أن التوقعات الغامضة ستؤدي إلى سوء تفاهم وخيبة أمل وزعزعة الثقة.

وتتسم العديد من التوقعات بأنها ضمنية. فهي لا توضح ولا تقال علانية، ومع ذلك يصر الناس على تحقيقها في مواقف محددة. ولنأخذ الزواج مثالًا. فهناك رجل وامرأة كل منهما يتوقع ضمنيًّا أدوارًا محددة من الطرف الآخر. وعلى الرغم من أن هذه التوقعات لم تناقش أو حتى في بعض الأحيان لم يدركها الشخص نفسه أو يستوفها، فإن إشباعها يعد إيداعًا في العلاقة وانتهاكها يمثل انسحابًا.

ولهذا السبب من المهم للغاية عندما تخوض موقفًا جديدًا أن تضع جميع التوقعات على الطاولة. وسيحكم الناس على بعضهم البعض من خلال هذه التوقعات. وإذا شعروا بأن توقعاتهم الأساسية لم تستوف، فسيتلاشى مخزون الثقة لديهم. وأرى أننا نخلق العديد من المواقف السلبية لأننا ببساطة نفترض أن توقعاتنا واضحة وضوح الشمس، وأنه من السهل على الآخرين فهمها ومشاركتها.

إن الإيداع يعني توضيح التوقعات منذ البداية. وهذا يستلزم استثمار الوقت والجهد؛ ولكنه يوفر الكثير من الوقت والجهد بينما نتقدم على الطريق. فعندما تكون التوقعات مبهمة ولا يمكن مشاركتها تتغلب عواطف الناس عليها، ويتحول أبسط سوء تفاهم إلى جبل، ويتحول إلى صراعات شخصية وينهار التواصل.

وفي بعض الأحيان، يتطلب توضيح التوقعات الكثير من الشجاعة. فيبدو من الأسهل التعامل على أساس أن الخلافات لا وجود لها على أمل أن تتحسن الأمور في المستقبل، بدلًا من مواجهة الخلافات والعمل متكاتفين من أجل التوصل إلى مجموعة من التوقعات المشتركة المتفق عليها.

إظهار الأمانة الشخصية

تولد الأمانة الشخصية الثقة، وهي أساس العديد من الأنواع المختلفة للإيداع.

والافتقار إلى الأمانة يقوض كل الجهود المبذولة من أجل تحقيق رصيد كبير من الثقة. ويمكن للناس السعي من أجل فهم الأشياء الصغيرة وتذكرها والحفاظ على وعودهم وتوضيح التوقعات وتحقيقها؛ ولكنهم يفشلون في الحفاظ على مخزون الثقة إذا كانوا يعانون ازدواج الشخصية.

والأمانة تتضمن الصدق ولكنها تتجاوزه في المعنى. والصدق هو إخبار بالحقيقة - وبعبارة أخرى أن *تتوافق كلماتنا مع الواقع*. أما الأمانة فهي *إخضاع الواقع لكلماتنا* - وبعبارة أخرى الحفاظ على الوعود وتحقيق التوقعات. وهذا يتطلب شخصية متكاملة منسجمة مع نفسها ومع الحياة.

وإحدى أهم طرق إظهار الأمانة هي أن تكون *مخلصًا للأشخاص الغائبين*. وعندما تفعل هذا تبني ثقة عند الحاضرين. فعندما تدافع عن الغائبين تحافظ على ثقة الحاضرين.

ولنفترض أنني أنا وأنت نتحدث على انفراد وننتقد المشرف بأسلوب لا نجرؤ على الإتيان به في حضرته. والآن، ما الذى سيحدث لو تشاجرنا معًا؟ تعلم أنني سأناقش نقاط ضعفك مع شخص آخر؛ فهذا ما فعلناه عندما تحدثنا عن المشرف في غيبته. وبالطبع أنت تعرف أن أسلوبي هو استخدام حلو الكلام في وجهك، أما من وراء ظهرك فحدث ولا حرج - لقد رأيتني أفعل هذا من قبل.

هذا هو جوهر الازدواجية. هل هذا يبني رصيد الثقة بيني وبينك؟

ومن ناحية أخرى لنفترض أنك كنت على وشك الشروع في انتقاد المشرف وأخبرتك بأنني أوافق على بعض هذا الانتقاد واقترحت عليك أن نتوجه معًا إليه ونقدم عرضًا فعالاً حول الأشياء التي يمكن تحسينها. والآن، هل تعرف ما الذي سأفعله إذا انتقدك شخص ما أمامي ومن وراء ظهرك؟

وإليك مثالًا آخر، لنفترض أنني أبذل جهدًا لبناء علاقة معك وأخبرتك بشيء شاركني إياه شخص آخر لأنه يثق بي. وقد أقول لك: "أعلم أنه لا ينبغي عليّ أن أقول هذا ولكن لأننا أصدقاء...". هل خيانتي لشخص آخر تبني لي عندك رصيدًا في حساب الثقة؟ أو ربما تتساءل إن كنت قد شاركت الآخرين في الأشياء التي شاركتها معي من منطلق ثقتك بي؟

وتبدو هذه الازدواجية كأنك تقوم بعمل إيداع مع الشخص الذى أنت معه؛ ولكنك في الواقع تسحب من الرصيد لأنك توصل له افتقارك للأمانة. وربما تحصل على البيضة الذهبية، وهي السعادة المؤقتة نتيجة لإيقاعك بشخص ما أو متعة مشاركة المعلومة. ولكنك في الواقع تخنق الإوزة وتضعف العلاقة التي تقدم لك سعادة دائمة.

والأمانة في حقيقة الاعتماد بالتبادل هي ببساطة ما يلي: التعامل مع الجميع على أساس المبادئ ذاتها. وبينما تفعل هذا ستحظى بثقة الناس بك. وهم في البداية قد لا يقدرون تجارب المواجهة الصادقة التي تولدها هذه الأمانة؛ حيث تتطلب المواجهة قدرًا كبيرًا من الشجاعة، وقد يفضل العديد من الناس اختيار أضعف مقاومة أو التهميش أو الانتقاد أو خيانة الثقة أو مشاركة الآخرين النميمة. ولكن على المدى البعيد سيثق بك الناس ويحترمونك إذا بقيت صادقًا ومتفتحًا وعطوفًا معهم. وأنت

تهتم للآخرين بدرجة كافية حتى تواجههم. ولقد قيل إن فوزك بالثقة أهم بكثير من أن تكون محبوبًا. وأنا مقتنع أنه على المدى البعيد من يحظى بالثقة سيكون محبوبًا.

عندما كان ابني جوشوا صغيرًا كان يسألني دائمًا سؤالًا روحيًّا عميقًا. فكلما كنت أبالغ في رد الفعل تجاه شخص آخر أو أبدو نافد الصبر أو فظًّا كان يتأذى وكان صادقًا معي وكانت علاقتنا جيدة للغاية حتى إنه كان ينظر في عيني ويقول "أبي، هل تحبني؟". فإذا اعتقد أنني خرقت مبدأ أساسيًّا من مبادئ الحياة مع شخص آخر فإنه كان يتساءل هل سأتعامل معه بالمثل.

وبصفتي معلمًا ووالدًا اكتشفت أن مفتاح التسعة وتسعين هو الواحد - خاصة الواحد الذى يختبر صبر الكثيرين وحس الفكاهة لديهم. وحب طالب واحد وانضباطه، الطفل الواحد، يوصل الحب للجميع. وطريقة تعاملك مع الواحد هي التي تكشف لك كيف تتعامل مع التسعة وتسعين بالمائة، لأن الكل واحد.

ويقصد بالأمانة أيضًا تجنب أي تواصل خادع والمراوغة أو الحط من كرامة البشر. وطبقًا لأحد تعريفات الكلمة "الكذب هو أي تواصل بنية الخداع". وسواء تواصلنا باستخدام الكلمات أو السلوك فطالما كانت الأمانة موجودة فلا يمكن لنوايانا أن تكون خادعة.

اعتذر من أعماقك عندما تجري سحبًا

عندما تسحب من حسابك في بنك الأحاسيس لا بد أن تعتذر وينبغي أن يكون هذا الاعتذار صادقًا ونابعًا من أعماقك. وأعظم الإيداعات تأتي من الكلمات الصادقة:

"لقد كنت مخطئًا".

"لقد كان تصرفًا سيئًا مني".

"لم أظهر لك أي احترام".

"لم أحافظ على كرامتك، وأنا شديد الأسف حيال هذا".

"لقد أحرجتك أمام أصدقائك، وما كان ينبغي عليّ فعل هذا. حتى لو أردت إثبات وجهة نظري ما كان ينبغي أن يكون بهذه الطريقة. أنا آسف".

والاعتذار الفوري النابع من القلب وليس بدافع الشفقة يتطلب شخصية قوية. ولا بد أن يمتلك الإنسان زمام نفسه ويكون لديه حس عميق بالأمن فيما يتعلق بالمبادئ والقيم حتى يستطيع تقديم اعتذار صادق.

أمــا النـاس الذين لا يشعرون بالأمن الداخلي فلا يستطيعون تقديم الاعتذار؛ فهو يجعلهـم عرضة للتأذي. وهم يشعرون بـأن الاعتذار يظهرهم بمظهر الشخص اللين والضعيـف، فينتابهم الخوف من استغلال الآخريـن لضعفهم. وهذا النوع من الناس يبنـي إحساسه بالأمن على أساس رأي النـاسـ فيه، ويشعر بالقلق حيال ما قد يعتقده الآخـرون بـه. وبالإضافة إلى ذلك، هم عادة ما يشعرون بـأن ما يفعلونه له ما يبرره، ويبـررون أخطاءهم باسم أخطاء الآخرين، وحتى إذا ما قدموا اعتذارًا يكون سطحيًّا شكلًا وموضوعًا.

وتقول الحكمة الشرقية "إذا كنت ستنحني فلتكن انحناءة كبيرة". وتقول الحكمة القديمة "ادفع كل فلس تمتلكه". ولكي يودَع الاعتذار ينبغي أن يكون صادقًا، ولا بد أن يراه الآخرون بوصفه صادقًا.

ويعلمنا ليو روسكين قائلًا: "إن الضعيف هو القاسي. فلا يمكن انتظار الرقة سوى من شخص قوي".

في ظهيرة أحد الأيام كنت بمكتبي أكتب عن موضوع الصبر وكنت أسمع الصبية وهم يركضون في الردهة محدثين جلبة كبيرة، وبدأ صبري ينفد.

وفجـأة بدأ ابني ديفيد في الطرق بشدة على بـاب الحمام والصراخ بكل ما أوتي من قوة "دعيني أدخل! دعيني أدخل".

اندفعـت خـارج مكتبـي وتحدثـت إليـه بحـدة: "ديفيد، هـل تفكر إلـى أي مدى تزعجنـي؟ هل تعلم ما مدى صعوبة التركيز لتكتب بأسلوب إبداعي؟ والآن اذهب إلى غرفتـك ولا تخرج منها حتى تتعلم كيف تحسـن التصرف"، فاتجه إلى غرفته بخيبة أمل وضيق وصفق الباب خلفه.

وبينما كنـت أستدير أدركت وجود مشكلة أخـرى. إن الأطفال كانوا يلعبون الكرة فـي الردهة التـي يبلغ عرضها أربـع أقدام، وأحـد الصبية تلقى ضربـة في فمه من مرفق أحدهم. وكان يرقد في الردهة وينزف من فمه واكتشفت أن ديفيد كان يحاول إحضار منشفة مبللة من الحمام. ولكن شقيقته ماريا كانت تستحم ولم تفتح الباب.

وعندمـا أدركت إلـى أي مدى أسأت تفسيـر الموقف، وأنني بالغـت في رد الفعل توجهت إليه فورًا وقدمت له اعتذاري.

وعندما فتحت باب حجرته بادرني قائلًا: "لن أسامحك أبدًا".

فأجبتـه: "لماذا يا حبيبـي. بأمانة لم أدرك أنك كنت تحـاول مساعدة شقيقك. لماذا إذن لن تسامحني؟".

فأجابنـي: "لأنك فعلت الشيء ذاته الأسبوع الماضي". وبعبارة أخرى كان يحاول أن يقـول لي: "أبي، لقد استنفدت رصيدك. وأنـت لن تهرب من المشكلة التي أوقعت نفسك فيها".

إن الاعتـذارات الصادقة هي إيداعـات. ويفسر الاعتذار المتكرر بأنه غير صادق واستنفاد للرصيد - لكن جودة العلاقة تعكسه.

إن ارتـكاب خطـأ ما هو أمر مختلف تمامًا عن الاعتراف بـه. ويتسامح الناس مع الأخطـاء؛ لأنها عـادة ما تكون نتاج العقل، مثـل الأخطاء في إصـدار الأحكام؛ ولكن النـاس لا يتسامحـون بسهولة مـع أخطاء القلـب والنوايـا الخبيثة والدوافـع السيئة والتبرير للخطأ الأول.

قوانين الحب وقوانين الحياة

عندما نودع في رصيد الحب غير المشروط وعندما نعيش قوانين الحب الأساسية نشجـع الآخرين علـى معايشة قوانين الحياة الأساسية. وبعبـارة أخرى، عندما نحب الآخرين حبًّا صادقًا دون شروط أو قيود، فإننا نساعدهم على الشعور بالأمن والأمان ومعرفـة حقيقة قيمتهـم وهويتهم وتكاملهـم والثقة بها، كذلك نشجـع عملية نموهم الطبيعيـة. ونساعدهـم على معايشة قوانيـن الحياة - التعـاون والإسهام والانضباط والأمانـة - واكتشـاف أفضـل مـا بداخلهم. ونحـن نمنحهـم حرية التصـرف وفقًا لاحتياجاتهـم الداخلية الملحة بدلًا مـن الاكتفاء برد الفعل وفقًـا لظروفنا ولقيودنا. وهــذا لا يعنـي أن نتحول إلى أشخاص متساهلين أو لينـي العريكة، فهذا في حد ذاته انسحاب فوضوي. لذا، علينا أن نقدم المشورة ونقدم مبررات ونضع حدودًا وعواقب، ولكن في إطار حب غير مشروط.

وعندمـا ننتهـك القوانيـن الأساسية للحب - وعندمـا نقيد هذه الهبـة بالحدود والظروف - نشجع الآخرين على انتهاك قوانين الحياة الأساسية، ونضعهم في موقف الاكتفـاء برد الفعل وموقف الدفاع؛ حيث يشعرون بأن عليهم إثبات "أنا مهم بصفتي شخصًا مستقلًّا عنك".

وهم في الواقع ليسوا مستقلين بل يتبعون أسلوب الاعتماد المضاد، وهو شكل آخر من أشكال الاعتماد، ويأتي في ذيل سلسلة تدرج النضج. ويتحولون إلى أشخاص انفعاليين، وغالبًا ما يتمحورون حول مبدأ العدو، ويكون شغلهم الشاغل هو الدفاع عن "حقوقهم"، وإبراز أدلة على فرديتهم بدلًا من الاستماع المبادر إلى أهدافهم الداخلية وتكريمها.

والتمرد هو مشكلة في القلب لا العقل. والحل هو الإيداع - الإيداع المستمر في رصيد الحب غير المشروط.

* * *

كان لي صديق يعمل عميدًا لكلية راقية للغاية*، وقد خطط لسنوات وجمع المال من أجل إتاحة الفرصة لابنه للالتحاق بهذه المؤسسة، ولكن عندما حان الوقت رفض الابن الذهاب.

وهذا الأمر أحزن الوالد كثيرًا؛ فقد كان يرى أن تخرج ابنه في هذه الكلية سيمثل دعمًا كبيرًا له، إلى جانب أن هذا من تقاليد العائلة على مر ثلاثة أجيال سابقة لابنه. وتوسل الأب لابنه وجادله كثيرًا وحاول أيضًا الاستماع إلى الابن ليفهمه - فعل هذا كله على أمل أن يغير ابنه رأيه.

وكانت الرسالة الضمنية التي أحدثت المشكلة هي الحب غير المشروط. فقد شعر الابن بأن رغبة والده في إلحاقه بهذه المدرسة تفوق قيمته هو كشخص وابن، الأمر الذي كان مصدرًا للتهديد. ونتيجة لذلك حارب من أجل هويته وصدقه وحارب بهما. وزاد من جهوده لإضفاء المنطق على قراره بعدم الالتحاق بالكلية.

وبعد عدة محاولات قرر الأب أن يضحي - ليفوز الحب غير المشروط. فقد عرف أن ابنه قد يختار أشياءً مختلفة عن رغباته، ومع ذلك فقد قرر هو وزوجته أن يكون حبهما لابنهما غير مشروط بغض النظر عن اختياره. وكم كان هذا الأمر صعبًا للغاية؛ لأن أمر تعليمه كان محببًا لقلبيهما؛ ولأنه شيء خططا له وعملا على تحقيقه منذ ولادة ابنهما.

وقد خاض الأب والأم تجربة مريرة لإعادة كتابة النص، وكافحا من أجل فهم طبيعة الحب غير المشروط. وحاولا الإفصاح للابن ماذا كانا يفعلان ولماذا، وأخبراه بأنهما وصلا إلى النقطة التي يمكن عندها القول إن أي قرار سيتخذه

---

* تم تغيير بعض تفاصيل هذه الحكاية لحماية خصوصية أصحابها.

لـن يؤثـر أبـدًا على حبهمـا غيـر المشروط لـه. ولم تكن هـذه محاولـة للتلاعب به أو محاولة "لإعادة تشكيله"، بل كانت امتدادًا منطقيًّا لنموهما وشخصيتهما.

ولم يتلقيا من الولد أية استجابة في حينها، ولكن بسبب المنظور الفكري المتكون لـدى الوالدين، وهو الحب غير المشروط، لم تؤد سلبيته تلك إلى إحداث أي فرق في شعورهما تجاهه. وبعد أسبوع أخبر الولد والديه بأنه قرر عدم الالتحاق بالكلية، ولقد كانا مستعدين تمامًا لهذا الرد وواصلا التعامل معه من منطلق الحب غير المشروط. واستقرت الأمور وسارت الحياة في مجراها الطبيعي.

وبعد وقت قصير حدث أمر مثير. فلم يعد الصبي يشعر بأنه في موضع المدافع، فقـد بحث في أعماقه، ووجد أنه يود بالفعـل خوض هذه التجربة التعليمية. لذا، قدم طلب التحاق ثم أخبر والده - والذي تعامل معه أيضًا من منطلق الحب غير المشروط عندما تقبل قرار ابنه بصدر رحب. وكان صديقي سعيدًا ولكن ليس مبالغًا في الشعور بالسعادة لأنه تعلم الحب بدون شروط.

وذات مـرة ألقـى داج هامارشولـد الأمين العـام السابق للأمـم المتحدة خطابًا شامـلًا ورائعًا قال فيه: "من الأفضل أن تكرس نفسك لشخص واحد بدلًا من العمل الشاق من أجل إنقاذ الجماهير".

ولقـد استشهـدت بهذه الكلمـات لأوضح أنـه بإمكاني تخصيص ثمانـي أو عشر ساعات أو اثنتي عشرة ساعة في اليوم لمدة خمسة أو ستة أو سبعة أيام في الأسبوع، لخدمـة آلاف النـاس والعمل على الكثير مـن المشاريع "هنـاك"؛ ولكنني لن أحظى بعلاقـة عميقـة ذات معنى مـع زوجتي وابني المراهـق ومع زملاء العمـل المقربين. وقـد يتطلب الأمر المزيد من نبل الشخصيـة - مزيدًا من التواضع والشجاعة والقوة - لإعـادة بنـاء هذه العلاقة الواحـدة بدلًا من قضـاء هذه الساعات مـن أجل هؤلاء الأشخاص وقضاياهم.

وخلال الأعوام الخمسة والعشرين التي أمضيتها في تقديم المشورة للمؤسسات، ظلـت هـذه العبـارة القوية تبهرنـي. وتنشـأ العديـد من المشـكلات التـي تواجهها المؤسسـات من الصعوبات التي تواجه العلاقات في المستويات العليا - بين شريكين فـي شركة متخصصة، بين المالك ورئيس الشركـة وبين رئيس الشركة ونائب رئيس الشركـة التنفيذي. والأمـر يتطلب بالفعـل شخصية نبيلة لمواجهة هـذه المشكلات وحلها، بدلًا من مواصلة العمل الجاد في المشروعات ومن أجل الآخرين.

وأول مـرة قـرأت فيها عبارة هامارشولد كنت أعمل فـي مؤسسة وكانت التوقعات بينـي وبيـن الشخص الـذى يعتبر ذراعـي اليمنى غيـر واضحة. وببساطـة لم أتحل بالشجاعـة الكافية لمواجهة اختلافاتنا فيما يتعلق بـأدوار وأهداف التوقعات والقيم ولاسيمـا أساليب الإدارة. لذلك ولعـدة أشهر انتهجت أسلوب الحل الوسط لتجنب ما قـد يصبـح مواجهة سيئة. وطوال هذه المدة كانت تنمـو بداخل كل واحد منا مشاعر سيئة.

وبعـد قراءة هذه العبارة أدركت أنه من الأفضل تكريس نفسي *لشخص واحد* بدلًا مـن العمل الشاق من أجل إنقاذ الجماهير، وقد تأثـرت للغاية بفكرة إعادة بناء هذه العلاقة.

وكان علـي إعـداد نفسي لما سيحدث لأننـي كنت أعرف أنه مـن الصعب حل ما بيننـا من مشكلات، والتوصـل إلى تفاهم والتزام عميق وموحـد. وتذكرت أنني كنت متخوفـًا مـن هذه الزيـارة. فقد بدا رجلًا قاسيًـا وكان هذا جليًّا فـي طريقته ونظرة عينيـه، ولكنني كنت فـي حاجة إلى قوته وقدراته، وكنت أخشـى أن تعرض المواجهة علاقتنا للخطر وتكون النتيجة فقدان تلك القوة.

لـذا، تدربت في عقلي على هذه الزيارة المرتقبـة، وركزت على المبادئ بدلًا من التـدرب علـى ما سأفعل وأقول. ولقـد شعرت ببعض من الهـدوء العقلي لأنني تحليت بشجاعة التواصل.

وعندمـا التقينا كان الأمر مفاجـأة بالنسبة لي؛ حيث اكتشفت أن الرجل كان يمر بما مررت به وأنه كان يتوق لهذه المحادثة، ولم يكن قاسيًا أو دفاعيًّا.

ومـع ذلك، كان أسلوب كل منا في الإدارة مختلفًا، وكانت المؤسسة بأكملها تعاني جراء هذه الاختلافات. ولقد تعرفنا معًا على المشكلات التي تسببت اختلافاتنا فيها. وبعـد زيارات متعددة تمكنا من مواجهة المشكلات العميقة ووضعناها أمامنا وعملنا علـى حلها واحدة تلو الأخرى في جو تسوده روح عالية من الاحترام المتبادل. وغدونا قادريـن على تكوين فريق تكميلي قوي وحب شخصي عميق أضاف الكثير إلى قدرتنا على العمل الفعّال معًا.

إن خلـق الوحدة الضرورية لإدارة عمل أو أسـرة أو زواج ناجح يتطلب قدرًا كبيرًا من قوة الشخصية والشجاعة. ولا يمكن لأي مقدار من المهارة الإدارية في العمل مع الجمهـور أن تعوض الافتقار إلى نبـل الشخصية عندما يتعلق الأمر بتنمية العلاقات.

فمن المهم أن نعيش قوانين الحب والحياة الأساسية عندما نتعامل على مستوى فردين.

مشكلات (إ) هي فرص (ق إ)

ولقد علمتني هذه التجربة أيضًا منظورًا فكريًّا آخر قويًّا يتعلق بالاعتماد بالتبادل. وهو خاص بأسلوب نظرتنا للمشكلات. لقد أمضيت شهورًا في محاولة تجنب المشكلة، لأنني أراها مصدرًا للقلق وعقبة تعترض الطريق وتمنيت أن أجد مهربًا منها. ولكن تبين فيما بعد أن هذه المشكلة هي التي خلقت فرصة بناء علاقة عميقة مكنتنا من العمل معًا كفريق متكامل قوي.

وأرى أنه في كل موقف يحدث فيه اعتماد متبادل فإن كل مشكلة في (إ) هي فرصة (ق إ) - فرصة تكوين رصيد في بنك الأحاسيس الذى يؤثر تأثيرًا واضحًا على إنتاج الاعتماد بالتبادل.

وعندما ينظر الآباء إلى مشكلات أطفالهم على أنها فرص لبناء علاقات بدلًا من النظر إليها على أنها عبء سلبي مقلق، ستتغير طبيعة التفاعل بين الأطفال والآباء. ويصبح الآباء أكثر استعدادًا، بل سوف يتملكهم الفضول لفهم أطفالهم فهمًا أفضل ومساعدتهم. وعندما يلجأ الطفل لوالديه بمشكلة بدلًا من التفكير "يا إلهي، لا أريد مشكلة أخرى" يصبح منظورهم الفكري هو "إنها فرصة عظيمة بالنسبة لي لمساعدة طفلي واستثمار العلاقة". وتتغير العديد من التفاعلات من مجرد صفقات إلى فرص للتحول والتغير، وتتولد روابط الحب والثقة عندما يشعر الأطفال بتقدير آبائهم لمشكلاتهم والتعامل معهم كأفراد.

وهذا المنظور الفكري ناجح في مجال العمل أيضًا. فقد حظيت سلسلة أحد المتاجر من منطلق هذا المنظور الفكري بولاء العملاء. ففي أي وقت يدلف العميل إلى المتجر ويعاني مشكلة كبيرة كانت أو صغيرة يتوجه إليه الموظفون من فورهم لأنهم يرونها فرصة عظيمة لبناء علاقة قوية مع العميل، ويستجيبون بسعادة وبرغبة إيجابية من أجل حل المشكلة وإسعاد العميل. وهم يتعاملون مع العميل بتسامح واحترام ويقدمون تلك الخدمة الإضافية، ومن ثم لن يفكر العملاء في التوجه إلى مكان آخر.

وعندما ندرك أن التوازن بين (إ) - و (ق إ) ضروري من أجل فعالية الاعتماد بالتبادل، يمكننا تقدير المشكلات باعتبارها فرصًا لزيادة (ق إ).

عادات الاعتماد بالتبادل

عندما نضع المنظور الفكري لحساب بنك الأحاسيس في حسباننا سنكون مستعدين للانطلاق إلى عادات النصر الجماعي، أي النجاح في العمل مع الآخرين. وبينما نقوم بهذا نرى هذه العادات وهي تعمل معًا لخلق اعتماد متبادل فعّال. ويمكننا أن نلاحظ أيضًا إلى أي مدى تكون النماذج السلوكية والفكرية محفورة بداخلنا.

وبالإضافة إلى هذا يمكننا أن نرى من مستوى أعمق أن الاعتماد بالتبادل الفعّال لن يحققه إلا الناس المستقلون فقط. ومن المستحيل تحقيق نصر جماعي من خلال تقنيات "مفاوضات مكسب/مكسب" أو أساليب "الاستماع الانعكاسي" أو تقنيات "الحلول الخلاقة للمشكلات" التي تركز على الشخصية وتختزل أساس الشخصية الحيوية.

والآن، لنركز تركيزًا عميقًا على كل عادة من عادات النصر الجماعي.

العادة ٤:
فكر بالمنفعة المتبادلة®

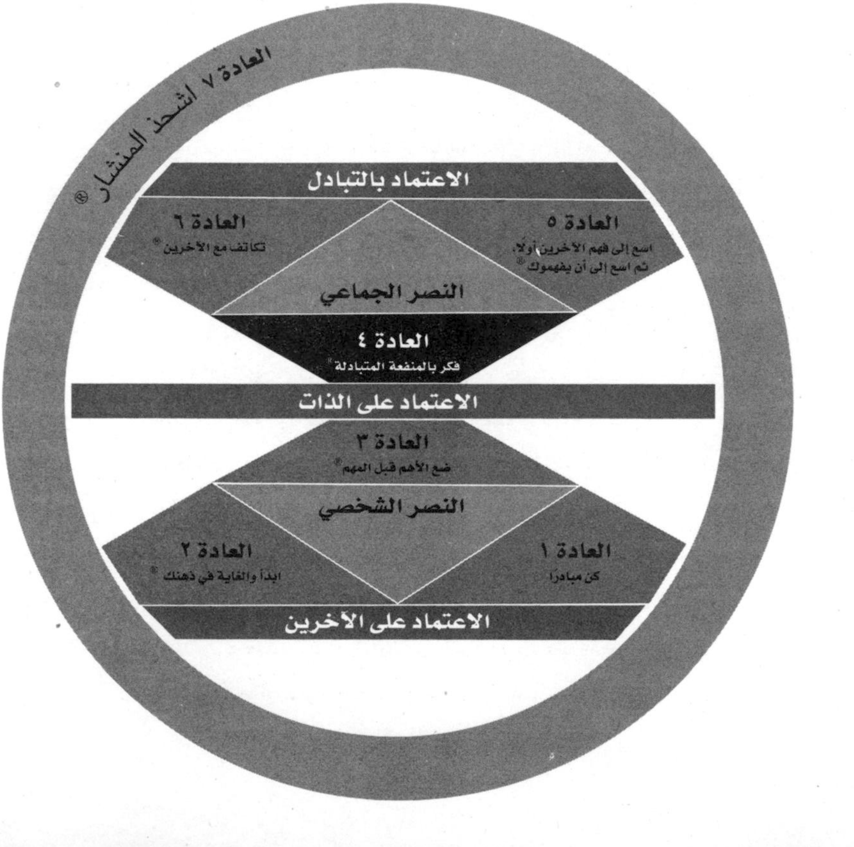

مبادئ القيادة الاجتماعية

لقد حفظنا القاعدة الذهبية في الذاكرة،
والآن فلنلتزم بها في الحياة.

إدوين مارخام

طلب مني ذات مرة العمل في شركة رئيسها كان مهمومًا للغاية لافتقار العاملين للتعاون فيما بينهم.

وقال لي: "إن مشكلتنا الأساسية يا ستيفن هي الأنانية؛ فالجميع لا يرغبون في التعاون مع بعضهم البعض، وأنا على يقين أنهم لو تعاونوا لزاد إنتاجنا. هل تستطيع مساعدتنا على وضع برنامج للعلاقات الإنسانية يساعدنا على حل هذه المشكلة؟".

فسألته. "هل تكمن مشكلتك في الناس أم في المنظور الفكري؟".

فأجابني: "حاول أن تكتشف بنفسك".

وهذا ما فعلت - فاكتشفت أنانية حقيقية، وعدم استعداد للتعاون، ومقاومة للسلطة، وتواصلًا دفاعيًّا. ورأيت أن حساب بنك الأحاسيس مسحوب بالكامل، مما أسفر عن تدني مستوى الثقة. ولكنني طرحت هذا السؤال.

فقلت مقترحًا عليه: "لننظر في الأمر بعمق. لماذا لا يتعاون العاملون لديك؟ ما هي مكافأة عدم التعاون؟".

فأجابني: "لا توجد مكافأة نظير عدم التعاون، بل توجد مكافآت مجزية نظير التعاون".

فسألته: "حقًّا؟!". وخلف إحدى الستائر الموجودة على الجدران رأيت صورة لعدد من خيل السباق مصطفة على المضمار، وعلى وجه كل واحد منها وضعت صورة

لأحد المديرين العاملين لديه بالشركة. وفي نهاية المضمار كانت هناك صورة رائعة لجزر برمودا، إنها صورة مثالية للسماء الزرقاء والسحب الناعمة وزوجين تتشابك أيديهما في رومانسية رائعة يسيران على رمال الشاطئ البيضاء.

ومرة كل أسبوع كان هذا الرجل يُحضر جميع العاملين إلى مكتبه ليحدثهم عن التعاون. "لنعمل معًا وسنجني الكثير من المال"، ثم يدفع الستارة ليريهم اللوحة. ويستطرد قائلًا: "والآن، من منكم سيربح رحلة إلى جزر برمودا؟".

كان الأمر يشبه أن تطلب من زهرة أن تنمو بينما تروي زهرة أخرى، وكأنك تقول: "سنستمر في فصل العاملين حتى تتحسن أخلاقهم". لقد رغب هذا الرجل في تحقيق التعاون، وأراد من الموظفين أن يعملوا معًا ويشاركوا الأفكار ويحققوا جميعًا أقصى استفادة من الجهود، ولكنه وضعهم في منافسة مع بعضهم البعض، وكان نجاح أحد المديرين يعني فشل الآخرين.

ومشكلة هذه الشركة - مثلها مثل العديد من المشكلات التي تنشأ بين الناس في العمل والمنزل وفي العلاقات الأخرى - أساسها وجود عيب في المنظور الفكري. كان المدير يحاول جني ثمار التعاون من خلال المنظور الفكري للمنافسة. وعندما لم ينجح أراد أسلوبًا أو برنامجًا أو حلًا سريعًا أو ترياقًا يجعل الموظفين متعاونين.

ولكنك لا تستطيع تغيير الثمرة ما لم تغير الجذر. والعمل على السلوك والتوجهات يشبه اقتلاع الأوراق بعنف. لذا، بدلًا من هذا ركزنا على الوصول إلى التفوق على المستوى الشخصي والمؤسسي بطريقة مختلفة تمامًا تعتمد على تطوير المعلومات ونظام المكافآت من أجل تعزيز قيمة التعاون.

وسواء كنت مديرًا لشركة أو بوابًا، فإن اللحظة التي تنتقل فيها من الاعتماد على الذات إلى الاعتماد بالتبادل هي اللحظة التي تنتقل فيها إلى دور القيادة. وتصبح في وضع يسمح لك بالتأثير على الآخرين. أما العادة التي تعزز فاعلية القيادة الجماعية فهي التفكير بمبدأ المكسب/المكسب.

ستة منظورات فكرية للتفاعل الإنساني

تحقيق منفعة للجميع (مبدأ المكسب/المكسب) ليس أسلوبًا، بل فلسفة كاملة للتفاعل البشري. وفي الحقيقة، هو واحد من ستة منظورات فكرية للتفاعل. أما المنظورات الفكرية البديلة فهي المكسب/الخسارة، والخسارة/المكسب، والخسارة/الخسارة، والمكسب، والمكسب/المكسب، أو لا اتفاق.

- المكسب/المكسب
- الخسارة/الخسارة
- المكسب/الخسارة
- المكسب
- الخسارة/المكسب
- المكسب/المكسب أو لا اتفاق

المكسب/المكسب

المكسب/المكسب هو إطار للعقل والقلب يسعى دائمًا لتحقيق فائدة مشتركة في جميع التفاعلات الإنسانية. ويقصد بالمكسب/المكسب الاتفاقيات أو الحلول التي تعود بمنفعة مشتركة وتحقق رضا الجانبين. وفي ظل حل المكسب/المكسب يشعر جميع الأطراف بشعور جيد حيال القرارات التي تم اتخاذها وكذلك بالالتزام بخطة العمل. والمنظور الفكري لتحقيق المنفعة للجميع (المكسب/ المكسب) يرى الحياة ساحة تعاونية لا تنافسية. وينزع معظم الناس إلى التفكير على أساس الفروق والاختلافات: القوة أو الضعف، التصميم أو لين الجانب، المكسب أو الخسارة. ولكن هذا النوع من التفكير معيب في الأساس؛ فهو يقوم على أساس قوة الموقف لا قوة المبدأ. والمكسب/المكسب هو منظور فكري متاح للجميع، فلا يتحقق نجاح الفرد على حساب نجاح الآخرين أو بالتخلص منه.

المكسب/المكسب هو الإيمان بالبديل الثالث. فلن يسير الأمر وفقًا لأسلوبي أو أسلوبك بل سيسير وفقًا لأسلوب *أفضل*، وأسلوب أعلى.

المكسب/الخسارة

أحد بدائل المكسب/المكسب هو المكسب/الخسارة، وهو المنظور الفكري الخاص بالتنافس من أجل رحلة جزر برمودا. وهو يقوم على أساس "إذا كسبت أنا، خسرت أنت".

وفيما يتعلق بأسلوب القيادة، يعتبر المكسب/الخسارة أسلوبًا سلطويًا "سوف تسير الأمور وفقًا لطريقتي، لا طريقتك". إن معتنقي أسلوب المكسب الخسارة عرضة لاستخدام موقعهم أو سلطتهم أو إنجازاتهم أو ممتلكاتهم أو شخصياتهم ليصلوا إلى ما يريدون.

والمكسب/الخسارة هو منظور فكري محفور في عقل معظم الناس منذ لحظة ميلادهم. فأولى وأهم القوى المؤدية إلى تكون هذا المنظور هو الأسرة فعندما تعقد مقارنة بين طفل وآخر - عندما يمنح الصبر أو التفاهم أو الحب أو يسحب على

أساس هذه المقارنات - يغرق الناس في التفكير على أساس المكسب الخسارة. عندما يكون الحب مشروطًا وعندما يتعين على الشخص كسب الحب، فما يصل إليه هو أنه في حد ذاته لا يمثل أية قيمة وأنه غير محبوب؛ أي أن القيمة لا تكمن بداخله بل في الخارج، وأنها تخضع للمقارنة مع شخص آخر أو مشروطة ببعض التوقعات.

ما الذي يصيب عقلًا وقلبًا صغيرين - ما زالا ضعيفين وعرضة للإيذاء - واللذين يعتمدان اعتمادًا كليًّا على دعم الآباء وقوة مشاعرهم، عندما يواجهان بهذا الحب المشروط؟ يتشكل الطفل ويتبرمج عقله على أساس المكسب/الخسارة.

"لو كنت أفضل من شقيقي سيحبني والداي أكثر منه".

"إن والديَّ لا يحبانني بقدر شقيقتي. لا بد أنني لا أحظى بنفس قيمتها".

ثمة عامل آخر قوي التأثير هو مجموعة الأقران. في البداية، يرغب الطفل في قبول والديه ثم قبول أقرانه، سواء كانوا أشقاءه أو أصدقاءه. وكلنا يعلم مدى قسوة الأقران في بعض الأحيان. فهم غالبًا ما يبنون قبولهم أو رفضهم بالكامل على أساس التوافق مع توقعاتهم ومعاييرهم، مما يعمق مبدأ المكسب/الخسارة.

ويعزز العالم الأكاديمي مبدأ المكسب/الخسارة، حيث يقر منحنى توزيع الدرجات العادي أنك تحصل على "امتياز" - لأن شخصًا آخر حصل على "مقبول". وهذا يفسر قيمة الفرد على أساس مقارنته بالآخرين. ولا أحد يقدر أو يعترف بالقيم الداخلية؛ حيث يهتم الجميع بالقيم الخارجية.

"كم هو رائع أن نراك في اجتماع مجلس الآباء والمعلمين. لا بد أنك فخور بابنتك كارولين؛ فهي ضمن أفضل عشرة تلاميذ".

"هذا يسعدني".

"ولكن ابنك جوني في مشكلة لأن مستواه متدن".

"حقًّا؟ هذا فظيع! كيف يسعني التصرف حيال هذا الأمر؟".

ما لا يخبرك به هذا النوع من المعلومات المقارنة هو أن جون ربما يبحر في الدراسة مستخدمًا محركاته الثمانية جميعها في حين تبحر كارولين مستخدمة أربعة محركات فقط. ولكن الناس لا يصنفون وفقًا لإمكانياتهم المحتملة أو وفقًا لاستخدامهم الكامل لقدراتهم الحالية، بل يصنفون بمقارنتهم بالآخرين. والدرجات هي حاملات القيمة الاجتماعية، وهي التي تفتح أبواب الفرص أو تغلقها. وتكمن المنافسة لا التعاون في لب العملية التعليمية. ففي الواقع غالبًا ما يتم الربط بين التعاون والغش

وأحد العوامل الأخرى المبرمجة القوية هي الرياضة، لا سيما بالنسبة للشباب في مرحلة الدراسة الثانوية أو سنوات الدراسة الجامعية. فهي غالبًا ما تكون منظورًا فكريًّا أساسيًّا مفاده أن الحياة مباراة كبيرة يكسب فيها أحد الطرفين ويخسر الطرف الآخر. وفي ساحة الرياضة "المكسب" لطرف هو "هزيمة لطرف آخر".

ثمة عامل آخر هو القانون. فنحن نعيش في مجتمع تكثر به النزاعات؛ لذا فإن أول شيء يفكر فيه العديد من الناس عندما يقعون في المتاعب هو مقاضاة شخص ما وأخذه إلى ساحات المحاكم، أي تحقيق "المكسب" على حساب شخص آخر. ولكن العقول الدفاعية ليست مبدعة ولا متعاونة.

ومما لا شك فيه أننا في حاجة إلى قانون وإلا تدهور المجتمع، ويمثل القانون طوق النجاة ولكنه لا يصنع تعاونًا. وأفضل النتائج التي تتمخض عنه هو التوصل إلى تسوية. ويقوم القانون على أساس مفهوم خلافي. وأحدث التوجهات الحالية هي حث وتشجيع المحامين وكليات الحقوق على التركيز على المفاوضات السلمية، أي أساليب المكسب/المكسب (وتحقيق المنفعة للجميع)، واستخدام المحاكم الخاصة قد لا يقدم حلًّا كاملًا؛ ولكنه يعكس وعيًا متناميًا بالمشكلة.

ومن المؤكد أن هناك مكانًا لمبدأ المكسب/الخسارة في التفكير التنافسي وفي المواقف التي تنعدم فيها الثقة. ولكن الحياة ليست كلها منافسة. ولا ينبغي علينا أن نعيش كل يوم في منافسة مع الزوج والأطفال والعمال والجيران والأصدقاء؛ فهذا السؤال "من الرابح في زواجك؟" يعد سؤالًا سخيفًا؛ لأنه لو لم يفز الشخصان فهما خاسران.

وتتطلب الحياة في معظمها الاعتماد بالتبادل؛ لا الاستقلال. وتعتمد معظم النتائج التي تود تحقيقها على التعاون بينك وبين الآخرين. وتفكير المكسب/الخسارة يفسد هذا التعاون.

الخسارة / المكسب

بعض الناس مبرمجون بالطريقة العكسية الخسارة/المكسب.

"أنا أخسر أنت تكسب".

"هيا تفضل، إنك أنت الآمر الناهي".

"هيا هاجمني، فالجميع يفعل هذا".

"أنا فاشل، وسأكون فاشلًا دائمًا".

"أنا صانع سلام وسأفعل أي شيء من أجل الحفاظ على السلام".

إن الخسارة/المكسب أسوأ من المكسب/الخسارة لأنه لا مقاييس له - ولا مطالب ولا توقعات ولا رؤية. والناس الذين يفكرون على أساس الخسارة/المكسب عادة ما يسهل إرضاؤهم أو تهدئتهم. وهم يستمدون قوتهم من شعبيتهم أو قبولهم لدى الآخرين. وهم لا يتحلون بالقدر الكافي من الشجاعة الذي يمكنهم من التعبير عن أحاسيسهم ومعتقداتهم، ويشعرون بالرهبة بسهولة نتيجة للأنا القوية لدى الآخرين.

وفي المفاوضات، يمثل مبدأ الخسارة/المكسب الاستسلام، وفي القيادة يمثل التساهل. ويقصد بالخسارة/المكسب أن تكون إنسانًا طيبًا حتى لو كان "الطيبون يصلون متأخرين".

والناس الذين يعتنقون مبدأ المكسب/الخسارة يحبون الناس الذين يعتنقون مبدأ الخسارة/المكسب لأنهم يتغذون عليهم؛ فهم يعشقون ضعفهم الذي يكمل قوتهم، ويقومون باستغلالهم.

ولكن المشكلة هي أن أصحاب مبدأ الخسارة/المكسب يخفون بداخلهم الكثير من الأحاسيس. والأحاسيس التي لا يتم التعبير عنها لا تموت أبدًا، بل تدفن حية وتظهر لاحقًا بطرق أكثر قبحًا. والأمراض الجسدية نفسية - وخاصة أمراض الجهاز التنفسي والعصبي والجهاز الدوري - هي البعث الثاني للمقت والبغض المتراكم وخيبة الأمل الكبيرة والتوهم والتي يقمعها مبدأ الخسارة/المكسب. وتظهر المشاعر المكبوتة أيضًا في صور أخرى مثل الغضب الشديد والمبالغة في رد الفعل تجاه توافه الأمور والتشاؤم وغيرها.

والناس الذين يدأبون على كبت مشاعرهم بدلًا من تحويلها إلى معان أكبر يكتشفون أنها تؤثر على تقديرهم لذواتهم وجودة علاقاتهم بالآخرين.

ويمثل كل من مبدأ المكسب/الخسارة ومبدأ الخسارة/المكسب أوضاع ضعف تقوم على أساس انعدام الإحساس بالأمن الشخصي. وعلى المدى القصير سينتج عن مبدأ المكسب/الخسارة نتائج أكثر؛ لأنه يتغذى على قوى ومواهب الناس الذين يعتلون القمة. أما مبدأ الخسارة/المكسب فهو نموذج للضعف والفوضى.

والعديد من الموظفين والمديرين والآباء يتأرجحون بين مبدأ المكسب/الخسارة الذي لا يراعي أحدًا، أو بين الخسارة/المكسب الذي يتميز بالتساهل والتهاون وكأنهم بندول ساعة. فعندما يعجزون عن تحمل الارتباك ويفتقرون الـ ... كل واتجاه

وتوقعات وانضباط فإنهم يتأرجحون مرة أخرى إلى مبدأ المكسب/الخسارة حتى يدمر الإحساس بالذنب عزمهم ويقودهم مرة أخرى إلى مبدأ الخسارة/المكسب، حتى يقودهم الغضب والإحباط مرة أخرى إلى مبدأ المكسب/الخسارة.

الخسارة / الخسارة

عندما يجتمع شخصان من أنصار مبدأ المكسب/الخسارة - أي عندما يتفاعل شخصان يتسمان بالعزم والعناد والأنانية - تكون النتيجة الخسارة الخسارة، أي يخسر كلاهما، ويصبحان قاسيين، ويرغبان في "الانتقام" أو في "التعادل"، ولا يبصران حقيقة أن القتل انتحار وأن الانتقام سلاح ذو حدين.

وقد شهدت واقعة طلاق، حيث أمر القاضي الزوج ببيع الأصول وإعطاء نصف العائد إلى زوجته. وبالطبع، انصاع الزوج لقرار القاضي وباع السيارة التي تساوي أكثر من ١٠ آلاف دولار مقابل ٥٠ دولارًا فحسب وأعطى زوجته ٢٥ دولارًا. وعندما احتجت زوجته فحص حاجب المحكمة الوضع واكتشف أن الزوج تصرف بالأسلوب نفسه في كل أصول ممتلكاته.

ويتمحور الكثير من الناس حول العدو؛ حيث يصابون بالهوس تجاه سلوكيات شخص آخر لدرجة تعميهم عن كل شيء عدا رغبتهم في أن يخسر هذا الشخص، حتى لو أدى ذلك إلى خسارتهم هم شخصيًا. والخسارة/الخسارة هي فلسفة الصراع الخلافي، أي فلسفة الحرب.

ومبدأ الخسارة/الخسارة هو أيضًا فلسفة الناس الذين يعتمدون على غيرهم اعتمادًا كبيرًا دون أن يكون لديهم أي توجه داخلي، والذين يتسمون بأنهم أشخاص تعساء ويعتقدون أن الجميع لا بد أن يكونوا تعساء مثلهم. "إذا لم يكسب أي شخص فربما لا تكون الخسارة أمرًا سيئًا".

المكسب

ثمة بديل آخر شائع هو التفكير ببساطة في المكسب. والناس الذين يفكرون في المكسب لا يرغبون في خسارة الآخرين بالضرورة؛ فهذا لا يشكل لهم كثيرًا من الأهمية، فما يهمهم هو الحصول على ما يريدون.

وعندما لا يشعرون بوجود منافسة يكون المكسب هو النتيجة الوحيدة لجميع المفاوضات. والشخص صاحب عقلية المكسب يركز كل تفكيره على تحقيق غاياته، تاركًا للآخرين مسألة تحقيق غاياتهم.

ما أفضل الخيارات؟

من بين الفلسفات الخمس التي ناقشناها حتى الآن - المكسب/المكسب، والمكسب/الخسارة، والخسارة/المكسب، والخسارة/ الخسارة، والمكسب - أي منها الأكثر فعالية؟ والإجابة هي "على حسب الموقف". فإذا كسبت مباراة كرة قدم فهذا يعني خسارة الفريق الآخر. وإذا كنت تعمل في مكتب إقليمي يبعد أميالًا عن مكتب آخر ولم تكن هناك أية علاقات عمل بين المكتبين، فربما تود أن تكون المنافسة على أساس المكسب/الخسارة من أجل تحفيز العمل. ومع ذلك فأنت لا ترغب في أن ترسخ مبدأ المكسب/الخسارة لتتحول الأوضاع في الشركة إلى منافسة تشبه تلك التي سادت في المثال السابق من أجل الفوز برحلة برمودا رغبة منك في أن تعزز أواصر التعاون بين الناس أو مجموعة من الناس لتحقيق أقصى درجات النجاح.

فإذا كنت تقدر علاقة ما بينما المشكلة الحقيقية ليست بهذه الأهمية فهذا يعني أنك قد ترغب في بعض الظروف في اتباع مبدأ الخسارة/المكسب لكي تحظى بتقبل شخص آخر. "إن ما أريد تحقيقه لا يساوى علاقتي بك في الأهمية، والآن لنقم بالأمر على طريقتك هذه المرة". وربما تتبع أيضًا فلسفة الخسارة/المكسب إذا شعرت بأن الوقت والجهد المبذولين من أجل تحقيق المكسب من أي نوع من شأنهما انتهاك قيمك العليا الأخرى، أو ربما أن الأمر لا يستحق فحسب.

وفي بعض الظروف تشعر برغبة في تحقيق المكسب بحيث لا تهتم بالمرة بتأثير هذا المكسب على علاقاتك بالآخرين. فعلى سبيل المثال، إذا كانت حياة طفلك معرضة لخطر كبير، فقد لا تلقى بالًا لظروف الآخرين؛ لأن إنقاذ حياة طفلك له الأهمية القصوى لديك.

إذن فأفضل الخيارات يعتمد على الواقع. والتحدي الحقيقي هو قراءة هذا الواقع قراءة دقيقة وعدم ترجمة فلسفة المكسب/ الخسارة أو غيرها في كل موقف.

وفي الحقيقة تعد معظم المواقف جزءًا من واقع الاعتماد بالتبادل، ولذلك يكون مبدأ المكسب/المكسب هو البديل الوحيد الناجح من بين تلك المبادئ الخمسة.

ولا يعد المكسب/الخسارة بديلًا ناجحًا لأنه وعلى الرغم من كوني فزت عليك في مواجهتنا إلا أن مشاعرك وتوجهاتك نحوي قد تأذت، كما تضررت علاقتنا. فإذا كنت على سبيل المثال أحد الموردين لشركتك وحققت مكسبًا في التفاوض بشأن أمر بعينه، فهذا يعني حصولي على ما أردت، ولكن هل ستتعامل معي بعدها؟ في الواقع، سيكون مكسبي القصير المدى هو خسارة بعيدة المدى ما لم يداوم الناس على التعامل معي. لذا، فإن الاعتماد بالتبادل القائم على المكسب/الخسارة هو في الواقع الخسارة/الخسارة على المدى البعيد.

وإذا اخترت الخسارة/المكسب فقد يكون الظاهر هو أنك حصلت على ما تريد في هذه اللحظة. ولكن إلى أي مدى يضر هذا بتوجهي حول العمل معك وحول تنفيذ العقد؟ ربما لا أشعر برغبة ملحة في إسعادك، وقد تترك المعركة عليَّ ندوبًا تؤثر على أية مفاوضات مستقبلية، وربما ينتشر توجهي عنك وعن شركتك إلى شركائي في العمل. إذن، ها نحن عدنا مرة أخرى إلى مبدأ الخسارة/الخسارة، وبالتالي أصبح جليًّا أن مبدأ الخسارة/الخسارة ليس بالخيار الصحيح المناسب لأي سياق.

وإذا ركزت على تحقيق مكسب خاص دون حتى التفكير في وجهة نظرك فلن يكون هناك أي أساس لقيام علاقة مثمرة.

وعلى المدى البعيد، ما لم يحقق كلانا مكسبًا فهذا يعني خسارة كلينا. ولهذا السبب فإن المكسب/المكسب هو البديل الحقيقي لوقائع الاعتمادبالتبادل.

ذات مرة عملت مع عميل كان رئيسًا لسلسلة متاجر تجزئة كبيرة - قال لي: "ستيفن، إن فكرة المكسب/المكسب تبدو فكرة جيدة ولكنها مثالية للغاية. إن عالم الأعمال القاسي الواقعي ليس كذلك. وهو في كل مكان يقوم على أساس المكسب/الخسارة، وإذا لم تكن مشتركًا في اللعبة فلن تحقق أي شيء".

فقلت له: "حسنًا، حاول التعامل على أساس مبدأ المكسب/الخسارة مع عملائك. هل هذا واقعي؟".

فأجابني: "حسنًا، كلا".

"لماذا؟".

"لأنني سأخسر عملائي".

"حسنًا لنجرب الخسارة/المكسب - تخل عن المتجر. هل هذا واقعي؟".

"كلا، لن نحقق هامش ربح ولن تكون هناك أية رسالة".

وبينما كنا نناقش البدائل المتعددة بدا جليًّا أن المكسب/المكسب هو البديل الواقعي الوحيد.

فاعترف قائلًا: "أعتقد أن هذا ينطبق على العملاء، أما الموردون فلا".

فقلت له: "أنت عميل المورد. لماذا إذن لا تطبق المبدأ نفسه؟".

فقال: "حسنًا، لقد تفاوضنا مؤخرًا مع مديري وملاك المركز التجاري حول عقود الإيجار وتعاملنا من منطلق المكسب/المكسب وكنا منفتحين وعقلانيين وحاولنا إرضاءهم، ولكنهم تصوروا أن هذا ضعف منا ولين جانب، لذا خدعونا".

فسألته: "حسنًا، لماذا لجأت إلى مبدأ الخسارة/المكسب؟".

"كلا، لقد ركزنا على مبدأ المكسب/المكسب".

"أعتقد أنك قلت إنهم خدعوكم".

"هذا ما فعلوه".

"بعبارة أخرى لقد خسرت".

"هذا صحيح".

"وهم فازوا".

"هذا صحيح".

"إذن، ماذا تسمي هذا؟".

وعندما أدرك أن ما سماه المكسب/المكسب هو في الواقع الخسارة/المكسب كانت صدمة له. وبعدما واصلنا دراسة التأثير بعيد المدى لمبدأ الخسارة/المكسب والمشاعر المكبوتة والقيم المهتزة والاستياء التي تتأجج تحت سطح العلاقة اتفقنا على أن الجانبين خسرا في النهاية.

وإذا كان هذا الرجل لديه بالفعل توجه المكسب/المكسب لأعطى عملية التواصل وقتًا أطول واستمع إلى ملاك المركز التجاري، ثم عبر عن وجهة نظره بمزيد من الشجاعة، ولتابع روح المكسب/المكسب حتى تم التوصل إلى حل يرضي الطرفين، ولكان هذا الحل، أي البديل الثالث تعاونيًّا - شيء لم يخطر على بال أي منهما.

المكسب/المكسب أو لا اتفاق

إذا لم يتوصل هؤلاء الأفراد إلى حل تعاوني - حل مقبول من الطرفين - فيمكنهم حينها المتابعة للتوصل إلى شكل أعلى من المكسب/المكسب، المكسب/المكسب أو لا اتفاق.

ويقصد *بلا اتفاق* في الأساس أننا إذا لم نتوصل إلى حل يحقق فائدة لكلا الطرفين فإننا نتفق على ألا نتفق - أي لا اتفاق؛ فلا توجد توقعات ولا تبرم عقود. ولأنه من الواضح أن قيمنا وأهدافنا يسيران في اتجاهين مختلفين فلن أوظفك ولن يكون هناك عمل مشترك بيننا. ومن الأفضل إدراك هذه الاختلافات منذ البداية بدلًا من المتابعة حتى النهاية حيث تتحول توقعات كلا الطرفين إلى مجرد خيال ووهم.

وحين تضع في عقلك خيار "لا اتفاق" تشعر بالحرية؛ لأنك لن تضطر إلى التلاعب بالناس لتفرض جدول أعمالك وتقودهم إلى حيث تريد، بل تكون منفتحًا، وتحاول بالفعل الوصول إلى المشكلات العميقة والأوضاع المهمة.

وإذا لم تتخذ "لا اتفاق" خيارًا لك يمكنك أن تقول بكل أمانة: "إنني أود الوصول إلى المكسب/المكسب. إنني أود تحقيق مكسب لنفسي ولك. لذا، لا أود أن تسير الأمور وفقًا لطريقتي بينما تشعر أنت بالتضرر؛ لأنك ستظهره في النهاية، وحينها ستضطر إلى الانسحاب. ومن ناحية أخرى أعتقد أن شعورك لن يكون أفضل حالًا لو سارت الأمور وفقًا لطريقتك واستسلمت أنا. لذا، لنعمل من أجل تحقيق المكسب/المكسب. وإذا لم نتوصل إلى ما يرضينا لنتفق على ألا نتفق؛ لأن هذا أفضل من التعايش مع اتفاق ليس في صالحنا. وربما تسنح لنا الفرص للعمل معًا في شيء آخر".

في مرحلة لاحقة من تعلم رئيس شركة صغيرة لبرامج الكمبيوتر مفهوم المكسب/المكسب أو لا اتفاق تشاركنا في التجربة التالية:

"لقد طورنا برنامجًا جديدًا وقمنا ببيعه لأحد البنوك مقابل عقد مدته خمس سنوات. وكان مدير البنك متحمسًا للبرنامج، ولكن موظفيه لم يؤيدوا هذا القرار".

"وبعد شهر تغير رئيس البنك، وأتى إلي الرئيس الجديد وقال لي: "إنني لا أشعر بالارتياح حيال المناقشات الدائرة عن البرنامج، وهي مشكلة بالنسبة لي. ويقول العاملون معي إنهم لا يستطيعون التعامل مع البرنامج وأنا أشعر بأنه ليس بمقدوري إجبارهم على العمل عليه الآن".

"كانت شركتي غارقة في أزمة مالية في ذلك الوقت، وكنت أعلم أن القانون يعطيني الحق في تنفيذ العقد. ولكنني كنت مقتنعًا بقيمة مبدأ المكسب/المكسب.

"لذا قلت له "إن بيننا عقدًا، ولقد اشترى بنككم منتجاتنا وخدماتنا للبدء في العمل على هذا البرنامج. ولكننا ندرك تمامًا أنكم غير راضين عنه. لذا، لا يسعني

سوى إعادة العقد إليكم وكذلك رد المقدم، وفي المستقبل إذا بحثت عن برامج كمبيوتر فأود أن تأتي إلينا".

"لقد تخليت حرفيًا عن عقد قيمته ٨٤ ألف دولار، وكان هذا أشبه بالانتحار المالي. ولكن لو كان هذا المبدأ صحيحًا على المدى البعيد سيعود هذا الرجل مرة أخرى ويعوضني هذه الخسارة".

"وبعد ثلاثة أشهر اتصل بي الرئيس الجديد وقال لي: "إنني أجري الآن تغييرات في معالجة البيانات وأود أن أجري هذا العمل معك". ووقع معي عقدًا قيمته ٢٤٠ ألف دولار".

إن القبول بأي شيء أقل من المكسب/المكسب في واقع الاعتماد بالتبادل هو خيار ثان ضعيف سيؤثر سلبيًا على العلاقات البعيدة الأجل. وتكلفة هذا التأثير السيئ تحتاج إلى تفكير جيد ودراسة متأنية. فإذا لم تتمكن من تحقيق المكسب/المكسب حقيقي فمن الأفضل اللجوء إلى لا اتفاق.

ويقدم لك المكسب/المكسب أو لا اتفاق حرية هائلة في المشاعر فيما يتعلق بالعلاقات الأسرية. فإذا فشل جميع أفراد الأسرة في الاتفاق على مشاهدة فيلم فيديو يسعد الجميع، فيمكنك أن تقرر ببساطة القيام بشيء آخر - لا اتفاق - بدلًا من استمتاع البعض بالأمسية على حساب البعض الآخر.

* * *

كانت لي صديقة تُكون أسرتها فرقة غنائية منذ عدة سنوات. وعندما كانوا شبابًا كانت تؤلف الموسيقى وتصنع الأزياء وتصاحب الفرقة بالعزف على البيانو وتخرج لهم العروض.

ويومًا بعد يوم كبر الأطفال وبدأ ذوقهم الموسيقي يتغير، وأرادوا أن يكون لهم رأي فيما يغنون وما يرتدون، وقلت استجابتهم للتوجهات.

ولأنها تمتلك سنوات من الخبرة في الأداء وكانت تشعر بما يحب كبار السن الاستماع إليه في الأماكن التي يقدمون عروضهم فيها، رأت أن مقترحاتهم غير ملائمة. ومع ذلك وفي الوقت نفسه أدركت أنهم في حاجة إلى التعبير عن رأيهم والمشاركة في عملية اتخاذ القرار.

لـذا انتهجـت مبـدأ المكسب/المكسـب أو لا اتفـاق. وأخبرتهم بأنهـا ترغب في التوصـل إلـى اتفاق يرضـي الجميع - أو يبحثـون عن طرق أخرى لإشبـاع مواهبهم. والنتيجـة أن الجميـع شعروا بحرية التعبير عن مشاعرهـم وأفكارهم، لذا عملوا من أجـل التوصل إلى اتفـاق المكسب/المكسب، وهم على يقين أن لهم مطلق الحرية في التعبير عن مشاعرهم، سواء توصلوا إلى اتفاق أو لم يتوصلوا.

ويعـد مبـدأ المكسب/المكسب أو لا اتفاق هو الأكثـر واقعية عند بدء علاقة عمل أو الدخـول فـي عمل جديـد. و ربما يمثل "لا اتفـاق" حلاً ناجحًا فـي علاقات العمل المستمـرة التي قد تتسبب في مشـكلات، لاسيما في الشـركات العائلية أو الشركات التي يكون أساسها الصداقة.

وقد ينزع الناس في جهودهم المستميتة من أجل الحفاظ على العلاقات أن يقدموا تنازلًا تلو الآخر لسنوات متبنين مبـدأ المكسب/الخسارة أو الخسارة/المكسب رغم ادعائهم أنهـم يسعون وراء تحقيق مبـدأ المكسب/المكسب. وهـذا يسبب مشكلات خطيرة للناس وفي العمل، وخاصة إن جرت المنافسة على أساس المكسب/المكسب.

وبـدون مبدأ "لا اتفاق" يتدهور هذا العمل وينهار أو يتوجب تفويضه إلى مديرين محترفيـن. وتُظهر التجربة أنه عند إقامة مشـروع بين أفراد الأسرة أو مع الأصدقاء مـن الأفضل الوضع في الاعتبار احتمال "لا اتفـاق" والتوصل إلى اتفاقية بيع/شراء، ومن ثم يمكن للعمل أن يزدهر دون إلحاق ضرر دائم بالعلاقات.

وبالطبع توجد بعض العلاقات لا يصلح معها "لا اتفاق". فمثلًا لن أهجر زوجتي أو طفلي وأتجه إلى "لا اتفاق" (فسيكون من الأفضل عند الضرورة التوصل إلى تسوية - شكل أدنى من المكسب/المكسب). ولكن في الكثير من الأحوال من الممكن الدخول في مفاوضات أساسها مبدأ المكسب/المكسب أو لا اتفاق، وهذا النوع من التوجهات يحمل مقدارًا لا يصدق من الحرية.

خمسة أبعاد للمكسب/المكسب

لنفكـر في المكسب/المكسب كعـادة من عادات القيادة الجماعيـة. إنها تنطوي علـى استخدام كل موهبة من مواهب البشر المتفردة - مثل الوعي والخيال والإدراك والإرادة المستقلة - في العلاقات مع الآخرين. كما تنطوي أيضًا على التعلم المشترك والتأثير المشترك والفوائد المشتركة.

والأمر يتطلب قدرًا كبيـرًا من الشجاعة وكذلك مراعاة الآخرين من أجل تحقيق الفوائـد المشتركـة، لا سيما إذا كنا نتعامل مع أشخاص غارقين في مبدأ المكسب/ الخسارة.

ولهـذا السبب تنطوي هذه العادة على مبـادئ القيادة الجماعية. وتتطلب القيادة الجماعية الفعّالة الرؤية والتفكير المبادر والأمن والإرشاد والحكمة والقوة - وكل هذا ينبثق من القيادة الجماعية التي تتمحور حول المبادئ.

ويعـد مبـدأ المكسب/ المكسـب أساسيًّا مـن أجل تحقيـق النجاح فـي كل أنواع التعامـلات، وهـو يتضمن خمسـة أبعـاد للاعتماد المتبـادل في الحيـاة، والتي تبدأ *بالشخصيـة* وتتحرك باتجاه *العلاقـات* وتنبع منها *الاتفاقيات*. وهـي تتغذى في بيئة تقـوم فيها *الهياكل والنظم* على أساس مبدأ المكسب/ المكسب. كما أنها تنطوي على *العملية*؛ أي أننا لا نستطيع تحقيق غايات المكسب/ المكسب من خلال مبدأ المكسب/ الخسارة أو الخسارة/ المكسب.

يبين الشكل البياني التالي:

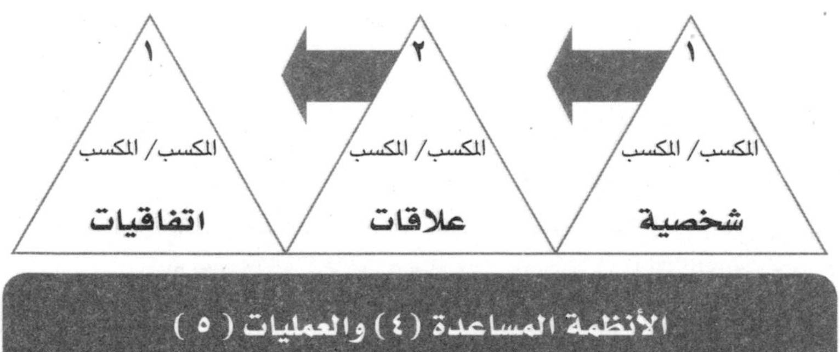

والآن، لندرس كل واحد من الأبعاد الخمسة كل في دوره.

الشخصية

الشخصيـة هـي أساس مبـدأ المكسب/ المكسب، وكل شيء آخـر يقوم على هذا الأسـاس. وهناك ثـلاث سمات شخصيـة أساسيـة لتحقيق المنظور الفكـري لمبدأ المكسب/ المكسب:

الأمانة. لقد عرفنا الأمانة من قبل بأنها قيمة نضيفها لشخصياتنا. وتساعدنا العادات الأولى والثانية والثالثة على تنمية سمة الأمانة والحفاظ عليها. وحينما نحدد قيمنا بوضوح مع التنظيم والتنفيذ المبادر في إطار تلك القيم يوميًّا نطور الإدراك الذاتي والإرادة المستقلة عن طريق قطع الوعود والعهود ذات المعنى والوفاء بها.

ولا توجد أية طريقة نستطيع من خلالها أن نحقق مكسبًا في حياتنا ما لم نعرف - بشكل عميق - مم يتألف المكسب، وما الذي يتوافق مع قيمنا الداخلية. وإذا لم نتمكن من قطع العهود والالتزام بها مع أنفسنا ومع الآخرين، ستصبح هذه العهود بلا معنى. ونحن نعلم هذا ويعلمه الآخرون، وكذلك يستشعرون الازدواجية ويتحولون إلى أشخاص متحفظين؛ ومن ثم ينعدم أساس الثقة ويصبح مبدأ المكسب/المكسب أسلوبًا سطحيًّا غير فعال. إذن، الأمانة هي حجر الزاوية للأساس.

النضج. النضج هو *التوازن بين الشجاعة ومراعاة الآخرين*. وأول مرة تعلمت فيها تعريف النضج كانت في خريف عام ١٩٥٥ على يد أستاذي الرائع هراند سكسينيان، والذي كان يدرس لنا مادة التحكم في كلية إدارة الأعمال بجامعة هارفارد. ولقد علمني هذا الأستاذ تعريفًا للنضج العاطفي من أفضل التعريفات التي عرفتها في حياتي جمالًا وسهولة وشمولًا وعملية. "إنه قدرة الشخص على التعبير عن مشاعره ومعتقداته تعبيرًا متوازنًا، مع مراعاة أفكار ومشاعر الآخرين". ولقد توصل هراند سكسينيان إلى هذا المعيار كجزء من بحث الدكتوراه الخاص به بعد سنوات من الأبحاث التاريخية والميدانية. ولاحقًا كتب النسخة الأصلية من بحثه في شكله الكامل مع إضافة المقترحات التطبيقية في مقال بمجلة Harvard Business Review (عدد يناير - فبراير ١٩٥٨). وعلى الرغم من أن المقال كان تكميليًّا وتطوريًّا إلا أن استخدام هراند لكلمة "نضج" يختلف تمامًا عن استخدامها هنا في كتاب العادات السبع "تدرج النضج"، والذي يركز على عملية النمو والتنمية، من الاعتماد على الآخرين إلى الاعتماد على الذات، ثم إلى الاعتماد بالتبادل.

وإذا تفحصت العديد من الاختبارات النفسية التي تستخدم من أجل التوظيف والترقية والتدريب، فستجد أنها مصممة من أجل تقييم هذا النوع من النضج. وسواء أطلق عليها اسم توازن القوة/التعاطف للأنا، أو توازن الثقة بالنفس/احترام الآخرين، أو الاهتمام بالناس/الاهتمام بالمهام، "أنا بخير، هل أنت بخير" بلغة تحليل عملية أو ٩.١، ١.٩، ٥.٥، ٩.٩ بلغة شبكة الإدارة - إن الصفة التي نسعى لتحقيقها هي التوازن بين ما أطلق عليه الشجاعة ومراعاة الآخرين.

واحترام هذه الصفة ثابت ومؤكد عليه في نظرية التفاعل الإنساني والإدارة والقيادة، كما أنه تجسيد عميق لتوازن (إ/ ق إ). وبينما تركز الشجاعة على الحصول على البيضة الذهبية، تتناول صفة مراعاة شعور الآخرين سعادة المستفيدين طويلة الأجل. ومهمة القيادة الأساسية هي رفع المستوى المعيشي وجودة الحياة لجميع المستفيدين.

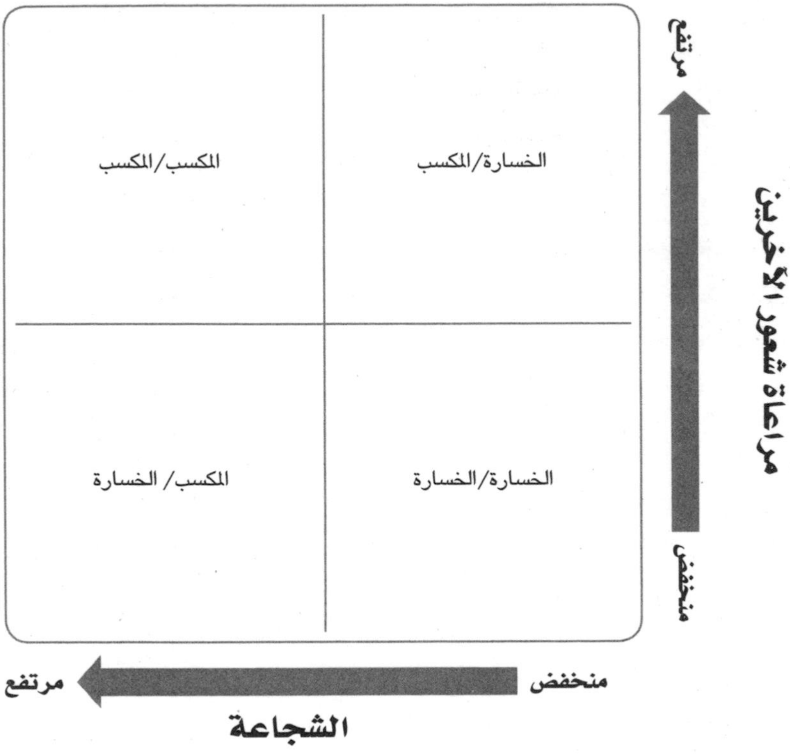

ويفكر العديد من الناس في الفروق ما بين الكلمات أو في الكلمات نفسها. فإذا كنت لطيفًا فهذا يعني أنك لست قويًا. فمبدأ المكسب/ المكسب يعني أن تكون لطيفًا وقويًا في الوقت ذاته. إنه يتطلب ضعف مقدار القوة الذي تطلبه مبدأ المكسب المكسب يعني ألا تكون لطيفًا فقط بل وشجاعًا أيضًا. لا ينبغي أن تجيد التقمص العاطفي فحسب بل والثقة بالنفس أيضًا. وكذلك ينبغي ألا تكون مراعيًا شعور الآخرين وحساسًا فحسب، بل لا بد أن تكون شجاعًا أيضًا. والقيام بهذا - أي تحقيق

التوازن بين الشجاعة ومراعاة شعور الآخرين - هو جوهر تعريف النضج الحقيقي وهو أساس مبدأ المكسب/المكسب.

فإذا كنت أتحلى بقدر كبير من الشجاعة ومقدار منخفض من مراعاة شعور الآخرين فكيف سأفكر؟ المكسب/الخسارة. فسأتمتع بأنا قوية وسأتحلى بالشجاعة فيما يتعلق بمعتقداتي، ولكنني لن أراعي معتقدات الآخرين.

ومن أجل تعويض افتقاري للنضج الداخلي والقوة العاطفية، فربما أحاول استعارة القوة من مركزي وسلطتي أو مِن إنجازاتي أو كوني الأكبر ومِن أتباعي.

أما إذا كنت أتمتع بقدر كبير من مراعاة شعور الآخرين وقدر ضئيل من الشجاعة، فسأفكر من منطلق مبدأ الخسارة/المكسب - سأراعي معتقداتك ورغباتك لدرجة أنني لن أتحلى بالشجاعة للتعبير عن معتقداتي وجعلها واقعية.

إذن، التمتع بقدر كبير من الشجاعة ومراعاة شعور الآخرين ضروري من أجل تحقيق مبدأ المكسب/المكسب، وهو التوازن الذي يميز النضج الحقيقي. وإذا تمتعت به يمكنني الإصغاء، ويمكنني فهم مشاعر الآخرين والتعاطف معهم؛ ولكنني في الوقت نفسه سوف أتحلى بالشجاعة من أجل المواجهة.

عقلية الوفرة. السمة الذهنية الثالثة من أجل تحقيق مبدأ المكسب/المكسب هي عقلية الوفرة، وهو منظور فكري يقصد به أن العالم به ما يكفي للجميع.

ويعيش معظم الناس فيما أطلق عليه عقلية الندرة. فهم يرون أن الحياة بها الكثير ولكن لا توجد سوى فطيرة واحدة إذا أخذ شخص ما قطعة كبيرة منها فهذا يعني حصول الجميع على نصيب أقل. والندرة الذهنية هي منظور فكري للحياة يساوي صفرًا.

والناس الذين يعانون عقلية الندرة يجدون صعوبة كبيرة في التقدير والمنح والسلطة أو الربح - حتى مع هؤلاء الذين يساعدون في الإنتاج. كما أنهم يمرون بأوقات عصيبة عندما يضطرون إلى مشاركة الآخرين سعادة نجاحهم - حتى لو كان هؤلاء الناس هم أفراد أسرتهم أو أصدقاؤهم المقربون وزملاؤهم. فهم يشعرون كأن شيئًا ما قد انتزع منهم حينما يتلقى شخص آخر تقديرًا خاصًا أو منحة مالية أو يحقق نجاحًا أو إنجازًا متميزًا.

وبالرغم من أنهم قد يعبرون لفظيًا عن سعادتهم لنجاح الآخرين، إلا أنهم ومن داخلهم يعضون أناملهم من الغيظ الذي ينهش قلوبهم. وينشأ إحساسهم بقيمتهم الذاتية من مقارنتهم بالآخرين، وقد يعني نجاح شخص

آخر فشلهم. ويمكن للعديد من الطلاب إحراز تقدير امتياز، ولكن شخصًا واحدًا فقط هو من يستطيع أن يكون "رقم واحد". فإن "المكسب" يعني ببساطة "هزيمة" شخص آخر.

والناس الذين يعانون عقلية الندرة غالبًا ما يأملون سرًّا أن يعاني الآخرون سوء الحظ - ليس حظًّا بشعًا بل مجرد حظ سيئ يبقيهم "في أماكنهم". وهم دومًا يجرون المقارنات وفي حالة منافسة دائمة. كما أنهم ينفقون طاقتهم في محاولة امتلاك الأشياء أو الآخرين لكي يزيدوا من إحساسهم بقيمتهم.

وهم يرغبون أن يتصرف الناس وفقًا لإرادتهم. وغالبًا ما يرغبون في استنساخ الآخرين، وأن يحيطوا أنفسهم بالناس الذين يقولون لهم "نعم" - أناس لا يحبون تحديهم، أناس أضعف منهم.

ومن الصعب بالنسبة للناس الذين يعانون عقلية الندرة أن يكونوا أعضاء في فريق متكامل. وهم يتعاملون مع الاختلافات على أنها علامة لعدم الانصياع وعدم الإخلاص.

ومن ناحية أخرى تنبع عقلية الوفرة من الإحساس العميق بالقيمة الشخصية والأمن؛ وهي منظور فكري يعني أن هناك ما يكفي للجميع، وينتج عنه مشاركة الوجاهة والتقدير والفوائد واتخاذ القرارات، كما أنه يفتح المجال أمام الاحتمالات والخيارات والإبداع.

وتأخذ عقلية الوفرة المتعة الشخصية والرضا والسعادة من العادات الأولى والثانية والثالثة وتظهرها وتحولها إلى تقدير التفرد والتوجه الداخلي والطبيعة المبادرة للآخرين. والوفرة الذهنية تدرك احتمالات نمو التفاعل الإيجابي وتطوره، مما يؤدي إلى التوصل إلى بدائل ثالثة جديدة.

ولا يقصد بالنصر الجماعي الانتصار على الآخرين، بل يعني تحقيق نجاح في التعامل الفعّال، الذي يتمخض عن تحقيق فوائد مشتركة تعود على الجميع بالنفع. ويقصد بالنصر الجماعي العمل معًا والتواصل معًا وتحقيق الأشياء معًا - تلك الأشياء التي لا يستطيع هؤلاء الأشخاص أنفسهم تحقيقها لو عمل كل واحد منهم مستقلًا. والنصر الجماعي هو النمو الظاهري للمنظور الفكري لعقلية الوفرة.

والشخصية الغنية بالأمانة والنضج والتي تتمتع بعقلية الوفرة هي شخصية واقعية في التعاملات الإنسانية بدرجة تتجاوز جميع الأساليب أو الافتقار إليها.

وأحد الأشياء التي أرى أنها تساعد الناس الذين يتبعون مبدأ المكسب/ الخسارة على تحويل شخصيتهم إلى مبدأ المكسب/ المكسب هو التواصل مع نماذج من الناس ممن يتبعون مبدأ المكسب/ المكسب أو مراقبتهم. فعندما ينغمس الناس في مبدأ المكسب/ الخسارة أو غيرها من الفلسفات، ويتعاملون بانتظام مع هؤلاء الذين ينتهجون المبدأ نفسه لا تتاح أمامهم الفرصة لتجربة فلسفة المكسب/ المكسب. لذا، أوصي بقراءة كتب من عينة السيرة الذاتية للزعيم المصري الراحل أنور السادات الملهمة في كتاب *البحث عن الذات* ومشاهدة أفلام مثل *Chariots of Fire* أو مسرحيات مثل البؤساء التي تعرض لك نماذج المكسب/ المكسب.

ولكن تذكر: إننا لو بحثنا داخل أنفسنا بحثًا عميقًا - يتجاوز السيناريوهات ويتجاوز التوجهات والسلوكيات التي تعلمناها - ستصبح فلسفة المكسب/ المكسب الحقيقية وكل المبادئ القويمة الأخرى جزءًا من حياتنا.

العلاقات

انطلاقًا من أساس الشخصية نبني علاقات المكسب/ المكسب ونحافظ عليها. والثقة وحساب بنك الأحاسيس هي جوهر مبدأ المكسب/ المكسب. وبدون الثقة فإن أفضل ما يمكننا القيام به هو التوصل إلى تسوية؛ وبدون ثقة نفتقر إلى مصداقية الانفتاح والتعلم المشترك والتواصل والإبداع الحقيقي.

ولكن إذا كان حساب بنك الأحاسيس كبيرًا فلن تمثل المصداقية مشكلة. فأنت قد أودعت رصيدًا كافيًا، لذا أنت تعرف وأنا أعرف أننا نكنُّ لبعضنا احترامًا كبيرًا، ونركز على المشكلات لا على الشخصيات أو المراكز.

ولأن بيننا ثقة متبادلة نكون منفتحين ونضع كل الأوراق على المائدة. وعلى الرغم من أننا نرى الأمور من منظور مختلف، أعلم أنك مستعد للإنصات إليَّ باحترام وأنا أشرح لك صورة السيدة الشابة، وأنت تعلم أنني سأتعامل مع وصفك للسيدة العجوز بالاحترام نفسه. وكلانا ملتزم بمحاولة فهم وجهة نظر الطرف الآخر فهمًا عميقًا، ونعمل معًا من أجل التوصل إلى البديل الثالث والحل المشترك، الذي سيقدم لنا إجابة أفضل.

وتغدو العلاقة منبعًا مثاليًا لقدر هائل من التعاون (العادة السادسة) إذا كانت أرصدة البنك كبيرة وكلا الطرفين ملتزمًا بفلسفة المكسب/ المكسب. وهذه العلاقة لا تجعل المشكلات أقل واقعية أو أهمية، كما أنها لا تزيل الاختلافات في المنظور.

ولكنها تتخلص من الطاقة السلبية التي تركز على الفروق في الشخصية والمركز، وتخلق بدلًا منها طاقة إيجابية وتعاونية على أساس فهم شامل للمشكلات وحلها من أجل التوصل إلى فائدة مشتركة.

ولكن كيف تكون الحال لو لم يوجد هذا النوع من العلاقات؟ وماذا لو عملت من أجل التوصل إلى اتفاق مع شخص ما لم يسمع من قبل بمبدأ المكسب/المكسب ومنغمس في سيناريو المكسب/الخسارة أو أية فلسفة أخرى؟

إن التعامل مع فلسفة المكسب/الخسارة هو اختبار حقيقي لفلسفة المكسب/المكسب، ونادرًا ما يتمكن أحد من تحقيق مبدأ المكسب/المكسب بسهولة في كل الأحوال. فلا بد من التعامل مع جميع المشكلات والفروق الأساسية، ولكن الأمر سيكون أسهل عندما يدرك كلا الطرفين ويلتزم بهذا المبدأ وعندما يكون حساب بنك الأحاسيس كبيرًا.

حتى عندما تتعامل مع شخص ينتهج المنظور الفكري للمكسب/الخسارة تظل العلاقة هي الأساس، ويكون الجزء الذي تركز عليه هو دائرة تأثيرك. فأنت تقوم بالإيداع في حساب بنك الأحاسيس من خلال التصرفات التي تنم عن اللياقة واحترام الشخص وتقديره واحترام وجهات نظر الآخرين. ومن ثم تستمر لفترة أطول في عملية التواصل، وتنصت أكثر وتنصت إنصاتًا عميقًا. وتمتلك قدرًا أكبر من الشجاعة للتعبير عن نفسك. فلا تكون انفعاليًّا وتغوص أكثر، في أعماقك وتقوي شخصيتك لتصبح مبادرًا. وتواصل المناقشة حتى يبدأ الشخص الآخر في إدراك أنك تود التوصل إلى حل يحقق مكسبًا حقيقيًّا لكليكما. وهذه العملية تمثل إيداعًا كبيرًا في حساب بنك الأحاسيس.

وكلما كنت قويًّا - تمتعت بشخصية صادقة وارتقيت إلى مستوى أعلى من المبادرة وازداد التزامك بمبدأ المكسب/المكسب - وكان تأثيرك قويًّا على الشخص الآخر. وهذا هو الاختبار الحقيقي للقيادة الجماعية. والأمر يتجاوز القيادة العملية إلى القيادة *التحولية والتحويلية* أي تحويل الأشخاص الذين يشملهم الأمر وكذلك العلاقات.

ولأن المكسب/المكسب مبدأ يمكن للناس تطبيقه في حياتهم الخاصة، ستتمكن من إقناع الناس بالمنطق أنهم سيحققون مكاسب أكبر لو أنهم حاولوا تحقيق ما تريدون جميعًا. ولكن ستكون هناك قلة يعتنقون في أذهانهم فلسفة المكسب/

الخسارة لدرجة لا تجعلهم يفكرون، حتى مجرد تفكير، في مبدأ المكسب/المكسب من الأساس. لذا، تذكر أن "لا اتفاق" خيار مطروح دائمًا. أو ربما تختار أحيانًا الشكل الأدنى للمكسب/المكسب أي التسوية.

ومن المهم إدراك أن ليس كل القرارات تتطلب بالضرورة اتباع فلسفة المكسب/المكسب، حتى عندما يكون حساب بنك الأحاسيس كبيرًا. ومرة أخرى الأساس هو العلاقة. على سبيل المثال، إذا عملت أنا وأنت معًا وأتيت إليَّ قائلًا: "ستيفن، أعلم أنك لن تحبذ هذا القرار، وأنا لا أملك الوقت لأشرحه لك ناهيك عن إشراكك في الأمر، وهناك احتمال أنك ستعتبره خطأً، ولكن هل ستدعمه؟".

فإذا كان رصيدك في بنك الأحاسيس لديَّ كبيرًا فبالطبع سأدعم القرار وكلي أمل أن تكون على صواب وأنا مخطئ، وسأعمل جاهدًا على إنجاح قرارك.

ولكن إذا لم يكن هناك رصيد في بنك الأحاسيس وكنت شخصًا انفعاليًّا فلن أدعمك، وربما أقول نعم في وجهك ولكن من وراء ظهرك لن أكون متحمسًا، ولن أقوم بالاستثمار اللازم لإنجاح قرارك، وسأقول لك "إن الأمر لم ينجح. والآن، ماذا تريدني أن أفعل؟".

وإذا كنت مبالغًا في رد فعلي فربما أهاجم قرارك وأفعل كل ما بوسعي للتأكد من أن الجميع سيحذون حذوي، أو ربما أتحول إلى "شخص مطيع ماكر" أفعل كل ما تطلبه مني غير متحمل أية مسئولية قد تترتب على القرار.

وخلال الأعوام الخمسة التي أمضيتها في بريطانيا رأيت هذا البلد يركع مرتين؛ لأن سائقي القطار كانوا مطيعين ماكرين ينفذون القواعد والإجراءات المكتوبة على الورق.

إن الاتفاق المكتوب لا يعني الكثير بدون قاعدة الشخصية والعلاقة التي تعد أساس المحافظة على روحه. لذا، نحن في حاجة إلى تناول مبدأ المكسب/المكسب من منطلق رغبة حقيقية في الاستثمار في العلاقات - التي تجعله ممكنًا.

الاتفاق

إن الاتفاقات تنبثق عن العلاقات، وهي تقدم لمبدأ المكسب/المكسب التعريف والتوجيه. وفي بعض الأحيان يطلق عليها *اتفاقيات التنفيذ* أو *اتفاقيات الشراكة*، وهي تغير المنظور الفكري للتفاعل المنتج من الرأسي إلى الأفقي، ومن المراقبة التي

تحـوم حول المكان إلـى المراقبة الذاتية، ومن التجمد في المـكان إلى المشاركة في النجاح.

وتغطـي اتفاقيـات المكسب/ المكسـب مـدى واسعًـا مـن تفاعـلات الاعتمـاد بالتبادل. ولقد ناقشنا أحد التطبيقات المهمة عندما تحدثنا عن التفويض في "يانعة ونظيفـة" - القصـة التي رويتها فـي العادة الثالثـة. والعناصر الخمسـة نفسها التي ذكرناها هـي أساس اتفاقيات المكسب/ المكسب التي تبـرم بين العاملين وأصحاب العمـل، وبين الناس المستقلين الذين يعملون معًا في مشروعات، وبين مجموعات من الناس يتعاونون ويركزون على الأهداف العامة، وبين الشركات والموردين - وبين أي أشخاص فـي حاجة إلى تفاعل لإنجاز مـا يريدون. إنها تبتكر أسلوبًـا فعالًا من أجل توضيح التوقعات بين الناس المشتركين في جهود الاعتماد بالتبادل.

وبالنسبـة لاتفاقيـات المكسب/ المكسب لا بد أن تكون العناصـر الخمسة التالية واضحة جدًا:

النتائج المرجوة: (وليس الأساليب) وهي تحدد ما ينبغي القيام به ومتى.

الإرشادات: وتحدد المقاييس (المبادئ والسياسات وغيرهما) في إطار النتائج المراد تحقيقها.

المـوارد: وهي تحدد الدعم البشري والمادي والتقنـي والمؤسسي المتاح للمساعدة في إنجاز النتائج المرجوة.

المسئولية: تحدد مقاييس الأداء ووقت التقييم.

العواقب: تحدد - إن كانت جيدة أو وخيمة، طبيعية ومنطقية - ما الذي يحدث وسيحدث نتيجة لهذا التقييم.

وهـذه العناصر الخمسة تمنح اتفاقيات المكسب/ المكسب الحياة. ويحقق الفهم الواضـح المتبادل لهـذه الجوانب والاتفاق عليها مقدمًا معيـارًا يستخدمه الناس من أجل قياس نجاحهم.

والمراقبـة السلطوية التقليدية هـي المنظور الفكري لمبـدأ المكسب/ الخسارة. وهـي تكـون كذلك نتيجة للسحب الزائـد من حساب بنك الأحاسيس. فإذا لم تتحل بالثقة أو لم تكن لديك رؤية عامة للنتائج المرجوة فستشعر بأنه يتعين عليك السيطرة على الناس.

ولكن إذا كان رصيد الثقة كبيرًا فما الأسلوب الذي تستخدمه؟ الابتعاد عن طريقهم. فطالما أن لديك اتفاق المكسب/ المكسب مسبقًا - وهم يعلمون بالضبط ما هو المتوقع - فسيقتصر دورك على أن تكون مصدرًا للمساعدة وتلقي تقاريرهم عن المسئولية.

ويعد حكم الناس على أنفسهم مغذيًا للروح البشرية أكثر من ترك الحكم للآخرين. وفي الثقافة التي تتسم بقدر كبير من الثقة يكون هذا الأمر أكثر دقة. ففي حالات كثيرة يعرف الناس من صميم قلوبهم إلى أي مدى ستتحسن الأمور إلى أفضل مما هو مدون في السجلات. وغالبًا ما تكون القدرة على إصدار الأحكام أكثر دقة من الملاحظة والقياس.

تدريب الإدارة بمبدأ المكسب/ المكسب

منذ عدة سنوات مضت كنت مشتركًا بطريقة غير مباشرة في مشروع استشاري مع مؤسسة بنكية كبيرة للغاية لها عدد كبير من الفروع، وأرادوا منا تقييم برنامج تدريب الإدارة وتطويره والذي تدعمه ميزانية سنوية تقدر بـ ٧٥٠ ألف دولار. ويتضمن البرنامج اختيار خريجي الجامعة وإخضاعهم لاثنتي عشرة مهمة مدة كل منها أسبوعان في كل قسم من أقسام البنك، وكانت مدة التدريب ستة أشهر بحيث يتمكنون من تكوين فكرة عن المجال. فأمضوا أسبوعين في قسم القروض التجارية وأسبوعين في قسم القروض الصناعية وأسبوعين في قسم التسويق وأسبوعين في العمليات وهكذا. وبنهاية الأشهر الستة تم تعيينهم مساعدين للمديرين في أقسام البنك المختلفة.

وكانت مهمتنا تقييم التدريب الرسمي الذي بلغت مدته ستة أشهر. وعندما بدأنا اكتشفنا أن أصعب جزء في المهمة هو تكوين صورة واضحة للنتائج المرجوة. لذا، توجهنا إلى كبار المديرين التنفيذيين بالسؤال الصعب "ما الذي يفترض بهؤلاء الناس القيام به بعد الانتهاء من البرنامج؟". وكانت الإجابات التي حصلنا عليها غامضة ومتناقضة في معظمها.

وكان برنامج التدريب يتناول الأساليب لا النتائج؛ لذا قدمنا اقتراحًا بوضع برنامج تدريب تجريبي قائم على أساس منظور فكري مختلف يطلق عليه اسم "التدريس الذي يحكمه الدارس". وكان هذا اتفاق المكسب/ المكسب يتضمن تحديد أهداف معينة ومعايير تظهر إنجازاتهم، وتحديد الإرشادات والموارد والمسئوليات

والعواقب التي قد تترتب على تحقيق الأهداف. وكانت النتيجة في هذه الحالة هي الترقية إلى منصب مساعد مدير، حيث سيتلقون التدريب المتعلق بالعمل وزيادة كبيرة في الراتب.

ولقد مارسنا ضغوطًا لكي نحصل على هذه الأهداف. "ما الذي تود أن يفهموه عن المحاسبة؟ عن التسويق؟ ماذا عن القروض العقارية؟ وأخذنا في مناقشة بنود القائمة. وفي النهاية، حصلنا منهم على أكثر من مائة هدف تم تبسيطها واختزالها ودمجها في ٣٩ هدفًا سلوكيًّا محددًا مرفقًا بها المعايير.

وكان المتدربون متحمسين للغاية للوفاء بالمعايير في أسرع وقت من أجل فرصة الترقي ومن أجل زيادة الراتب. فقد كان الأمر يحقق لهم مكسبًا كبيرًا، وكان هناك مكسب كبير للشركة أيضًا لأنها حصلت على مساعدي مديرين تمكنوا من تحقيق نتائج ذات توجه معياري بدلًا من التقيد فقط باثني عشر نشاطًا مختلفًا.

وشرحنا لهم الفرق بين التدريس الذي يحكمه الدارس وبين التدريس الذي يحكمه نظام للمتدربين. وقلنا لهم "ها هي الأهداف والمعايير، وها هي الموارد، بما في ذلك التعلم من بعضكم البعض. هيا ابدأوا. وعندما تحققون المعايير ستحصلون على ترقية لمساعد مدير".

وقد أنهوا البرنامج التدريبي في ثلاثة أسابيع. ولقد أطلق تغيير المنظور الفكري للتدريب العنان لدوافع وأنشطة لا تصدق.

وكما هي الحال مع أي تغيير في المنظور الفكري كانت هناك مقاومة، ولم يصدق كل التنفيذيين تقريبًا ما حدث. وعندما شاهدوا الدليل على تحقق المعايير قالوا: "هؤلاء المتدربون لا يملكون الخبرة، ويفتقرون إلى الأشياء الضرورية التي تؤهلهم لإصدار الأحكام بالطريقة التي نريدها بصفتهم مساعدي مديرين".

وفي حديث دار بيننا لاحقًا اكتشفنا أن ما كان يقوله معظمهم "لقد خضنا تدريبًا شاقًا، فلماذا لم يتعرض هؤلاء الشباب لهذه المشقة نفسها؟". ولكنهم بالطبع لم يستطيعوا صياغة ما يريدون بهذه الطريقة. وكان تعبير "لا يمتلكون المهارة" هو التعبير الأكثر قبولًا.

وبالإضافة إلى ذلك، ولأسباب واضحة (بما في ذلك ميزانية البرنامج البالغة ٧٥٠ ألف دولار لمدة ستة أشهر) كان قسم شئون العاملين يشعر بالضيق.

لذا، كانت إجابتنا "لنضع بعض الأهداف المرفق معها المعايير. ولكن لنلتزم بالمنظور الفكري للتدريس الذي يحكمه الدارس". واتفقنا على ثمانية أهداف

مصحوبة بمعايير قوية لكي نعطي التنفيذيين ضمانًا أن الناس معَدُّون إعدادًا جيدًا ليكونوا مساعدين للمديرين ولمتابعة التدريب على العمل كجزء من برنامج التدريب. وعقب المشاركة في بعض الجلسات حيث وضعت المعايير أشار العديد من التنفيذيين إلى أن المتدربين لو تمكنوا من تحقيق هذه المعايير القوية، سوف يكونون معدين بشكل أفضل مما لو كانوا خاضوا التدريب الذي تبلغ مدته ستة أشهر".

ولقد أعددنا المتدربين على تقبل المقاومة، وتوجهنا إليهم بأهداف ومعايير إضافية وقلنا لهم: "كما توقعنا، تريد الإدارة منكم أن تنجزوا هذه الأهداف الإضافية طبقًا لمعايير أقوى من السابقة. ولقد أكدوا لنا هذه المرة أنكم لو استوفيتم هذه المعايير فستحصلون على وظيفة مساعد مدير".

لقد كانت الأساليب التي اتبعوها لا تصدق. فقد توجهوا إلى التنفيذيين في أقسام مثل المحاسبة مثلًا وقالوا: "سيدي، إنني عضو في برنامج تدريبي جديد اسمه التدريس الذي يحكمه الدارس، وعلى حد علمي أنت شاركت في وضع الأهداف والمعايير".

"لدي ستة معايير خاصة بهذا القسم علي استيفاؤها. ولقد تمكنت من تحقيق ثلاثة منها من خلال المهارات التي اكتسبتها من زملائي وتمكنت من تحقيق معيار آخر من خلال قراءتي أحد الكتب، أما الخامس فقد تعلمته من "توم" - الزميل الذي دربته أنت الأسبوع الماضي. وبذلك يتبقى معيار واحد وأتساءل إذا ما كان بإمكاني قضاء بضع ساعات معك لتريني كيف أحققه". وبذلك فقد مكثوا في أحد الأقسام لنصف يوم فقط بدلًا من أسبوعين.

ولقد تعاون المتدربون مع بعضهم البعض وأخذوا يتطارحون الأفكار وتمكنوا من إنجاز الأهداف الإضافية في أسبوع ونصف الأسبوع. واختزل البرنامج الذي كانت مدته ستة أشهر إلى خمسة أسابيع فقط وكانت النتائج مذهلة.

وهذا النوع من التفكير يمكن أن يحقق الفعالية ذاتها في أي قطاع من القطاعات المؤسسية إذا تحلى الناس بالشجاعة لاستكشاف منظوراتهم الفكرية وركزوا على فلسفة المكسب/المكسب. ودائمًا تدهشني النتائج، التي تتحقق على مستوى الأفراد والمؤسسات، عند إطلاق العنان لأفراد مسئولين ومبادرين تنبع توجهاتهم من الداخل.

اتفاقيات الأداء على أساس المكسب/ المكسب

إن إبـرام اتفاقيات الأداء على أساس المكسب/ المكسـب تتطلب إجراء تغييرات فـي المنظور الفكري، والتركيز على النتائـج لا الأساليب. ويلجأ معظمنا إلى أساليب المراقبـة. فنحـن نستخدم التفويض السـاعـي الذي ناقشناه في العـادة الثالثة، وهو إدارة الأساليب الذي استخدمته مع ساندرا عندما طلبت منها التقاط صور لابننا وهو يتزلـج على الماء. لكن اتفاقيات المكسب/ المكسـب تركز على النتائج وتطلق العنان للإمكانيات الفردية البشرية الهائلة، فتخلق تعاونًا أكبر وتبني (ق إ) بدلًا من التركيز على (إ) فقط.

وتحمـل المسئوليـة الـذي تنص عليـه فلسفـة المكسب/ المكسب يعطـي النـاس الفرصة لتقييم أنفسهم، وتعد ألعاب التقييم التقليدية التي يتبعها الناس غير مريحة وتستنـزف المشاعر. وفي مبـدأ المكسب/ المكسـب يقيم الناس أنفسهـم بأنفسهم باستخـدام معايير ساعدوا فـي وضعها بأنفسهم. وإذا وضعـت أنت معايير صحيحة فهـذا يعني أنه بإمـكان النـاس وضع معاييرهم أيضًا. وفي ظل اتفاق تفويض المكسب المكسـب يكـون باستطاعـة حتى طفل فـي السابعة مـن عمره أن يحـدد لنفسه كيف سيحافظ على الحديقة "يانعة ونظيفة".

وأفضـل تجاربـي فـي التدريـس بالجامعة هـي تلك التـي نتجت عن ابتـكار فهم مشترك للأهداف على أساس مبدأ المكسب/ المكسب. "هذا ما نحاول إنجازه. وهذه هـي المتطلبات الأساسية للحصـول على درجة امتياز وجيد جـدًا وجيد. وهدفي هو مساعـدة كل واحد منكم على الحصول علـى درجة امتياز. والآن ستحللون ما تحدثنا عنـه، ومن خلال فهمكـم الخاص ستحددون الأشياء المتفـردة التي تودون إنجازها. بعد ذلك نتفق جميعًا على الدرجة التي تودون الحصول عليها والخطة التي وضعتموها للحصول على الدرجة".

وينصـح فيلسـوف ومستشار الإدارة بيتـر دراكر باستخـدام - "خطاب المدير" لمعرفـة جوهـر اتفاقيات الأداء التـي تبرم بيـن المديرين والعامليـن معهم. وعقب مناقشـة عميقـة وشاملة للتوقعـات والإرشادات والمـوارد للتأكد من أنهـا تتوافق مع أهـداف المؤسسـة، يقـوم الموظـف بكتابة خطـاب موجه إلـى المديـر يلخص فيه المناقشة، ويشير إلى الموعد التالي لخطة الأداء أو لمراجعة المناقشة التي دارت.

والتوصل إلى اتفاقية أداء على أساس المكسب/المكسب هو لب نشاط الإدارة. فإبرام اتفاقية يتيح للموظفين الفرصة لإدارة أنفسهم في إطار هذه الاتفاقية. ويكون دور المدير مثل سيارة المساعدة في مضمار سباق السيارات - عندما تجهز الأمور تنسحب من المضمار. وتكون وظيفتها من الآن فصاعداً إزالة بقع الزيت عن الطريق.

وعندما يصبح المدير مساعداً أولًا لكل واحد من العاملين معه يتمكن من زيادة مساحة سيطرته، ومن ثم يمكن التخلص من جميع مستويات الإدارة وما فوقها. وبدلًا من مراقبة ستة أو ثمانية أشخاص يغدو بإمكان المدير مراقبة عشرين أو ثلاثين أو خمسين شخصًا أو أكثر.

وتصبح العواقب في اتفاقيات الأداء على أساس المكسب/المكسب نتيجة طبيعية أو منطقية للأداء بدلًا من المكافآت أو الجزاءات التي يوزعها الشخص المسئول توزيعًا عشوائيًّا.

وتوجد أربعة أنواع أساسية للعواقب (المكافآت والجزاءات) التي قد تتحكم فيها الإدارة أو الآباء - مالية ونفسية وإتاحة الفرص والمسئوليات. وتتضمن العواقب *المالية* أشياء مثل الدخل أو الخيارات المتاحة أو المكافآت أو الجزاءات. والعواقب *النفسية* تشمل التقدير أو القبول أو الاحترام أو المصداقية أو فقدان كل هذا. وإذا لم يعانِ الناس نزعة حب البقاء سيكون التعويض النفسي أكثر تحفيزًا من التعويض المادي. وتتضمن إتاحة *الفرص* للتدريب أو التنمية أو المميزات الأخرى أو الفوائد. وتعني *المسئولية* زيادة حجم السلطة أو تقليصها. وتحدد اتفاقيات المكسب/المكسب العواقب في جانب واحد أو أكثر من تلك الجوانب، ويتعرف عليها المشاركون مقدمًا. لذلك فهم لا يمارسون أية ألعاب؛ لأن كل شيء واضح من البداية.

وبالإضافة إلى تلك العواقب الشخصية والمنطقية، من المهم أيضًا تحديد العواقب المؤسسية الطبيعية تحديدًا واضحًا. على سبيل المثال، ما الذي سيحدث إذا ذهبت متأخرًا للعمل، أو إذا رفضت التعاون مع الآخرين، أو لم أتوصل إلى اتفاقية أداء على أساس المكسب/المكسب مع العاملين معي، أو إذا لم أحملهم مسئولية تحقيق النتائج المرجوة، أو إذا لم أحفز نموهم الوظيفي وتطويرهم المهني؟

عندما بلغت ابنتي السادسة عشرة من عمرها أبرمنا اتفاق المكسب/المكسب فيما يتعلق باستخدام سيارة الأسرة. فقد اتفقنا على أن تطيع قوانين المرور وأن تحافظ على نظافة السيارة. واتفقنا على أنها لن تستخدم السيارة إلا استخدامًا

مسئولًا وستكون سائقًا لوالدتها ولي إذا دعت الحاجة. واتفقنا أيضًا على أنها ستؤدي كل مهامها الأخرى عن طيب نفس ودون أن نحتاج إلى تذكيرها. كانت هذه هي مكاسبنا.

واتفقنا أيضًا على أنني سأوفر بعض الموارد - السيارة والوقود والتأمين. وكذلك اتفقنا على أنها ستلتقي بي، بعد ظهيرة كل يوم أحد لتقييم أدائها بناءً على اتفاقنا. وكانت العواقب واضحة، فيمكنها استخدام السيارة طالما حافظت على الجزء الخاص بها في الاتفاق. وإذا أخلت بالاتفاق فستخسر جميع المميزات إلى أن تقرر الالتزام بها مرة أخرى.

ويوضح اتفاق المكسب/المكسب توقعات كلا الطرفين منذ البداية. ولقد كان هذا نصرًا لها - لأنها ستستخدم السيارة - ومما لا شك فيه كان نصرًا لي ولـ ساندرا. والآن أضحى بإمكانها تلبية احتياجاتها في التنقل وبعض من احتياجاتنا نحن أيضًا. ولم نقلق بشأن الحفاظ على السيارة والحفاظ على نظافتها. وكنا نتبع مبدأ المسئولية الذاتية بمعنى أنه لا يتعين عليَّ مراقبتها - أو التدخل في الطرق التي تستخدمها؛ فأمانتها ووعيها وقدرتها على إصدار أحكام سديدة وكذلك الرصيد الكبير لبنك الأحاسيس الخاص بنا لديها - كل هذه الأشياء مجتمعة ساعدتها على إدارة نفسها إدارة أفضل. ولم يكن علينا القلق أو مراقبتها في كل حركة أو إيقاع العقاب بها أو مكافأتها على الفور إذا لم تقم بالأمور باستخدام الطريقة التي كنا نريدها؛ فقد كان اتفاق المكسب/المكسب يحررنا جميعًا.

وتعد اتفاقيات المكسب/المكسب محررة بشكل مذهل. ولكن لأنها - نتاج لتقنيات معزولة فهي لن تصمد - حتى لو حددناها منذ البداية. ولا توجد أية طريقة للحفاظ عليها بدون الأمانة والعلاقة التي أساسها الثقة.

واتفاقية المكسب/المكسب هي نتاج للمنظور الفكري والشخصية والعلاقات التي تنمو منها. وفي إطار هذا السياق تحدد الاتفاقية وتوجه تفاعل الاعتماد بالتبادل، الذي يعد السبب الأساسي للتوصل إليها.

الأنظمة

لا يقدر لفلسفة المكسب/المكسب البقاء في أية مؤسسة ما لم تدعمها الأنظمة. فإذا كنا نتحدث عن المكسب/المكسب بينما نتبع مبدأ المكسب/الخسارة، فإننا نمتلك برنامجًا خاسرًا بين أيدينا.

وأنـت تحصل على مـا تعطيه، فـإذا أردت تحقيـق الأهداف وتجسيـد القيم في رسالتـك الشخصيـة في الحيـاة فإنـك ستحتاج إلى توفيـق نظام المكافـأة مع تلك الأهـداف والقيم. وإذا لم يتوافقا بدقة فهـذا يعني أنك تقول ما لا تفعل. وستكون في موقـف المدير نفسه الذي تحدثنا عنه سابقًا، والـذي كان يتحدث عن التعاون ولكنه يستحث العاملين على المنافسة عندما وضع مسابقة "رحلة جزر برمودا".

* * *

لقـد عملت لسنوات عديدة مع مؤسسة كبيرة تعمل في مجال العقارات في الغرب الأمريكي الأوسط. وكانت تجربتي الأولى مع هذه المؤسسة في اجتماع بيع كبير حيث اجتمـع أكثر مـن ٨٠٠ ممثل بيع في برنامج المكافأة السنـوي. وكان عبارة عن جلسة تشجيع محتدمة واستعانوا بفرق طلاب المدرسة الثانوية وكان الصراخ يملأ المكان.

ومـن بين هـؤلاء الثمانمائة، اختير حوالـي أربعون شخصًا لتلقـي الجوائز نظير أدائهـم العالي مثل "أعلى مبيعات" و"أكبـر رقم" و"أعلى عمولات تحققت" و"أفضل القوائـم". وكان تقديـم الجوائز محاطًـا بالفرحة والإثارة والتهليـل والتصفيق. ولم يكـن هناك أي شـك في أن الأربعيـن شخصًا حققـوا *مكسبًا*، ولكـن كان واضحًا أن ٧٦٠ شخصًا آخرين قد *خسروا*.

لذا بدأنا من فورنا عملية التطوير التعليمية والمؤسسية لتحقيق التوافق بين النظم والهياكل الخاصة بالمؤسسـة وبين المنظور الفكري الخاص بتحقيق المنفعة للجميع (المكسب/المكسـب). ولقـد أشركنا جميع العاملين حتـى العاديين منهم في عملية تطوير أنواع من النظم تتعلق بالأشياء التي من شأنها تحفيزهم، كما شجعناهم أيضًا على التعاون والتكاتف مع بعضهم البعض حتى يتسنى لأكبر عدد منهم تحقيق النتائج المرجوة المتعلقة باتفاقيات الأداء الخاصة بكل فرد منهم.

وبعـد عام وخـلال الاجتماع التالـي حضر أكثر مـن ١٠٠٠ ممثـل مبيعات حصل ٨٠٠ منهـم على جوائز. وقد كان عدد الفائزيـن القائم على أساس المقارنات قليلًا، حيث ركز البرنامج في المقام الأول على النـاس الذين يحققون إنجازات في الأنشطة الفرديـة، وعلـى المجموعات التي تحقـق أهداف الفريق. ولم تكـن هناك حاجة إلى الاستعانة بفرق المدرسة الثانوية لإضفاء لمسة زائفة من البهجة والتشجيع والإحماء. فـكان الحفل هذا العـام يفيض باهتمام ومتعة حقيقييـن؛ لأن النـاس كانوا يتشاركون

لحظات السعادة، وبات بإمكان فرق المبيعات الحصول على مكافآت جماعية، بما في ذلك رحلات للمكتب بأسره.

والشيء المميز هو أن كل واحد من الثمانمائة شخص الذين تلقوا جوائز في ذلك العام كان معدل إنتاجه فيما يتعلق بالكمية والأرباح مساويًا للإنتاج الذي حققه الأربعون شخصًا في العام الماضي مجتمعين. لقد حققت روح المكسب/المكسب زيادة كبيرة في عدد البيض الذهبي، كما أنها غذت الإوزة في الوقت نفسه مما أطلق العنان لطاقات ومواهب بشرية هائلة. وسادت روح التعاون والتكاتف بين جميع العاملين.

* * *

وتوجد المنافسة إما في السوق أو في المقارنة مع أداء العام الماضي - وربما مع مكتب أو فرد آخر، حيث لا يوجد اعتماد بالتبادل حقيقي أو حاجة إلى التعاون. ولكن التعاون في مقر العمل مهم من أجل التوحد لمواجهة منافسة السوق. ولا يمكن لروح المكسب/المكسب الصمود في بيئة تسودها المنافسة والمضاربة.

ودعم الأنظمة ضروري من أجل نجاح المكسب/المكسب. فينبغي أن تقوم جميع الأنظمة على أساس المكسب/المكسب - نظام التدريب ونظام التواصل ونظام الموازنة ونظام المعلومات ونظام التعويضات.

وقد قمت ببعض الأعمال الاستشارية لشركة أخرى أرادت تدريب العاملين على العلاقات الإنسانية. وبالطبع، كان الافتراض الواضح هو أن هؤلاء العاملين يعانون مشكلة ما.

وقال لي المدير: "ادخل أي متجر تريد لترى كيف سيتعاملون معك. إنهم مجرد متلقي أوامر لا يعرفون كيف يتقربون إلى الزبائن، ولا يعرفون المنتج، ولا يملكون المعرفة والمهارة الضرورية لعملية البيع ليبتكروا نوعًا من المزج بين المنتج والحاجة".

لذا، قمت بزيارة عدد من المتاجر ووجدت أنه كان محقًّا في كل ما قاله. ولكن هذا لم يجب عن السؤال الذي يدور في ذهني "ما الذي أدى إلى هذا التوجه؟".

فقال لي الرئيس: "إننا خارج المشكلة؛ فنحن لدينا رؤساء أقسام هناك يجسدون مثالًا رائعًا يُحتذى به. فقد أخبرناهم بأن عملية البيع تمثل ثلثي مهامهم الوظيفية

وتمثل الإدارة الثلث الآخر، وهم يحققون معدلات بيع تفوق الجميع. وكل ما نريده منك هو تدريب ممثلي المبيعات".

وقد رفعت هذه الكلمات راية حمراء أمامي. فقلت له: "لنحصل على المزيد من البيانات".

ولم يعجبه هذا لأنه "يعرف" أين تكمن المشكلة وأراد بدء التدريب. ولكنني ألححت في طلبي، وخلال يومين كشفنا الستار عن المشكلة الحقيقية. بسبب التوصيف الوظيفي ونظام التعويضات كان المديرون يحصدون "الأفضل"؛ فقد كانوا يقفون خلف ماكينة المال ويقومون بالعمل خلال الأوقات التي يقل فيها عدد العملاء. ومن المعروف أن المحال تعاني وقت ذروة ووقتًا يقل فيه عدد العملاء. لذا، كان المديرون يتركون كل الأعمال القذرة - تنظيم المخزن وإحضار البضائع المطلوبة والتنظيف - للبائعين. وكانوا يقفون خلف ماكينات الأموال وينافسونهم؛ ولهذا السبب كان المديرون يحققون نسبة مبيعات أعلى.

لذا، غيرنا نظامًا واحدًا - نظام التعويضات - ومن ثم حللنا المشكلة بين يوم وليلة. فقد وضعنا نظامًا بمقتضاه لا يجني المديرون المال ما لم يجنه البائعون أولًا. وقمنا بالمزج بين احتياجات البائعين وأهدافهم وبين احتياجات المديرين وأهدافهم. وفجأة انتفت الحاجة إلى التدريب على العلاقات الإنسانية. وكان المفتاح هو وضع نظام مكافآت حقيقي أساسه المكسب/المكسب.

وفي وقت آخر عملت مع مدير في شركة كانت بحاجة لإجراء تقييم رسمي للأداء. وكان المدير غاضبًا للغاية من نتيجة التقييم التي أعطاها لأحد المديرين، وقال لي: "لقد كان يستحق ثلاثة، ولكنني اضطررت إلى إعطائه واحدًا" (وهذا يعني درجة أعلى).

فقلت له: "وما الذي دفعك لإعطائه واحدًا؟".

فكانت إجابته: "إنه يحقق الأرقام المطلوبة".

"إذن، في رأيك لماذا يستحق ثلاثة؟".

"إنها الطريقة التي يحصل بها على الأرقام؛ فهو يتجاهل الناس، بل ويتخطاهم. إنه يسبب المشكلات".

"يبدو أنه يركز على (إ) - أي الإنتاج. وهذا ما يكافأ عليه. ولكن ما الذي سيحدث إذا تحدثت إليه عن هذه المشكلة وساعدته على فهم أهمية القدرة على الإنتاج (ق إ)؟".

فقال إنه قام بهذا الأمر مرارًا دون تأثير.

"إذن، فتبرم معه عقد المكسب/المكسب حيث تتفقان على أن يحصل على ثلاثة أرباع التعويض من (إ) - من أرقام المبيعات، والثلث الآخر من (ق إ) - كيف يراه الآخرون، وأي نوع من القادة هو؟ وكيف يحقق التعاون بين الناس ويبني فرق العمل (إ)؟".

فأجابني: "والآن، أستطيع جذب انتباهه".

وغالبًا ما تنشأ المشكلات بسبب النظام وليس بسبب الناس. فإذا وضعت أشخاصًا ذوي مهارات جيدة في نظام سيئ فستحصد نتائج سيئة. فعليك ري الزهور التي تريد زراعتها.

وريثما يتعلم الناس التفكير في المكسب/المكسب سيتمكنون من وضع الأنظمة وتدعيمها، وسوف يكون بإمكانهم تحويل المواقف التنافسية التي لا طائل منها إلى مواقف تعاونية وزيادة فعاليتهم من خلال بناء (إ) و (ق إ).

وفي مجال الأعمال يمكن للتنفيذيين توفيق أنظمتهم لتكوين فرق عمل تحقق إنتاجًا كبيرًا وتعمل معًا من أجل التنافس ضد مقاييس الأداء الخارجية. وفيما يتعلق بالتعليم، بمقدور المعلمين وضع نظام للدرجات أساسه أداء الفرد في إطار سياق المعايير المتفق عليها، وبمقدورهم أيضًا تشجيع الطلاب على التعاون بأساليب منتجة لمساعدة بعضهم البعض على التعلم والإنجاز. وبالنسبة للأسر، يمكن للآباء تحويل تركيزهم من المنافسة مع بعضهم البعض إلى التعاون معهم. ففي أنشطة - مثل لعبة البولنج مثلا - يمكنهم الحفاظ على نتيجة الأسرة ومحاولة تحطيم الأرقام السابقة. ويمكنهم توزيع مسئوليات المنزل من خلال اتفاقيات المكسب/المكسب التي تمحو التذمر المستمر، وتمكن الآباء من فعل الأشياء التي باستطاعتهم القيام بها فقط.

ذات مرة روى لي صديق قصة فيلم رسوم متحركة كان قد شاهده ويدور حول طفلين يتحدثان معًا. حيث قال أحد الطفلين" إذا لم توقظنا أمي مبكرًا فسنتأخر عن المدرسة". هذه الكلمات جعلته ينتبه إلى المشكلات التي تتعرض لها الأسر التي تفتقر إلى التنظيم وتحمل المسئولية على أساس المكسب/المكسب.

إن فلسفة المكسب/المكسب تحمل الفرد مسئولية تحقيق نتائج محددة في إطار الإرشادات واضحة والموارد المتاحة. كما أنها تجعل الشخص مسئولاً عن التوصل إلى نتائج وتقييمها وتحدد العواقب التي تعتبر نتيجة طبيعية للأداء. وتصنع أنظمة المكسب/المكسب بيئة تدعم وتعزز اتفاقيات الأداء على أساس المكسب/المكسب.

العمليات

لا توجد أية طريقة لتحقيق أهداف وغايات مبدأ المكسب/المكسب من خلال وسائل المكسب/الخسارة، أو الخسارة/المكسب. فلا يمكنك أن تقول "أنت ستفكر من منطلق مبدأ المكسب/المكسب سواء شئت أم أبيت". ولكن التركيز هو كيف تصل إلى حل قائم على المكسب/المكسب.

وقد حقق روجر فيشر ووليام أوري - وهما أستاذا قانون بجامعة هارفارد - عملًا رائعًا فيما أطلقا عليه طريقة "المبدأ" مقابل "المركز" في عقد الصفقات في كتابهما المذهل المفيد *Getting to yes*. وعلى الرغم من أن تعبير المكسب المكسب لم يستخدم إلا أن الروح والفلسفة الواضحة في الكتاب تتوافق مع مبدأ المكسب/المكسب.

ويقترحان أن جوهر التفاوض وفقًا لمبدأ ما، هو فصل الشخص عن المشكلة والتركيز على المصالح لا الأوضاع، وابتكار الحلول التي تحقق مكسبًا مشتركًا، والإصرار على المعايير الموضوعية - بعض المقاييس أو المبادئ الخارجية التي يتفق عليها الطرفان.

وخلال عملي مع العديد من الناس والمؤسسات التي تسعى للحصول على حلول المكسب/المكسب، أقترح عليهم أن يشتركوا في عملية مكونة من أربع خطوات:

الأولى: انظر إلى المشكلة من وجهة نظر الآخرين. واسع جاهدًا من أجل الفهم والتعبير عن الاحتياجات والمخاوف الخاصة بالطرف الآخر بالطريقة نفسها التي يفهم ويعبر عنها بها أو حتى بطريقة أفضل.

الثانية: حدد المشكلات والاهتمامات الأساسية (ليس الأوضاع) المتعلقة بالموضوع.

الثالثة: حدد النتائج التي تشكل حلًا مقبولًا تمامًا.

الرابعة: حدد الخيارات الجديدة الممكنة لتحقيق هذه النتائج.

وتتعامل العادتان الخامسة والسادسة تعاملًا مباشرًا مع اثنين من العناصر المتضمنة في هذه العملية، وخلال الفصلين التاليين سنغوص في أعماقهما.

ولكن عند هذه النقطة بالتحديد، أود الإشارة إلى العلاقة المتداخلة بين طبيعة عملية المكسب/المكسب وبين جوهر مبدأ المكسب/المكسب نفسه. فالطريقة الوحيدة للتوصل إلى حلول المكسب/المكسب هي من خلال عمليات المكسب المكسب - الغاية والوسيلة هما الشيء نفسه.

والمكسب/المكسب ليس تقنية شخصية، بل هو منظور فكري كامل للتفاعل الإنساني. وهو ينبع من شخصية صادقة وناضجة ومن عقلية الوفرة، وينمو من الثقة الكبيرة التي تسود العلاقات. وهو يتجسد في الاتفاقيات التي توضح وتدمر التوقعات والإنجازات بفعالية، كما يتحقق من خلال العملية التي أصبحنا مستعدين الآن لدراستها بشكل كامل في العادتين الخامسة والسادسة.

مقترحات للتطبيق

١. فكر في التفاعل التالي، حيث ستحاول التوصل إلى اتفاق حول الحل أو التفاوض بشأنه. والتزم بالحفاظ على التوازن بين الشجاعة ومراعاة شعور الآخرين.

٢. ضع قائمة بالعقبات التي تعوق تطبيقك المنظور الفكري الخاص بتحقيق المنفعة للجميع (المكسب/المكسب). وحدد ما الذي يمكنك القيام به في إطار دائرة تأثيرك لإزالة تلك العقبات.

٣. اختر علاقة بعينها، حيث تود إبرام اتفاق المكسب/المكسب. وحاول أن تضع نفسك مكان الشخص الآخر واكتب بوضوح كيف تعتقد أن الشخص الآخر يرى الحل. ثم اكتب قائمة - من منظورك - تضم النتائج التي تشكل المكسب في رأيك. توجه إلى الشخص الآخر واسأله عن استعداده للتواصل معك والتوصل إلى اتفاق وحل يحقق المنفعة المشتركة.

٤. حدد ثلاث علاقات أساسية في حياتك. وحاول تحديد حجم حساب بنك الأحاسيس في كل علاقة. واكتب الوسائل المحددة التي يمكنك استخدامها لزيادة الرصيد في كل علاقة.

٥. فكـر بعمق في السيناريو الخاص بك - هل هو المكسب/الخسارة؟ وكيف يؤثـر هذا السيناريو علـى تعاملاتك مع الآخرين؟ وهـل بإمكانك تحديد المصدر الأساسي لهذا السيناريـو؟ وحدد هل تخدم هذه السيناريوهات واقعك الحالي.

٦. حاول تحديد شخص يمثل نموذجًا للتفكير على أساس المكسب/المكسب والـذي حتى فـي أصعب المواقف يحقق فعلاً فائـدة مشتركة. والآن حدد من هذا الشخص الذي ستراقبه عن كثب لتتعلم منه.

العادة ٥:

اسع إلى فهم الآخرين أولًا، ثم اسع إلى أن يفهموك®

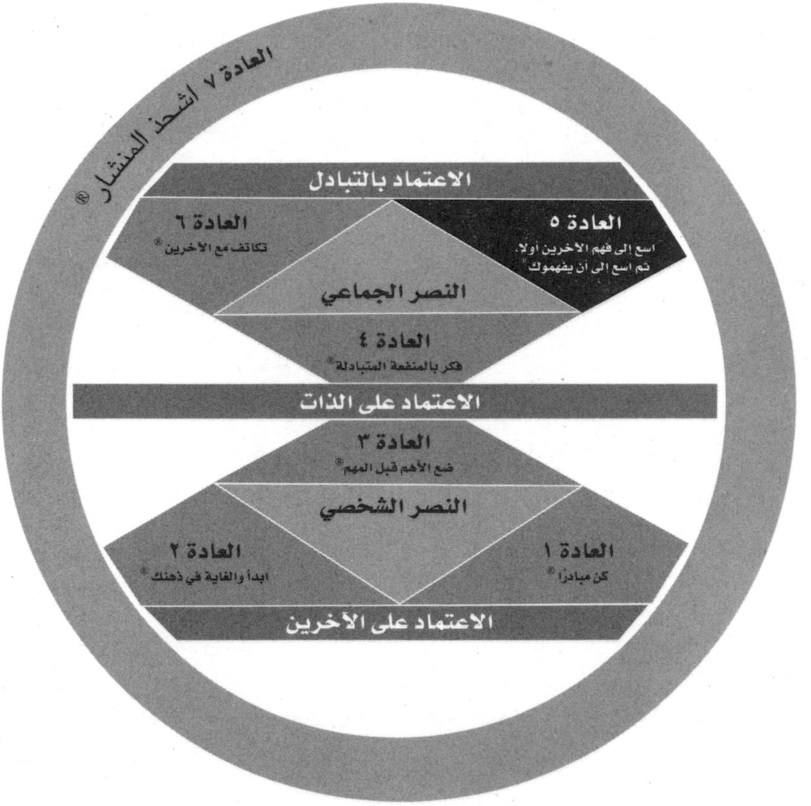

مبادئ التواصل على أساس التعاطف

للقلب أحكام لا يعرفها المنطق.

بسكال

لنفترض أنك كنت تعاني مشكلة في عينك وقررت الذهاب إلى طبيب العيون. وبعد أن استمع الطبيب إلى شكواك خلع نظارته وأعطاك إياها.

وقال لك: "ارتدها من فضلك. إنني أرتديها منذ عشر سنوات وقد ساعدتني بالفعل. ويمكنك الاحتفاظ بهذه النظارة؛ حيث إن لدي واحدة إضافية بالمنزل".

وضعت النظارة على عينيك ولكنها زادت المشكلة سوءًا.

فصحت قائلًا: "إنها مريعة! لا أرى أي شيء".

فسألك الطبيب: "حسنًا، ما الخطب؟ إنها جيدة معي. حاول بجد أكثر".

فقلت مصرًا: "إنني أحاول. أشعر بأن كل شيء معتم وغير واضح".

"حسنًا، ما خطبك؟ حاول التفكير بإيجابية".

"حسنًا، لا أستطيع رؤية أي شيء".

فوبخك قائلًا: "يا لك من شخص جاحد، بعد كل ما فعلته لمساعدتك!".

ما فرص عودتك إلى هذا الطبيب إذا احتجت إلى المساعدة؟ بالطبع، ليست فرصًا كبيرة على حد اعتقادي. فأنت لن تثق في إنسان لا يشخص الحالة قبل أن يصف العلاج.

ولكن كم مرة نشخص الحالة قبل أن نصف العلاج في الأمور المتعلقة بالتواصل؟

"هيا يا حبيبي، أخبرني كيف تشعر. أعلم أن هذا صعب، ولكنني سأحاول أن أفهم".

"لا أعرف يا أمي. ستعتقدين أنني غبي".

"بالطبع، لن أعتقد هذا يا حبيبي؛ فلا أحد يهتم لأمرك مثلي. وكل ما يهمني هو سعادتك. لماذا أنت تعيس إذن؟".

"لا أعرف".

"هيا يا حبيبي، ما الخطب؟".

"حسنًا، سأخبرك بالحقيقة. أنا لا أود الذهاب إلى المدرسة بعد الآن".

هتفت غير مصدقة: "ماذا؟ ماذا تقصد بأنك لا تود الذهاب إلى المدرسة؟ بعد كل التضحيات التي ضحيتها من أجل تعليمك! إن التعليم هو أساس مستقبلك. وإذا عملت بجد مثل شقيقتك فستحب المدرسة. لقد نصحناك مرارًا وتكرارًا وقلنا لك إنك تمتلك القدرة ولكنك لا تبذل الجهد المطلوب. لذا، حاول بجد أكثر. وليكن توجهك حيال المدرسة توجهًا إيجابيًّا".

سكت لبرهة.

"والآن، أخبرني كيف تشعر".

هذا دأبنا جميعًا - نندفع ونحاول إصلاح الأمور من خلال النصيحة السديدة، ولكننا غالبًا ما نخفق في أخذ الوقت اللازم من أجل التشخيص وفهم المشكلة في المقام الأول فهمًا جيدًا.

ولو أنني سألخص في جملة واحدة أهم مبدأ تعلمته في مجال العلاقات بين الناس لقلت: *حاول أن تفهم أولًا ثم حاول أن تكون مفهومًا*. وهذا المبدأ هو مفتاح التواصل الفعّال بين الناس.

الشخصية والتواصل

أنت الآن تقرأ الكتاب الذي ألفته. إن القراءة والكتابة هما شكلان من أشكال التواصل وكذلك التحدث والإنصات. وفي الحقيقة، هذه هي الأنواع الأربعة الأساسية للتواصل. والآن، فكر في كل الساعات التي تمضيها من أجل القيام بواحد على الأقل من تلك الأنواع الأربعة. وتعد المقدرة على إتقانها جميعًا إتقانًا جيدًا ضرورية من أجل تحقيق فعاليتك.

ويعد التواصل واحدًا من أهم المهارات في الحياة. فنحن نمضي معظم ساعات اليقظة في التواصل. ولكن فكر في هذا: لقد أمضيت سنوات في تعلم القراءة

والكتابة، وسنوات في تعلم كيف تتحدث. ولكن ماذا عن الإنصات؟ ما التدريب أو التعليم الذي تلقيته لتتمكن من الإنصات، وبالتالي تفهم الشخص الآخر فهمًا عميقًا في إطار مرجعيته؟

عدد قليل جدًّا من الناس هم من تلقوا تدريبًا على الإنصات، وهذا التدريب يقتصر في معظم أجزائه على أخلاقيات الشخصية بعيدًا عن قاعدة الشخصية وقاعدة العلاقة على الرغم من أنهما ضروريتان من أجل فهم الشخص الآخر.

وإذا أردت التعامل معي تعاملًا فعالًا والتأثير عليّ - سواء كنت زوجك أو طفلك أو جارك أو رئيسك في العمل أو زميلك أو صديقك - فستحتاج إلى فهمي أولًا، وأنت لا يمكنك القيام بذلك مستخدمًا أسلوبًا فقط. فأنا إذا شعرت بأنك تستخدم أسلوبًا ما فسيتولد بداخلي إحساس بالازدواجية والتلاعب، وسوف أتساءل لماذا تفعل هذا معي وما دافعك، ولن أشعر بما يكفي من الأمان لأكون منفتحًا معك.

إذن، المفتاح الحقيقي للتأثير عليّ هو سلوكك الحقيقي. وأن تكون قدوة لغيرك هو أمر ينشأ طبيعيًّا من خلال شخصيتك أو من طبيعتك الحقيقية - لا من خلال ما يقوله الآخرون عنك أو الفكرة التي تريد أن أكوِّنها عنك. فهو واضح من خلال تجربتي الحقيقية معك.

وشخصيتك في حالة مستمرة من الإشعاع والتواصل. ومن خلالها وعلى المدى البعيد ستتولد بداخلي الثقة فيك وفي جهودك، أو تنعدم هذه الثقة.

وإذا كانت حياتك تتأرجح بين الساخن والبارد، وإذا كنت ناقدًا وعطوفًا في الوقت ذاته، وفوق كل هذا إذا كان أداؤك الشخصي لا يتماشى مع أدائك العام فسيغدو من العسير عليَّ التعامل معك بانفتاح. وبقدر رغبتي بل واحتياجي إلى حبك وتأثيرك، لن أشعر بالقدر الكافي من الأمان بحيث أكشف لك عن خياراتي وتجاربي ومشاعري. مَن يعرف ما قد يحدث؟

ولكن لو لم أكن منفتحًا معك ولو لم تفهمني، وتفهم وضعي المتفرد ومشاعري فلن تعرف كيف تقدم لي النصيحة أو المشورة. وسيكون ما تقوله جيدًا ولا بأس به ولكنه لا يناسبني.

وربما تخبرني بأنك مهتم لأمري وتقدرني، وأنا أود تصديقك. ولكن كيف تقدرني بينما أنت حتى لا تفهمني فكل ما تقدمه لي هو كلمات، وأنا ليس بمقدوري الوثوق بهذه الكلمات.

وأنـا أيضًا غاضـب ودفاعي - وربما أشعر بذنب وخوف كبيرين - ومن ثم يصعب التأثير في، وربما أحتاج من داخلي إلى كل كلمة قد تقولها لي.

وإذا لـم تتأثـر بتميزي، فلن أتأثـر بنصيحتك. لـذا، إذا أردت أن تكون فعالًا في عـادة التواصـل بين النـاس فلن يكفـي الأسلوب بمفرده، بـل لا بد أن تبنـي مهارات الاستمـاع التعاطفي على أساس الشخصية التي تحـث على الانفتاح والثقة. ولا بد أن تضع رصيدًا في بنك الأحاسيس لأنه يخلق نوعًا من التجارة الرابحة بين القلوب.

الاستماع التعاطفي

إن مقولـة "حـاول أن تفهم أولا" تنطـوي على تغيير عميق فـي المنظور الفكري. فنحـن فـي العـادة نسعى كي يفهمنـا الآخـرون أولًا. فمعظم النـاس لا ينصتون بنية الفهـم؛ بل ينصتـون بنية الرد. وهم إمـا يتحدثون أو يعدون أنفسهـم للرد. ومن ثم، فهم ينتقون كل ما يستمعون إليه من خلال منظوراتهم الفكرية ويربطون بين سيرهم الذاتية وما يحدث في حياة الناس.

"أنا أعرف شعورك جيدًا!".

"لقد مررت بالتجربة نفسها من قبل. دعني أقص عليك تجربتي".

وهـم يسقطون ما يدور في منازلهم على سلوكيـات الآخرين. ويصفون نظاراتهم الخاصة كعلاج لجميع من يتعاملون معهم.

وإذا كانـت لديهـم مشكلة مع شخص مـا - ابن أو ابنـة أو زوج أو موظف - يكون توجههم هو "هذا الشخص لا يفهمني".

ذات مرة قال لي أحد الآباء: "لا أستطيع فهم طفلي. إنه لا يريد الإنصات إليَّ".

فأجبته: "دعني أعيد ما قلت. أنت لا تفهم ابنك لأنه لا يريد الإنصات *إليك*؟".

فأجابني: "هذا صحيح".

فقلت له "دعني أحاول مرة أخرى. أنت لا تفهم ابنك لأنه لا يريد الإنصات إليك؟".

فأجابني بصبر نافد: "هذا ما قلت".

"أعتقد أنك لتفهم شخص آخر *تحتاج* إلى الإنصات *إليه* أولا".

ثم قال "حقًّـا؟"، وبعد فترة صمت قال "حقًّا!" وكأن ضوء الفجر يزحف فتنقشع الظلمـة. "نعـم! ولكنني أفهمه وأعلـم ما يمر به. أنـا نفسي مـررت بالتجربة ذاتها، وأعتقد أن ما لا أفهمه هو سبب عدم إنصاته إليَّ".

ولم تكن فكرة هذا الرجل عما يدور داخل رأس ولده فكرة غامضة، ولكنه كان ينظر داخل رأسه هو معتقدًا أنه بذلك يرى العالم، بما في ذلك ابنه.

وكذلك الحال مع العديد منا. فنحن نرى أننا على صواب وتغلب علينا سيرتنا الذاتية، وكل ما نرغب فيه أن يفهمنا الآخرون، وتتحول حواراتنا إلى مجموعة من الحوارات الفردية دون أن نفهم بالفعل ما يدور داخل عقل الطرف الآخر.

وعندما يتحدث شخص آخر فعادة ما "ننصت" عند مستوى واحد من أربعة مستويات. فربما *نتجاهل* الشخص الآخر ولا ننصت له على الإطلاق، وربما *نتظاهر* بالإنصات "حقًّا، نعم نعم، صحيح". وربما نمارس *الإنصات الانتقائي*؛ أي نستمع إلى أجزاء معينة من المحادثة. وغالبًا ما نأتي بهذا عندما نستمع إلى ثرثرة طفل في مرحلة ما قبل المدرسة. أو ربما نمارس *الإنصات اليقظ*، ونولي اهتمامًا للكلام الذي يقال ونركز طاقتنا عليه. ولكن القليل منا هو من يمارس المستوى الخامس، أعلى شكل من أشكال الإنصات - *الاستماع التعاطفي*.

وعندما أقول الاستماع التعاطفي لا أشير إلى أساليب الإنصات "النشط" أو "الانعكاسي"، والذي يتضمن في الأساس محاكاة ما يقوله شخص آخر. فهذا النوع من الإنصات يقوم على أساس المهارة ويبعد عن الشخصية والعلاقات، وغالبًا ما يمثل إهانة "للمستمعين". كما أنه مستمد من السيرة الذاتية. وإذا مارست مثل هذه الأساليب، فقد لا تدمج سيرتك الذاتية في التفاعل الفعلي؛ ولكن سوف يكون دافعك للإنصات مستمدًا من البحث في السيرة الذاتية. وسوف تنصت مستخدمًا المهارات الانعكاسية، ولكنك سوف تستمع بنية الرد والسيطرة والتلاعب.

وعندما أقول الاستماع التعاطفي أعني الإنصات بنية *الفهم*، وأقصد أن *تسعى إلى فهم الآخرين أولا*، أي أن تفهم بالفعل - وهو منظور فكري مختلف تمامًا.

والاستماع التعاطفي يمكنك من الغوص في أعماق إطار مرجعية شخص آخر. فأنت تنفذ خلاله وترى العالم بالطريقة التي يراه الشخص بها وتفهم منظوره الفكري وتفهم شعوره.

ويختلف التعاطف عن المشاركة. فالمشاركة هي شكل من أشكال الاتفاق، وهي شكل من أشكال الأحكام، وفي بعض الأحيان تكون هي العاطفة والاستجابة الأكثر ملاءمة. ولكن في الغالب يتغذى الناس على المشاركة؛ فهي تجعلهم تابعين للآخرين. وجوهر الاستماع التعاطفي ليس الاتفاق مع الشخص، بل هو فهمك الكامل والعميق للشخص على مستوى المشاعر والعقل على حد سواء.

وينطوي الاستماع التعاطفي على أكثر من مجرد تسجيل الكلمات أو التفكير فيها مليًّا أو حتى فهمها. ووفقًا لتقديرات خبراء التواصل فإن ١٠٪ فقط من تواصلنا يتم من خلال الكلمات، و٣٠٪ من خلال نبرات صوتنا، و ٦٠٪ من خلال لغة الجسد. وبالنسبة للاستماع التعاطفي فأنت تستمع بأذنيك ولكنك أيضًا، وهو الأكثر أهمية، تستمع بعينيك وبقلبك. أنت تستمع للمشاعر وتستمع للسلوك. وتستخدم فصي المخ الأيمن والأيسر كذلك، وتشعر وتستشعر الآخر.

ويعتبر الاستماع التعاطفي مؤثرًا للغاية لأنه يمنحك بيانات دقيقة تعمل من خلالها. فبدلًا من إسقاط سيرتك الذاتية وافتراض الأفكار والمشاعر والدوافع والتفسيرات، تتعامل مع الواقع الذي يجول بعقل وقلب الشخص الآخر. فأنت تنصت من أجل الفهم، وتركز على تلقي تواصل عميق من داخل روح شخص آخر.

علاوة على ذلك، يعد الاستماع التعاطفي مفتاح الإيداع في حساب في بنك الأحاسيس، لأن ما من شيء تفعله يعتبر إيداعًا إلا إذا نظر إليه الشخص الآخر على أنه كذلك. فأنت قد تبذل قصارى جهدك كي تودع رصيدًا فقط لتجده قد تحول إلى سحب حينما اعتبر الشخص الآخر جهودك تلك تلاعبًا به، أو أنها تخدم مصالحك الشخصية، أو أنها تهدف لترهيبه، أو أنها تفضل منك عليه لأنك لا تعرف ما يهمه حقًّا.

ويعد الاستماع التعاطفي في حد ذاته إيداعًا في حساب بنك الأحاسيس. وهو علاج وشفاء؛ لأنه يمنح الشخص "هواءً نفسيًّا".

فإذا اختفى كل الهواء فجأة من الحجرة التي تجلس بها الآن، فما الذي سيحدث لاهتمامك بهذا الكتاب؟ لن تهتم لأمر الكتاب، ولن تهتم لأي شيء آخر عدا الحصول على الهواء، وسيكون البقاء على قيد الحياة هو دافعك وحافزك الوحيد.

ولكن الآن وبعد حصولك على الهواء لن يعود محفزًا لك. وهذه واحدة من أعظم الرؤى في مجال الدوافع البشرية: *الاحتياجات التي تم تلبيتها ليست محفزة.* فالاحتياجات التي لم يتم تلبيتها هي فقط التي تحفز. ويأتي بعد البقاء على قيد الحياة أكبر حاجة للجنس البشري وهي البقاء النفسي - أن تكون مفهومًا ومقبولًا ومقدرًا.

والإنصات إلى الآخرين بتعاطف يكون بمثابة توفير الهواء النفسي لهم. وبعد استيفاء هذه الحاجة الحيوية يمكنك التركيز على التأثير وحل المشكلات.

وتؤثر الحاجة إلى الهواء النفسي على التواصل في جميع دروب الحياة.

وقد قمت بتدريس هذا المفهوم في ندوة عقدت في شيكاغو ذات مرة، حيث طلبت من المشاركين ممارسة الاستماع التعاطفي في أثناء المساء. وفي صباح اليوم التالي نهض رجل وهو متحمس للأخبار التي يحملها.

قال: "اسمح لي بأن أخبرك بما حدث الليلة الماضية: كنت أحاول إتمام صفقة تجارية عقارية كبيرة وأنا هنا في شيكاغو. والتقيت المسئولين ومحاميهم وسمسار عقارات آخر كان لديه عرض بديل.

"وبدا الأمر كأنني على وشك خسارة الصفقة التي كنت أعمل عليها منذ ستة أشهر، فقد كنت أضع جميع البيض في هذه السلة بالمعنى الحقيقي للعبارة - كل البيض. وانتابتني حالة من الهلع، وفعلت كل ما بوسعي - وكل ما يمكنني لإتمام الصفقة، واستخدمت جميع أساليب البيع التي أعرفها. وكانت محاولتي الأخيرة هي "هلا أجلنا اتخاذ القرار لفترة أطول؟ "ولكن الصفقة كانت عاجلة وكانوا مستائين من طول الفترة وبدا من الواضح أنهم سينهون الصفقة.

"لذا قلت لنفسي "لِمَ لا تحاول؟ لماذا لا أمارس ما تعلمته اليوم وأحاول الفهم أولًا ثم أسعى كي يفهموني بعد ذلك؟ ليس لدي ما أخسره"".

فقلت للرجل: "دعني أتبين إذا كنت أفهم حقًّا ماهية وضعك ومخاوفك من تزكياتي. وعندما تشعر بأنني فهمت سنرى ما إذا كان عرضي له علاقة بما تريد أم لا".

وحاولت جاهدًا وضع نفسي في مكانه. وحاولت التعبير لفظيًّا عن احتياجاته ومخاوفه، وبدأ الرجل يصبح منفتحًا.

"وكلما شعرت بالأشياء التي كان قلقًا حيالها والنتائج التي يتوقعها وعبرت عنها زاد انفتاح الرجل.

"وأخيرًا وفي منتصف المحادثة نهض الرجل وسار نحو الهاتف واتصل بزوجته وقال لها وهو يضع يده على فمه: "لقد أتممنا الصفقة".

وقال لي: "كنت مندهشًا للغاية ولم تزُل دهشتي حتى الآن".

لقد قام هذا الرجل بإيداع كبير في حساب بنك الأحاسيس بمنح هذا الرجل الهواء النفسي. فمع التساوي النسبي للعوامل الأخرى في الأهمية تصبح الديناميكية البشرية أهم من الأبعاد التقنية للصفقة.

والسعي من أجل الفهم أولًا، والتشخيص قبل وصف العلاج أمر شاق. ومن الأسهل على المدى القصير أن تعطي الشخص النظارة التي ظلت ملائمة لك لسنوات.

ولكن على المدى البعيد ستستنزف هذه النظارة كلًّا من (إ) و (ق إ). فليس بمقدورك تحقيق الحد الأقصى من إنتاج الاعتماد بالتبادل من خلال الفهم غير الدقيق لما يريده الآخرون. ولا يسعك تكوين (ق إ) جماعي - رصيد كبير في بنك الأحاسيس - إذا شعر الناس الذين تتعامل معهم بأنك لا تفهمهم.

ويحمل الاستماع التعاطفي قدرًا من المخاطرة. فهو يتطلب قدرًا كبيرًا من الأمن حتى تتمكن من تجربة الاستغراق في الإنصات لأنك تفتح نفسك للتأثيرات. ومن ثم تكون عرضة للضرر. إنها مفارقة؛ فكي تكون مؤثرًا ينبغي أن تتأثر، وهذا يعني أنه عليك أن تفهم حقًّا.

ولهذا السبب تعتبر العادات الأولى والثانية والثالثة أساسية. فهي تمنحك الجوهر الثابت الذي لا يطوله تغيير، ومحور المبادئ الذي من خلاله تتعامل بسلمية وحزم مع الأضرار الخارجية التي قد تتعرض لها.

التشخيص قبل وصف العلاج

بالرغم من خطورته وصعوبته إلا أن السعي من أجل الفهم أولًا أو التشخيص قبل وصف العلاج هو مبدأ قويم يبدو جليًّا في دروب كثيرة من الحياة. وهو العلامة المميزة لجميع المتخصصين. فهو ضروري لأطباء العيون، وضروري للطبيب - فأنت لن تثق في العلاج الذي يصفه الطبيب إذا لم تثق في تشخيصه أولًا.

عندما كانت ابنتنا جيني طفلة رضيعة عمرها شهران فقط، مرضت في أحد أيام السبت؛ حيث كانت تقام مباراة كرة قدم لنادينا، والتي كانت تسيطر على انتباه الجميع. ولقد كانت مباراة مهمة وكان الملعب يعج بأكثر من ٦٠ ألف شخص. وبالطبع كنت أنا وساندرا نود حضور المباراة، لكننا لم نشأ ترك جيني بمفردها. فقد كانت تعاني القيء والإسهال، الأمر الذي أقلقنا للغاية.

وكان الطبيب حاضرًا هذه المباراة. وهو لم يكن طبيبنا الخاص ولكنه كان الطبيب الذي ينبغي علينا الاتصال به عند حدوث حالة طارئة. وعندما ساءت حالة جيني قررنا اللجوء إلى مساعدة طبية.

واتصلت ساندرا بالإستاد وطلبته على جهاز الاستدعاء. وكان هذا في وقت حرج للمباراة، واستشعرت ساندرا الغضب في نبرة صوته وهو يقول "نعم، ما الأمر؟".

"أنا السيدة كوفي يا دكتور. إننا قلقان للغاية على ابنتنا جيني".

فسألها: "ما حالتها؟".

أخذت ساندرا تصف له الأعراض، فقال لها: "حسنًا، سأصف لها العلاج. ما الصيدلية التي تتعاملون معها؟".

وعندما أغلقت ساندرا الهاتف شعرت بأنها في عجلتها لم تخبره بكل البيانات؛ ولكن ما أخبرته به كان كافيًا.

فسألتها: "هل تعتقدين أنه يعرف أن جيني طفلة حديثة الولادة؟".

فأجابتني ساندرا: "أنا واثقة أنه يعرف هذا".

"ولكنه ليس طبيبنا، وهو حتى لم يعالجها من قبل".

"حسنًا، أثق أنه يعرف".

"هل أنت على استعداد لإعطائها دواء ما لم تكوني متأكدة منه؟".

صمتت ساندرا لبرهة، وأخيرًا قالت: "ما الذي سنفعله؟".

فقلت لها: "عاودي الاتصال به".

فأجابتني ساندرا: "اتصل أنت به".

وبالفعل اتصلت به ورن جهاز الاستدعاء الخاص به مرة أخرى في أثناء المباراة. وقلت له: "إنه أنا يا دكتور، عندما وصفت الدواء هل كنت تعلم أن جيني رضيعة عمرها شهران فقط؟".

فصاح الدكتور: "كلا! لم أعرف ذلك. كان تصرفًا حكيمًا منك أن عاودت الاتصال بي. سأغير العلاج فورًا".

إنك إذا لم تثق في التشخيص فلن تثق في العلاج الموصوف.

وينطبق هذا المبدأ أيضًا على المبيعات. فالبائعون الذين يتميزون بالفعالية يحاولون أولًا فهم احتياجات العميل ومخاوفه وحالته. والبائع الهاوي يبيع المنتج، أما البائع المحترف فيبيع حلولًا للاحتياجات والمشكلات - وهما أمران مختلفان كل الاختلاف. فيتعلم البائع المحترف كيف يشخص وكيف يفهم، كما أنه يتعلم أيضًا كيف يربط بين احتياجات الناس ومنتجاته وخدماته. ولا بد أن يتحلى بالأمانة ليقول: "إن منتجي أو خدمتي لن تفي بغرضك" إذا استدعى الأمر.

والتشخيص قبل وصف العلاج ضروري في القانون. فالمحامي المحترف يجمع الحقائق أولًا ليفهم الموقف ويفهم القوانين وإجراءات التقاضي قبل أن يعد القضية. أما المحامي الجيد فيكتب معارضة لمرافعة النائب العام قبل أن يكتب مرافعته.

كما ينطبق هذا المبدأ أيضًا على تصميم المنتجات. فيمكنك تخيل شخص ما في شركة يقول: "إن إجراء أبحاث المستهلكين هو أمر خاص بالأغبياء. دعنا نصمم المنتجات". وبعبارة أخرى، لننس الفهم وعادات الشراء الخاصة بالمستهلكين والدوافع - ونقوم فقط بتصميم المنتجات. بالطبع، لن يفلح هذا المبدأ أبدًا.

والمهندس الجيد يدرس القوى وضغوط العمل قبل أن يشرع في وضع التصميم للجسر. والمعلم الجيد سيُقَيِّم الفصل قبل أن يشرع في التدريس، والطالب الجيد يفهم قبل أن يجيب، والوالد الجيد سيفهم قبل التقييم وإصدار الأحكام. ومفتاح الحكم السديد هو الفهم. وإذا أصدرت الحكم في البداية فلن يتمكن الشخص من الفهم أبدًا.

لذا، فإن السعي للفهم أولًا هو مبدأ قويم يمكن اقتفاء أثره في جميع مناحي الحياة. وهو مبدأ عام مسيطر، ولكن تكمن قوته العظمى في منطقة العلاقات الجماعية.

أربع استجابات مستمدة من السيرة الذاتية

عندما يكون الإنصات مستمدًا من السيرة الذاتية ننزع إلى الاستجابة بواحدة من أربع طرق. نقيم - إما أن نقبل أو نرفض، أو نستجوب - نطرح أسئلة مستمدة من إطار مرجعيتنا، أو نقدم *النصيحة* - نعطي مشورة أساسها خبرتنا الشخصية، أو نفسر - نحاول تبين ماهية الناس لتفسير دوافعهم وسلوكهم وفقًا لدوافعنا وسلوكنا.

وتنبثق هذه الاستجابات منا تلقائيًّا. ونحن مبرمجون عليها، ونعيش حول نماذجها طوال الوقت. ولكن كيف تؤثر على قدرتنا على الفهم الحقيقي؟

فإذا كنت أحاول التواصل مع ابني فهل سيكون منفتحًا معي إذا كنت أقيم كل ما يقول قبل أن يوضحه لي؟ هل أمنحه الهواء النفسي؟

وكيف يكون شعوره عندما أستجوبه؟ إن الاستجواب هو لعبة العشرين سؤالًا. وهو مستمد من السيرة الذاتية وهو يسيطر ويغزو. كما أنه منطقي، ولغة المنطق تختلف عن لغة العواطف والمشاعر. ويمكنك ممارسة لعبة العشرين سؤالًا طوال اليوم دون

أن تكتشف الأشياء التي تهم الشخص الآخر. ويعتبر الاستجواب المستمر أحد أهم أسباب التباعد بين الآباء والأبناء.

"كيف تسير الأمور يا بني؟".

"لا بأس بها".

"ما الذي كان يحدث مؤخرًا؟".

"لا شيء".

"ما الأشياء الممتعة في المدرسة؟".

"ليس الكثير".

"وما خططك لعطلة نهاية الأسبوع؟".

"لا أعرف".

وعندما يتحدث إلى أحد أصدقائه لا يمكنك إبعاده عن الهاتف، ولكن عندما يتحدث إليك لا تحصل منه سوى على كلمة أو اثنتين. ويتعامل مع منزلك على أنه نزل ينام ويأكل فيه، ولكنه لا يشارك في القيام بأي شيء ولا ينفتح معك.

وعندما تفكر في الأمر بصدق، ستدرك هذه الحقيقة: ما الذي دفعه إلى الانفتاح معك إذا كنت كل مرة يفعل فيها هذا تغرقه بنصائح مستمدة من سيرتك الذاتية وعبارات "لقد قلت لك".

ونحن جميعًا غارقون في تلك الاستجابات ومبرمجون عليها، حتى إننا لا نعرف متى نستخدمها. ولقد علمت هذا المفهوم للآلاف في ندوات عقدتها في طول البلاد وعرضها، وحينما كنا نشرع في لعب دور الاستماع التعاطفي كانوا جميعًا يصابون بالصدمة ويبدأون في النهاية في الإنصات إلى استجاباتهم التقليدية. ولكن حينما يشرعون في استيعاب طريقة استجاباتهم الطبيعية ويتعلمون كيف يستمعون إلى بعضهم البعض استماعًا تعاطفيًا كانوا يرون النتائج الهائلة التي تظهر في التواصل. وبالنسبة للكثيرين، يصبح مبدأ "*اسع للفهم أولا*" الأكثر والأكثر قابلية للتطبيق من بين العادات السبع جميعًا.

والآن، لنلق نظرة على طبيعة التواصل المثالي بين الأب والابن المراهق. انظر إلى كلمات الأب في إطار الاستجابات الأربع المختلفة التي ذكرناها.

"يا إلهي، أبي، لقد نلت كفايتي! إن المدرسة تصلح للسخفاء فقط!".

"ما الأمر يا بني؟ "(الاستجواب).

"إنها غير عملية بالمرة. لا أستفيد منها في شيء".

"حسنًا، لا يمكنك رؤية فائدة الذهاب إلى المدرسة الآن. لقد ساورني الشعور نفسه وأنا في مثل سنك وأتذكر كيف بدا أن بعض المواد كانت عديمة القيمة ومضيعة للوقت. ولكن فيما بعد تبين أن تلك المواد كانت مفيدة لي. فقط اصبر قليلًا. امنح نفسك بعض الوقت"، (نصيحة).

"لقد أمضيت فيها عشر سنوات من عمري. فهل تستطيع أن تخبرني بماذا ستفيدني "س" زائد "ص" عندما أصبح ميكانيكي سيارات؟".

"ميكانيكي سيارات؟ لا بد أنك تمزح" (تقييم).

"كلا لا أمزح. انظر إلى جو. لقد ترك المدرسة ويعمل في السيارات ويجني الكثير من المال. أليس هذا عمليًّا؟".

"قد يبدو الأمر كذلك الآن. ولكن بعد عدة سنوات من الآن سيتمنى جو لو أنه بقي بالمدرسة. وأنت لا تريد أن تكون ميكانيكي سيارات بالفعل بل أنت في حاجة إلى التعليم لتكون شيئًا أفضل" (نصيحة).

"لا أعرف. ولكن أرى جو ميسور الحال".

"يا بني هل حاولت بالفعل؟" (استجواب وتقييم).

"أنا في المدرسة الثانوية منذ عامين حتى الآن. وقد حاولت بالفعل. إنها مضيعة للوقت".

"إنها مدرسة محترمة جدًّا. امنحهم بعض الوقت" (نصيحة وتقييم).

"حسنًا، باقي الشباب ينتابهم الشعور نفسه".

"هل تدرك مدى التضحيات التي بذلتها أنا ووالدتك لتنضم إلى هذه المدرسة؟ لا يمكنك ترك المدرسة بعد أن وصلت إلى هذه المرحلة" (تقييم).

"أبي، أعلم أنكما ضحيتما من أجلي، ولكن الأمر لا يستحق".

"انظر، ربما إذا أمضيت المزيد من الوقت في أداء فروضك المنزلية وقللت من وقت مشاهدتك التليفزيون... " (نصيحة وتقييم).

"انظر يا أبي. لا بأس... لا عليك! لا أود التحدث عن هذا الأمر على أية حال".

من الواضح أن الوالد حسن النية. ومن الواضح أنه يرغب في تقديم المساعدة. ولكن هل شرع حتى في فهم ابنه؟

والآن، لنلق نظرة متفحصة على الابن - ليس كلماته فحسب، ولكن أفكاره ومشاعره والتأثير المحتمل لأجزاء من استجابات والده المستمدة من سيرته الذاتية.

* * *

"يا إلهي، أبي لقد نلت كفايتي! إن المدرسة تصلح للسخفاء فقط". (*أود أن أتحدث إليك لجذب انتباهك*).

"ما الأمر يا بني؟" (*أنت مهتم، وهذا جيد!*).

"إنها غير عملية بالمرة. لا أستفيد منها في شيء" (*أعاني مشكلة في المدرسة، ينتابني شعور سيئ للغاية*).

"حسنًا، لا يمكنك رؤية فائدة الذهاب إلى المدرسة الآن. لقد ساورني الشعور نفسه وأنا في مثل سنك" (*كلا! ها هو الفصل الثالث من سيرة والدي الذاتية. ليس هذا ما أود التحدث عنه. ولا يهمني بالفعل معرفة الأميال التي كان يضطر لأن يقطعها عبر الثلج ليذهب إلى المدرسة بينما لم يكن لديه حذاء للثلج. أود الدخول في صلب المشكلة*). "وأتذكر كيف بدا أن بعض المواد كانت عديمة القيمة ومضيعة للوقت. ولكن فيما بعد تبين أن تلك المواد مفيدة لي. فقط اصبر قليلاً. امنح نفسك بعض الوقت" (*الوقت لن يحل المشكلة. ليتني أستطيع إخباره. ليتني أستطيع البوح بما يجيش في صدري*).

"لقد أمضيت فيها عشر سنوات من عمري. فهل تستطيع أن تخبرني بماذا ستفيدني "س" زائد "ص" عندما أصبح ميكانيكي سيارات؟".

"ميكانيكي سيارات؟ لا بد أنك تمزح" (*إنه لن يحبني إذا أصبحت ميكانيكي سيارات، ولن يحبني لو لم أنه المدرسة. لا بد أن أصيغ له مبررات لما أقول*).

"كلا، لا أمزح. انظر إلى جو. لقد ترك المدرسة ويعمل في السيارات ويجني الكثير من المال. أليس هذا عمليًّا؟".

"قد يبدو الأمر كذلك الآن. ولكن بعد عدة سنوات من الآن سيتمنى جو لو أنه بقى بالمدرسة "(*يا إلهي، ها هي المحاضرة رقم ستة عشر حول قيمة التعليم*). "وأنت لا تريد أن تكون ميكانيكي سيارات بالفعل" (*وما أدراك يا أبي؟ هل لديك أية فكرة عما أريد؟*)، "بل أنت في حاجة إلى التعليم لتكون شيئًا أفضل".

"لا أعرف. ولكن أرى جو ميسور الحال". (*إنه ليس فاشلاً، إنه لم ينه دراسته، ومع ذلك هو ليس فاشلا*).

"يـا بنـي، هل حاولت بالفعـل؟ " (*إننا نراوغ دون التوصل لشـيء. لو فقط تنصت إليّ، لأنني أود أن أتحدث إليك عن موضوع مهم*).

"أنـا في المدرسة الثانوية منذ عامين حتى الآن. وقد حاولت بالفعل. إنها مضيعة للوقت".

"إنهـا مدرسـة محترمة جـدًا. امنحهم بعض الوقـت" (*حسنًا، رائـع، نحن الآن نتحدث عن المصداقية. ليتني أستطيع التحدث عما أريد*).

"حسنـًا، بقيـة الشباب ينتابهـم الشعور نفسه" (*أنـا أيضًا أتمتـع بالمصداقية، ولست غبيًّا*).

"هـل تـدرك مـدى التضحيـات التـي بذلتهـا أنـا ووالدتـك لتنضـم إلـى هـذه المدرسـة؟ " (*لا، ها هي رحلـة الشعور بالذنب قد بدأت. ربما أكـون غبيًّا والمدرسة رائعـة، وأبي وأمي رائعـان وأنا الغبي*). "لا يمكنك ترك المدرسـة بعد أن وصلت إلى هذه المرحلة".

"أبي، أعلم أنكما ضحيتما من أجلي ولكن الأمر لا يستحق" (*أنت لا تفهمني*).

"انظر، ربما إذا أمضيت المزيد من الوقت في أداء فروضك المنزلية وقللت من وقـت مشاهدتك التليفزيـون... " (*ليس هذا مكمن المشكلة يـا أبي! ليست هذه هي المشكلة بالمرة! لن أستطيع إخبارك أبدًا. لقد كنت غبيًّا عندما حاولت*).

"انظر يا أبي لا بأس... لا عليك. لا أود التحدث عن هذا الأمر على أية حال".

والآن، هل تستطيع أن ترى إلى أي مدى نكون مقيدين عندما نحاول فهم الآخرين علـى أساس الكلمات فحسب، لاسيما عندما ننظـر إلى الشخص من خلال نظارتنا؟ هـل تستطيـع أن ترى مدى قصـور استجابتنا المستمدة من سيرتنـا الذاتية بالنسبة لشخص يحاول جاهدًا حثنا على فهم سيرته الذاتية؟

إنك لن تتمكن من النفاذ داخل شخص آخر لترى العالم بعينيه ما لم تنمُ بداخلك رغبـة خالصة وسمات شخصية قوية ورصيد إيجابي فـي بنك الأحاسيس، بالإضافة إلى مهارات الاستماع التعاطفي.

والمهارات - والتي هي قمة جبل الثلج الخاص بالاستماع التعاطفي - تنطوي على أربع مراحل تطويرية.

الأولى والأقل فعالية هي *محاكاة المحتوى*. وهي المهارة التي تدرس في الإنصات "النشط" أو "الانعكاسي"، وبدون أساس من الشخصية والعلاقات ستعتبر المحاكاة

إهانة للناس، كما أنها تتسبب في انغلاقهم. ومع ذلك، فهي مهارة من المرحلة الأولى؛ لأنها على الأقل تدفعك إلى الاستماع إلى ما يقال.

ومحاكاة المحتوى سهلة. فكل ما عليك فعله هو الاستماع إلى الكلمات التي تخرج من فم شخص آخر وتكررها. إنك بالكاد تستخدم عقلك.

"يا إلهي، أبي، لقد نلت كفايتي. إن المدرسة تصلح للسخفاء فقط".

"هل نلت كفايتك، وتعتقد أن المدرسة تصلح للسخفاء فقط".

إن ما فعلته هو تكرار المحتوى الذي قيل. لا، فأنت لم تقيم أو تستجوب أو تنصح أو تفسر، ولكنك على الأقل أظهرت اهتمامك بكلماته. ولكن كي تفهم، عليك بذل المزيد من الجهد.

أما المرحلة الثانية من مراحل الاستماع التعاطفي فهي *إعادة صياغة المحتوى*. وهي أكثر فعالية بعض الشيء، ولكنها لا تزال مقتصرة على التواصل اللفظي.

"يا إلهي، أبي، لقد نلت كفايتي. إن المدرسة تصلح للسخفاء فقط!".

"لا تريد الذهاب إلى المدرسة بعد الآن".

هذه المرة أضفت المعنى الذي يقصده لكلماتك. وأنت الآن تفكر فيما أخبرك به مستخدمًا نصف المخ الأيسر، أي الجزء المتعلق بالعقل وبالمنطق في المخ.

أما المرحلة الثالثة فهي تشغل نصف مخك الأيمن؛ أي تعكس *مشاعرك*.

"يا إلهي، أبي، لقد نلت كفايتي. إن المدرسة تصلح للسخفاء فقط!".

"أنت تشعر بإحباط حقيقي".

الآن، أنت لا تبدي اهتمامًا بما يقول بقدر ما تهتم بالطريقة التي يشعر بها حيال ما يقول. وتتضمن المرحلة الرابعة كلًّا من المرحلتين الثانية والثالثة. فأنت *تعيد صياغة المحتوى وتعكسه وتشعر به*.

"يا إلهي، أبي، لقد نلت كفايتي. إن المدرسة تصلح للسخفاء فقط".

"أنت محبط بالفعل من المدرسة".

الإحباط هو الشعور والمدرسة هي المحتوى؛ أي أنك تستخدم نصفي المخ لتفهم وجهي كلامه.

والآن، ستجد أن ما ينشأ عن استخدام المرحلة الرابعة من مهارات الاستماع التعاطفي أمر هائل لا يصدق. فأنت تمنحه الهواء النفسي بسعيك الصادق من أجل فهمه وإعادة صياغة المحتوى وعكس مشاعره. كما أنك تساعده أيضًا على التعامل

مع أفكاره ومشاعره الخاصة. وبينما ينمو في ظل ثقته في رغبتك المخلصة في الإنصات له وفهمه، ستزول الحواجز بين ما يجول داخله وما يحاول إيصاله إليك بالفعل. وتتجاذب روحاكما، فلا يفكر أو يشعر بشيء ويوصل شيئًا آخر. وتبدأ ثقته فيك تنمو من أعماق مشاعره وأفكاره.

"يا إلهي، أبي، لقد نلت كفايتي. إن المدرسة تصلح للسخفاء فقط" (*أود التحدث إليك، أن أجذب انتباهك*).

"أنت محبط بالفعل من المدرسة" (*هذا صحيح! هذا ما شعرت به*).

"هذا صحيح، إنها غير عملية بالمرة. لا أستفيد منها في شيء".

"أنت تشعر بأن المدرسة لا تفيدك" (*دعني أفكر - هل هذا ما أعنيه؟*).

"حسنًا، نعم. فما أتعلمه لن يساعدني -أعني انظر إلى جو. لقد ترك المدرسة وهو الآن يعمل في السيارات ويجني مالًا، أليس هذا عمليًّا؟".

"أنت تشعر أن فكرة جو جيدة" (*حسنًا...*).

"حسنًا، أعتقد أنه ناجح بطريقة ما. إنه يجني المال الآن. لكن وبعد سنوات قليلة ربما يشعر بالغضب والضيق".

"أنت تعتقد أن جو سيشعر بأنه اتخذ قرارًا خاطئًا".

"لا بد أن يشعر بهذا. انظر ما الذي يتخلى عنه. أعني إذا لم تتعلم فلن تستطيع تحقيق أي شيء في هذا العالم".

"التعليم مهم بالفعل".

"نعم، أعني إذا لم تحصل على الشهادة الثانوية أو لم تستطع الحصول على وظيفة أو الالتحاق بالجامعة فماذا ستفعل؟ ستعود إلى التعليم".

"إنه مهم لمستقبلك".

"إنه كذلك... أتعلم؟ أنا قلق بالفعل. اسمع، أنت لن تخبر أمي، أليس كذلك؟".

"لا تريد أن تعرف والدتك؟".

"حسنًا، ليس بالفعل. أعتقد أن بإمكانك إخبارها؛ فهي ستعرف بأية حال من الأحوال. لقد خضت هذا الاختبار اليوم، اختبار القراءة. وهم يقولون إنني أقرأ مثل طالب في الصف الرابع. الصف الرابع! وأنا في الصف الأول في المدرسة الثانوية!".

يا له من فرق يمكن للفهم الحقيقي أن يحدثه! وتتضاءل أهمية كل نصائح العالم طالما أنها لا تعمل على حل المشكلة الحقيقية. ولن نصل إلى المشكلة إذا بقينا سجناء سيرتنا الذاتية أو تصوراتنا الذهنية ولم نخلع النظارة عن أعيننا بحيث نرى العالم من وجهة نظر الطرف الآخر.

"أبي، أنا سأرسب في الاختبار. ولو رسبت. فقد أرغب في ترك المدرسة، ولكنني لا أود هذا بالفعل".

"تشعر بأنك ممزق. أنت في ورطة حقيقية".

"أبي في اعتقادك ماذا يجب أن أفعل؟".

إذا حاول هذا الوالد أن يفهم أولًا يكون قد حول الفرصة الانتقالية إلى فرصة تحويلية. وبدلًا من التفاعل السطحي؛ أي التواصل عند مستوى أنجز هذه المهمة - خلق الوالد موقفًا يمكنه من التأثير التحويلي ليس على ابنه فحسب بل على العلاقة أيضًا. وعندما نحى سيرته الذاتية جانبًا وسعى من أجل الفهم أولًا زاد إيداعه في حساب بنك الأحاسيس زيادة كبيرة، وساعد ابنه على الانفتاح تدريجيًّا والتطرق إلى المشكلة الحقيقية.

وبدلًا من جلوس كل واحد منهما عند طرف المائدة يتبادلان النظرات، يجلس الوالد والابن الآن على الجانب نفسه من المائدة يتباحثان في المشكلة. فالابن يفتح السيرة الذاتية لوالده طالبًا النصيحة.

حتى لو أصبح الوالد مستشارًا لابنه، فإنه ما زال في حاجة إلى أن يتسم بالحساسية تجاه التواصل مع ابنه. وطالما كانت الاستجابة منطقية يغدو بمقدور الوالد طرح أسئلة فعّالة ليتمكن من تقديم المشورة. ولكن في اللحظة التي تتحول فيها الاستجابة إلى استجابة عاطفية لا بد أن يعود إلى الاستماع التعاطفي.

"حسنًا، أرى بعض الأشياء التي قد تحتاج منك إلى تفكير".

"مثل ماذا يا أبي؟".

"مثل الحصول على مساعدة خاصة في القراءة. ربما يوجد بالمدرسة برنامج تعليمي خاص".

"لقد سألت عن هذا بالفعل. إن البرنامج يستغرق أمسيتين ونهار السبت بالكامل. إنه وقت طويل للغاية".

وعندما استشعر الوالد *المشاعر* الواضحة في هذا الرد، انتقل فورًا إلى الاستماع التعاطفي.

"يا له من مقابل كبير ينبغي دفعه!".

"بالإضافة إلى ذلك يا أبي فأنا قد أخبرت طلاب المرحلة السادسة بأنني سأكون مدربهم".

"وأنت لا تريد أن تخذلهم".

"ولكن يا أبي إذا كنت أعتقد أن درس القراءة هذا مفيد بالفعل فسأذهب إلى هناك كل ليلة، وأطلب من شخص آخر تدريب الأولاد".

"أنت تود المساعدة، ولكنك لا تعرف إن كانت الدورة ستحدث فرقًا".

"هل تعتقد هذا يا أبي؟".

ها هو الابن أكثر انفتاحًا و*منطقية*. إنه يفتح سيرة والده الذاتية مرة أخرى. والآن، أتيحت فرصة أخرى للوالد من أجل التأثير والتحويل.

وفي بعض الأحيان لا يتطلب التحويل مشورة خارجية، وغالبًا عندما تتاح الفرصة للناس للانفتاح فإنهم يكشفون عن مشكلاتهم وتغدو الحلول واضحة لهم خلال هذه العملية.

وفي أحيان أخرى يحتاجون إلى منظور ومساعدة إضافيين، والمفتاح هو السعي من أجل سعادة الآخرين، والاستماع التعاطفي، وإتاحة الفرصة للشخص للتوصل إلى المشكلة والحل بسرعته الخاصة وفي الوقت الذي يريد. وبذلك تنزع طبقة تلو الأخرى - إن الأمر يشبه تقشير البصلة حتى تصل إلى اللب الداخلي الناعم.

وعندما يتعرض الناس لإيذاء حقيقي وتنصت إليهم برغبة خالصة في الفهم، ستذهلك السرعة التي ينفتحون بها. فهم يرغبون في الانفتاح. والأطفال لديهم رغبة يائسة في الانفتاح - لآبائهم أكثر من أقرانهم. وهم ينفتحون عندما يشعرون بأن آباءهم يحبونهم حبًا غير مشروط وسيخلصون لهم فيما بعد، ولن يصدروا عليهم أحكامًا أو يسخرون منهم.

وإذا سعيت سعيًا حقيقيًا من أجل فهم خال من الرياء والمنفعة فستأتي عليك أوقات ستصدم بالمعنى الحرفي للكلمة بالمعرفة الخالصة والفهم اللذين سينهمران عليك من إنسان آخر. وليس من الحتمي أن تتحدث لتظهر التعاطف. ففي بعض الأحيان تكون الكلمات عائقًا في طريقك. وهذا أحد أهم أسباب عدم نجاح الأساليب

بمفردها. وهذا النوع من الفهم يفوق الأساليب؛ فالأساليب المنعزلة لا تمثل سوى عائق في الطريق.

ولقد ذكرت مهارات الاستماع التعاطفي لأن المهارة تعد جزءًا مهمًا في أي عادة. ونحن في حاجة إلى امتلاك المهارات. لكن دعني أكرر أن المهارات لن تكون فعالة ما لم تنبع من *رغبة مخلصة* في الفهم. فالناس يبغضون أية محاولة للتلاعب بهم. وفي الواقع، إن كنت تتعامل مع أناس مقربين لك فسيكون من المفيد إخبارهم بما تفعل.

"أنا أقرأ كتابًا عن الإنصات والتقمص العاطفي وفكرت في علاقتي بك. وقد أدركت أنني لم أستمع لك يومًا كما ينبغي. ولكنني أريد فعل هذا الآن، وأعلم أن الأمر صعب عليّ. وربما يتطلب وقتًا، ولكنني سأعمل على تحقيقه. إنني أهتم بالفعل لأمرك وأود أن أفهمك، وكلي أمل أن تساعدني". وهذا التأكيد على دافعك يعد إيداعًا هائلًا.

ولكن إذا لم تكن مخلصًا فلن أحاول من الأساس؛ فهذا قد يخلق نوعًا من الانفتاح والضعف الذي قد ينقلب عليك لاحقًا عندما يكتشف الشخص أنك لم تهتم لأمره قط، وأنك لم ترغب في الإنصات إليه بالفعل وأنه تركك مكشوفًا ومجروحًا. ولا بد أن تنشأ التقنية، قمة جبل الثلج - من القاعدة العريضة للشخصية الموجودة بالأسفل.

والآن، سيحتج بعض الأشخاص، مدعين أن الاستماع التعاطفي يستغرق وقتًا طويلًا. بالفعل قد يستغرق وقتًا طويلًا في البداية، ولكنه سيوفر الكثير من الوقت لاحقًا. والأمر الأكثر كفاءة الذي يمكنك القيام به إذا كنت طبيبًا وترغب في وصف علاج دقيق هو أن تشخص المرض تشخيصًا دقيقًا في البداية. فلا يمكنك أن تقول: "أنا في عجلة من أمري ولا وقت لدي للتشخيص. خذ هذا العلاج فحسب".

وأتذكر ذات مرة أنني كنت أكتب في حجرة تقع على شاطئ أواهو الشمالي بـهاواي، وكان النسيم عليلًا، لذا فتحت نافذتي الغرفة - إحداهما كانت على الواجهة والأخرى على الجانب - للحفاظ على برودة الغرفة. وكنت أضع مجموعة من الأوراق على منضدة كبيرة ورتبتها فصلًا فصلًا.

وفجأة بدأت هذه النسمات تبعثر أوراقي. وأتذكر شعوري بالارتباك لأن الأشياء لم تعد مرتبة، ناهيك عن أن بعض الصفحات غير مرقمة، واندفعت في جميع أرجاء الغرفة في محاولة يائسة لجمع الأوراق مرة أخرى. وأخيرًا أدركت أنه من الأفضل اقتطاع عشر ثوان من أجل إغلاق إحدى النافذتين.

إن الاستماع التعاطفي يستغرق وقتًا، ولكنه لن يعادل بأية حال من الأحوال الوقت الذي تستغرقه لإزالة سوء التفاهم - بعدما قطعت أميالًا من الطريق - ومحاولة تصحيح ما فعلت، والتعايش مع المشكلات التي لم يتم التصريح بها أو حلها، والتعامل مع نتائج عدم منح الناس هواء نفسيًّا.

ويستطيع المستمع الذي يصدر أحكامًا سديدة وفقًا للتقمص العاطفي أن يقرأ ما يحدث في العمق ويظهر التقبل والفهم، اللذين يجعلان الآخرين يشعرون بالأمان، ومن ثم ينفتحون ويزيلون طبقة تلو الأخرى حتى يصلوا إلى اللب الرقيق، حيث تكمن المشكلة.

ويرغب الناس في أن يفهمهم الآخرون. ومهما استغرق الاستثمار من وقت فستكون العوائد أكبر بكثير حينما تعمل على فهم مشكلات وقضايا الناس فهمًا دقيقًا من منطلق حساب بنك الأحاسيس، الذي يجعل الناس يشعرون بأنهم مفهومون.

الفهم والمفهوم

وعندما تتعلم الإنصات للآخرين ستكتشف الفروق الهائلة في المفهوم. وستقدر التأثيرات التي يمكن أن تحدثها هذه الفروق حينما يعمل الناس معًا في حالات الاعتماد بالتبادل.

أنت ترى السيدة الشابة وأنا أرى العجوز، وكلانا على صواب.

وربما تنظر إلى العالم من خلال نظارة التمحور حول الزوج، وأنا أراه من خلال التمحور حول المال والأمور الاقتصادية.

وربما أنت مبرمج على عقلية الوفرة، بينما أنا مبرمج على عقلية الندرة.

وقد تتناول أنت المشكلات من خلال التصور الذهني الشامل البديهي لفص المخ الأيمن. أما أنا فقد أنزع إلى استخدام الفص الأيسر الذي ينتهج أسلوبًا تتابعيًّا وتحليليًّا يعتمد على التعبيرات اللفظية.

وقد تختلف مفاهيمنا اختلافًا بينًا. ومع ذلك، فقد ظل كل واحد منا يعيش بتصوراته الذهنية لسنوات معتقدًا أنها "حقائق" ومشككًا في الشخصية أو الكفاءة العقلية لأي شخص لا يستطيع أن يرى "الحقائق".

والآن، وعلى الرغم من اختلافاتنا فإننا نحاول العمل معًا - في الزواج أو العمل أو مشروعات خدمة المجتمع - من أجل إدارة الموارد وإنجاز النتائج. كيف نقوم بهذا الأمر إذن؟ كيف نتجاوز حدود مفاهيمنا الفردية، ومن ثم يمكننا تحقيق

تواصل أعمق ونتعاون في التعامل مع المشكلات ونصل إلى حلول المكسب/المكسب؟

والإجابة هي العادة الخامسة، وهي الخطوة الأولى في عمليات المكسب/المكسب حتى لو لم (ولاسيما عندما) يتبع الشخص الآخر التصور الذهني نفسه (اسع إلى فهم الآخرين أولًا).

وقد لاقى هذا المبدأ نجاحًا مع المدير التنفيذي الذي شاركني التجربة التالية:

"كنت أعمل مع شركة صغيرة كانت تتفاوض من أجل الحصول على عقد مع مؤسسة بنكية محلية كبيرة. وقد أتت هذه المؤسسة بمحاميها من سان فرانسيسكو والمفاوض من أوهايو، وجلبت رئيسيين اثنين من أكبر الفروع لتشكيل فريق مكون من ثمانية أشخاص. وقد قررت الشركة التي أعمل لحسابها التفاوض على أساس المكسب/المكسب أو لا اتفاق. وقد أرادوا زيادة مستوى الخدمات والتكلفة زيادة واضحة، ولكن مطالب هذه المؤسسة الكبيرة كانت تستنزفهم.

"جلس رئيس شركتنا إلى جانب مائدة المفاوضات وقال لهم: "نود منكم تحرير العقد بالطريقة التي تريدون، ومن ثم نتأكد من أننا نفهم احتياجاتكم ومخاوفكم. وسنستجيب لهذه الاحتياجات والمخاوف ثم نتحدث عن السعر".

"وقد تفاجأ أفراد فريق التفاوض. فكانوا مندهشين لأن لديهم فرصة لكتابة العقد. وقد استغرق الأمر منهم ثلاثة أيام للتوصل إلى اتفاق".

"وعندما عرضوه قال رئيس الشركة "لنتأكد من أننا نفهم ما تريدون". وشرع يقرأ العقد ويعيد صياغة المحتوى ويعكس المشاعر حتى تأكد وتأكدوا أنه فهم الأشياء المهمة لهم. "نعم هذا صحيح. كلا ليس هذا ما قصدنا بالضبط.. نعم لقد فهمت".

"وعندما استوعب منظورهم بالكامل، تابع شرح المخاوف من مفهومه... وأنصتوا إليه. فقد كانوا مستعدين للإنصات لأنهم لم يكونوا يصارعون من أجل الهواء. وما بدأ بقليل من الثقة وجو يغلفه العداء تحول إلى بيئة مثمرة أساسها التعاون.

"وفي نهاية المناقشات قال أعضاء فريق التفاوض: "نود العمل معكم، لذا نود إبرام هذه الصفقة. أخبرونا بالسعر الذي تريدون، وسنوقع؟".

ثم اسع إلى أن يفهموك

في البداية اسع إلى فهم الآخرين... ثم *اسع إلى أن يفهموك*. ومعرفة كيف تكون مفهومًا هو الجزء الثاني من العادة الخامسة، وهو أساسي من أجل التوصل إلى حلول المكسب/المكسب.

ولقد عرفنا النضج من قبل وقلنا إنه التوازن بين الشجاعة ومراعاة شعور الآخرين. والسعي لفهم الآخرين يستدعي مراعاة شعورهم، بينما السعي من أجل أن تكون مفهومًا يستدعي الشجاعة. ومبدأ المكسب/المكسب يتطلب درجة عالية من كليهما. لذا، ففي مواقف الاعتماد بالتبادل من المهم أن يفهمنا الآخرون.

كان اليونانيون القدماء يتبنون فلسفة رائعة تتجسد في ثلاثة مفاهيم مرتبة بشكل تتابعي هي: *الأخلاقيات والعاطفة والعقل*. وأعتقد أن الكلمات الثلاث تنطوي على جوهر السعي من أجل الفهم أولًا وتقديم عروض فعالة.

ويقصد *بالأخلاقيات* مصداقيتك الشخصية وإيمان الناس بأمانتك وكفاءتك. وهي الثقة التي تبثها في الجميع - رصيدك في بنك الأحاسيس. *والعاطفة* هي الجانب الخاص بالتقمص العاطفي - أي المشاعر. وهي تعني توافقك مع المشاعر القوية التي يتضمنها تواصل الشخص الآخر. أما *العقل* فهو المنطق والجزء العقلاني من العرض التقديمي.

لاحظ التتابع: الأخلاقيات ثم العاطفة ثم العقل - أي شخصيتك ثم علاقاتك ثم منطقية عرضك؛ وهذا يمثل تغييرًا كبيرًا في التصور الذهني. فعندما يشرع معظم الناس في تقديم عرض فإنهم يخاطبون المنطق مباشرة، أي فص المخ الأيسر، عن طريق طرح أفكارهم. فهم يحاولون إقناع الناس بصدق منطقهم دون أخذ الأخلاقيات والعاطفة في الاعتبار.

كان أحد معارفي يشعر بغضب شديد لأن رئيسه كان مقتصرًا على التعامل بأسلوب قيادة غير منتج.

وسألني: "لماذا لا يفعل أي شيء؟ لقد تحدثت إليه عن الأمر وبدا مدركًا ما أقول ولكنه لم يفعل شيئًا - لم يحرك ساكنًا".

فسألته: "حسنًا، لماذا لا تقدم عرضًا فعالًا؟".

فكانت إجابته: "لقد فعلت".

"كيف تعرف "الفعالية"؟ على من يقع اللوم إذا لم يحقق البائع مبيعات - المشتري؟ إن الفعالية تعني الأمور المجدية أي (إ/ ق إ). هل أحدثت التغيير الذي تريد؟ هل بنيت العلاقة خلال هذه العملية؟ ما نتائج عرضك؟".

"لقد أخبرتك بأنه لم يفعل شيئًا. لم يكن منصتًا".

"ليكن عرضك *فعالا* إذن. لا بد أن تتقمص عاطفيًّا ما يدور في رأسه، ولا بد أن تتغلغل داخل تفكيره. ولا بد أن تبسط فكرتك وتصورها وتحدد البدائل التي تحظى بإعجابه بشكل أفضل مما يستطيع هو، وهذا يتطلب أداء بعض الفروض المنزلية. هل أنت مستعد لهذا؟".

فسألني: "لماذا يتعين على القيام بكل هذا؟".

"بعبارة أخرى، أنت تريد منه تغيير أسلوب قيادته بينما لا تريد تغيير طريقة تقديمك لعروضك؟".

فأجابني: "أعتقد هذا".

فقلت: "حسنًا، ابتسم وتعلم التعايش مع أسلوبه".

فقال: "لا أستطيع هذا. إن هذا ينتقص من أمانتي".

"حسنًا، ركز على تقديم عرض فعّال. فذلك يقع داخل دائرة تأثيرك".

وفي النهاية لم يفعل. فيبدو أن الاستثمار كان كبيرًا بدرجة لا يرغب في تحملها.

ثمة شخص آخر أعرفه، وهو أستاذ بالجامعة، كان مستعدًّا لدفع الثمن. فقد جاءني أحد الأيام وقال لي: "ستيفن، لم أستطع النجاح في الحصول على تمويل لبحثي؛ لأنه ببساطة ليس من بين الأبحاث الأساسية التي تهم القسم".

وبعد مناقشة مطولة لموقفه، اقترحت عليه أن يقدم عرضًا فعالًا مستخدمًا الأخلاقيات والعاطفة والعقل. "أعلم أنك مخلص وأن البحث الذي تريد إجراءه ستكون له فوائد عظيمة. لذا، حاول وصف البديل الذي يفضلونه بطريقة أفضل من تلك التي قد يصفونها به هم أنفسهم. وأظهر لهم أنك تفهمهم فهمًا جيدًا، ثم اشرح المنطق الذي يكمن وراء طلبك شرحًا وافيًا".

فقال: "حسنًا، سأحاول".

فسألته: "هل تود إجراء تجربة معي؟" فوجدته موافقًا، فبدأنا التدريب على فكرته.

وعندما حان موعد عرضه بدأ قائلًا: "الآن سأحاول أن أتبين مقدار فهمي لأهدافكم، ومعرفة مخاوفكم المتعلقة بهذا العرض وتزكياتي".

وقدم عرضه ببطء وبالتدريج. وفي منتصف عرضه التقديمي وبينما يظهر فهمه العميق واحترامه لوجهة نظرهم، استدار أحد كبار الأساتذة لزميله وأومأ برأسه، ثم استدار إلى زميلي وقال له: "لقد حصلت على التمويل الذي تريد".

عندما تتمكن من استعراض أفكارك استعراضًا واضحًا ومحددًا وحيًّا، والأهم من كل هـذا - في سياق فهمـك العميق لتصورات الآخرين الذهنية ومخاوفهم - ستزداد مصداقية أفكارك زيادة واضحة.

وحينها لن تكون منشغلًا "بالشيء الذي تريد" محاولًا إلقاء خطبة رنانة وتقليدية. إنك تفهم بالفعل. وربما يختلف ما تعرضه عن الفكرة الأساسية التي دارت في رأسك والسبب أنك بذلت جهدًا من أجل الفهم وتعلمت.

والعـادة الخامسـة تضفـي علـى عروضـك درجـة كبيـرة مـن درجـات الدقـة والأمانـة. ويصبح الجميع على يقين أنك تستعرض الأفـكار التي تؤمن بها وتأخذ في اعتبارك جميع الحقائق والمفاهيم الثابتة، الأمر الذي يعود على الجميع بالنفع.

شخص لشخص

تعتبـر العـادة الخامسـة عـادة قويـة لأنهـا تقـع فـي منتصـف دائـرة تأثيرك. بينمـا يقـع العديد مـن العوامـل الخاصة بمواقـف الاعتمـاد بالتبادل ضمـن دائرة اهتماماتـك - المشكلات والخلافات والظروف وسلوك الآخرين. وإذا ركزت طاقتك عليها ستستنفدها محققًا قدرًا ضئيلًا من النتائج الإيجابية.

ولكـن سيظل بإمكانك دائمًـا السعي من أجل الفهم أولًا. فذاك أمر يقع في دائرة سيطرتـك. وبينمـا تقوم بذلك - أي تركز علـى دائرة تأثيرك - سـوف تفهم بالفعل وبعمـق الآخرين. ومن ثـم تكون لديك المعلومـات الدقيقة التي تعمل علـى أساسها، وتدخل مباشرة إلى صلب الموضوع، وتكون رصيدًا في بنك الأحاسيس، وتمنح الناس الهواء النفسي الذي يريدون، ومن ثم تعملون معًا بفعالية.

هـذا هو أسلوب مـن الداخل إلى الخارج. وبينما تتبعـه راقب ما يحدث في دائرة تأثيـرك. فلأنك تنصت بالفعـل تصبح شخصًا مؤثرًا، وبالتالـي يسهل عليك التأثير علـى الآخرين، وتبدأ دائرتك في الاتساع. وتزيد قدرتك على التأثير في الأشياء التي تتضمنها دائرة اهتماماتك.

فقط راقب ما يحدث لك. فكلما تمكنت من فهم الآخرين فهمًا عميقًا زاد تقديرك لهم وزاد شعورك باحترامهم. إن لمسك روح إنسان يشبه المشي فوق أرض مقدسة.

والعـادة الخامسة عـادة يمكنك ممارستهـا الآن وعلى الفور. ففـي المرة التالية التـي تتواصـل فيها مع شخص ضـع سيرتك الشخصية جانبًا واسـع جاهدًا من أجل فهمه. حتى عندما لا يرغب الناس في الانفتاح والتحدث إليك عن مشكلاتهم تستطيع

استخدام التقمص العاطفي. فتستشعر قلوبهم وتشعر بما يجرحهم وتستجيب لهم: "أنت لا تبدو في حالة جيدة اليوم". وهم قد لا يقولون شيئًا، ولا بأس بهذا فأنت قد أظهرت لهم فهمك واحترامك.

وإياك والعجلة، وكن صبورًا واحترم الآخرين فالناس لن ينفتحوا لك ويتحدثوا ما لم تظهر لهم التقمص العاطفي. وبمقدورك إظهار التقمص العاطفي مع سلوكهم طوال الوقت. ويمكنك أن تصدر أحكامًا سديدة وأن تكون حساسًا وواعيًا ويمكنك أن تعيش خارج سيرتك الذاتية عندما يستدعي الأمر.

وإذا كنت تتمتع بالمبادرة يغدو بمقدورك صنع الفرص للقيام بعمل وقائي. فأنت غير مضطر لأن تنتظر حتى يتعرض ابنك أو ابنتك لمشكلة في المدرسة أو تنتظر المفاوضات التالية في العمل لكي تبدأ في السعي من أجل الفهم أولًا.

ابدأ الآن في قضاء وقت مع أولادك شخصًا لشخص. واستمع إليهم وافهمهم. انظر إلى المنزل والمدرسة وانظر إلى عيونهم والتحديات والمشكلات التي تواجههم. وحاول تكوين رصيد في بنك الأحاسيس وامنحهم الهواء النفسي الذي يريدونه.

اخرج مع زوجتك بانتظام لتناول العشاء أو قوما معًا بشيء تستمتعان به. وليستمع كل منكما للآخر وليرى العالم بعيون الآخر.

إن الوقت الذي أمضيه يوميًّا مع ساندرا لن أقايضه بأي شيء. وبالإضافة إلى محاولة كل واحد منا فهم الآخر نحاول أيضًا ممارسة مهارات الاستماع التعاطفي ليساعدنا على التواصل مع أطفالنا.

وغالبًا ما نتشارك في مفاهيمنا المختلفة حول الموقف الواحد، ونتدرب على ممارسة الأدوار لإيجاد طرق أكثر فاعلية لحل مشكلات الأسرة الجماعية.

فقد ألعب دور ابني أو ابنتي عندما تطلب ميزة معينة حتى لو كانت لا تتوافق مع مسئوليات الأسرة الأساسية بينما تلعب ساندرا دورها كأم.

وتدور بيننا المناقشات بين كر وفر ونحاول تصور الموقف بواقعية، ومن ثم ندرب أنفسنا على التوافق مع نماذج وتعاليم المبادئ القويمة التي نعلمها لأطفالنا. وأكثر الأدوار التي نلعبها فائدة تكون تلك التي نعيد فيها تمثيل مشهد قديم صعب مر بنا.

والوقت الذي تستثمره في فهم من تحب يعود عليك بأرباح هائلة في صورة التواصل المفتوح، ومن ثم لا يتاح أمام المشكلات التي قد تواجه الأسر أو الزواج الوقت كي تتطور وتتفاقم. فيصبح التواصل مفتوحًا بحيث يمكن القضاء على المشكلات وهي

في المهد. ويكون مخزون الثقة في حساب بنك الأحاسيس كبيرًا لمعالجة المشكلات التي قد تنشأ.

وبالنسبة للعمل يمكنك أن تخصص وقتًا لموظفيك لتتحدث إليهم وجهًا لوجه وتفهمهم. ولتضع نظام معلومات للموارد البشرية أو المستفيدين لتحصل على تقييم دقيق وصادق على كل المستويات: من العملاء والموردين والموظفين. ولتتساوى لديك أهمية العامل البشري بها مع أهمية الموارد المالية والتقنية. وعندما تتمكن من الاقتراب من كل مستويات الموارد البشرية ستوفر الكثير من الوقت والطاقة والمال. وعندما تنصت تتعلم. وفي الوقت نفسه فأنت تمنح العاملين معك الهواء النفسي، وتلهمهم الإخلاص الذي يتجاوز جميع المتطلبات المادية للعمل.

اسع إلى فهم الآخرين أولا - قبل أن تظهر المشكلات وقبل أن تحاول التقييم ووصف العلاج وقبل أن تحاول عرض أفكارك - اسع إلى فهم الآخرين أولًا. إنها عادة قوية من عادات الاعتماد بالتبادل الفعّال.

وعندما نتمكن من فهم بعضنا البعض سنفتح الباب أمام الحلول المبدعة والبديل الثالث. ولن تكون اختلافاتنا عقبة في طريق تواصلنا وتقدمنا. وهكذا، نخطو معًا تجاه التكاتف والتعاون.

مقترحات للتطبيق

١. اختر علاقة تشعر فيها بأن حساب بنك الأحاسيس على وشك النفاد. وحاول أن تفهم وتدون الموقف من وجهة نظر الطرف الآخر. وفي أثناء تعاملك معه مرة أخرى استمع وافهم ما يقول، وقارن ما تسمع بما كتبت. إلى أي مدى كانت فروضك صحيحة؟ هل تفهم وجهة نظر الشخص الآخر؟

٢. شارك فكرة التعاطف مع شخص مقرب منك. أخبره بأنك تود الإنصات إلى الآخرين واطلب منه أن يقدم لك تقييمًا خلال أسبوع. كيف كان أداؤك؟ كيف كان شعور الشخص الآخر؟

٣. في المرة التالية التي تتاح لك الفرصة لمراقبة عملية التواصل بين الناس غط أذنيك لدقائق قليلة وراقب بعينيك فقط، ما المشاعر التي يتم تبادلها، والتي قد لا يتم التعبير عنها بالكلمات فقط؟

٤. في المرة التالية التي تضبط فيها نفسك متلبسًا بإصدار استجابات غير مناسبة مستمدة من سيرتك الذاتية - حاول قلب الموقف إلى إيداع في حساب بنك الأحاسيس من خلال التقدير والاعتذار (*آسف، لقد أدركت لتوي أنني لا أحاول فهمك. هلا بدأنا من جديد؟*).

٥. ليكن عرضك القادم قائمًا على التعاطف. وقم بتوضيح وجهة النظر الأخرى بأسلوب أفضل من مؤيديه ثم اسع إلى أن يفهموا وجهة نظرك في إطار مرجعيتهم.

العادة ٦:
تكاتف مع الآخرين®

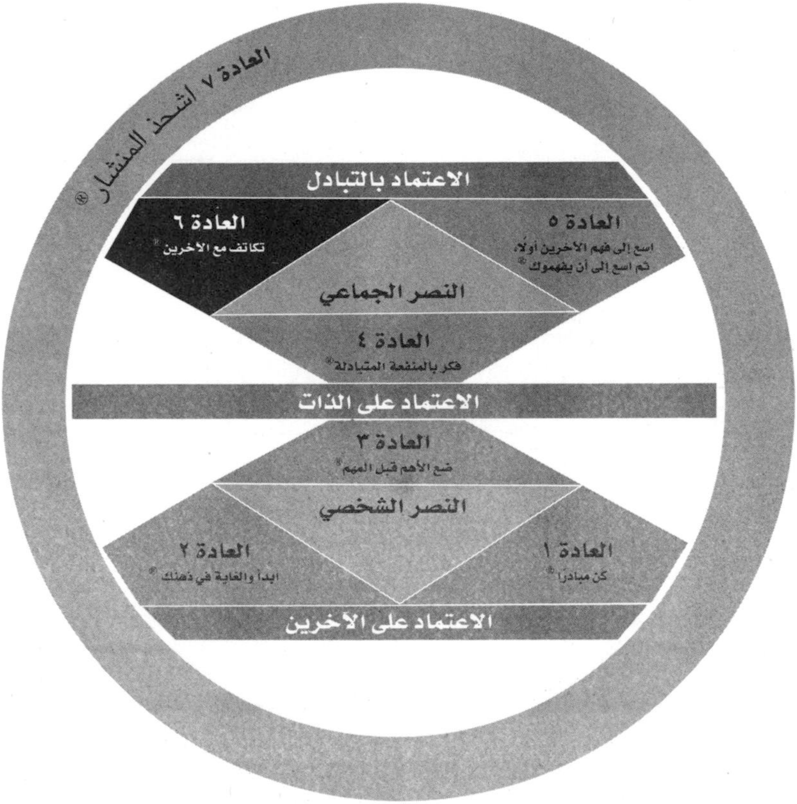

مبادئ التعاون الخلاق

إنني أستمد إرشادي من الأمل الذي يبثه رجال
الدين: في المواقف الصعبة، الوحدة —
وفي الأمور المهمة - التنوع
وفي كل المواقف الكرم.

الخطبة الأولى للرئيس
جورج بوش عقب توليه المنصب الرئاسي

عندما طُلب من السير وينستون تشرتشل قيادة الحرب من أجل بريطانيا العظمى أشار إلى أن حياته كلها أعدته لهذه اللحظة. وبالطريقة نفسها تعدنا جميع العادات الأخرى لعادة التكاتف أو التعاون.

عندما يفهمنا الآخرون جيدًا يصبح التكاتف أهم الأنشطة التي تمارس في الحياة - وهو الاختبار والانعكاس الحقيقي لكل العادات الأخرى مجتمعة.

وأعلى درجات التكاتف تركيزًا هي المواهب الأربع البشرية المتفردة والدافع الخاص بمبدأ المكسب/ المكسب ومهارات تواصل التقمص العاطفي، والتي تعتمد على تجاوز أصعب التحديات التي تواجهنا في الحياة. وفي أغلب الأحيان تكون النتائج مذهلة حقًا. فنحن نتوصل إلى بدائل جديدة لم تكن موجودة من قبل.

والتكاتف هو جوهر القيادة المتمركزة حول المبادئ وهو جوهر التربية المتمركزة حول المبادئ، وهو يبلور أعظم القوى الكامنة داخل الناس ويوحدها ويطلق لها العنان. وكل العادات التي تناولناها بالتغطية تعدنا لصنع معجزة التكاتف.

ولكن ما التكاتف؟ ببساطة يعني التكاتف أن الكل أعظم من مجموع الأجزاء. ويقصد به أن العلاقة التي تربط بين الأجزاء وبعضها هي جزء في حد ذاته.

والتكاتـف ليس جـزءًا فقط، بل هو أهم محفـز وأهم عامل معزز للقـوة وأهم موحد وأكثر الأجزاء إثارة.

ويعـد الإبـداع أيضًا الجزء الأكثـر إثارة لمشاعـر الرعب والخـوف لأنك لا تعلم تحديـدًا مـاذا سيحدث أو إلى أيـن سيقودك. كما أنك لا تعلم مـا المخاطر الجديدة والتحديات التي ستصادفك. فيتطلب منك الأمر قدرًا هائلًا من الأمن الداخلي لتبدأ في إطلاق العنان لروح المغامرة وروح الاستكشاف وروح الإبداع الخلاق. وبدون شك يتعين عليـك مغادرة منطقة الراحة في قاعدة المعسكـر واكتشاف الغابات الجديدة المجهولة فتصبح أنت الرائد ومكتشف الطرق الجديدة. وتفتح الباب أمام احتمالات جديدة وأراض جديدة لم تكتشف من قبل وقارات لم تعرف قط، ومن ثم يغدو بإمكان الآخرين اتباعك.

والتكاتف موجود فـي كل شيء في الطبيعة. فإذا قمت بزراعة نباتين بالقرب من بعضهمـا البعض، فستتحـد الجذور معًا وتتحسن جودة التربة ومـن ثم ينمو النباتان نمـوًّا أفضل مما لو زرعت كل نبات بمفرده. وإذا وضعت قطعتي خشب بجوار بعضهما فسيحمـلان وزنًا أكبـر من ذلك الذي قد يحمله كل واحد منهمـا منفصلة. إذن الكل أفضل من مجموع الأجزاء. وواحد زائد واحد يساوي ثلاثة أو أكثر.

وجوهـر التحـدي هو تطبيـق مبادئ التعـاون الخلاق الـذي نتعلمه مـن الطبيعة فـي تعاملاتنا الاجتماعيـة. وتمنحنا الحياة العائلية فرصًا كثيـرة لملاحظة التكاتف وممارسته.

والطريقة الوحيدة كي يتمكن رجل وامرأة من إنجاب طفل لهذا العالم هو التعاون. وجوهـر التكاتف هو تقدير الفـروق - واحترامها وبناء مواطن القوى لتعويض مواطن الضعف.

ونحـن بدون شك نقدر الفـروق البدنية بين الرجل والمـرأة والأزواج والزوجات. ولكن ماذا عن الفروق الاجتماعية والعقلية والعاطفية؟ ألا يمكن أن تكون هذه الفروق أيضًـا مصدرًا للتوصل إلى صور جديـدة ومثيرة للحياة وخلق بيئـة تفي باحتياجات كل شخـص، وتغذي التقدير الذاتـي والقيمة الذاتية، مما يولـد فرصًا لكل واحد منا لينضـج في ظل مبدأ الاستقـلال ثم تدريجيًّا ينتقل إلى الاعتمـاد بالتبادل؟ ألا يمكن للتكاتف أن يضع نصًّا جديدًا للجيل القادم - نصًّا مصممًا من أجل تقديم الخدمات والإسهامـات وأقـل تحصينًا وأقل تضاربًـا وأقل أنانية، نصًّا أكثـر انفتاحًا وأكثر ثقة

وأكثر عطاء وأقل دفاعية وتحصنًا وسياسة، نصًّا أكثر حبًّا وأكثر اهتمامًا وأقل سلبية وإصدارًا للأحكام؟

التواصل المتكاتف

عندما تجري تواصلًا متكاتفًا فأنت ببساطة تفتح عقلك وقلبك ومشاعرك للاحتمالات الجديدة والبدائل الجديدة والخيارات الجديدة. وقد يبدو الأمر أنك تنحي جانبًا العادة الثانية (أن تبدأ والغاية في ذهنك)، ولكن في الحقيقة ما تفعله هو العكس - فأنت تشبعها. وحالما تنخرط في تواصل متكاتف قد لا تكون متيقنًا من الطريقة التي ستسير بها الأمور، ولكنك تمتلك إحساسًا داخليًّا بالإثارة والأمان وروح المغامرة مؤمنًا بأن الأمور ستكون أفضل مما كانت عليه من قبل. وهذه هي الغاية التي تضعها في عقلك.

وتبدأ مؤمنًا بأن الأطراف المعنية ستجني مزيدًا من الفهم والرؤى، وأن الإثارة الناتجة عن هذا وأن التعليم المشترك والرؤى سوف تخلق قوة دافعة تقود إلى المزيد من الرؤى والتعلم والنمو.

ولم يجرب العديد من الناس ولو قدرًا بسيطًا من التكاتف داخل حياتهم الأسرية أو في تعاملاتهم الأخرى. فهم قد تم تدريبهم وبرمجتهم على التواصلات الدفاعية، أو الإيمان بأن الحياة أو الآخرين لا يمكن الوثوق بهم. ونتيجة لهذا فهم لا ينفتحون للعادة السادسة ولهذه المبادئ.

ويمثل هذا إحدى أعظم المآسي والخسائر بالحياة؛ لأن الكثير من الإمكانات تبقى دفينة غير مطورة وغير مستخدمة. ويعيش الناس الذين يتسمون بعدم الفعالية يومًا بيوم بإمكانيات غير مستخدمة. وهم يمارسون التكاتف على مستوى بسيط وهامشي في الحياة.

وربما تكون لديهم ذكريات لبعض التجارب الخلاقة غير العادية ربما في مجال الرياضة حيث تعاملوا من منطلق روح الفريق لفترة من الوقت. أو ربما أنهم قد تعرضوا لحالة طوارئ؛ حيث ساد التعاون بين الناس بدرجة كبيرة غير مسبوقة وتلاشت الأنا والتفاخر من أجل إنقاذ حياة شخص آخر أو إيجاد حل لأزمة ما.

وبالنسبة للكثيرين، تبدو هذه الأحداث غير عادية، غير ملائمة نوعًا ما للحياة أو ربما تتسم بأنها إعجازية. ولكن الحال ليست كذلك؛ فهذه المواقف يمكن أن تتكرر

في حياة الناس بانتظام وباستمرار وكل يوم. ولكنها تتطلب قدرًا كبيرًا من الشعور بالأمن والانفتاح والتحلي بروح المغامرة.

والجهود الخلاقة في مجملها غير متوقعة إلى حد ما، وغالبًا ما تبدو غامضة وخاضعة لمبدأ المحاولة والخطأ. وما لم يتمتع الناس بدرجة عالية من التحمل لتقبل الغموض وتحقيق أمنهم الشخصي من خلال التكامل مع المبادئ والقيم الداخلية فهم سوف يعتبرون الاشتراك في المشروعات الإبداعية أمرًا مسببًا للضيق والتعاسة. فحاجة مثل هؤلاء إلى إطار محدد واليقين والقدرة على التنبؤ تكون كبيرة.

التكاتف داخل الصف الدراسي

بصفتي معلمًا توصلت إلى اعتقاد مفاده أن العديد من الصفوف الدراسية الرائعة تتأرجح على حافة الفوضى. ويختبر التكاتف مدى انفتاح المدرسين والطلبة على مبدأ الكل أعظم من مجموع أجزائه.

ففي بعض الأحيان يعجز المدرسون والطلاب عن فهم ماذا سيحدث. ففي البداية، تكون هناك بيئة آمنة تمكن الناس من الانفتاح الحقيقي والتعلم والإنصات لأفكار بعضهم البعض. ثم تأتي مرحلة طرح الأفكار حيث تتبع وتخضع روح التقييم لروح الإبداع والتصور والشبكة الفكرية. ويعقب هذا حدوث ظاهرة غير عادية بالمرة، وهي تحول الصف بأكمله إلى هدف جديد أو فكرة جديدة أو توجه جديد يصعب تعريفه، وبالرغم من ذلك يمثل هذا الأمر أهمية كبيرة لجميع المشتركين.

والتكاتف يشبه اتفاقًا جماعيًّا بين مجموعة من الناس على تهميش النصوص القديمة وكتابة نصوص أخرى جديدة.

ولن أنسى صفًّا دراسيًّا في الجامعة كنت أدرِّس فيه فلسفة وأسلوب القيادة. وكان قد مر من الفصل الدراسي ثلاثة أسابيع حينما شرع شخص - في منتصف أحد العروض التقديمية - في الإشارة إلى بعض التجارب الشخصية المؤثرة على مستوى المشاعر والرؤى. وسادت الصف روح التواضع والإجلال تجاه هذا الشخص والتقدير لشجاعته.

وغدت هذه الروح أرضًا خصبة للتكاتف والجهود الخلاقة. وبدأ الآخرون في الإضافة إليها، وذكر بعض تجاربهم ورؤاهم وحتى بعض شكوكهم الذاتية. ودفعت

روح الثقة والأمان العديد منهم إلى الانفتاح بدرجة كبيرة. وبدلًا من تقديم ما قاموا بتحضيره تغذوا من رؤى وأفكار بعضهم البعض ليصنعوا نصًا جديدًا تمامًا لما يمكن أن يستفيد به الصف من المادة.

وقد كنت مشتركًا معهم في هذه التجربة. وفي الحقيقة، كنت مفتونًا بها لأنها بدت ساحرة وخلاقة. ووجدت نفسي تدريجيًا أفقد التزامي بالمنهج الدراسي وأستشعر إمكانات جديدة تمامًا. ولم يكن الأمر مجرد شطحات من الخيال؛ فقد ساد المكان شعور بالنضج والاستقرار وبأنهم أمام مادة تجاوزت حدود المنهج التقليدي والخطة الدراسية المعتادة.

ومن ثم تركنا المقرر القديم واشترينا كتبًا جديدة، وأحضرنا جميع الخطط المتعلقة بالعرض، ووضعنا أهدافًا ومشاريع ومهام جديدة. وشعرنا بالإثارة حيال ما يحدث حتى أننا خلال ثلاثة أسابيع أخرى شعرنا برغبة جماعية في إخبار الآخرين بما يحدث لنا.

وقررنا تأليف كتاب يحتوي على ما تعلمناه ورؤانا حول الموضوع الذي درسناه؛ مبادئ القيادة. وتغيرت المهام وتولينا مشروعات جديدة وشكلنا فرقًا جديدة. وبذل الناس جهدًا أكبر من ذلك الذي كانوا سيبذلونه لو كانوا ظلوا ملتزمين بالمنهج الدراسي الأصلي وبمجموعة من الأهداف مختلفة تمامًا.

وانبثقت عن هذه التجربة ثقافة تكاتف متفردة ومترابطة لم تنته بنهاية الفصل الدراسي. فطوال سنوات، كان خريجو هذه الدفعة الدراسية يعقدون اجتماعات للالتقاء ببعضهم البعض. وعندما كانوا يلتقون كانوا يتحدثون عن هذه المحاولة ويحاولون وصف ما حدث وأسبابه.

وكان أحد الأشياء الممتعة بالنسبة لي هو كيف تمكنا خلال وقت قصير من تكوين هذا القدر من الثقة لنصل إلى هذا التكاتف. أعتقد أن السبب يرجع إلى النضج النسبي للمشتركين. وهم كانوا في الفصل الدراسي النهائي قبل التخرج، وأعتقد أنهم أرادوا أكثر من مجرد تجربة دراسية جيدة. فقد كانوا نهمين من أجل الحصول على شيء جديد ومثير - شيء يمكنهم صنعه ويكون له معنى حقيقي. فكان الأمر بمثابة "فكرة حان وقت تنفيذها" بالنسبة لهم.

وبالإضافة إلى ذلك، كانت الكيمياء على حق. فقد شعرت أن تجربة التكاتف أقوى من التحدث عنها، وأن ابتكار شيء جديد أكبر معنى من مجرد قراءة شيء قديم.

وقد مررت أيضًا بأوقات - وأعتقد أن العديد من الناس مروا بها - كانت تتسم بالتكاتف الجزئي، ولكنها علقت على حافة الفوضى، ولعدة أسباب وقعت في هوتها. والمحزن أن الناس الذين احترقوا بهذه التجارب غالبًا ما يبدأون تجاربهم التالية حاملين ذكرى هذا الفشل في عقولهم. وهم يحمون أنفسهم من الفشل عن طريق إبعاد أنفسهم عن التكاتف.

والأمر يشبه المديرين الذين يضعون قواعد ولوائح جديدة قائمة على أساس الإساءة إلى بعض العاملين في المؤسسة، ومن ثم يحدون من الحرية والإمكانات الإبداعية للكثيرين - أو شركاء العمل الذين يتصورون أسوأ النصوص ويصوغونها في لغة قانونية، فيقتلون روح الإبداع والعمل وإمكانية التكاتف.

وعندما أعيد التفكير في العديد من الاستشارات والخبرات التعليمية الماضية يمكنني القول إن أثرى التجارب عادة ما كانت تتسم بالتكاتف. فعادة ما كانت هناك لحظة مبكرة تطلبت قدرًا معقولًا من الشجاعة - ربما لتتحلى بالمصداقية - في مواجهة بعض الحقائق الداخلية الخاصة بالأفراد أو الأسر أو المؤسسات، والتي كانت تحتاج إلى الإفصاح عنها، ولكنها تطلبت أيضًا مزيجًا من الشجاعة والحب لقولها. ثم يصبح الآخرون أكثر صدقًا وانفتاحًا وأمانة وتبدأ عملية التواصل المتكاتف. وعادة ما تصبح أكثر وأكثر إبداعًا وتنتهي برؤى وخطط لم تخطر على بال أحد من قبل.

وكما تقول تعاليم كارل روجر: "إن ما يتسم بأنه شخصي للغاية هو عام لدرجة كبيرة". وكلما كنت صادقًا كنت واقعيًّا في التعبير لاسيما فيما يتعلق بالتجارب الشخصية والمخاوف الذاتية، وكلما تمكن الناس من التعامل مع ما تقول وشعروا بالأمان ليعبروا عن أنفسهم. ويتحول هذا التعبير إلى غذاء لروح الشخص الآخر، ويحدث التقمص العاطفي الخلاق الحقيقي لتنتج رؤى جديدة وفوائد تعليمية وإحساسًا بالمتعة والمغامرة مما يساعد العملية على الاستمرار.

ثم يبدأ الناس في التعامل مع بعضهم البعض بجمل مبتورة وأحيانًا غير مترابطة، ولكنهم يفهمون بعضهم البعض بسرعة. وبعد ذلك تنفتح عوالم جديدة من الرؤى والمفاهيم الجديدة والمنظورات الفكرية الجديدة التي تضمن توافر الحلول والبدائل التي لم تطرق الذهن من قبل. وعلى الرغم من أن هذه الأفكار قد تطير في الهواء إلا أنها عادة ما تكون عملية ومفيدة.

التكاتف في العمل

لقد استمتعت أيما استمتاع بتجربة تكاتف بعينها عندما عملت مع زملاء لي لنضع رسالة حياة شركتنا. فجميع أعضاء الشركة تقريبًا ذهبوا إلى الجبال حيث الطبيعة الرائعة، وبدأنا في وضع أول مسودة لما اعتبره بعضنا رسالة حياة ممتازة.

وكان التواصل في البداية يتسم بالاحترام والحرص والقابلية للتنبؤ. ولكن عندما شرعنا في الحديث عن البدائل المختلفة والاحتمالات والفرص التي أمامنا، بدأ الناس في الانفتاح وتحدثوا بصدق وبدأوا يفكرون بصوت مرتفع. فالعمل من أجل كتابة رسالة الحياة خلق مناخًا تعاونيًا حرًّا وولد أفكارًا تلقائية مدعمة. وكان الناس يتحلون بالتقمص العاطفي الحقيقي وكذلك الشجاعة وانتقلنا من الاحترام والفهم المتبادل إلى التواصل المتكاتف الخلاق.

وتمكن الجميع من الشعور به. وكم كان هذا الشعور ممتعًا! وبينما كان التواصل ناضجًا عدنا مرة أخرى إلى مهمة صياغة الرؤية الجماعية في كلمات تتضمن كل واحدة منها التزامًا بمعنى يخص كل واحد من المشاركين.

وتقول رسالة حياة الشركة:

> إن رسالتنا هي مساعدة الناس والمؤسسات على رفع قدرتهم على الأداء لكي يحققوا أهدافًا قيمة من خلال التفاهم والعيش وفقًا لمبدأ القيادة.

وقد حُفرت عملية التكاتف تلك - والتي أدت إلى وضع رسالتنا الشخصية في الحياة داخل قلوب وعقول جميع العاملين، وقد كانت بمثابة إطار مرجعي لما نحن عليه، وما لسنا عليه.

وقد خضت أيضًا تجربة أخرى تنطوي على قدر كبير من التكاتف عندما قبلت دعوة للعمل كمحفز نقاش في الاجتماع التخطيطي السنوي لشركة كبرى من شركات التأمين. وقبل هذا بعدة أشهر التقيت باللجنة المسئولة عن التحضير للاجتماع الذي مدته يومان، والذي سيتناول جميع المسائل الإدارية. وقد أخبروني بأن النموذج التقليدي للاجتماع هو تعريف أربع أو خمس مشكلات أساسية من خلال استبيانات ومقابلات وقيام المديرين بتقديم العروض البديلة. وكانت الاجتماعات السابقة عادة ما يسودها تبادل وجهات النظر باحترام، لكن غالبًا ما يتدهور الوضع ليتحول

إلى معارك الأنا الدفاعية القائمة على مبدأ المكسب/الخسارة. وعادة ما كان الحاضرون متوقعين ويتسمون بالملل والافتقار إلى الإبداع.

وعندما تحدثت مع أعضاء اللجنة حول قوة التكاتف، كان بإماكنهم استشعار القدرة الكامنة للتكاتف. وقد وافقوا على تغيير النموذج بينما ينتابهم شعور بالقلق والخوف. وطلبوا من العديد من الموظفين إعداد أوراق بيضاء لا تتضمن أسماء ليكتبوا على كل واحدة منها المشكلات التي لها الأولوية، ثم طلبوا منهم جميعًا أن يدرسوا هذه الأوراق دراسة متأنية قبل الاجتماع لكي يفهموا هذه المشكلات ويتبادلوا وجهات النظر. وكان من المفترض بالنسبة لهم أن يحضروا الاجتماع للاستماع لا لتقديم عرض، للإبداع والتكاتف لا للدفاع والحماية.

وأمضينا نصف اليوم الأول من الاجتماع لتدريس المبادئ وممارسة مهارات العادات الرابعة والخامسة والسادسة. وأمضينا بقية الوقت في التكاتف الإبداعي.

وقد انطلقت من داخلهم طاقات إبداعية هائلة لا تصدق، وحلت الإثارة محل الملل، وأصبح الناس أكثر انفتاحًا تجاه تأثير بعضهم البعض وتولدت رؤى وخيارات جديدة. وبنهاية الاجتماع ظهر فهم جديد لطبيعة التحدي الأساسي الذي يواجه الشركة. وأصبحت تجربة مقترحات الورقة البيضاء عتيقة الطراز، وأصبح للفروق قيمة تتجاوز كل الحدود، وتشكلت رؤية جديدة مشتركة.

وما إن يجرب الناس التكاتف الحقيقي لا يعودون لسابق عهدهم أبدًا. فهم يدركون إمكانية وجود مغامرات مستقبلية أخرى توسع مدارك العقل.

وغالبًا ما تجري المحاولات من أجل إعادة خلق تجربة تكاتف، ولكن نادرًا ما يتحقق ذلك. ومع ذلك، يمكن التمسك مرة أخرى بالغرض الأساسي وراء العمل الإبداعي. فمثلنا مثل فلسفة الشرق الأقصى التي تقول: "إننا لا نسعى إلى تقليد السادة؛ بل نسعى وراء ما يسعون هم من أجله". فإننا لا نسعى وراء تقليد تجارب التكاتف السابقة الخلاقة، بل نسعى وراء خلق تجارب جديدة تدور حول أهداف مختلفة وأكبر أحيانًا.

التكاتف والتواصل

إن التكاتف أمر مثير والإبداع أيضًا مثير. فالنتائج التي تتمخض عن الانفتاح والتواصل مذهلة حقًا. وتتحول احتمالات المكسب الحقيقي والتحسن الرائع إلى واقع يستحق المخاطرة.

في أعقاب الحرب العالمية الثانية عينت الولايات المتحدة الأمريكية ديفيد ليلينثال رئيسًا للجنة الطاقة الذرية. وجمع ليلينثال مجموعة من الأشخاص المؤثرين جدًّا - والمشاهير في مجالاتهم - لهم أطرهم المرجعية الخاصة.

كان جدول أعمال هذه المجموعة التي تتكون من أفراد ينتمون إلى مجالات مختلفة متخمًا، وكانوا يتوقون إلى الانتهاء منه بفارغ الصبر. بالإضافة إلى ذلك، فقد كانت الصحافة تمارس عليهم ضغطًا كبيرًا.

إلا أن ليلينثال أمضى عدة أسابيع في تكوين حساب كبير في بنك الأحاسيس. وأخذ يُعرف أفراد المجموعة على بعضهم البعض - اهتماماتهم وآمالهم وأهدافهم ومخاوفهم والخلفيات التي أتوا منها وأطر مرجعياتهم ومنظوراتهم الفكرية. وكان يحاول تيسير عملية التفاعل الإنساني ليربط بينهم برباط قوي، وكم تعرض لانتقاد لاذع نتيجة لاستغراقه كل هذا الوقت للقيام بالأمر لأن ما كان يقوم به لم يبد "فعالا".

ولكن كانت المحصلة النهائية مجموعة مترابطة ومنفتحة على بعضها البعض ومبدعة ومتكاتفة. وكانت روح الاحترام المتبادل التي تحلى بها أعضاء هذه اللجنة تجعلهم في حالة الاختلاف - بدلًا من المعارضة والهجوم - يحاولون بذل جهد حقيقي من أجل التفاهم المتبادل. وكان التوجه السائد هو "إذا اختلف معي شخص مثلك يتمتع بالذكاء والكفاءة والالتزام، فهذا يعني أنني لا أفهم نقطة الاختلاف، ولا بد أن أفهمها. فأنت لديك منظور وإطار مرجعي لا بد أن أفهمه"، ومن ثم نما نوع من التفاعل المتفتح وتولدت ثقافة استثنائية.

والشكل التوضيحي التالي يوضح مدى الثقة الوثيقة التي تربط بين مستويات التواصل المختلفة.

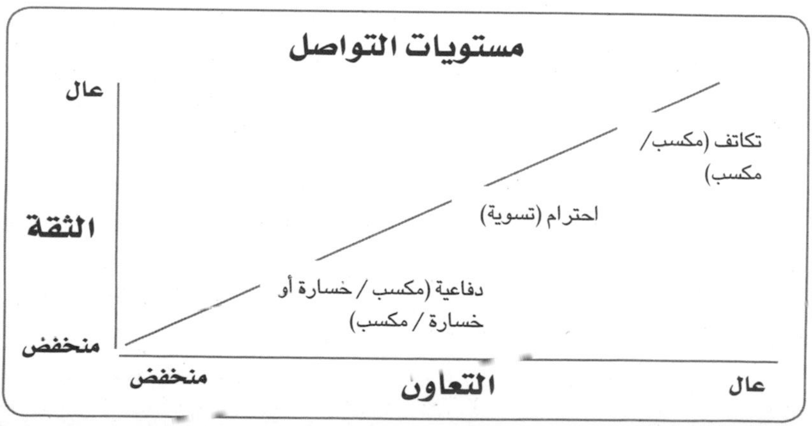

والصفة المميزة لأقل مستوى من مستويات التواصل الناتج عن المواقف التي تنعدم فيها الثقة هي الأساليب الدفاعية والوقائية وفي أغلب الأحيان اللغة القانونية التي تغطي جميع الأسس وتوضح المؤهلين بطريقة لا لبس فيها، والثغرات القانونية التي تساعد على الهروب في حالة إذا ما ساءت الأحوال. ولا ينتج عن هذا النوع من أنواع التواصل إلا المكسب/الخسارة أو الخسارة/الخسارة. فهو لا يتسم بالفعالية - لعدم وجود توازن بين (إ/ ق أ) كما أنه يخلق أسبابًا إضافية من أجل استخدام المزيد من الأساليب الدفاعية والوقائية.

أما المستوى المتوسط فهو التواصل المحترم. وهو المستوى الذي يتواصل عنده الناضجون. وإن كان الاحترام المتبادل هو السائد بينهم، فذلك لأنهم يودون تجنب الوجه القبيح للمواجهات قدر المستطاع، وبذلك فهم يتواصلون بشكل مهذب ولكن ليس وفقًا للتقمص العاطفي. وقد يفهمون بعضهم البعض على المستوى الفكري، ولكنهم لا ينظرون بعمق في المنظورات الفكرية والفروض التي تتضمنها مواقفهم، وينفتحون على الاحتمالات الجديدة.

ويصلح التواصل المحترم لمواقف الاعتماد على الذات، وكذلك مواقف الاعتماد بالتبادل، ولكن لا يفتح الباب لانطلاق الاحتمالات الإبداعية. وفيما يتعلق بمواقف الاعتماد بالتبادل تكون التسويات هي الحل المعتاد. والتسويات تعني ١ + ١ = ١ $\frac{١}{٢}$: فكلا الطرفين يأخذ ويعطي. ولا يتسم هذا النوع من التواصل بالدفاعية أو الحماية أو الغضب أو التلاعب؛ بل يقوم على أساس من الأمانة والصدق والاحترام. ولكنه ليس خلاقًا ولا تعاونيًّا. إنه يحقق أدنى مستوى من مستويات المكسب/المكسب.

أما التكاتف فيعني أن ١+١ قد يساوي ٨ أو ١٦ أو حتى ١٦٠٠. والتكاتف الذي أساسه الثقة الكبيرة يقدم حلولًا أفضل من أية حلول أخرى مقترحة في الأساس، وجميع الأطراف يدركون هذا. علاوة على ذلك فهو ينطوي على العنصر الإبداعي. وتتكون ثقافة مصغرة تتسم بالإشباع في حد ذاتها. وحتى لو لم تمد لفترة طويلة فإن توازن (إ/ ق إ) موجود.

وفي بعض المواقف قد لا يمكن تحقيق مبدأ التكاتف وتتاح الفرصة لمبدأ لا اتفاق. ولكن حتى في ظل هذه الظروف عادة ما ينتج عن روح المحاولة المخلصة التوصل إلى تسويات أكثر فعالية.

السعي وراء البديل الثالث

لكـي تتمكن من تكوين فكـرة أفضل عن كيفية تأثير مستـوى التفاعل على فعالية الاعتماد بالتبادل بيننا، تصور السيناريو التالي:

هـذا وقت عطلـة وأراد الزوج اصطحـاب أسرته إلى نزهة علـى البحيرة ليقيموا معسكرًا ويستمتعوا بالصيد. وكان هذا الأمر مهمًّا للغاية بالنسبة له؛ فقد كان يخطط لـه طيلة العام. وقد قام بحجـز كوخ على البحيرة ورتب لاستئجار قـارب وكان أبناؤه يشعرون بإثارة حقيقية تجاه هذه الرحلة.

ومـع ذلك، فقد أرادت زوجتـه استغلال وقت العطلة في زيـارة والدتها المريضة التي تبعد حوالى ٢٥٠ ميلًا. فهي غالبًا لا تتاح لها الفرصة لزيارتها، وهي ترى أن هذه الزيارة مهمة بالنسبة لها.

وربما تقودهما الاختلافات إلى خوض تجربة سلبية.

لـذا قال لها الزوج: "لقد أعددنا الخطط، والأولاد يشعرون بالإثارة. لذا، لا بد أن نذهب في رحلة الصيد".

فأجابتـه: "لكننـا لا نعرف كم تبقى لأمي من أيام في هـذه الدنيا، ولا بد أن أكون إلى جوارها. وهذه هي فرصتنا الوحيدة لقضاء أطول وقت ممكن معها".

"إننـا نتطلـع طـوال العـام لأسبـوع العطلـة هـذا، وسيشعـر الأولاد بالتعاسـة إذا أمضـوا العطلـة في الجلوس بمنزل جدتهم. إنهم سيقـودون الجميع إلى الجنون. كما أن والدتك ليست مريضة إلى هذه الدرجة. وشقيقتك تسكن على بعد نصف ميل منها وهي تعتني بها".

"إنها والدتي أنا أيضًا. وأود أن أكون معها".

"يمكنـك الاتصـال بها كل ليلـة. كما أننا خططنـا لقضاء إجـازة العيد معها في اجتماع لم شمل العائلة. ألا تتذكرين؟".

"ستحـل تلـك المناسبة بعد خمسة شهور. ونحن لا نعلم إذا كانت ستظل على قيد الحياة أم لا. كما أنها تحتاج إلي وتريدني".

"هنـاك مـن يعتنـي بهـا. بالإضافـة إلـى ذلـك فأنـا والأولاد بحاجـة إليـك أيضًا".

"إن والدتي أهم من الصيد".

"زوجك وأولادك أهم من والدتك".

وبينما هما يختلفان وتحتد المناقشة بينهما فقد يتوصلان إلى تسوية، فربما يقرران التفرق - هو يأخذ الأولاد للصيد عند البحيرة بينما تذهب هي إلى زيارة والدتها، وسيشعر كلاهما بالذنب والتعاسة. وسيشعر الأولاد بهذا، مما سيؤثر على استمتاعهم بالعطلة.

وقد ينزل الزوج على رغبة زوجته ولكن على مضض. وبشكل واع أو غير واع سيحاول إثبات صحة نبوءته بأنه سيكون أسبوعًا سيئًا للجميع.

وربما تستسلم الزوجة لرغبة زوجها ولكن سيكون رد فعلها مبالغًا فيه إذا ساءت حالة والدتها الصحية. وإذا تدهورت صحة والدتها أو توفيت فربما لن يسامح الزوج نفسه، وهي لن تسامحه أيضًا.

وبغض النظر عن ماهية التسوية التي اتفقا عليها في النهاية، فقد تظل لسنوات تجسيدًا لانعدام الحساسية أو الإهمال أو تكون قرارًا سيئًا من قبل الطرفين حول ترتيب الأولويات. وقد تظل مصدرًا للاختلاف لسنوات، الأمر الذي قد يقسم الأسرة إلى فريقين. ولقد تدهورت العديد من الزيجات التي كانت تتميز بالمشاعر الجميلة والرقيقة والتلقائية ووصلت إلى مستوى من العداء من خلال سلسلة من المواقف المشابهة.

إن كلًّا من الزوج والزوجة يرى الموقف من منظور مختلف. وهذا الاختلاف يفصلهما مسببًا انقسامًا في العلاقة، أو أنه قد يقربهما عند مستوى أعلى. فلو قاما بصقل عادات الاعتماد بالتبادل لتناولا خلافهما هذا من خلال منظور فكري مختلف تمامًا، بحيث يكون التواصل بينهما عند مستوى أعلى.

ولأن رصيدهما في بنك الأحاسيس كبير فإن زواجهما يتسم بالثقة والتواصل المفتوح. ولأنهما يفكران وفقًا لمبدأ المكسب/المكسب فهما يؤمنان بفكرة البديل الثالث - حل يؤدي إلى منفعة متبادلة وأفضل من المقترحات التي قدمها كل واحد على حدة. ولأنهما يستمعان استماعًا تعاطفيًّا ويسعيان من أجل الفهم أولًا فإنهما يخلقان بداخلهما وفيما بينهما صورة شاملة للقيم والهموم التي ينبغي أخذها في الاعتبار لاتخاذ القرار.

والمزيج من كل هذه المكونات - رصيد كبير في بنك الأحاسيس والتفكير على أساس المكسب/المكسب والمنفعة للجميع، والسعي من أجل الفهم أولا - يخلق بيئة مثالية للتكاتف مع الآخرين.

وأحد المذاهب يطلق على هذا "الطريق الوسط"، ووسط هنا لا تعني التسوية بل تعني أعلى مثل قمة المثلث.

وخلال البحث عن "الوسط" أو الطريق الأعلى أدرك الزوجان أنهما يحبان بعضهما، وأن علاقتهما جزء من تكاتفهما.

وبينما تابعا التواصل، شعر الزوج برغبة زوجته وحاجتها إلى البقاء إلى جوار والدتها. وتفهم أن زوجته ترغب في مساعدة شقيقتها التي تتولى مسئولية رعاية والدتهما. وفهم أيضًا أنهما لا يعرفان كم تبقى لها في هذه الدنيا وبكل تأكيد هي أهم من رحلة الصيد.

والزوجة بدورها تفهمت رغبة زوجها في تجمع أفراد الأسرة معًا وتوفير تجربة رائعة للأطفال. وتفهمت كم تكلفت الدروس والمعدات التي تم تجهيزها استعدادًا لرحلة الصيد هذه، وشعرت بأهمية هذه الذكريات الحلوة لهم جميعًا.

لذا، فقد جمعا بين الرغبتين. ووقفا في الجانب نفسه بدلًا من أن يقف كل واحد منهما على خط مواجهة. ودرسا المشكلة وفهما الاحتياجات وعملا معًا من أجل التوصل إلى بديل ثالث يفي باحتياجات كل منهما.

لذا، اقترح الزوج "ربما يمكننا ترتيب موعد آخر خلال الشهر لزيارة والدتك. ويمكنني أن أتولى أنا مسئولية المنزل خلال عطلة نهاية الأسبوع، كما يمكنني الترتيب للحصول على بعض المساعدة خلال الأسبوع الأول. إنني أعرف أهمية هذه الزيارة لك.

"أو ربما يمكننا اختيار موقع للمعسكر والصيد يكون قريبًا من والدتك. وربما لن تكون المنطقة بالجمال نفسه ولكن ما زال بإمكاننا قضاء العطلة خارج المنزل والوفاء بالاحتياجات الأخرى. ولن يتسلق الصبية الجدران. ويمكننا حتى التخطيط لبعض الأنشطة الترفيهية بحيث يستمتع الأولاد مع أبناء أخوالهم وخالاتهم، وهذه متعة إضافية".

لقد تكاتف الزوج والزوجة، وكان التواصل بينهما دائرًا حتى توصلا إلى حل يرضي الطرفين. وهو أفضل من الحلول التي توصلا إليها في البداية، كما أنه أفضل من التسوية، وهو حل تعاوني يبني (إ) و(ق إ).

وبدلًا من إجراء صفقة أصبح الأمر بمثابة تحول، ونال كل واحد منهما ما أراد، ودعما علاقتهما من خلال هذه العملية.

التكاتف السلبي

يعد البحث عند بديل ثالث تحولًا في المنظور الفكري مختلفًا تمامًا عن الانقسام سواء العقلي أو غيره، ولكن انظر إلى النتائج المختلفة!

إلى أي مدى تنتشر الطاقة السلبية بين الناس عندما يحاولون حل المشكلات أو اتخاذ القرارات على أساس واقع الاعتماد بالتبادل؟ كم من الوقت ينفق في سرد عيوب الآخرين والمنافسات السياسية والصراعات بين الناس وحماية ظهورنا والتخطيط لعظائم الأمور والتخمينات؟ الأمر يشبه محاولة القيادة على الطريق واضعًا إحدى القدمين على دواسة البنزين والأخرى على الفرامل!

وبدلًا من رفع القدم عن الفرامل يلجأ معظم الناس إلى الضغط أكثر على دواسة البنزين. فهم يزيدون الضغط، ويستخدمون المزيد من طرق الإقناع ويقدمون المزيد من المعلومات المنطقية لتقوية موقفهم.

والمشكلة هي أن الناس الذين يتميزون بالاعتماد على الآخرين يحاولون النجاح على أساس واقع الاعتماد بالتبادل. وهم إما يعتمدون على استعارة القوة من موقعهم القوي ويسعون من أجل المكسب/ الخسارة، أو أنهم يعتمدون على شعبيتهم بين الآخرين ويسعون من أجل الخسارة/ المكسب. وهم وإن كانوا يتكلمون من منطلق مبدأ التفكير بالمنفعة للجميع؛ أي المكسب/ المكسب، إلا أنهم لا يرغبون في الاستماع بل يرغبون في المناورة. ولا يمكن أن يحقق هذا النوع من التكاتف أية بيئة خلاقة.

ويفكر الناس الذين لا يشعرون بالأمان بضرورة تطويع الواقع وفقًا لمنظوراتهم الفكرية. فهم في حاجة ماسة إلى استنساخ الآخرين وقولبتهم وفقًا لأسلوب تفكيرهم. وهم بذلك لا يدركون أن قوة العلاقة هي في الأخذ بوجهة نظر الطرف الآخر. فالتماثل ليس وحدة، والوحدة هي التتمة أو التكملة وليست التماثل. والتماثل ليس إبداعًا.... وهو أمر ممل. وجوهر التكاتف هو تقدير الفروق.

وأنا أؤمن بأن مفتاح التكاتف مع الآخرين هو التكاتف الداخلي؛ أي أن نتكاتف مع أنفسنا. ويكمن قلب التكاتف الداخلي في المبادئ المضمنة في العادات الثلاث الأولى، والتي تمنح الأمن الداخلي اللازم من أجل التعامل مع مخاطر الانفتاح والضعف. وعندما نؤمن من داخلنا بهذه المبادئ ننمي عقلية الوفرة الخاصة بمبدأ المكسب/ المكسب؛ التفكير بالمنفعة للجميع وصحة العادة الخامسة.

وإحدى أكثر النتائج العملية الخاصة بالتمحور حول المبادئ هو أنه يجعلنا وحدة - واحدة متكاملة. وسيكتشف الناس الذين يستخدمون المنطق والتفكير اللفظي

الذي يعتمد علــى نصف الدماغ الأيسر مدى قصور هذا التفكير عند استخدامه لحل المشــكلات التي تتطلــب الكثير من الإبــداع. ومن ثم، يعملون علــى وضع نص جديد داخــل نصف الدماغ الأيمن؛ وهذا لا يعني أن نصف الدمــاغ الأيمن لم يكن موجودًا، لكن كل ما في الأمر أنه كان غارقًا في سبات وغير مستغل، فربما لم تنم العضلات أو ضعفت بعد مرحلة الطفولة المبكرة نتيجة للعمل على نصف الدماغ الأيسر طيلة فترة التعليم الرسمي أو اتباع السيناريوهات الاجتماعية.

وعندمــا يستغــل الإنسان قدرات كل مــن نصف الدماغ الأيمــن، الذي يعتمد على المشاعر والإبداع والتصور، ونصف الدماغ الأيسر الذي يعتمد على التحليل والمنطق والاستخدام اللفظي، فهذا يعني أنه استغل طاقة المخ بالكامل. وهذه الأداة هي أفضل مــا يناسب الحياة الواقعيــة؛ لأن الحياة لا تقوم على أســاس المنطق فقط، بل تحتاج إلى المشاعر أيضًا.

ذات يــوم كنت أعد نــدوة لإحدى الشركات في أورلاندو بولايــة كاليفورنيا أطلقت عليهــا اسم "استخدام نصف الدماغ الأيســر للإدارة والنصف الأيمن للقيادة". وفي أثنــاء فترة الاستراحــة أتى إلي رئيس الشركة وقال لي: "ستيفن، إن هذا مثير للغاية. ولكننــي كنــت أفكر في تطبيق هذه المــادة على زواجي أكثر من عملــي؛ فأنا وزوجتي نعانــي مشكلــة حقيقية في التواصل. وأتساءل مــا إذا كان بإمكانك تناول الغداء معنا نحن الاثنين فقط ومراقبة الطريقة التي نتحدث بها مع بعضنا؟".

فأجبته: "لنقم بهذا".

وجلسنــا جميعًــا وتبادلنــا بعض عبــارات الترحيب، ثــم التفت هــذا الرجل إلى زوجتــه وقــال: "والآن يا حبيبتي، لقد دعــوت ستيفن لتناول الغــداء معنا لنرى ما إذا كان بإمكانــه مساعدتنــا في مسألــة التواصل. وأعلم أنك تشعرين بأنــه عليَّ أن أكون زوجًــا أكثر حساسية ومراعــاة. إذن، هل تستطيعين تحديد شــيء معين تعتقدين أنه ينبغي عليَّ القيام به؟". من الواضح أن نصف الدماغ الأيسر يسيطر عليه ويرغب في الحصول على الحقائق والأرقام والأشياء المحددة والأجزاء.

"حسنًــا، كما أخبرتك من قبــل، لا يوجد شيء محدد. الأمر يعتمد على الإحساس بالأولويــات التي أحددها". من الواضح أن نصف الدمــاغ الأيمن لديها هو المسيطر ويتعامل مع المشاعر والكل كوحدة واحدة أي العلاقة بين الأجزاء.

"مــاذا تقصدين إحساسًا عامًّــا بالأولويات؟ وماذا تريدين أن أفعل؟ حددي شيئًا محددًا يمكنني فعله".

"حسنًــا، إنــه مجــرد إحســاس". كان نصف دماغهــا الأيمن يتعامل مــع الصور والمشاعر الغريزية. "أنا فقط لا أعتقد أن زواجنا يهمك بقدر أهميته نفسها بالنسبة لي".

"حسنًــا، ما الذي يسعنــي القيام به ليكون أهم؟ أعطني بعضــ الأفكار الملموسة المحددة لأعمل من منطلقها".

"من الصعب صياغتها في كلمات".

عنــد هذه النقطــة نظر إليَّ كأنه يريــد أن يقول "ستيفن، هــل يمكنك تحمل هذا النوع من الخرس في زواجك؟".

فاستطردت الزوجة قائلة: "إنه فقط إحساس، إحساس قوي".

فقال لها: "حبيبتي، هذه هي مشكلتك، وهي مشكلة والدتك نفسها، وفي الحقيقة هي مشكلة كل سيدة أعرفها".

ثم بدأ في استجوابها كما لو كان يعد نوعًا من الإفادة القانونية.

"هل تعيشين في المكان الذي تحبين؟".

فتنهدت وقالت: "الأمر ليس كذلك - ليس كذلك بالمرة".

فأجــاب بصبر نافد: "أعرف. ولكن طالما أنــك لا تودين إخباري بما عليّ القيام بــه تحديــدًا، فأعتقد أن أفضل طريقــة لمعرفة ماهيته هي معرفة مــا ليس عليه. هل تعيشين في المكان الذي تريدين؟".

"أعتقد ذلك".

"حبيبتــي، إن ستيفــن معنا هنا لعــدة دقائق وهو يحــاول مساعدتنــا. لذا فلتكن إجابتك سريعة بـ "نعم" أو "لا". هل تعيشين في المكان الذي تريدين؟".

"نعم".

"حسنًا لقد سوينا هذا. هل لديك الأشياء التي تريدين؟".

"نعم".

"حسنًا، هل تفعلين الأشياء التي تحبين؟".

واستمــر الوضع على هذه الحال لبرهة، ورأيت أنني لم أكن أقدم المساعدة، لذا، تدخلت قائلًا: "هل تسير علاقتكما على هذا المنوال؟".

فأجاب: "كل يوم، يا ستيفن".

وتنهدت قائلة: "هذه هي قصة زواجنا".

نظرت إليهما وفكرت بيني وبين نفسي أنهما شخصان يعيشان معًا وكل واحد منهما يفكر مستخدمًا نصف دماغ مختلف. فسألتهما "هل لديكما أطفال؟".

"نعم لدينا اثنان".

فسألتهما غير مصدق: "بالفعل؟ كيف فعلتما هذا؟".

"ماذا تقصد بكيف فعلنا هذا؟".

فقلت: "لقد كنتما متكاتفين! إن حاصل جمع واحد وواحد يساوي اثنين، ولكنكما جعلتماه أربعة. والآن هذا هو التكاتف - الكل أكبر من مجموع الأجزاء. والآن كيف فعلتما هذا؟".

فأجاب: "أنت تعلم كيف فعلنا هذا".

فقلت متعجبًا: "لا بد أنكما قدرتما قيمة الفروق!".

تقدير قيمة الفروق

يعتبر تقدير قيمة الاختلافات هو جوهر التكاتف مع الآخرين - أي الفروق الذهنية والعاطفية والنفسية بين الناس. ومفتاح تقدير تلك الفروق هو إدراك أن الناس يرون العالم كما يشاءون لا على حقيقته.

فإذا اعتقدت أنني أرى العالم على حقيقته، فما الذي - سيدفعني إلى تقدير الفروق؟ ولماذا أهتم لأمر شخص "خارج عن المسار"؟ وحينها سيكون منظوري الفكري أنني موضوعي لأنني أرى العالم على حقيقته. وبينما يدفن الآخرون أنفسهم تحت أكوام التفاصيل الدقيقة أرى أنا الصورة الأكبر، ولهذا يطلقون عليَّ الملاحظ - لأن لدي قدرة أعلى على الملاحظة.

وإذا كان هذا هو منظوري الفكري فلن أستطيع أن أكون معتمدًا بالتبادل فعالًا، ولن أستطيع أيضًا أن أكون شخصًا مستقلًا فعالًا. وسأظل دائمًا محبوسًا في المنظورات الفكرية المتعلقة بظروفي.

أما الشخص الفعّال حقًا فهو الذي يتمتع بالتواضع والاحترام ليدرك حدوده الواضحة ويقدر الموارد الغنية المتاحة من خلال التفاعل مع القلوب والعقول البشرية الأخرى. وهذا الشخص يقدر الفروق؛ لأن تلك الفروق تضيف إلى معرفته وفهمه للواقع. وعندما ننظر إلى العالم من خلال عدسة تجاربنا الشخصية فحسب نعاني على الفور نقصًا حادًّا في المعلومات.

هـل من المنطقـي أن يختلـف شخصان ويكون كلاهمـا على صـواب؟ هذا ليس منطقيًّـا: إنه أمر نفسـي. وهو شديد الواقعيـة. فبينما ترى أنت السيـدة الشابة أرى أنـا السيدة العجـوز. وعلى الرغم من أننا ننظر إلى الصـورة نفسها إلا أن كلينا على صـواب. إننا ننظـر إلى نفس الخطوط السـوداء نفسها والمساحـات البيضاء نفسها ولكـن كل واحد منـا يفسرها بطريقة تختلـف عن الآخر لأن كل واحـد مهيئ لتفسير الصورة تفسيرًا مختلفًا.

وإذا لـم نقدر الفروق بين إدراكاتنـا، وإذا لم نقدر بعضنا البعض ونعطي مساحة لاحتمال أن يكون كلانا صائبًا، وأن الحياة ليست مليئة دومًا بالانقسامات، وأن هناك البديل الثالث - لن نتمكن من تجاوز حدود ما اعتادناه.

وكل مـا يسعني رؤيته هو السيـدة العجوز، ولكنني أعرف أنك ترى شيئًا آخر. وأنا أقدرك وأقدر منظورك، وأود أن أفهمك.

لـذا، عندما أدرك الفرق بين منظورينا أقول: "جيـد، إنك ترى الأمر من منظور مختلف! أرجوك ساعدني لأرى ما تراه".

وإذا كان الشخصـان يعتنقان الرأي نفسه يكون أحـد الرأيين غير ضروري. فلن يفيدني التواصل مع شخص يرى السيدة العجوز أيضًا. فأنا لا أود التحدث إلى شخص أو التواصل معه إذا كان يتفق معي في الرأي، بل أريد التواصل مع شخص يختلف معي في الرأي، لأنني أقدر هذا الاختلاف.

وعندمـا أفعل هـذا فإنني لـن أزيد وعيـي فحسب، بـل أقر بصدقـك وأمنحك الهـواء النفسي؛ وبذلك أكون رفعت قدمي عن الفرامـل وأطلقت الطاقة السلبية التي استثمرتها أنت في الدفاع عن موقفك، وأكون قد خلقت بيئة يسودها التكاتف.

ويمكنـك أن تستشعـر أهميـة تقديـر الفـروق فـي كلمـات المعلـم الدكتـور آر. إتش. ريفز التي تضمنها كتابه *The Animal School*.

ذات مـرة قـررت الحيوانـات أن عليهـا القيـام بشـيء بطولـي لمواجهـة مشكلات "العالم الجديد"، ومن أجل هذا الهدف شيدت مدرسة. فوضعت منهجًا للأنشطة يتضمن الركض والتسلق والسباحة والطيران. ولتيسير عملية الإدارة درست جميع الحيوانات كل المواد.

وقـد كان فرخ البط ماهرًا فـي السباحة، وفي الحقيقة كان أفضل من المعلم، وحقق درجـات ممتـازة في الطيـران، ولكنـه كان سيئًا في الركض. ونتيجة لسـوء درجاته في الركض كان عليه البقاء بعد المدرسة، وكذلك ترك تدريبات السباحة لممارسة الركض.

وظـل على هــذه الحال حتى بليت قدماه وحصـل على درجة متوسط فــي السباحة. ولكن درجة متوسط كانت مقبولة في المدرسة، لذا، لم يقلق هذا أحدًا عدا فرخ البط.

وكان الأرنب بارعًا في الجري وتفوق على جميع زملائه، ولكنه أصيب بانهيار عصبي لأنه لم يستطع النجاح في السباحة.

وكان السنجـاب ممتـازًا في التسلق حتى أصيب بإحباط نتيجـة إخفاقه في الطيران حينمـا طلـب منه المدرس الارتفاع عـن الأرض بدلًا من الطيـران إلى أسفـل من أعلى الشجـرة. وأصيب بآلام مبرحة فــي عضلات قدميه نتيجة للإجهـاد الزائد وحصل على مقبول في التسلق وضعيف في الركض.

وكان الصقر مسببًا للمشكلات وفي حاجة إلى التهذيب دائمًا. ولقد تفوق في صفوف التسلق على جميع أقرانه حيث وصل إلى قمة الشجرة، ولكنه أصر على استخدام طريقته الخاصة.

وفي نهاية العـام حصلت سمكة الثعبان غير الطبيعية والتي اكتسحت صف السباحة وكانـت تستطيع الركض والطيران والتسلق قليلًا على أعلى الدرجات وتم اختيارها لإلقاء خطبة الوداع.

أمـا كلاب باريري فلـم تنضم إلـى المدرسة وحاربـت فرض الضرائـب؛ لأن إدارة المدرسـة لم تضف الحفر والأنفاق إلى المنهج الدراسي. وقامت بتوظيف أبنائها لخدمة حيـوان الغرير، ولاحقًـا انضمت إلـى كلاب الجروندهـوج والجوفر وافتتحـت مدرستها الخاصة.

تحليل مجال القوى

فــي مواقــف الاعتماد بالتبادل يكـون للتكاتف تأثير كبير فيمـا يتعلق بالتعامل مع القوى السلبية التي تقف عثرة في سبيل النمو والتغيير.

وقـد قام إخصائي علم الاجتماع كيرت لوين بوضع نموذج "تحليل مجال القوى"، الـذي وصف مـن خلاله أي واحد من مستويـات الأداء الحالي أو التـوازن بين القوى الدافعة التي تشجع الصعود إلى أعلى، والقوة المقيدة التي لا تشجع هذا الصعود.

وعمومـًا تتسـم القوة الدافعة بأنهـا إيجابيـة ومعقولة وواعيـة واقتصادية. وإلى جوارهـا تجد القوى المقيـدة، وهي غالبًا سلبية وعاطفية وغيـر منطقية وغير واعية واجتماعية/نفسيــة. وكلتا القوتين واقعية ولا بد مـن أخذها في الاعتبار عند التعامل مع التغير.

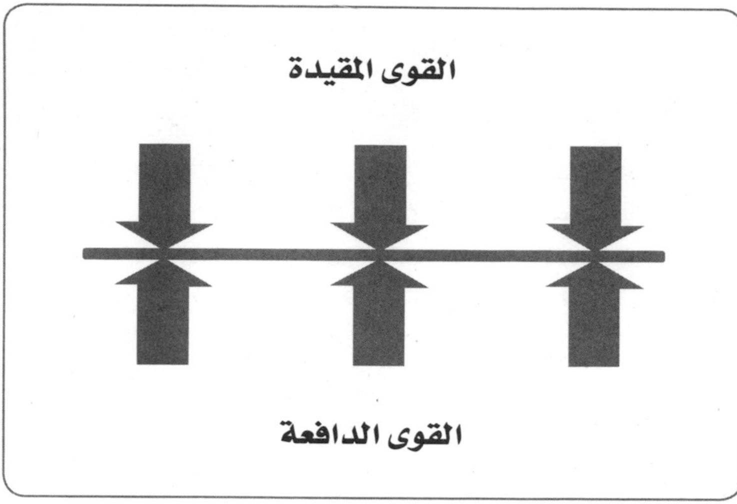

فبالنسبة للأسرة، على سبيل المثال، يوجد "مناخ" معين يسود منزلك - مستوى معين من التفاعل الإيجابي أو السلبي - من الشعور بالأمان أو عدمه عند التعبير عن المشاعر أو التحدث حول الهموم، ومن التواصل المحترم بين أفراد العائلة أو انعدامه.

وربما تكون لديك رغبة صادقة في تغيير هذا المستوى. وربما ترغب في خلق مناخ أكثر إيجابية وأكثر احترامًا وأكثر انفتاحًا وثقة. وأسبابك المنطقية للقيام بهذا هي القوى الدافعة التي عملت على رفع المستوى.

بيد أن زيادة هذه القوى الدافعة ليست كافية؛ فجهودك تقابَل بالقوى المقيدة - بروح المنافسة بين الأطفال في الأسرة، وبالسيناريوهات المختلفة للحياة بالمنزل التي جلبتها أنت وزوجتك إلى العلاقة، وبالعادات التي نمت وتطورت داخل الأسرة، وبالعمل والمتطلبات الأخرى التي تتطلب منك وقتًا وطاقة.

ويمكن لزيادة القوى الدافعة تحقيق نتائج - لفترة قصيرة. ولكن طالما أن القوى المقيدة موجودة فسيزداد هذا الأمر صعوبة؛ فهي تشبه الزنبرك الذي كلما زدت في ضغطك عليه واجهت صعوبة أكبر، حتى يرتد فجأة إلى مكانه ثانية بفعل تأثير قوة الضغط.

والارتفاع والانخفاض الناتجان، أي تأثير اليويو، يجعلانك تشعر بعد عدة محاولات بأن الناس "على ما هم عليه" وأنه "من الصعب تغييرهم".

ولكـن عندما تستخدم التكاتف مـع الآخرين فإنك تستخدم دافـع العادة الرابعة ومهـارة العادة الخامسة وتفاعل العـادة السادسة للعمل مباشرة على القوى المقيدة. وتخلق مناخًا يشعر فيه الجميع بالأمان للتحدث عن هذه القوى. ومن ثم، تذيب الثلج مـن فوقهـا وتحررها وتضع رؤى جديدة تحولها من قوى مقيدة إلى قوى دافعة، وتقوم بإشـراك الجميـع في حل المشـكلات بل وغمسهـم فيها، ومن ثم يغوصـون بداخلها ويشعرون بها ويصبحون جزءًا مهمًّا من الحل.

ونتيجـة لهذا توضع أهداف جديـدة، أهداف مشتركة، ويتحـرك الكل إلى أعلى، وغالبًـا بطرق لا يمكن لأحد توقعها. وتخلق الإثارة الموجودة داخل هذه الحركة ثقافة جيـدة. ويجد المعنيـون بالأمر أنفسهـم مشاركين فـي القضايا الإنسانيـة المتعلقة بالآخريـن، ويـزدادون قوة بفعـل التفكير الجديد والجيـد، وبفعل البدائـل والفرص الجديدة والخلاقة.

ولقـد شاركت فـي العديد من المفاوضات التي أجريت بيـن أناس كانوا غاضبين مـن بعضهم البعض حتى إنهم وكلوا محامين للدفاع عنهم، وكل ما أدى إليه ذلك هو زيـادة المشكلـة سوءًا لأن التواصـل بينهم تدهور منذ أن وصل إلـى طريق المحاكم. ولكن كان مستوى الثقة منعدمًا تقريبًا، حتى إن كل طرف شعر بأنه لا بديل آخر أمامه سوى المحاكم.

وعند هذا الحد أسأل "هل أنتم مهتمون بالتوصل إلى حل يؤدي إلى تحقيق منفعة للجميع (مبدأ المكسب/ المكسب) والذي يرضى عنه كلا الطرفين؟".

وعـادة ما يكون الجـواب بالإيجاب، ولكن معظم النـاس كانـوا يعتقدون باستحالة القيام بذلك.

"إذا استطعـت الحصول على موافقة الطرف الآخر، فهل أنت مستعد لبدء عملية تواصل حقيقي معه؟".

ومرة أخرى جاءت الإجابة المعتادة بـ "نعم".

وتكون النتائج دائمًا مذهلـة. فيتم التوصل لحلول للمشكلات التي ظلت الأطراف تتصـارع بشأنها قانونيًـا ونفسيًّا لشهور في جلسة تستغرق عـدة ساعات أو أيام. ولم تكـن تلك الحلول تسويات في المحاكم بل كانت حلـولًا أساسها التكاتف، وهي أفضل مـن الحلول التي قدمها كل طرف مستقلًا. وفي معظم الحالات تستمر العلاقات حتى لـو بدا الأمر فـي البداية كأن الثقة بيـن الطرفين معدومة وأن العلاقـة بينهما سيئة وتكاد تكون مدمرة تمامًا.

وفـي أحـد برامجنـا التطويرية نقل لنـا أحـد التنفيذيين موقفًا، حيـث رفع أحد العمـلاء القدامى قضية علـى المصنع نتيجة لضعف الأداء. وقـد شعر كلا الطرفين بأن الحق في صفه وأن الآخر لا يتمتع بالأخلاق وليس موضع ثقة.

وعندما بـدأ ممارسة العادة الخامسة اتضح أمران: الأول، مشكلات في التواصل المبكر تسببت في سوء تفاهـم تعاظم لاحقًا نتيجة للاتهامات المتبادلة. والثاني، أن الطرفيـن في البداية كانا حسنـي النية، ولم يرغبا في خوض صـراع المحاكم الذي يستنزف أموالهم، ولكنهما لم يجدا حلًّا آخر.

عندمـا أصبح هذان الأمـران واضحين سـادت روح العادات الرابعـة والخامسة والسادسة وتم حل المشكلة بسرعة، واستمرت العلاقة بينهما مزدهرة.

وفـي حالة أخـرى تلقيت اتصـالًا هاتفيًّا ذات صبـاح من أحد مطـوري الأراضي وكان فـي حاجة ماسة إلـى المساعدة. فقد أراد البنك الاستيـلاء على ممتلكاته لأنه لـم يلتزم بجدول تسديد الفائدة، وقد رفع قضية على البنك لإيقاف الاستيلاء. وكان هذا الرجل في حاجة إلى تمويل إضافي للانتهاء من الأرض وتسويقها حتى يتمكن من دفـع المال للبنك، ولكن البنك رفض إعطاءه تمويلًا آخر حتى يدفع الفائدة، ومن ثم تولدت مشكلة البيضة أم الدجاجة الناجمة في الأساس عن قلة رأس المال.

وفـي ذلك الوقـت، كان المشروع متوقفًا وبـدأت الشوارع تبدو كحقـول نبتت بها الحشائش. وبالنسبـة لمـلاك المنـازل القليلة فقد شعـروا بالغضب العـارم عندما رأوا انخفاض قيمة ممتلكاتهـم، وكانت المدينة بأسرها تشعـر بالضيق بسبب تأخر مشـروع "الأرض الجيـدة"، وبسبب درجة القبح التي وصلـت إليها حالة الأرض. وقد أنفق البنك ومطور الأراضي عشرات الآلاف من الدولارات على القضايا ولم يكن من المقرر النظر في القضية قبل عدة أشهر.

وفـي يأس وافـق مطـور الأراضي علـى استخـدام العـادات الرابعـة والخامسة والسادسة، ورتب اجتماعًا مع موظفي البنك الذين قبلوا على مضض.

بـدأ الاجتماع فـي الثامنة صباحًا فـي إحدى غرف الاجتماعات فـي البنك. كان التوتـر وانعـدام الثقة يعبئـان جو المكان. وقـد ألزم محامى البنـك الموظفين بعدم التفـوه بكلمـة واحـدة وأن يستمعوا فقط ويتركـوا له هو الرد؛ فهو لـم يكن يرغب في حدوث شيء يهز وضع البنك في المحكمة.

وأمضيت الساعة ونصف الساعة الأولى في تعليمهم مبادئ العادات الرابعة والخامسة والسادسة. وفي تمام الساعة التاسعة والنصف توجهت إلى اللوح المعلق وكتبت مخاوف البنك وفقًا لفهمنا السابق لها. وفي البداية لم يتفوه موظفو البنك ببنت شفة، ولكن كلما تابعنا التواصل على أساس تحقيق المنفعة للجميع (المكسب/ المكسب) وسعينا من أجل الفهم ازدادوا رغبة في الشرح والتوضيح.

وما إن شعروا بأنهم مفهومون حتى تغير الجو بالكامل وساد الاجتماع جو حماسي ولاح في الأفق أن المشكلة ستحل سلميًّا. وبالرغم من اعتراضات المحامي فقد ازداد الموظفون انفتاحًا بل وتحدثوا عن الهموم الشخصية. "عندما نخرج من هنا فإن أول شيء سيقوله مدير البنك هو "هل حصلنا على أموالنا؟ "كيف سنجيبه؟".

وفي الساعة الحادية عشرة كان موظفو البنك لا يزالون مقتنعين بأنهم على صواب، ولكنهم شعروا بأنهم مفهومون وتخلوا عن الأسلوب الدفاعي والرسمي. وعند هذا الحد كانوا منفتحين تمامًا بحيث يستمعون إلى مخاوف المقاول، والتي كتبناها على الجانب الآخر من اللوح. ونتج عن هذا مزيد من الفهم المتبادل والوعي الجماعي بأن سوء التفاهم كان نتيجة لضعف التواصل منذ البداية، والتوقعات غير الواقعية، وكيف أن التواصل المستمر على أساس المكسب/ المكسب منع تطور المزيد من المشكلات.

والإحساس المشترك بالألم المزمن والحاد الذي صاحبه إحساس بالتطور دفع الجميع إلى متابعة التواصل. وعند حلول الظهيرة - حينما كان وقت الاجتماع المحدد سلفًا على وشك الانتهاء - كان الناس إيجابيين ومبدعين ومتكاتفين وأرادوا متابعة الحديث.

وقد اعتبر الجميع أولى توصيات المقاول بداية لإيجاد حل قائم على مبدأ المكسب/ المكسب. فقد كانت تتسم بالتكاتف وتم العمل على تطويرها، وفي تمام الساعة الواحدة إلا الربع بعد الظهر غادر مطور الأراضي واثنان من موظفي البنك متوجهين بخطة إلى جمعية ملاك المنازل والمدينة. وعلى الرغم من التطورات المعقدة التي تلت ذلك، فقد ألغيت الدعوى القضائية واستمر العمل بالمشروع.

وأنا لا أقترح ألا يلجأ الناس إلى القضاء؛ فبعض المواقف تحتم اللجوء إليه، ولكنني أرى أن القضاء هو الملجأ الأخير وليس الأول. فإن تم استخدامه في وقت مبكر للغاية - حتى ولو بشكل وقائي - ففي بعض الأحيان يخلق الخوف والمنظور الفكري القانوني عمليات فكرية وسلوكية لا تتسم بالتكاتف.

الطبيعة كلها متكاتفة

علم البيئة هو كلمة تصف في الأساس تكاتف الطبيعة - كل شيء له علاقة بالآخر. وفي هذه العلاقة تتعاظم القوى الإبداعية، تمامًا كما تكمن القوة الحقيقية للعادات السبع في علاقتهم ببعضهم البعض وليس في العادات في حد ذاتها.

وتعتبر العلاقة بين الأجزاء هي القوة التي تصنع ثقافة التكاتف داخل الأسرة أو المؤسسة. وكلما كان الارتباط صادقًا كانت المشاركة في حل وتحليل المشكلات صادقة، وتمكن كل واحد من إطلاق العنان لطاقاته الإبداعية والالتزام بما صنع. وأنا مقتنع بأن هذا هو جوهر قوة اليابانيين في العمل والتي غيرت سوق العمل.

يؤتي التكاتف مع الآخرين بثماره؛ حيث إنه مبدأ صحيح، وهو الإنجاز المتوج فوق رءوس جميع العادات السابقة. وهو الفعالية التي تسود واقع الاعتماد بالتبادل - إنه روح فريق العمل وبناء الفريق وتنمية الوحدة والإبداع مع الآخرين.

وعلى الرغم من أنك لا تستطيع التحكم في المنظورات الفكرية للآخرين في التفاعل القائم على الاعتماد بالتبادل أو عملية التكاتف نفسها فإن دائرة تأثيرك تحتوي على قدر كبير من التكاتف.

وتكاتفك الداخلي يقع بالكامل داخل دائرة تأثيرك، ويمكنك احترام جانبي طبيعتك - الجانب التحليلي والجانب الإبداعي، وبوسعك تقدير الفرق بينهما واستخدام هذا الفارق لتحفيز الإبداع.

وبمقدورك أن تكون أكثر تكاتفًا من داخلك حتى في خضم التغيرات البيئية. وأنت غير مضطر لقبول الإهانة، لكن يمكنك تنحية الطاقة السلبية جانبًا، والبحث عما هو جيد لدى الآخرين والاستفادة منه بغض النظر عن اختلافه، ومن ثم تستطيع تطوير وجهة نظرك وتوسيع مداركك.

ويمكنك ممارسة الشجاعة في مواقف الاعتماد بالتبادل، لتكون منفتحًا وتعبر عن أفكارك ومشاعرك بطريقة تشجع الآخرين على الانفتاح أيضًا.

ويمكنك تقدير الفروق لدى الآخرين. وعندما يختلف شخص ما معك ربما تقول "جيد! أنت ترى الأمر بشكل مختلف"، ولا يتعين عليك الاتفاق مع الآخرين ولكنك تستطيع ببساطة تصديق ما يقولون، وتسعى من أجل الفهم.

وعندما لا ترى سوى بديلين - الخاص بك و "الخاطئ" يمكنك البحث عن بديل ثالث متكاتف؛ فالبديل الثالث موجود دومًا. فإذا عملت على أساس فلسفة

المكسب/ المكسب وسعيت حقًّا من أجل الفهم فستجد حلًّا دائمًا وسيكون أفضل مما يعتقده المعنيون بالأمر.

مقترحات للتطبيق

١. فكر في شخص يرى الأشياء من منظور مختلف عنك. وفكر في الطرق التي يمكنك من خلالها استخدام هذه الفروق كحجر زاوية لإيجاد حلول ثالثة بديلة. وربما تسعى من أجل الحصول على رأيه بخصوص المشروع الحالي أو المشكلة الحالية، وتعمل على تقدير الآراء المختلفة التي قد تسمعها.

٢. ضع قائمة بالناس الذين يضايقونك. هل يقدمون وجهات نظر مختلفة من شأنها أن تؤدي إلى التكاتف إذا كنت تتمتع بقدر من الأمن الداخلي وقدرت قيمة اختلافها؟

٣. حدد موقفًا ترغب في أن يتواجد فيه مزيد من الجهد الجماعي والتكاتف. ما الظروف التي تحتاج إليها لدعم هذا التكاتف؟ ما الذي يمكنك القيام به لصنع هذه الظروف؟

٤. في المرة القادمة التي تختلف فيها مع شخص ما أو تواجهه حاول أن تفهم همومه التي تحدد موقفه، وتعامل مع هذه الهموم والمخاوف بطريقة خلاقة وتعود بالمنفعة المشتركة.*

* لترى إلى أي مدى تتحلى بالفعالية ـ مواطن القوة لديك وكيف يمكنك تحسينها ـ قم بإجراء تقييم نسبة الفعالية الشخصية (PEQ) على الموقع الإلكتروني التالي: www.7HabitsPEQ.com

الجزء الرابع

التجديد

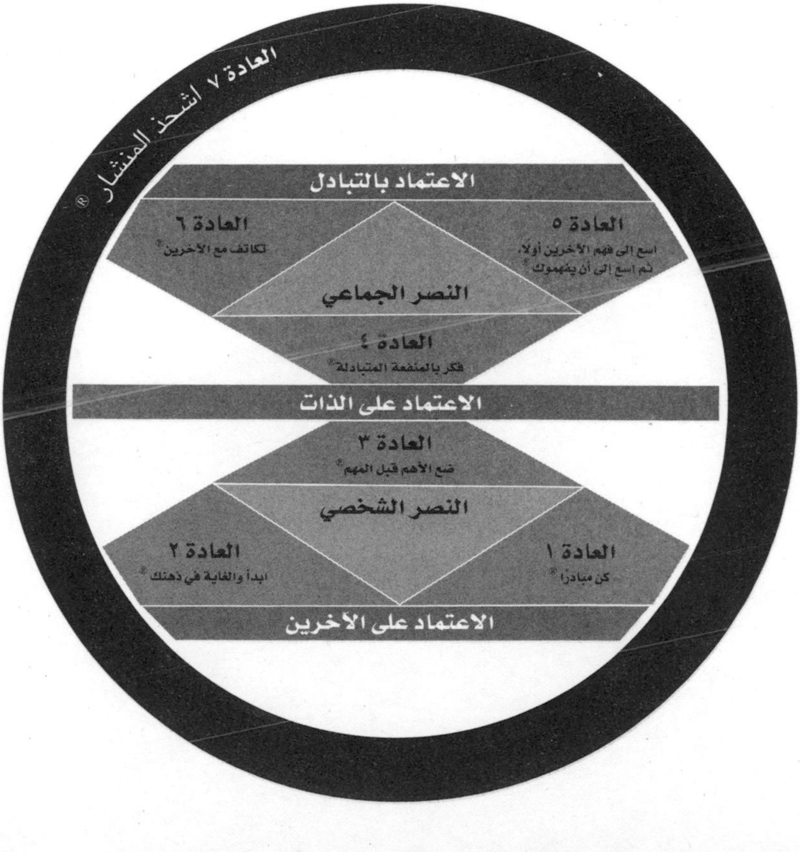

العادة ٧:
اشحذ المنشار®
مبادئ التجديد الذاتي المتوازن

أحيانًا عندما أتأمل
العواقـب العظيمة التي تتمخضـ عن صغائر
الأمور...
أميل إلى التفكير...
في أنه لا وجود لصغائر الأمور.

بروس بارتون

لنفترض أنك في الغابة ومررت بشخص يعمل بكد من أجل قطع شجرة.

فتسأله: "ماذا تفعل؟".

فيرد عليك في نفاد صبر: "ألا ترى؟ إنني أحاول قطع شجرة".

فصحت متعجبًا: "ولكنك تبدو منهكًا. منذ متى وأنت تعمل؟".

فيجيب: "منذ أكثر من خمس ساعات. وقد تعبت للغاية. فهذا عمل شاق حقًّا".

فتستفسـر قائـلًا: "حسنًا، لمـاذا لا تأخـذ استراحة لمدة خمسـ دقائق وتشحذ المنشار؟ أنا على يقين أنك لو شحذته ستنجز العمل بشكل أسرع".

فيقول الرجل مؤكدًا: "ليس لدي وقت لشحذ المنشار؛ فأنا منشغل بالقطع!".

العادة السابعـة هي تخصيص وقت لشحذ المنشار، وهي تحيط العادات الأخرى المضمنة في المنظور الفكري للعادات السبع؛ لأنها العادة التي تجعل تحقيق العادات الأخرى ممكنًا.

الأبعاد الأربعة للتجديد

إن العادة السابعة هي بمثابة القدرة الشخصية على الإنتاج (ق إ). وهي تحافظ على أعظم الأصول التي تمتلكها وتعززه - ألا وهو أنت. وهي تجدد الأبعاد الأربعة لطبيعتك - البعد البدني والروحي والعقلي والاجتماعي/العاطفي.

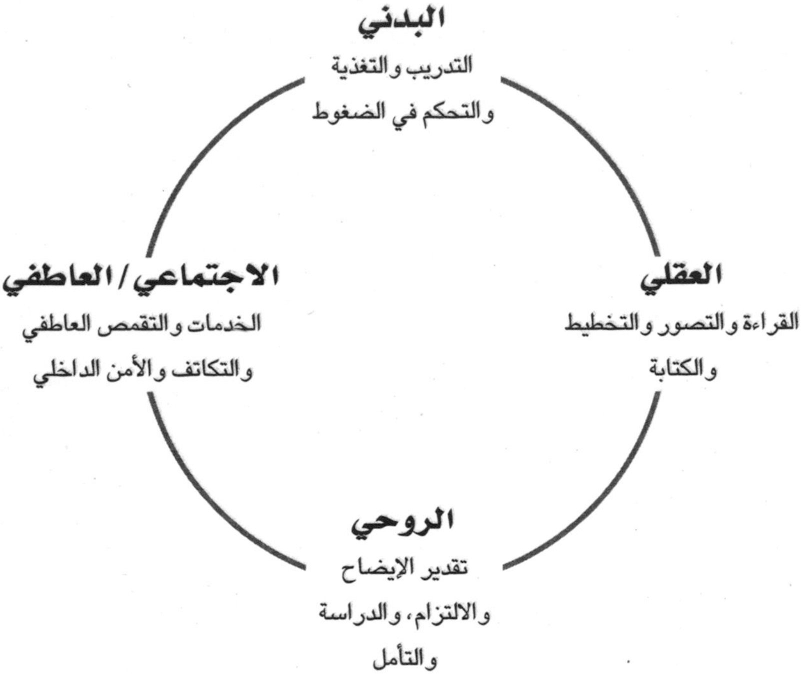

وعلى الرغم من اختلاف الكلمات المستخدمة إلا أن معظم فلسفات الحياة تدور في فلك هذه الأبعاد الأربعة سواء صراحة أو ضمنيًّا. ويوضح الفيلسوف هيرب شيبرد أن الحياة السليمة المتوازنة تدور حول أربع قيم: *المنظور* (روحي)، والاستقلالية أو *الحكم الذاتي* (عقلي)، و*الترابط* (اجتماعي)، و*نبرة الصوت* (بدني). ويوضح المعلم الروحي جورج شيهان أربعة أدوار هي: أن تكون حيوانًا نافعًا (بدني)، صانعًا ماهرًا (عقلي)، صديقًا جيدًا (اجتماعي)، متدينًا (روحي). وتضم نظرية الدافع والتنظيم هذه الأبعاد الأربعة أو الدوافع - الاقتصادي (البدني)، وأسلوب التعامل مع الناس (اجتماعي)، وكيف يتطور الناس ويعملون (عقلي)، والخدمات التي تقدمها المؤسسة وعملها وإسهاماتها (روحي).

ويقصد بمبدأ "شحذ المنشار" التعبير عن الدوافع الأربعة، ويقصد به أيضًا ممارسة كل الأبعاد الأربعة الخاصة بطبيعتنا ممارسة منتظمة ومستمرة بأساليب حكيمة ومتوازنة.

ومن أجل القيام بهذا لا بد أن نكون مبادرين. ويعتبر تخصيص وقت من أجل شحذ المنشار نشاطًا أساسيًّا للمربع ٢، الذي ينبغي العمل من منطلقه. ولأن المربع ١ خاص بكل ما هو عاجل فهو يؤثر علينا ويضغط علينا باستمرار. لذا، لا بد من تأكيد (ق إ) الشخصية حتى يغدو سمة من سماتنا الأساسية، وحتى يغدو نوعًا من الإدمان الصحي. ونتيجة لكونه جوهر دائرة تأثيرنا لا يستطيع أحد سوانا القيام بهذا العمل من أجلنا؛ فنحن المنوطون بالقيام بهذا الأمر.

وهذا هو أحد أهم الاستثمارات التي يمكننا القيام بها في الحياة - الاستثمار في أنفسنا، في الأداة الوحيدة التي نملكها ونتعامل بها مع الحياة ونقدم إسهاماتنا من خلالها. فنحن الأدوات التي نستخدمها في أدائنا، ولكي نحقق المزيد من الفعالية علينا أن ندرك أهمية استغراق بعض الوقت بانتظام من أجل شحذ المنشار في جميع الاتجاهات الأربعة.

البعد البدني

يتضمن البعد البدني الاهتمام الفعّال بجسدنا المادي - تناول الأصناف الجيدة من الطعام والحصول على قسط وافر من الراحة والاسترخاء وممارسة التمارين الرياضية بانتظام.

وتعتبر ممارسة التمارين الرياضية أحد أهم الأنشطة في المربع ٢، والتي لا يواظب معظمنا على أدائها لأنها ليست عاجلة. ولأننا لا نمارسها فإن عاجلًا أو آجلًا سنجد أنفسنا في المربع ١ نتعامل مع المشكلات والأزمات الصحية، التي تحدث نتيجة طبيعية لإهمالنا هذا الجانب.

ويعتقد معظمنا أننا لا نملك الوقت الكافي من أجل ممارسة الرياضة. ويا له من منظور فكري مشوه! بل لدينا متسع من الوقت لنفعل. إننا نتحدث عن حوالي ثلاث أو ست ساعات في الأسبوع أو على الأقل ثلاثين دقيقة في اليوم، يومًا بعد يوم. أعتقد أنه ليس بالقدر الكبير مقارنة بالفوائد الجمة التي تؤثر على بقية الـ ١٦٢ - ١٦٥ ساعة الأخرى بالأسبوع.

كما أنك لست في حاجة إلى أدوات خاصة، فإذا أردت التوجه إلى صالة ألعاب رياضية أو التوجه إلى أحد المنتجعات الصحية من أجل الاستفادة من الأجهزة الموجودة هناك أو ممارسة ألعاب رياضية مهارية مثل التنس أو الراكت فهذه ميزة إضافية، ولكنها ليست ضرورية من أجل شحذ المنشار.

وأفضل برنامج تدريبي هو ذلك الذي يمكنك ممارسته بالمنزل، وذلك الذي يبني ثلاثة جوانب في جسمك: قوة التحمل والمرونة والقوة.

وتأتي *قوة التحمل* من ممارسة تمرينات الأيروبكس ومن كفاءة جهاز القلب والأوعية الدموية - أي قدرة القلب على ضخ الدم إلى جميع أجزاء الجسم.

ورغم كون القلب عضلة إلا أنه لا يمكن إخضاعها لتدريب مباشر، ولكنها تحصل على التدريب من خلال مجموعة كبيرة من العضلات الأخرى، وخاصة عضلات الساقين. ولهذا السبب تعد بعض التمارين مثل الجري السريع وركوب الدراجة والسباحة والتزلج على الماء والركض الخفيف مفيدة للغاية.

والحد الأدنى للياقة البدنية هو الوصول بمعدل ضربات القلب إلى مائة دقة في الدقيقة والحفاظ على هذا المعدل لمدة ثلاثين دقيقة.

أما الحد المثالي فهو أن تحاول رفع معدل ضربات قلبك على الأقل إلى ٦٠٪ من الحد الأقصى لمعدل النبض - وهو أعلى سرعة لخفقان القلب وهو ما زال قادرًا على ضخ الدم إلى جميع أجزاء الجسم. والحد الأقصى لمعدل خفقان القلب هو ٢٢٠ بعد خصم عمرك. فإذا كنت في الأربعين لا بد أن يكون هدفك في التدريب هو الوصول بمعدل خفقان القلب إلى ١٠٨ (٢٢٠-٤٠= ١٠٨ × ٠,٦ = ١٠٨). ويتراوح "تأثير التدريب" عمومًا ما بين ٧٢ و٨٧ ٪ من الحد الأقصى لمعدلك الشخصي.

و*المرونة* تأتي من تمارين الاستطالة. وينصح معظم الخبراء بأداء تمارين الإحماء قبل تدريبات الأيروبكس وتمارين تبريد الجسم/الاستطالة عقبها. وترجع فائدة تمارين الإحماء إلى أنها تساعد في إرخاء العضلات وتسخينها من أجل إعدادها للتدريبات الشاقة. وتمارين تبريد الجسم تساعد في خفض مستويات حمض اللاكتيك تدريجيًا، ومن ثم لا تشعر بألم في العضلات وصعوبة في تحريكها.

أما *القوة* فأساسها تدريبات المقاومة الخاصة بالعضلات - تمارين الجمباز والضغط وتمارين عضلات البطن وكذلك تمارين حمل الأثقال. وعزمك على تنمية

قوتك يعتمد بدرجة كبيرة على عملك. فإذا كان عملك يعتمد على القوة البدنية أو الأنشطة الرياضية فإن زيادة قوتك ستزيد من مهارتك. وإذا كان عملك مكتبيًّا في الأساس ونجاحك في الحياة لا يتطلب الكثير من القوة، فقليل من تمارين الجمباز مع الأيروبكس وتمارين الاستطالة ستجدي نفعًا.

ذات مرة كنت في صالة الألعاب الرياضية مع صديق لي حاصل على درجة الدكتوراه في التربية الرياضية، وكان يركز على بناء قوته، وطلب مني مراقبته بينما يقوم بتمرينات الضغط باستخدام الأثقال وطلب مني رفع الثقل عند نقطة محددة. وشدد قائلًا: "لا ترفعها حتى أخبرك".

لذا، راقبته وانتظرت مستعدًّا لرفع الثقل. وكان الثقل يرتفع وينخفض ويرتفع وينخفض، ولاحظت أن العملية أصبحت أصعب. ولكنه تابع، وعندما رفعه لأعلى قلت في نفسي: "لن يستطيع رفعه بأية حال من الأحوال". ولكنه نجح في رفعه ثم بدأ في إنزاله ببطء ثم عاود رفعه مرة أخرى لأعلى وأسفل لأعلى وأسفل.

وأخيرًا نظرت إلى وجهه الذي بدا الإجهاد واضحًا عليه من الجهد المبذول، وكانت أوعيته الدموية على وشك الانفجار تحت جلده، وقلت في نفسي: "إن هذا الثقل سيقع ويحطم صدره. ربما عليّ رفع الثقل الآن. وربما فقد السيطرة ولا يدري ما يحدث له". ولكنه أنزل الثقل بأمان، ثم عاود رفعه مرة أخرى ولم أستطع تصديق ما يحدث.

وأخيرًا طلب مني رفع الثقل، وقلت: "لماذا انتظرت كل هذه المدة؟".

فأجابني: "إن كل فائدة التدريب تكمن في نهايته يا ستيفن. إنني أحاول بناء قوة، ولا يحدث هذا إلا إذا تمزقت ألياف العضلات وسجلت ألياف العصب هذا الألم. والطبيعة تعوض هذا، وخلال ٤٨ ساعة تصبح الألياف أقوى".

وعندئذ تمكنت من فهم وجهة نظره. والأمر نفسه ينطبق على العضلات العاطفية كالصبر مثلًا. فعندما تدرب صبرك بشكل يتجاوز حدودك السابقة وتتحطم الألياف العاطفية وتعوضها الطبيعة، ففي المرة التالية تكون الألياف أقوى.

والآن، أراد صديقي بناء قوة عضلاته، وهو كان يعلم كيف يقوم بهذا. وبالنسبة لنا جميعًا فنحن لسنا في حاجة إلى بناء هذا النوع من القوة كي نكون فاعلين. ومقولة "لا مكسب بدون ألم" مقولة صادقة في بعض الأحوال، ولكنها ليست جوهر برنامج التدريب الفعّال.

إن جوهر تجديد البعد البدني هو شحذ المنشار لتدريب أجسامنا بانتظام بطريقة تحافظ على قدرتنا على العمل وتعززها ويكون فيها متعة.

ولا بد أن نتسم بالحكمة في أثناء وضع برنامج لممارسة التمارين الرياضية. فيميل البعض إلى المبالغة في ممارسة التمارين الرياضة إذا كانوا من النوع الذي لا يمارس الرياضة قط؛ وهو ما قد يسبب ألمًا وأضرارًا غير ضرورية، وفي بعض الأحيان يكون الضرر دائمًا. لذا، من الأفضل دومًا البدء ببطء. ولا بد أن يتوافق أي برنامج لممارسة التمارين الرياضية مع أحدث ما توصلت إليه الأبحاث ومع توصيات طبيبك ومع وعيك الذاتي.

وإن لم تكن قد مارست التمارين الرياضية من قبل، فبلا شك سيحتج جسمك على هذا التغيير لأنه ينتزع منه الراحة. وفي البداية لن تحب هذا، وربما تبغضه. ولكن كن مبادرًا®. التزم بأداء التمارين الرياضية في جميع الظروف. فحتى لو أمطرت السماء صباح اليوم الذي خططت فيه للركض الخفيف، فلا تتكاسل. "رائع إنها تمطر، عليَّ تنمية قوة إرادتي مع بدني!".

بالطبع، أنت لا تتعامل مع الحلول السريعة بل تتعامل مع نشاط المربع ٢، والذي سيعطيك نتائج رائعة على المدى البعيد. واسأل أي شخص واظب على ممارسة التمارين الرياضية شيئًا فشيئًا، وسينضبط معدل النبض لديك وسيصبح القلب وعملية إمداد الجسم بالأكسجين أكثر كفاءة. وبينما تعمل على زيادة قدرة جسمك للقيام بما هو مطلوب منك ستجد ممارسة أنشطتك اليومية أمرًا أكثر راحة ومتعة. وبعد الظهيرة ستجد أن لديك المزيد من القوة وأن التعب الذي شعرت به في الماضي وجعلك "منهكًا جدًّا" بحيث لم تستطع ممارسة الرياضة، قد تلاشى وحلت محله طاقة تساعدك على فعل كل ما تريد.

وربما تكون أعظم فائدة تعود عليك من ممارسة الرياضة هي تدريب عضلات العادة الأولى الخاصة بالمبادرة. فبينما تعمل على أساس قيمة التدريبات الرياضة بدلًا من الاكتفاء برد الفعل تجاه القوة التي تعوق ممارستك للرياضة، ستكتشف تأثر منظورك الفكري وتقديرك الذاتي وثقتك في نفسك وتكاملك تأثرًا كبيرًا.

البعد الروحي

يمدك تجديد البعد الروحي بالقدرة على قيادة حياتك، وهو ذو صلة وثيقة بالعادة الثانية.

ويعد البعد الروحي هو جوهرك ومركزك والتزامك بنظام قيمك، وهو منطقة خاصة جدًّا من حياتك وذو أهمية قصوى، وهو المنبع الذي تأتي منه مصادر إلهامك وهو يربطك بالحقائق المطلقة لكل البشرية، وهو أمر يختلف الناس في تحقيقه اختلافًا بينًا.

فأنا أجد التجدد في تأملاتي اليومية في بعض النصوص الدينية التي تمثل نظامًا قيميًّا. وبينما أقرأ وأتأمل أشعر بالتجدد والقوة والتمحور والالتزام الديني.

وعشق الأدب أو الموسيقى قد يمثل مصدرًا للتجدد الروحي عند بعض الناس. وقد يجده البعض الآخر في طريقة تواصلهم مع الطبيعة. فالطبيعة تسبغ نعمها على هؤلاء الذين يغمرون أنفسهم بداخلها. وعندما تكون على استعداد للبعد عن الضوضاء ومغادرة المدينة بكل مشتتاتها وتسليم نفسك لتناغم وموسيقى الطبيعة ستعود متجددًا. ولفترة من الوقت ستكون غير مشتت ولا شيء يزعجك حتى تشعر تدريجيًّا بأن الضوضاء الخارجية قد بدأت في التلاشي وتشعر بالسلام الداخلي يغمرك.

ويشاركنا آرثر جوردن تجربته الشخصية الرائعة عن التجدد الروحي من خلال قصة قصيرة يطلق عليها عنوان "عودة المد". وتحكي القصة عن فترة في حياته عندما شعر بأن كل ما حوله راكد لا يتحرك، وخبت جذوة حماسه وأصبحت جهوده للكتابة غير مجدية، وبدأ وضعه يسوء يومًا بعد يوم.

وأخيرًا عزم على الحصول على مساعدة من طبيب. ولاحظ الطبيب أن حالته البدنية جيدة، فسأله إذا ما كان قادرًا على اتباع تعليماته لمدة يوم واحد.

وعندما أخبره جوردن بأن بوسعه فعل هذا، طلب منه الطبيب أن يمضي اليوم التالي في مكان شعر فيه بالسعادة حينما كان طفلًا. ويمكنه أن يأخذ معه بعض الطعام، على ألا يتحدث إلى أي شخص أو يقرأ أو يكتب أو حتى يستمع إلى المذياع. ثم كتب له أربع وصفات وطلب من أن يفتح واحدة في الساعة التاسعة، والأخرى في الثانية عشرة وواحدة في الثالثة وواحدة في السادسة.

فسأله جوردن: "هل أنت جاد؟".

فأجابه الطبيب: "لن تعتقد أنني أمزح عندما تصلك فاتورتي!".

وفي صباح اليوم التالي، توجه جوردن إلى الشاطئ، وما إن فتح الوصفة الأولى حتى وجدها تتضمن عبارة "أنصت جيدًا". فاعتقد أن الطبيب مجنون - كيف يمكنه

الإنصـات لمدة ثلاث ساعـات؟ ولكنه كان قد وافق على اتبـاع تعليمات الطبيب، لذا فقـد أنصـت. ولكنه سمع الأصـوات المعتادة للبحـر والطيور. وبعـد برهة تمكن من سمـاع أصوات أخرى لـم تكن واضحة فـي البداية. وعندما تابع الإنصـات بدأ يفكر فـي الدروس التي علمـه البحر إياها حينمـا كان طفلا - الصبـر والاحترام والوعي بالاعتمـاد بالتبـادل بين الأشياء. ثم بـدأ ينصت إلى الأصـوات - والصمت - وشعر بالسلام ينمو بداخله.

ومع حلول الظهيرة فتح الوصفة الثانية وقرأها "حاول العودة إلى الوراء "فتعجب العـودة إلى ماذا؟ ربما إلى مرحلة الطفولة أو ربما إلى الذكريات السعيدة. وشرع في التفكيـر في ماضيـه وفي اللحظات العديدة والقصيرة السعيـدة التي عاشها. وحاول تذكر المزيد من هذه اللحظات. وما إن شرع في التذكر حتى تدفق الدفء بداخله.

وعند الساعة الثالثة فتح الورقة الثالثة. وحتى هذه اللحظة كانت الوصفات سهلة. ولكـن هـذه الوصفة كانـت مختلفة وكانت تقـول: "اختبر دوافعـك". ولأول وهلة كان دفاعيًـا وفكـر فيما يريد - النجاح والتقدير والأمن - وقدم مبررات لكل واحدة منها. ولكن طرأت في رأسه فكرة أن هذه الدوافع ليست كافية، وربما يكمن بداخلها الإجابة عن وضعه الراكد.

وأخذ يفكر في دوافعه العميقة، وفكر في السعادة الماضية، وأخيرًا جاءته الإجابة.

وكتـب يقول: "فـي لمحة يقين، رأيت أنه لـو كانت دوافع الإنسـان خاطئة فكل ما يترتـب عليها يكـون خاطئًا. والأمر سيان، سـواء كنت رجل بريـد أو مصفف شعر أو مندوب تأمين أو ربة منزل أو أي شخص كان. فطالما أنك تشعر بأنك تخدم الآخرين سـوف تقـوم بعملك على أكمـل وجه. ولكن متـى كان اهتمامـك الأول العمل من أجل نفسك فلن تؤدي عملًا جيدًا - إنها عملية مستمرة مثل الجاذبية".

وعندما حانت الساعة السادسة لم تأخذ الوصفة الأخيرة وقتًا في تنفيذها، وكانت تقـول "اكتب ما يقلقك على الرمال". فنزل علـى ركبتيه وكتب عدة كلمات مستخدمًا صدفة مكسورة، ثم استدار وعاد أدراجه. ولم ينظر خلفه لأنه يعرف أن المد قادم.

إن التجديد الروحي يتطلب وقتًا. ولكنه أحد أنشطة المربع ٢ الذي لا نملك الوقت لإهماله.

ونقل عن المصلح العظيم مارتن لوثر: "لدي الكثير لإنجازه اليوم، لذا سأحتاج إلى قضاء ساعة أخرى على ركبتي". لقد كانت الصلاة بالنسبة له مصدرًا للقوة تساعده على إطلاق قواه المتعددة وليست مجرد حركات آلية يؤديها.

وذات مرة سأل شخص معلمًا لإحدى الفلسفات من الشرق الأقصى - والذي كان يتمتع بقدر هائل من الهدوء والسلام بغض النظر عن قدر الضغوط التي يتعرض لها - "كيف تحافظ على الهدوء والسلام؟" فأجاب: "إنني لا أغادر المكان الذي أتأمل فيه أبدًا". وكانت عادته أن يتأمل في الصباح الباكر، ولبقية اليوم كان يحمل داخل قلبه وعقله السلام الذي ملأه خلال تلك اللحظات.

والمقصد هو أننا عندما نخصص وقتًا لتأمل مركز القيادة في حياتنا ومعرفة الهدف الأسمى منها ينتشر هذا التفكير فيكون مثل المظلة التي تغطى كل شيء. وهو يجددنا ويعيد إلينا نشاطنا، لاسيما إذا التزمنا به.

ولهذا السبب أؤمن بالرسالة الشخصية في الحياة وبأهميتها. فإذا تمكنا من فهم مركزنا وهدفنا فسنتمكن من مراجعته وتجديد الالتزام به. وخلال التجديد الروحي اليومي يمكننا تصور و"عيش" كل أحداث اليوم بما يتوافق مع قيمنا.

ويعلمنا القائد الديني ديفيد أوه. ماكاي قائلًا: "إن أعظم معارك الحياة هي الصراع اليومي داخل الغرف الصامتة للروح". وإذا ربحت المعارك هناك وإذا سويت قضايا الصراع الداخلي فستشعر بالسلام وتعرف نفسك، وستجد أن الانتصارات الجماعية - حيث يمكنك التفكير بشكل تعاوني، وتعزيز صالح الناس، والشعور بالسعادة لنجاحاتهم - تتدفق تدفقًا طبيعيًّا.

البعد العقلي

إن معظم تطوراتنا العقلية وانضباطنا الدراسي يأتي من خلال التعليم الرسمي. فبمجرد أن نترك الانضباط الخارجي للمدرسة يترك العديد منا عقله يضمر، فلا نقرأ بشكل جدي ولا نكتشف موضوعات جديدة خارج مجالات عملنا ولا ننتهج أسلوب التفكير التحليلي ولا نكتب - على الأقل بعيدًا عن الانتقاد أو بأسلوب يختبر قدرتنا على التعبير عن أنفسنا - تعبيرًا صادقًا واضحًا بكلمات قليلة. وبدلًا من هذا نقضي الوقت أمام التلفاز.

وتشير الدراسات إلى أن عدد ساعات مشاهدة التلفاز بالمنزل يتراوح ما بين خمس وثلاثين إلى خمس وأربعين ساعة بالأسبوع؛ وهو عدد ساعات يفوق هذا الذي

نمضيه في العمل أو في المدرسة، وهو أكبر المؤثرات الاجتماعية الموجودة. فعندما نجلس أمام التلفاز نكون عرضة لجميع القيم التي تُبَث من خلاله، والتي تؤثر علينا تأثيرًا مباشرًا وقويًّا.

وتتطلب الحكمة في مشاهدة التلفاز الإدارة الذاتية الفعالة للعادة الثالثة، والتي تمكننا من اختيار البرامج المفيدة والملهمة والممتعة، والتي تخدم أهدافنا وقيمنا وتعبر عنها.

وبالنسبة لأسرتي فإن مشاهدة التلفاز مقننة بسبع ساعات في الأسبوع، بمعدل ساعة واحدة في اليوم. ولقد كونًّا مجلسًا للأسرة تحدثنا فيه عن التلفاز وعن بعض المعلومات التي حصلنا عليها حول تأثيره على المنازل الأخرى. وبعد مناقشتنا هذا الأمر كأسرة دون أن يتبنى أحد أسلوبًا دفاعيًّا أو جداليًّا، بدأ أفراد أسرتي يدركون وجود ما يسمى بمرض إدمان مشاهدة المسلسلات الاجتماعية اليومية أو متابعة برنامج بعينه.

وكم أنا ممتن للغاية للتلفاز وللبرامج التعليمية وبرامج التسلية المفيدة التي يعرضها. فهي بإمكانها أن تثري حياتنا، وتسهم إسهامًا كبيرًا في تحقيق أهدافنا وأغراضنا. ولكن توجد العديد من البرامج التي تضيع وقتنا وعقولنا، والعديد منها يؤثر علينا تأثيرًا سلبيًّا إذا تركنا له المجال. والتلفاز، شأنه شأن الجسد، خادم مطيع ولكنه سيد سيئ. لذا، نحن في حاجة إلى ممارسة العادة الثالثة وإدارة أنفسنا بفعالية وتعظيم استخدام أي موارد من شأنها مساعدتنا على إنجاز مهامنا.

والتعليم - التعليم المستمر والتنمية المستمرة للمهارات وتوسيع مدارك العقل - هو تجديد عقلي حيوي. وفي بعض الأحيان، يتمثل هذا التعليم في الانضباط الخارجي للفصل الدراسي أو برامج الدراسة النظامية، ولكن في أغلب الأحيان لا يكون كذلك. فيستطيع المبادرون إيجاد العديد والعديد من الطرق التي تساعدهم على التعلم الذاتي.

وكم هو مهم تدريب العقل على الانفصال عن الذات وتفحص برمجته الخاصة! وبالنسبة لي فإن هذا هو تعريف التعليم الحر - القدرة على اختبار برامج الحياة في مقابل الأسئلة والأغراض والمنظورات الفكرية الأخرى. والتدريب - بدون التعليم - يضيق حدود العقل، ومن ثم لا يمكن اختبار الافتراضات التي يتضمنها التدريب. لهذا السبب من المهم القراءة المتوسعة والتعامل مع عقول أفضل.

ولا توجد طريقة لتثقيف عقلك وتوسيع مداركك بانتظام أفضل من عادة قراءة الكتب القيمة، وهو نشاط آخر من أنشطة المربع٢ عالية الفاعلية. ويمكنك من خلال القراءة الغوص داخل أفضل العقول الموجودة الآن، أو التي كانت موجودة من قبل. وأقترح عليكم البدء بهدف قراءة كتاب كل شهر ثم كتاب كل أسبوعين ثم كتاب كل أسبوع. "من لا يقرأ ليس أفضل حالًا من الأميّ الذي لا يعرف القراءة".

والكتب القيمة - مثل أمهات الكتب وكلاسيكيات هارفارد والسير الذاتية ومجلة *ناشونال جيوجرافك* والكتب الأخرى التي توسع إدراكنا الثقافي وأدب العصر الحديث الذي يتناول مختلف المجالات - بوسعها جميعًا توسيع مداركنا ومنظوراتنا الفكرية، وشحذ منشار عقولنا، لاسيما إذا مارسنا العادة الخامسة ونحن نقرأ ونسعى إلى الفهم أولًا. وإذا استخدمنا سيرتنا الذاتية لإصدار أحكام مبكرة قبل أن نفهم ما يقول المؤلف فسنحد من فوائد تجربة القراءة.

والكتابة هي طريقة أخرى مؤثرة لشحذ منشار العقل. فالمواظبة على كتابة اليوميات التي تضم أفكارنا وتجاربنا ورؤانا وتعاليمنا تعزز صفاء الذهن ودقته. وكتابة الخطابات الجيدة - التواصل على مستوى الأفكار والمشاعر والأفكار الأعمق بدلًا من مستوى الأحداث الضحلة السطحية - يؤثر أيضًا في التفكير بوضوح، وإصدار أحكام دقيقة وفهم الآخرين لك بوضوح لا لبس فيه.

ويمثل التنظيم والتخطيط شكلين آخرين من أشكال التجديد العقلي المرتبط بالعادتين الثانية والثالثة. إنه البدء والغاية في ذهنك وامتلاك القدرة العقلية على التنظيم لإنجاز هذه الغاية، وهو ممارسة التصور والتخيل داخل عقلك لتتمكن من رؤية الغاية منذ البداية، ورؤية الرحلة بأكملها على الأقل في صورة مبادئ؛ إن لم تكن خطوات.

وقد قيل إن الحروب تحسم داخل خيمة الجنرال. فشحذ المنشار في الأبعاد الثلاثة الأولى - البدني والروحي والعقلي - هو تدريب أطلق عليه "النصر اليومي الخاص". وأنا أطلب منكم ممارسة هذا التدريب البسيط لمدة ساعة واحدة في اليوم - ساعة واحدة في اليوم لما تبقى من حياتك.

وهذه الساعة التي ستمضيها في ممارسة تدريب النصر اليومي الخاص - الذي يقوم على أساس القيمة والنتائج - لا يضاهيها أي نشاط آخر يمكنك القيام به؛ لأنها ستؤثر في جميع قراراتك وعلاقاتك، كما أنها ستحسن جودة وفعالية كل ما تفعله في

هــذا اليوم، بما في ذلك النوم العميق بلا أرق. كما أنها تبني على المدى البعيد القوة البدنية والروحية والعقلية التي تمكنك من التعامل مع تحديات الحياة الصعبة.

وكما قال فيليبس بروكس:

> يومًا ما في السنـوات القادمة ستتصارع مع الإغراءات الكبرى، أو تقبع تحت الحزن العميق في حياتك. ولكن الصراع الحقيقي هو الآن... *فالآن* هو الوقت الذي سيتقرر منه مصيـرك سواء كنت ستقهر أم ستكون المنتصر في يوم مواجهتك لحزن عميق أو إغراء ما. ولا يمكن تكوين الشخصية إلا من خلال عملية مستمرة ثابتة وطويلة.

البعد الاجتماعي / العاطفي

بينمـا ترتبـط الأبعاد البدنيـة والروحية والعقليـة ارتباطًا وثيقًا بالعـادات الأولى والثانيـة والثالثة - التي تتمحور حول المبادئ الشخصيـة والرؤية والقيادة والإدارة - فإن البعد الاجتماعي/العاطفي يركز على العادات الرابعة والخامسة والسادسة، التي تتمحور حول مبادئ القيادة بين الأفراد والتواصل التعاطفي والتعاون الخلاق.

والأبعاد الاجتماعيـة والعاطفية في حياتنا مرتبطة ببعضها؛ لأن حياتنا العاطفية في الأساس - ولكن ليس حصريًا - تنشأ نتيجة لعلاقاتنا بالآخرين ومشاعرنا نحوهم.

وتجديـد البعـد الاجتماعي/العاطفي لا يستغـرق وقتًا مثل الأبعـاد الأخرى. فهو يتحقق من خلال تعاملاتنا اليومية مع الناس، ولكنه بلا شك يحتاج إلى تدريب. وربما نضطـر إلـى الضغط علـى أنفسنا؛ لأن الكثيريـن منا لم يتمكنوا مـن تحقيق مستوى النصـر الشخصي ومهارات النصر الجماعي الضرورية للعـادات الرابعة والخامسة والسادسة لتغدو طبيعية في تعاملاتهم.

لنفترض أنـك الشخص الأساسي في حياتي - ربما تكـون رئيسي أو مرءوسي أو زميلـي في العمل أو صديقي أو جاري أو زوجتـي أو طفلي أو فردًا من عائلتي الكبيرة، أو أي شخـص أود أو أحتـاج إلـى التعامل معه. ولنفترض أننا فـي حاجة إلى التعامل معًـا لنتخذ قرارًا أو ننجز هدفًا أو نحل مشكلة. ولكن كل واحد منا يرى الأمر بمنظور مختلـف؛ ينظر من خلال نظـارة مختلفة، بمعنى أنـك ترى السيدة الشابـة وأنا أرى السيدة العجوز.

لـذا أقـوم بممارسـة العـادة الرابعـة، فآتـي إليـك وأقـول: "أرى أننـا نتنـاول الموضـوع مـن منظـور مختلـف. لمـاذا لا نتفـق علـى التواصـل حتـى نجـد حـلًا

يرضينا. هل أنت على استعداد للقيام بهذا؟". وبالطبع، يكون معظم الناس مستعدين ويقولون "نعم".

ثم أنتقل إلى العادة الخامسة. "دعني أستمع إليك أولا". وبدلًا من الاستماع إليك بنية الرد أستمع إليك استماعًا تعاطفيًّا حتى أفهم منظورك الفكري فهمًا عميقًا وشاملًا. وعندما أتمكن من شرح وجهة نظرك مثلما تفعل، سأركز بعد ذلك على توصيل وجهة نظري إليك، ومن ثم تتمكن من فهمها.

وبناءً على تعهدي بالبحث عن حل يرضي كلًّا منا وفهم وجهتي نظرنا فهمًا عميقًا ننتقل إلى العادة السادسة. وسنعمل معًا للتوصل إلى حلول أخرى للاختلافات بيننا، والتي قد تكون أفضل من الحلول التي قدمتها أنا أو أنت من قبل.

والنجاح في العادات الرابعة والخامسة والسادسة لا يعتمد على العقل في المقام الأول، بل يعتمد على العواطف. وهو مرتبط ارتباطًا وثيقًا بأمننا الشخصي.

وإذا كان أمننا الشخصي ينبع من موارد بداخلنا إذن فنحن نتحلى بالقوة اللازمة لممارسة عادات النصر الجماعي. وإذا لم نشعر بالأمن العاطفي على الرغم من تمتعنا بمستوى فكري متطور فإن ممارستنا للعادات الرابعة والخامسة والسادسة مع الناس المختلفين معنا سيشكل تهديدًا لنا.

من أين يأتي الأمن الداخلي؟ إنه لا يأتي من رأى الناس فينا أو طريقة معاملتهم لنا، ولا يأتي من السيناريوهات التي يقدمونها لنا، كما أنه لا يأتي من ظروفنا أو وضعنا.

إنه يأتي من داخلنا، من المنظورات الفكرية الدقيقة والمبادئ القويمة المتأصلة داخل قلوبنا وعقولنا، كما أنه يأتي من التوافق بين الداخل والخارج وعيش حياة التكامل، حيث تعكس عاداتنا اليومية قيمنا الأصلية.

وأعتقد أن التكامل في الحياة هو المصدر الأساسي للقيمة الشخصية. ولا أتفق مع ما يُنشر ويلقى نجاحًا جماهيريًّا، والذي يقول إن التقييم الذاتي هو في الأساس أمر عقلي يتعلق بالتوجه - حيث يمكنك تهيئة نفسك لتحظى براحة البال.

إن راحة البال تتحقق عندما تعيش في توافق مع المبادئ والقيم الصحيحة لا غير.

وهناك أيضًا الأمن الداخلي الذي ينشأ نتيجة الحياة في إطار الاعتماد بالتبادل الفعّال. وقد يتحقق الأمن عندما تعرف أن هناك حلولًا تحقق المنفعة للجميع (مبدأ المكسب/ المكسب) متاحة، وأن الحياة ليست دائمًا "إما/ أو"، وأنه دائمًا ما تتحقق

فوائد مشتركة من البدائل الأخرى. والأمن يتولد عندما تعرف أن بإمكانك الخروج من إطار مرجعيتك دون التخلي عنه، وأنك تستطيع فهم الطرف الآخر فهمًا جيدًا. وينشأ الأمن عندما تتعامل مع الناس تعاملًا صادقًا وخلاقًا وتعاونيًا، وتجرب عادات الاعتماد بالتبادل.

وهناك نوع من الأمن الداخلي الذي ينشأ من خدمة الآخرين ومساعدتهم. وأحد أهم مصادر الأمن هو عملك، عندما ترى نفسك تحدث فرقًا حقيقيًّا. ومصدر آخر هو الخدمات التطوعية - لا أحد يعلم عنها شيئًا وليس بالضرورة أن تعلن على الإطلاق. فليس هذا هو ما يهمك، حيث ما تكترث له هو مباركة حياة الآخرين. ويصبح التأثير هو الدافع وليس التقدير.

وقد ركز فيكتور فرانكل على الحاجة إلى وجود معنى وهدف في حياتنا، شيء يتجاوز حدود حياتنا الشخصية ويفجر الطاقات الموجودة بداخلنا. ويقول د. هانز سيلي في بحثه المهم الذي أجراه عن التوتر، إن الحياة الطويلة الصحية هي نتاج الإسهامات، وتحقيق مشروعات ذات مغزى وممتعة على المستوى الشخصي، والإسهام في مباركة حياة الآخرين. وكان مبدؤه الأخلاقي: "اكسب حب جارك".

وكما يقول جورج برنارد شو:

> المتعة الحقيقية للحياة أن تعمل من أجل هدف تراه أنت عظيمًا، وأن تكون إحدى قوى الطبيعة بدلًا من التعامل بغباء ومن مطلق الأنانية والشكوى من أن العالم لا يقدم لك ما تريد لتكون سعيدًا. وأنا أعتقد أن حياتي ملك للمجتمع بأسره، وهو لي طالما تدب فيَّ أنفاس الحياة أن أقوم بكل ما أستطيع من أجله. فأنا أود أن أكون مستهلكًا بالكامل عندما تحين لحظة وفاتي. وكلما عملت بجد عشت أكثر. وأنا أعيش الحياة من أجلها. فأنا لا أرى الحياة كشمعة صغيرة بل كمصباح رائع بمقدوري حمله الآن، وكم أود جعله يشتعل ويشع ضوءًا قدر المستطاع قبل أن أسلمه إلى الجيل التالي.

وقال إن. إلدون تانر: "إن تقديم الخدمات هو الأجر الذي ندفعه لقاء ميزة العيش على الأرض". وتوجد طرق عديدة لتقديم الخدمات. فسواء كنت عضوًا في جماعة دينية أو في مؤسسة خدمية أو تعمل في وظيفة تقدم خدمات للناس، فبإمكانك ألا تجعل يومًا واحدًا يمر دون أن تخدم على الأقل شخصًا واحدًا، عن طريق تقديم إيداعات الحب غير المشروط.

وضع سيناريوهات للآخرين

معظم الناس تشكلوا من خلال المرآة الاجتماعية وبرمجتهم سيناريوهات المحيطين بهم ومفاهيمهم ومنظوراتهم الفكرية. ولأننا أشخاص ننتهج الاعتماد بالتبادل فأنا وأنت نتاج منظور فكري مفاده إدراك أننا جزء من المرآة الاجتماعية.

ويمكننا أن نختار أن نعكس للآخرين بوضوح رؤية واضحة غير مشوهة لأنفسهم. فيسعنا تأكيد طبيعتهم المبادرة ومعاملتهم كأشخاص مسئولين. ويمكننا مساعدتهم على وضع سيناريوهات تجعل منهم أشخاصًا يعيشون وفقًا للمبادئ وعلى أساس من القيم والاستقلال والشعور بقيمة الفرد. ومع تمتعنا بعقلية الوفرة ندرك أن تقديم انعكاس إيجابي للآخرين لا يقلل منا في شيء، بل يزيد من قيمتنا لأنه يزيد من فرصنا في التعامل الفعّال مع الأشخاص المبادرين.

وفي مرحلة ما من حياتك ربما وجدت شخصًا ما يؤمن بك عندما فقدت أنت إيمانك بنفسك. لقد وضع لك سيناريو. فهل أحدث ذلك فرقًا في حياتك؟

ماذا لو كنت واضع سيناريوهات إيجابيًّا صادقًا مع الآخرين؟ وعندما تقودهم المرآة الاجتماعية ليسلكوا الطريق الأدنى تأخذ أنت بيدهم إلى الطريق الأسمى لأنك تؤمن بهم، وتستمع إليهم لتتعاطف معهم ولا تعفيهم من المسئولية بل تشجعهم ليكونوا مبادرين.

ربما تعرف قصة *Man of La Mancha*؛ وهي قصة موسيقية جميلة تحكي عن فارس في العصور الوسطى التقى امرأة من الشارع. وكان جميع من حولها يؤيدون أسلوب حياتها.

ولكن هذا الفارس الشاعر رأى شيئًا آخر فيها، شيئًا جميلًا ومحببًا. كما رأى فيها فضيلتها وأكدها أكثر من مرة، وأعطاها اسمًا جديدًا - دوليسنيا - مرتبطًا بمنظور فكري جديد.

في البداية، رفضت هذا الاسم، حيث كان السيناريو القديم يسيطر عليها. وكانت ترى هذا الفارس مجرد شخص حالم. ولكنه كان مثابرًا وقام بعمل إيداعات مستمرة في رصيد الحب غير المشروط، وتدريجيًّا تغلغل داخل السيناريو الخاص بها. وشيئًا فشيئًا بدأت تغير أسلوب حياتها وآمنت به، وبدأت تتصرف وفقًا لمنظورها الفكري الجديد لتخيب ظن كل من كانوا في حياتها في البداية.

ولاحقًا عندما عادت إلى منظورها الفكري القديم دعاها وهو يحتضر إلى فراش موته وغنى الأغنية الجميلة "الحلم المستحيل" ونظر في عينيها وهمس: "إياك أن تنسى أنك دوليسنيا".

وإحدى القصص الكلاسيكية التي تتناول مجال النبوءات ذاتية التحقق تحكي عن كمبيوتر في إنجلترا تمت برمجته برمجة غير صحيحة بالخطأ. وباستخدام اللغة الأكاديمية، صنف الكمبيوتر فصلًا من الأطفال الأغبياء بلقب "أطفال أذكياء" ومنح فصلًا من الأطفال الأذكياء لقب "أطفال أغبياء". وكان تقرير الكمبيوتر هو المعيار الأساسي الذي يصيغ المعلمون على أساسه منظوراتهم الفكرية عن طلابهم في بداية العام الدراسي.

وأخيرًا، عندما اكتشفت الإدارة الخطأ بعد خمسة أشهر ونصف، قررت اختبار الأطفال مرة أخرى دون إطلاع أي شخص على ما حدث. وكانت النتائج مذهلة؛ فقد نقصت درجات الأطفال الأذكياء في اختبار الذكاء بصورة ملحوظة لأنهم عوملوا على أنهم محدودو القدرة العقلية وغير متعاونين ويصعب التدريس لهم، وأصبحت المنظورات الفكرية للمعلمين هي نبوءة ذاتية التحقق.

ولكن نتائج المجموعة التي من المفترض أنهم الأغبياء أظهرت ارتفاع معدل درجاتهم. فقد تعامل معهم المعلمون على أنهم أذكياء، وعكس أملهم وتفاؤلهم وشعورهم بالإثارة على هؤلاء الأطفال توقعات كبيرة وقيمة عالية.

وقد سئل هؤلاء المعلمون عن الوضع خلال الأسابيع القليلة الأولى من الفصل الدراسي. فأجابوا: "لسبب ما لم تكن طرقنا ناجحة، لذا كان علينا تغييرها". وقد أظهرت المعلومات أن هؤلاء الأطفال أذكياء. لذا إذا لم تسر الأمور على ما يرام، فإن الخطأ يكمن في أساليب التدريس. ومن ثم، فقد عملوا على تغييرها. فقط كانوا مبادرين وعملوا على دائرة تأثيرهم وكانت انعدام القدرة التعليمية الظاهرية للأطفال ليست أكثر ولا أقل من معاناة المعلم عدم المرونة.

ما الذي نعكسه للآخرين عن أنفسهم؟ وإلى أي مدى يؤثر هذا الانعكاس على حياتهم؟ إن لدينا الكثير الذي يمكن استثماره في أرصدة بنوك مشاعر الآخرين. وكلما تمكنا من رؤية الإمكانات الخفية للناس، تمكنا من استخدام الخيال بدلًا من الذاكرة مع أزواجنا أو أطفالنا أو زملائنا في العمل أو الموظفين. ويمكننا رفض

تصنيفهـم - بمقدورنـا "رؤيتهم" بطرق جديـدة في كل مـرة. ونستطيع مساعدتهم ليصبحـوا مستقلين وقادرين على تحقيق مـا يريدون وجعل علاقاتهم بالآخرين ثرية ومثمرة ومرضية.

يقـول جوته: "عامل المرء كما هو وسيظـل كما هو بالفعل. عامل المرء كما يمكن أن يكون وينبغي أن يكون، وسيصبح كما يمكن وينبغي أن يكون".

التوازن في التجديد

لا بـد أن تتضمن عملية التجديد الذاتي تجديدًا متوازنًا للأبعاد الأربعة لطبيعتنا: البدنية والروحية والعقلية والاجتماعية/العاطفية.

ورغـم أهميـة تجديد كل واحد من هذه الأبعاد، فإن هـذا التجديد لا يصبح فعالًا بشـكل كامـل إلا إذا تعاملنا مع الأبعاد الأربعة تعاملًا حكيمًـا ومتوازنًا. فإهمال واحد منها يؤثر سلبًا على البقية.

وهذا الأمر ينطبق على المؤسسات والأفراد على حد سواء. ففي مؤسسة ما يفسر البعـد البدنـي على أسـاس اقتصادي. والبعد العقلـي أو النفسي يتعامـل مع التقدير والتطويـر واستخـدام المواهـب. أمـا البعـد الاجتماعي/العاطفي فإنـه يتعامل مع العلاقـات الإنسانية وأسلوب معاملة الناس. ويتعلـق البعد الروحي باكتشاف المعاني من خلال الأغراض أو الإسهامات ومن خلال التكامل المؤسسي.

وعندمـا تهمل مؤسسة أي واحد من هذه الجوانب الأربعـة فإنه يؤثر تأثيرًا سلبيًّا علـى المؤسسة بأسرها. وتتحول الطاقات الخلاقـة والإبداعية التي يمكن أن تتكاتف معًـا بإيجابية إلى طاقة هدامة تستخدم ضد المؤسسة، وتتحول إلى قوى مفيدة للنمو والإنتاجية.

وقـد اكتشفـت أن العديد من المؤسسـات ينصبُّ اهتمامها علـى الاقتصاد - أي جَنـي المال. وغالبًا لا يعلنون عن هذا الهدف، بـل إنهم في بعض الأحيان يعلنون عن هدف آخر. ولكن توجد رغبة واحدة مسيطرة على قلوبهم، ألا وهي جنى المال.

وعندمـا أضع يدي على مثل هذا الأمر، أجد كذلك قدرًا كبيرًا من ثقافة التكاتف السلبـي، مما يولد أشيـاء مثل المنافسات بين الأقسـام المختلفة والتواصل الدفاعي والوقائـي وممارسة الألعاب السياسية والسيطـرة العقلية. إننا لا نستطيع الحياة دون أن نجنـي مـالًا، لكن ذلك ليس سببًا كافيًا لبقـاء مؤسسة ما، فلا يمكننا العيش بدون طعام ولكننا لا نعيش لنأكل.

وعلى الجانب الآخر، شاهدت مؤسسات حصرت تركيزها تقريبًا على البعد الاجتماعي/العاطفي. وهي بشكل ما تكون ضربًا من التجارب الاجتماعية التي لا تضع العامل الاقتصادي ضمن منظومة قيمها. وهي ليس لديها ضوابط أو مقياس للفعالية. ونتيجة لهذا فهي تخسر جميع أشكال الكفاءة، وبالطبع تخسر وجودها بالسوق.

وقد وجدت مؤسسات تعمل من منطلق ثلاثة أبعاد من الأربعة - قد يكون لديهم معيار خدمة جيد، ومعيار اقتصادي ومعيار للعلاقات الإنسانية الجيدة ولكنهم يفتقرون إلى تحديد المهارات البشرية وتنميتها واستغلالها وتقديرها. وافتقار القوى النفسية يعني انتهاج أسلوب أساسه حكم الفرد، والثقافة التي تولد من رحمه سوف تعكس صورًا مختلفة من المقاومة الجماعية والمعارضة ودوران العمالة وغيرها من المشكلات الثقافية القوية والمزمنة.

وتتطلب الفعالية على مستوى المؤسسات والأفراد تنمية الأبعاد وتجديدها بأسلوب حكيم ومتوازن. وإهمال أي واحد منها سوف يخلق مجال مقاومة سلبي القوة يؤثر سلبًا على الفعالية والنمو. أما المؤسسات والأفراد التي تعترف بأهمية تلك الأبعاد الأربعة في رسالة الحياة الخاصة بالشركة فإنها تضع إطارًا مؤثرًا للتجدد المتوازن.

وعملية التطوير المستمر هذه هي السمة المميزة لحركة الجودة الشاملة ومفتاح صعود الاقتصاد الياباني.

التكاتف في التجديد

إن التجديد المتوازن هو أفضل أنواع التكاتف. والأشياء التي تقوم بها من أجل شحذ المنشار في واحد من الأبعاد الأربعة يكون لها تأثير إيجابي على الأبعاد الأخرى، لأنها مرتبطة ببعضها ارتباطًا وثيقًا. فصحتك البدنية تؤثر على صحتك العقلية، وقوتك الروحية تؤثر على قوتك الاجتماعية/العاطفية. وعملك على تحسين واحد من هذه الأبعاد يزيد من قدرتك على تحسين الأبعاد الأخرى.

والعادات السبع للناس ذوي الفعالية العالية تحقق التكاتف الأمثل بين هذه الأبعاد. وتجديد واحد من تلك الأبعاد يزيد قدرتك على معايشة واحدة على الأقل من العادات السبع. وعلى الرغم من أن العادات مترابطة في تتابع إلا أن تحسين واحدة من العادات على أساس متكاتف يزيد من قدرتك على معايشة العادات الأخرى.

فكلما كنت مبادرًا (العادة الأولى) أمكنك ممارسة القيادة الشخصية بفعالية (العادة الثانية) والإدارة في حياتك (العادة الثالثة). وكلما تمكنت من إدارة حياتك

بفعاليـة (العـادة الثالثة) زاد عـدد أنشطة المربع ٢ التي يمكنـك القيام بها (العادة السابعـة). وكلما سعيت من أجـل الفهم أولًا (العادة الخامســة) تمكنت من التوصل إلى حلول تحقيق المنفعة للجميع التي تتسم بالتكاتف مع الآخرين® (العادات الرابعة والسادسة). وكلما تمكنت من تحسين أي واحدة من العادات التي تؤدي إلى الاعتماد علـى الذات (العادات الأولى والثانية والثالثة) زاد هـذا من فعاليتك في التوصل إلى حلول أساسها الاعتمـاد بالتبادل (العادات الرابعة والخامسة والسادسة). والتجديد (العادة السابعة) هو عملية تجديد جميع العادات.

وفـي الوقت الذي تعمل فيه علـى تجديد بعدك البدني ستعـزز رؤيتك الشخصية (العــادة الأولــى)، والمنظور الفكري حول وعيك الذاتــي وإرادتك الحرة، والمبادرة، وإدراك أنـك حـر التصرف بدلًا من ترك الظروف تتحكم فيـك، واختيار استجابتك لأي محفز؛ وهذا على الأرجح هو أعظم فائدة قد تحصل عليها من التمارين البدنية. والنصر الشخصي الذي تحققه كل يوم هو إيداع في رصيد أمنك الشخصي الداخلي.

وبينمـا تعمـل علـى تجديد بعـدك الروحـي ستعـزز القيـادة الشخصيـة لديك (العــادة الثانية). وستزيد من قدرتك على الحياة من منطلق خيالك وضميرك، بدلًا مــن ذاكرتك فقط، علــى الفهم العميــق لمنظوراتك الفكرية الدفينــة وقيمك، وعلى تأسيس مركز للمبادئ القويمة بداخلك، وعلى تحديد رسالتك الشخصية في الحياة، وعلى إعادة كتابة سيناريو حياتك بنفسك، وعلى الحياة في توافق مع المبادئ القويمة واستغــلال مصادر قوتك. والحيــاة الخاصة الغنية التي صنعتهـا من خلال التجديد الروحي تحقق إيداعًا هائلًا في رصيد أمنك الشخصي.

وبينمـا تقوم بتجديـد البعد العقلي فأنت بهـذا تعـزز الإدارة الشخصية (العادة الثالثـة). وفي أثنــاء التخطيط تجبـر عقلك علـى إدراك الفائدة العظيمــة لأنشطة المربـع ٢، والأهـداف التي لها الأولويـة، والأنشطة التي تعظـم الاستفادة من الوقت والطاقـة، وترتب الأنشطة التي تـدور حول أولوياتك وتنفذها. وعندما تلتزم بمواصلة تعليمك فإنك تزيد قاعدة معرفتك ومن ثم تزيد خياراتك. فلا يكمن أمنك الاقتصادي فــي وظيفتك، بل يكمن فــي قدرتك على الإنتاج - أي التفكير والتعلم والتكيف. والأمر نفســه ينطبق على الاستقلال الاقتصادي. فهو لا يعني امتلاك ثروة بل امتلاك القوة التي تنتج هذه الثروة. إنه أمر داخلي.

والنصــر الشخصــي اليومي - ساعة واحدة على الأقل فــي اليوم من أجل تجديد الأبعــاد البدنية والروحية والعقلية - هو مفتــاح تطوير العادات السبع، وهو أمر يكمن

بالكامل داخل دائرة تأثيرك. إنه وقت المربع٢ المركز الضروري من أجل تكامل هذه العادات مع حياتك، ولتصبح متمركزًا حول المبادئ.

كما أنه أساس للنصر العام اليومي. وهو مصدر الأمن الداخلي الذي - تحتاج إليه من أجل شحذ منشارك في البعد الاجتماعي/العاطفي. كما أنه يمنحك قوة الشخصية من أجل التركيز على دائرة تأثيرك في المواقف التي تتطلب الاعتماد بالتبادل - لتنظر إلى الآخرين من منطلق المنظور الفكري للوفرة الذهنية، ولتقدر اختلافاتهم وتسعد من أجل نجاحاتهم. وهو الأساس الذي يساعدك على التفهم والتكاتف من أجل تحقيق المنفعة للجميع (مبدأ المكسب/ المكسب) ولممارسة العادات الرابعة والخامسة والسادسة في واقع الاعتماد بالتبادل.

الارتقاء التصاعدي

التجديد هو المبدأ والعملية اللذان يمكناننا من الارتقاء التصاعدي لتحقيق النمو والتغيير والتحسين المستمر.

ولكي نتمكن من تحقيق تقدم مستمر ذي معنى على مدار هذا الارتقاء التصاعدي، نحن في حاجة إلى التفكير في جانب آخر من جوانب التجديد وطريقة تأثيره على موهبة بشرية متفردة توجه هذا الصعود الارتقائي - *الضمير*. وبكلمات السيدة دي سيتال "إن صوت الضمير رقيق للغاية بحيث يسهل إعاقته، ولكنه واضح للغاية بحيث يستحيل عدم تمييزه".

والضمير هو الموهبة التي تقيس درجة توافقنا مع المبادئ القويمة أو اختلافنا معها وتقربنا منها - إن كانت مناسبة.

وكما أن دراسة الأعصاب أمر حيوي ومهم للرياضي الناجح، وتثقيف العقل أمر حيوي ومهم للعالم، فإن دراسة الضمير أمر حيوي ومهم للشخص المبادر ذي الفعالية العالية. ومع ذلك يتطلب تدريب الضمير وتعليمه قدرًا أعظم من التركيز، والمزيد من الانضباط المتوازن، والمزيد من الحياة الصادقة. فهو يتطلب التغذي بشكل منتظم على الكتب القيمة، والتفكير في أفكار نبيلة. وفوق كل هذا، العيش بتناغم مع هذا الصوت الضعيف.

وكما أن تناول الأطعمة الضارة وعدم ممارسة الرياضة يدمران الحالة الصحية للرياضي، فإن الأمور التي تتسم بأنها فاحشة أو فجة أو إباحية من شأنها كذلك أن تخلق ظلامًا داخليًّا يخدر إحساساتنا السامية، ويجعل الضمير الاجتماعي

"هل سيكتشف أمري أحد؟ "يحل محل الضمير الحي "ما الصواب وما الخطأ؟".

وكما قال داج همرشولد:

> "لا يمكنك العبث مع الحيوان الذي بداخلك دون أن تصبح حيوانًا بالكامل، أو العبث مع الخداع دون تزوير حقك لتحوله إلى حقيقة، أو العبث مع القسوة دون أن تخسر حساسية عقلك. ومن يرغب في الإبقاء على حديقته منظمة فعليه اقتلاع الحشائش الضارة".

وعندما يتكون لدينا الوعي الذاتي لا بد أن نختار أهدافًا ومبادئ نعيش بها؛ وإلا سنخسر وعينا الذاتي، ونتحول إلى حيوانات تعيش الحياة البدائية التي هدفها البقاء على قيد الحياة والتكاثر. والناس الذين يعيشون في هذا المستوى لا يعيشون بل "تعاش لهم حياتهم". فهم يكتفون برد الفعل ولا يدركون المواهب المتفردة التي تقبع بداخلهم بدون تطوير.

ولا وجود للطرق المختصرة في عملية تطويرها؛ فقانون الحصاد له الغلبة. إننا نجني ثمار ما زرعنا - ليس أكثر أو أقل. وقانون العدالة ثابت لا يطاله التغير، وكلما توافقنا مع المبادئ القويمة كانت أحكامنا المتعلقة بالطريقة التي يعمل بها العالم من حولنا سديدة وكانت منظوراتنا الفكرية - خرائطنا التي - تقودنا إلى الأرض التي نريد أكثر دقة.

إنني أؤمن بأنه بينما ننمو ونتطور في إطار الارتقاء التصاعدي سنظهر اجتهادًا في عملية التجديد عن طريق تثقيف وطاعة ضميرنا. والضمير الذي يزداد ثقافة سيقودنا على طريق الحرية الشخصية والأمن والحكمة والقوة.

ويتطلب منا الارتقاء التصاعدي *التعلم والالتزام والعمل* على مستويات تزداد ارتفاعًا. وسنخدع أنفسنا لو اعتقدنا أن أي واحد من هذه كاف؛ فالمحافظة على التقدم يحتم علينا التعلم والالتزام والعمل - التعلم والالتزام والعمل - والتعلم والالتزام والعمل مرة أخرى.

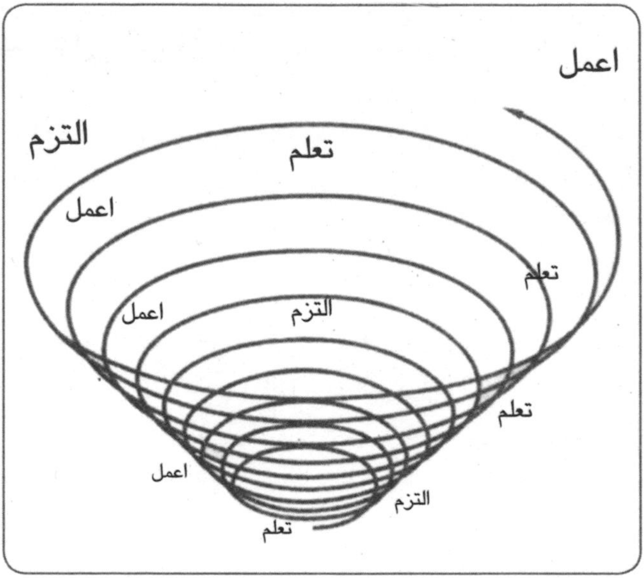

الارتقاء التصاعدي

مقترحات للتطبيق

١. ضع قائمة بالأنشطة التي من شأنها مساعدتك على الحفاظ على صحتك البدنية، والتي تناسب نمط حياتك وفي الوقت نفسه تحقق لك المتعة.

٢. اختر واحدًا من الأنشطة واجعله هدفًا لك في مجال دورك الشخصي، والذي تسعى لتحقيقه خلال الأسبوع المقبل. وفي نهاية الأسبوع قيم أداءك. وإذا لم تحقق هدفك، فهل كان هذا لأنك اعتبرته أقل أهمية أو شأنًا من إحدى قيمك الأعلى، أم لأنك أخفقت في العمل بأمانة مع قيمك؟

٣. قم بوضع قائمة مماثلة لتجديد أنشطتك على مستوى البعدين الروحي والعقلي. وبالنسبة لمنطقة البعد الاجتماعي/العاطفي ضع قائمة بالعلاقات التي تود تحسينها، أو بالظروف التي سيحقق النصر الجماعي من خلالها درجة عالية من درجات الفعالية. واختر بندًا واحدًا من كل مجال ليصبح هدفًا تسعى لتحقيقه خلال أسبوع. وقم بتنفيذه وتقييمه.

٤. التزم بكتابة أنشطة محددة "لشحذ المنشار" على مستوى جميع الأبعاد كل أسبوع للقيام بها وتقييم أدائك والنتائج.

من الداخل إلى الخارج مرة أخرى

إن الرسالات السماوية تعمل من الداخل إلى الخارج. والعالم يعمل من الخارج إلى الداخل. والعالم يخرج الناس من الرذائل. والرسالات السماوية تخرج الرذائل من الناس، وبعد ذلك يخرجون هم أنفسهم من الرذائل. والعالم يشكل الرجال بتغيير بيئتهم. والرسالات السماوية تغير الرجال والذين يغيرون بيئتهم بعد ذلك. ويشكل العالم سلوك الناس، ولكن الرسالات السماوية تغير طبيعة البشر.

عزرا تافت بنسون

وزير الزراعة الأسبق

أود أن أروي لكم قصة شخصية أشعر بأنها تنطوي على جوهر هذا الكتاب. وبقيامي بهذا يحدوني الأمل أنكم ستفهمون المبادئ التي تتضمنها.

قبل عدة سنوات مضت، أخذت أسرتي عطلة للراحة من الجامعة التي أقوم بالتدريس فيها حتى أتفرغ للكتابة. وعشنا لمدة سنة كاملة في مقاطعة "لاي" التي تقع على الشاطئ الشمالي لأواهو في هاواي.

وبعد فترة قصيرة من استقرارنا هناك وضعنا نظامًا للمعيشة والعمل، والذي لم يكن مثمرًا فحسب بل كان ممتعًا للغاية.

وبعد فترة قصيرة من الركض على الشاطئ كنا نرسل اثنين من أطفالنا إلى المدرسة مرتديين سراويل قصيرة وحافيي القدمين. وكنت أذهب أنا أيضًا إلى مبنى منعزل بالقرب من المعسكرات حيث كان لي مكتب هناك أمارس فيه الكتابة. وكم كان هادئًا وجميلًا يغلفه السلام - لا هاتف ولا اجتماعات ولا ارتباطات ملحة.

وكان مكتبي يقع على الحافة الخارجية لإحدى الكليات، وذات يوم بينما كنت أتجول بين الكتب المتراصة خلف مكتبة الجامعة وجدت كتابًا جذب اهتمامي. وعندما فتحته وقعت عيناي على فقرة واحدة كان لها أكبر الأثر في حياتي.

وأخذت أقرأ الفقرة عدة مرات. لقد كانت تتضمن فكرة بسيطة للغاية مفادها أن هناك فجوة أو مساحة بين المثير والاستجابة، ومفتاح نمونا وسعادتنا يكمن في استغلال هذه المساحة.

ولا يسعني وصف التأثير الذي تركته هذه العبارة على عقلي. فعلى الرغم من أنني نشأت في كنف فلسفة العزيمة الذاتية إلا أن الأسلوب الذي صيغت به هذه العبارة - "الفجوة بين المثير والاستجابة" - أصابني بقوة متجددة لا تصدق. وبدا الأمر كأنني "أعرفها للمرة الأولى" وكأن ثورة اندلعت داخلي مفادها: "إنها فكرة حان وقتها".

وتدبرت هذه العبارة مرارًا وتكرارًا، وبدأت أشعر بتأثير قوي يصيب منظوري الفكري لحياتي. لقد بدا الأمر كأنني أصبحت ملاحظًا مشاركتي الخاصة. وبدأت أقف في هذه الفجوة وأنظر إلى المثير الموجود بالخارج. واستشعرت إحساسًا داخليًّا بحرية اختيار الاستجابة - بل لأصبح أنا المثير أو على الأقل لأتمكن من التأثير فيه - لم أتمكن من عكسه.

وقبل أن تمضي فترة طويلة ونتيجة جزئية لهذه الفكرة "الثورية" بدأت أنا وساندرا في ممارسة التواصل العميق. فكنت أقِلُّها عقب الظهيرة بفترة قصيرة بسيارتنا الهوندا الحمراء القديمة موديل ٩٠، وكنا نصطحب طفلينا الصغار اللذين لم يذهبا إلى المدرسة معنا - كان أحدهما يجلس بيننا والآخر على ركبتي اليمنى - ونسير بالسيارة عبر المعسكرات في طريقنا إلى مكتبي. وكنا نسير ببطء ونتجاذب أطراف الحديث.

وكان الأطفال يتطلعون إلى هذه النزهة ولم يكونوا يصدرون أية ضجة. ونادرًا ما كنا نرى أية مركبة أخرى، وكانت النزهة هادئة وكنا نسمع بعضنا بهدوء. وكنا عادة ما ننهي النزهة على الشاطئ المنعزل ونترك السيارة الهوندا ونسير لمسافة مائتي ياردة للوصول إلى بقعة نجلس فيها لتناول طعام الغداء.

وكان الشاطئ الرملي ونسيم البحر العليل يستحوذان على اهتمام الأطفال، لذا كنت أنا وساندرا نتابع حديثنا دون مقاطعة. ولن تتصور مستوى التفاهم والثقة الذي وصلنا إليه بعدما أمضينا ساعتين على الأقل يوميًّا في التواصل لمدة عام كامل.

وفــي بدايــات العام تحدثنــا عن جميــع الموضوعات المهمــة - النــاس والأفكار والأحــداث والأطفــال وكتاباتي وأسرتنا بالمنزل والخطـط المستقبلية وما إلى ذلك. ولكن شيئًا فشيئًا تعمق تواصلنا وبدأنا نتحدث أكثر وأكثر عن عوالمنا الداخلية - عن تربيتنــا ونصوصنا ومشاعرنا وشكوكنــا الداخلية. وكلما تعمقنا في التواصل لاحظناه ولاحظنــا أنفسنا فيــه، وبدأنا في استخــدام المساحة بين المثيــر والاستجابة بطرق مسليــة أكثر، مما جعلنا نفكــر كيف تمت برمجتنا وكيف شكلت هــذه البرمجة رؤيتنا للعالم.

وبدأنــا مغامــرة مثيرة داخل عوالمنــا الداخلية، واكتشفنا كم هــي مثيرة وخلابة وشاملة وممتعة ومليئة بالاكتشافات والرؤى أكثر مما نجد في العالم الخارجي.

ولـم يكـن الأمر كلــه "حلوًا وجميــلا". ومن وقــت لآخر، كنــا نتطــرق إلى بعض الموضوعــات التي تشغلنا والتجارب المؤلمــة والتجارب المحرجة والتجارب الكاشفة عــن الذات - تجارب جعلتنا منفتحين وضعفاء أمام بعضنــا البعض. ولكننا اكتشفنا أننــا كنا ننتظر طيلة تلك السنــوات لنغوص داخل هذا العالــم. وعندما غصنا داخل المشــكلات الأكثــر عمقًا وحساسية وبعــد ذلك خرجنا منها، شعــرت بأننا قد شفينا بطريقة ما.

وأصبحنــا أكثر دعمًا ومساعدة وأكثر شجاعــة وتعاطفًا تجاه بعضنا البعض، مما يسر علينا اكتشاف ما بداخل كل منا.

وتدريجيًّــا طورنــا قاعدتيــن أساسيتين ضمنيتيــن: الأولــى، "لا استجواب". فما إن كشفنــا عــن الطبقــات الداخلية التي نخشــى تضررها ما عاد أي منــا بحاجة إلى استجــواب الآخــر، بل أصبحنــا فقط نتعاطف مــع بعضنا البعــض. والاستجواب كان ببساطة كاسحًــا. وكان أيضًا مسيطرًا ومنطقيًّا للغاية. وقد كنا نكتشف أرضًا جديدة وصعبة ومخيفة وغير آمنــة أثارت الخوف والشكوك بداخلنا. ولكننا رغبنا في تغطية المزيــد والمزيــد منها بعــد أن نما بداخل كل منــا احترام لرغبة الآخــر في التحدث والانفتاح في الوقت الذي يراه مناسبًا.

أمــا القاعدة الثانية فكانت: عندما يكون الأمر جارحًا ومؤلمًا فإننا نبتعد عنه في ذلــك اليوم. ثم يمكننا البدء من جديد في اليوم التالي حين نشعر بالراحة، أو ننتظر حتــى يشعر الشخص الذي يشاطرنا الأمر بالرغبــة في مواصلة الحديث. وكنا نحمل معنــا دومًا في كل مكان مشكلاتنا غير المحسومة، ونحن نعلم أننا نود التعامل معها.

ولكن لأن لدينا البيئة والوقت اللذين سيساعدان على القيام بهذا، ولأننا كنا نشعر بالإثارة تجاه ملاحظة ارتباطنا ورغبتنا في التقدم في العمر في إطار رباط هذا الزواج، علمنا أنه إن عاجلاً أو آجلاً سنتمكن من التعامل مع كل المشكلات غير المحسومة وأنها ستنتهي.

أما الجزء الأصعب ولكنه في الوقت نفسه الأكثر إثمارًا، فهو طبيعة التواصل الذي نشأ من تلامس مواطن ضعف ساندرا مع مواطن ضعفي. وبعد ذلك - نتيجة لتقاربنا الشخصي - وجدنا أن المساحة بين المثير والاستجابة لم يعد لها وجود... فقط بعض المشاعر السيئة التي طفت على السطح. ولكن رغبتنا الداخلية واتفاقنا الضمني كانا أن نعد أنفسنا للبدء من النقطة التي توقفنا عندها، ونتعامل مع هذه المشاعر حتى نحلها.

وأحد تلك الأوقات العصيبة كان له علاقة بنزعة أساسية في شخصيتي. فقد كان والدي يحب الخصوصية - وكان مسيطرًا على نفسه وحريصًا للغاية. أما والدتي فقد كانت اجتماعية منفتحة للغاية وتلقائية. وأنا وجدت النزعتين بداخلي، فعندما أشعر بعدم الأمان أميل إلى الخصوصية مثل والدي وأتقوقع داخل نفسي، وألاحظ ما حولي من موقعي الآمن.

أما ساندرا فهي مثل والدتي - اجتماعية ومتحمسة وتلقائية. وقد مررنا معًا بتجارب كثيرة على مر السنوات حيث شعرت بأن انفتاحها غير ملائم، وشعرت هي بأن تحفظي كان ذا تأثير سلبي على المستوى الاجتماعي وعلى المستوى الشخصي حيث أصبحت غير مبالٍ بمشاعر الآخرين. وتمكنا من إخراج كل هذا، والمزيد خلال تلك الزيارات ذات المضمون العميق. فقد أصبحت أقدر رؤية ساندرا والطريقة التي ساعدتني بها كي أكون أكثر انفتاحًا وعطاء وحساسية واجتماعية.

ثمة وقت عصيب آخر مررت به عندما شعرت أن ساندرا تعاني "هوسًا"، والذي ظل يثير حنقي لسنوات. فقد أصابتها أجهزة شركة الفريجيدير بالهوس، وهو الأمر الذي لم أستطع فهمه. فما كانت تفكر حتى مجرد تفكير في شراء أي ماركة أخرى. حتى عندما كنا في بداية زواجنا وكانت ميزانيتنا محدودة للغاية أصرت على أن نقود سيارتنا مسافة خمسين ميلاً لنذهب إلى "المدينة الكبرى" حيث كانت تباع أجهزة شركة فريجيدير، والتي لم يكن التجار في مدينتنا الصغيرة يبيعونها في ذلك الوقت.

وتسبب هذا الأمر لي في ضيق شديد. ولحسن الحظ كان هذا الهوس خاصًا بالأجهزة فقط. ولكن عندما كان يطرأ كان يشبه المثير الذي يفجر استجابة محمومة. فكانت تلك المشكلة البسيطة تبدو لي رمزًا لكل أنواع التفكير غير العقلاني الذي يثير بداخلي جميع أنواع المشاعر السلبية.

وعادة ما كنت ألجأ إلى سلوكي الخاص الذي يعاني خللًا. وافترض أنني اعتقدت أن الطريقة الوحيدة التي يمكنني التعامل بها مع هذا الموقف هو عدم التعامل معه، وإلا فسوف أفقد السيطرة على نفسي وأتفوه بأشياء لا يجب عليّ قولها. وكنت في بعض الأحيان أفقد السيطرة وأتفوه بأشياء سلبية أعود وأعتذر عنها.

أما الأمر الذي كان يضايقني أكثر ليس حبها لأجهزة شركة فريجيدير، بل إصرارها على الإتيان بما أراه عبارات غير منطقية تمامًا للدفاع عن هذه الأجهزة والتي لم يكن لها أي أساس من الصحة. ولو أنها وافقت على أن استجابتها غير منطقية وأن أساسها العاطفة لتمكنا - في اعتقادي - من حل المشكلة، ولكن تبريرها كان يثيرني.

وكان ذلك في أوائل الربيع حينما طفت مشكلة أجهزة فريجيدير على السطح. وبالطبع، كان تواصلنا السابق قد أعدنا لهذه اللحظة. فقد كانت القواعد الأساسية ضاربة بجذورها - ألا نستجوب وأن نترك الأمر إذا كان مؤلمًا لكلينا أو لأي منا.

ولن أنسى أبدًا اليوم الذي تحدثنا فيه عن هذا الموضوع فلم نصل إلى الشاطئ ذاك اليوم، بل واصلنا السير بالسيارة خلال المعسكرات - ربما لأننا لم نشأ أن تلتقي أعيننا. فقد كان تاريخنا حافلًا بالكثير من المشاعر السيئة المرتبطة بهذا الأمر، والتي ظلت دفينة لسنوات طويلة. ولم تكن تلك المشكلة حيوية للدرجة التي قد تجعلها تقطع أواصر العلاقة؛ ولكن عندما تحاول صقل علاقة جميلة موحدة من الضروري أن تعالج أية مسائل عالقة.

وتعجبت أنا وساندرا مما تعلمناه خلال هذا التفاعل، والذي كان يتميز بالتكاتف الحقيقي، وبدا الأمر كما لو كانت ساندرا تتعرف - ربما للمرة الأولى - على السبب وراء هوسها هذا. فقد بدأت ساندرا بالحديث عن والدها، وكيف أنه كان يعمل معلمًا للتاريخ بالمدرسة الثانوية ومدربًا أيضًا لسنوات، وكيف أنه - حتى يجني قدرًا كافيًا من المال - خاض مهنة التجارة في الأجهزة الكهربائية. وخلال فترة الركود الاقتصادي عانى أزمات مالية شديدة، والشيء الوحيد الذي مكنه من الاستمرار في التجارة في ذلك الوقت كان تمويل شركة فريجيدير لتجارته.

كانـت العلاقة التي تربـط ساندرا بوالدها عميقـة وودودة. فعندما كان يعود إلى المنـزل بعـد يوم عمل شـاق ومرهق كان يرقد علـى الأريكة وكانت سانـدرا تدلك له قدميـه وتغني لـه. وكان هذا من أمتـع الأوقات لهمـا وكانا يستمتعان معًـا به كل يوم تقريبًـا لسنوات. وكان أيضًا ينفتح معها ويتحدث عن مخاوفه وقلقه بشأن العمل، وقد أبـدى لـ ساندرا تقديره العميـق لشركة فريجيدير التى مولتـه حتى تمكن من تخطي الأزمة.

هـذا التواصل بيـن الوالد والابنة حـدث بتلقائية خلال أوقـات طبيعية، في وقت كتابـة أقوى أنواع السيناريوهات. وخلال أوقات الاسترخاء تتداعى إلى العقل الباطن جميع الصور والأفكار المتأصلة الضاربة بجذورها. وربما نسيت ساندرا كل هذا حتى شعرت بالأمن خلال عام التواصل هذا، فخرجت منها الكلمات بتلقائية.

واستطاعـت سانـدرا رؤية ما بداخلهـا ورؤية الجذور العاطفية التـي تشدها نحو فريجيدير. كمـا أنني اكتسبت منظورًا جديدًا ومستوى جديـدًا شاملًا من الاحترام. وأدركـت أن سانـدرا لم تكن تتحدث عـن الأجهزة الكهربائية، بـل كانت تتحدث عن والدها والإخلاص - الإخلاص لاحتياجاته.

وأتذكـر أن كلينا غرق في الدموع في ذلـك اليوم، ليس بسبب الرؤى، ولكن نتيجة للإحساس المتزايد بتبجيل كل واحد منا للآخر. واكتشفنا أن أتفه الأشياء لها جذور فـي الغالب في التجارب العاطفيـة. وإذا تعاملت مع الأشياء الصغيرة تعاملًا سطحيًّا دون الغوص فـي الأعمـاق فستطأ المزيـد من المشـكلات الحساسة فـوق المناطق الحساسة لقلب شخص آخر.

وقد حصدنا الكثير من الثمار خلال تلك الشهور. فقد أصبح التواصل بيننا أقوى بحيـث غدونـا نتواصل بسرعة. وعندمـا غادرنا هاواي تعهدنـا بمتابعة ذلك. وخلال الأعوام التالية لم نتوقف عن القيام بنزهة السيارة الهوندا، أو أية سيارة أخرى مهما كان الطقـس سيئًا فقط لنتحدث؛ فنحن نشعر بأن مفتاح استمرار الحب هو الحديث وخاصـة عن المشاعر. ونحن نحـاول التواصل معًا عدة مرات فـي اليوم حتى عندما أكون مسافرًا. والأمر يشبه الاتصال بالوطن الأم، والذي يمثل السعادة والأمن والقيم.

وقـد كان توماس وولف مخطئًا، فيمكنك العودة إلى المنزل مرة أخرى - إذا كان منزلك يمثل علاقة قيمة وصحبة غالية عليك.

التواصل بين الأجيال

اكتشفت أنا وساندرا في ذلك العام الرائع أن القدرة على الاستغلال الحكيم للفجوة بين المثير والاستجابة وممارسة المواهب البشرية الأربع الفريدة عملتا على زيادة قوتنا من الداخل إلى الخارج.

ولقد جربنا منهجًا من الخارج إلى الداخل. فنحن كنا نحب بعضنا وحاولنا تجاوز الفروق عن طريق السيطرة على توجهاتنا وسلوكنا وعن طريق ممارسة تقنيات التعامل البشري المفيدة. ولكن الضمادات والأسبرين لم يدم تأثيرهما طويلًا. وإلى أن عملنا وتواصلنا على مستوى منظوراتنا الفكرية الأساسية، كانت المشكلات المزمنة لا تزال قابعة في مكانها.

وعندما بدأنا العمل من الداخل إلى الخارج تمكنا من بناء علاقة أساسها الثقة والانفتاح وإذابة الاختلافات بطريقة عميقة ونهائية، والتي لم يكن في الإمكان التوصل إليها قط عند اتباع أسلوب من الخارج إلى الداخل. والثمار الشهية - علاقة غنية أساسها تحقيق المنفعة للجميع والتفهم العميق، ناهيك عن التكاتف الرائع بيننا - نمت من الجذور التي غذيناها ونحن نختبر برمجتنا ونعيد كتابة نصوصنا وندير حياتنا، حتى استطعنا تخصيص وقت لممارسة نشاط المربع٢ المهم، ألا وهو التواصل العميق مع بعضنا البعض.

وكانت هناك ثمار أخرى. فقد غدونا قادرين على التمتع بمستوى أعمق من الرؤية جعلنا نرى حياة أطفالنا وهي تتشكل وتتأثر على أيدينا غالبًا بطرق لم نبدأ حتى في إدراكها - وذلك بالقوة نفسها التي تأثرت بها حياتنا بآبائنا. وعندما فهمنا قوة السيناريوهات المؤثرة في حياتنا شعرنا برغبة متجددة لفعل كل ما بوسعنا لنتأكد من أننا عبرنا إلى أجيال المستقبل من خلال المفهوم وتجسيد النموذج القائمين على أساس من المبادئ القويمة.

ومن خلال هذا الكتاب قمت بلفت الانتباه إلى تلك السيناريوهات التي أخذناها، والتي نود أن نتحلى بالمبادرة من أجل تغييرها. ولكن ونحن نتفحص سيناريوهاتنا بدقة سوف يكتشف العديد منا أيضًا سيناريوهات غاية في الجمال وسيناريوهات إيجابية، والتي نتعامل معها على أنها أمور مسلم بها. ويساعدنا الوعي الذاتي الحقيقي على تقدير تلك السيناريوهات وتقدير هؤلاء الذين قدموها لنا وغذونا بالحياة التي أساسها المبادئ، والتي تعكس لنا ما نحن عليه بل وما سنكون عليه في المستقبل.

وتوجـد قـوة كبيرة كامنة داخـل الأسـرة ذات الأجيال المختلفـة. وبوسع الأسرة التـي تتبع مبدأ الاعتماد بالتبادل - والمكونة من أطفال وآباء وأجداد وأعمام وعمات وأخـوال وخالات وأبناء عمومة - أن تكون قوة مؤثـرة تساعد الناس على اكتشاف مَن يكونون ومَن أين أتوا وعم يدافعون.

وكـم هـو رائـع بالنسبـة للأطفـال أن يتمكنوا مـن التعـرف على ذواتهـم داخل "القبيلة"، وأن يشعروا بأن هناك العديد من الناس يعرفونهم ويهتمون لأمرهم، حتى لـو كانوا منتشرين في طول البلاد وعرضهـا. وهذا من شأنه أن يكون ذا فائدة كبيرة وأنـت تقوم بتربية أطفالك. فإذا كان أحد أطفالك يعاني صعوبة في التعامل معك في مرحلـة ما من مراحـل حياته، فربما يمكنه التواصل مع شقيقـك أو شقيقتك، والذي يكون بمثابة أب أو أم بديلة أو الناصح أو البطل خلال فترة من الوقت.

ومـن ضمن أعـز الناس على وجه البسيطـة الأجداد الذين يهتمـون أيما اهتمام بأحفادهـم. ويا لها من مـرآة اجتماعية إيجابية رائعة تلك التي يمكن لهم تجسيدها! وأمـي أروع مثـال على هـذا. فحتى الآن وهي فـي أواخر الثمانينات مـن عمرها تهتم اهتمامًـا شخصيًّا بـكل واحد من سلالتها. فهي تكتب لهـم خطابات حب، وكنت منذ يـوم أو اثنين أقـرأ أحدها وقد فاضت عينـاي بالدمع. وبإمكاني الاتصـال بها الليلة وأعلـم أنهـا ستقول: "ستيفـن، أود أن تعرف كم أحبك وكـم أراك رائعًا". فقد كانت تؤكد هذا دائمًا.

إن العلاقـات القويـة بيـن الأجيال هـي من أغلى ثمـار ومكافـآت العلاقات التي أساسهـا الاعتماد بالتبادل وأكثرها إرضـاءً. والعديد من الناس يشعرون بأهمية هذه العلاقـة. ولننظر إلى الشغف الذي شعرنا به جميعًا نحو مسلسل "Roots" منذ بضع سنـوات مضت؛ فكل واحد منا له جذور ولا بـد أن نمتلك القدرة على تتبعها والتعرف إلى أجدادنا.

وأعلـى الدوافـع وأكثرها قـوة للقيام بذلك لا يكون من أجـل أنفسنا فقط، بل من أجـل *الأجيال القادمـة* ومن أجل جميع الأجيال البشريـة القادمة. وكما قال أحدهم: "يوجـد نوعان من الأملاك الدائمـة التي يمكننا تقديمها لأطفالنا - أحدهما الجذور والثاني الأجنحة".

كن شخصًا متحولًا

مـن بين عـدة أشياء أخرى أعتقد أن إعطاء "أجنحـة" لأطفالنا وللآخرين أيضًا يعنـي تعزيزهم بالحرية التي تمكنهم من الطيران، والسمو فوق جميع السيناريوهات السلبية التي وصلت إلينا. وأعتقد أن هذا يعني أن تصبح ما عبرَّ عنه صديقي وشريكي د. تيـري تيرنـر "شخصًا متحولا". فبدلًا من أن ننقل هـذه السيناريوهات إلى الجيل التالي يمكننا تغييرها، ويمكننا القيام بذلك بطريقة نبني من خلالها العلاقات.

وليس بالضرورة أن تسيء معاملة أطفالك لأن والديك قد أساءا التعامل معك وأنت طفـل. ومع ذلك فهناك الكثيـر من الأدلة تشير إلى أنك ستميـل إلى عيش السيناريو المكتـوب، ولكن لأنك شخص مبادر بوسعك إعـادة كتابة هذا السيناريو. ويمكنك أن تختار ليس فقط عدم الإساءة إلى أطفالك، بل وتأكيد حبك إياهم بأنماط إيجابية.

وبمقـدورك كتابة هذا السيناريـو في رسالتك الشخصية فـي الحياة وغرسه في قلبـك وعقلك. وبوسعـك تصور نفسك تعيش في توافق مع رسالـة الحياة من خلال نصـرك الخاص الذي تحققـه يوميًّا. ويمكنك أخذ خطوات لتحـب وتسامح والديك، وإذا كانـا لا يزالان علـى قيد الحياة تستطيع بناء علاقـات إيجابية معهما عن طريق محاولة فهمهما.

والنزعـة التي ظلت مستمـرة في أسرتك لأجيـال بوسعها التوقـف عندك. فأنت شخـص متحول - لديـك رابطة بين الماضـي والمستقبل. وتغيرك هـذا سيؤثر على حياة العديد من الأجيال التالية لك.

وأحد أقوى الأشخاص الذين تمكنوا من إحداث هذا التحول خلال القرن العشرين هـو أنور السادات والذي تـرك لنا موروثًا أساسه التفهم الكامـل لطبيعة التغيير. فقد وقـف السـادات بين الماضـي، الذي خلـق "حائطًا ضخمًـا من الشكـوك والمخاوف وسوء الفهم" فـي منطقة الشرق الأوسط، والمستقبل الذي كان ينذر بحتمية الصراع والعزل. وقد قوبلت جهود المفاوضات بالرفض على كل المستويات - حتى على مستوى الرسميات والنقاط الإجرائية حتى دخلت الاتفاقيات المشتركة مرحلة الغيبوبة.

وبينمـا حاول الآخـرون التقليل من حدة توتر الموقف من خـلال تهذيب الأوراق، تمكن السادات عن طريق تجربته السابقة في محبسه بزنزانته المنفردة من التركيز على الجذور - وعندما قام بهذا غير مجرى تاريخ ملايين البشر.

وسجل في سيرته الذاتية قوله:

"كان ذلك في الزنزانة رقم ٥٤ من سجن القاهرة المركزي عندما تمكنت دون وعي من تفجير قوتي الداخلية - تلك القوة التي أسميها المهارة أو القدرة على التغيير. واكتشفت أنني واجهت موقفًا معقدًا للغاية وأنه لا أمل في التغيير حتى أسلح نفسي بالقدرة النفسية والعقلية الضرورية. وعلمني تأملي في الحياة والطبيعة البشرية وأنا داخل هذا المكان المنعزل أن من لا يستطيع تغيير نسيج أفكاره لن يكون قادرًا على تغيير الواقع، ومن ثم لن يحقق أي نجاح".

وينبع التغيير - التغيير الحقيقي - من الداخل إلى الخارج. وهو لا يأتي من تهذيب أوراق التوجه والسلوك باستخدام التقنيات السريعة للأخلاق الشخصية؛ بل يأتي من الضرب على الجذور - نسيج أفكارنا والمنظورات الفكرية الأساسية والضرورية والتي تعرف شخصيتنا وتصنع العدسات التي نرى العالم من خلالها. وكما قال آمييل:

"يمكن أن تنعكس الحقيقة الأخلاقية في الأفكار. وبوسع الشخص الشعور بها. ويمكنه أن يعقد العزم على معايشتها. ولكن بمقدور الحقيقة الأخلاقية التغلغل والظهور في هذه الأنماط الثلاثة، ومع ذلك تفلت من بين أيدينا. وفي مكان أعمق من وعينا تكمن ذاتنا نفسها - مادتنا الحقيقية وطبيعتنا. وهذه الحقائق فقط - التي دخلت هذه المنطقة الأخيرة والتي أصبحت جزءًا من كينونتنا وأصبحت تلقائية وغير تطوعية وتطوعية في الوقت نفسه ولا واعية وواعية - هي حياتنا الواقعية، وهذا يعني شيئًا أكبر من مجرد ملكية. وطالما كنا قادرين على التمييز بين أية مسافة بين الحقيقة وبيننا نظل خارجها. وربما لا تكون الأفكار أو المشاعر أو الرغبة أو الضمير هي الحياة الحقيقية. فأن تكون مؤمنًا هذا هو الهدف من الحياة. وحينها لن تنطق سوى بالحقيقة وتغدو ملكًا لنا لا نفقدها أبدًا. ولن تكون خارجنا بعد الآن ولن تكون بداخلنا بل ستكون نحن، ونحن هي".

وتحقيق *الوحدة* - والتوحد - مع أنفسنا ومن نحبهم ومع أصدقائنا وزملاء في العمل هو أغلى وأجمل ثمرة من ثمار العادات السبع. ولقد تذوق معظمنا ثمرة الوحدة بين الحين والآخر في الماضي، كما تجرعنا أيضًا مرارة ثمرة التفكك، ونحن جميعًا نعلم كم أن ثمرة الوحدة ثمينة وهشة في الوقت نفسه.

ومما لا شك فيه أن بناء شخصية قوامها الأمانة وخوض حياة يملؤها الحب وخدمة الآخرين، والتي تخلق مثل هذه الوحدة، ليس سهلًا. فهذا أمر لا يصلح معه استخدام أحد الحلول السريعة.

بالطبع هذا ممكن. فالأمر يبدأ بالرغبة في جعل المبادئ القويمة محورًا لحياتنا وتحطيم المنظورات الفكرية التي وضعها لنا الآخرون ومغادرة منطقة الراحة الموجودة في العادات التافهة.

وفي بعض الأحيان نرتكب أخطاء، ونشعر بأننا نتراجع ونعود للوراء. ولكن إذا بدأنا بالنصر الخاص اليومي وعملنا من الداخل إلى الخارج فستكون النتيجة مؤكدة. وعندما نزرع بذور الصبر ونرويها نشعر بشعور رائع عندما تنمو ونتذوق ثمارها الشهية من خلال الحياة الفعالة التي نعيشها.

ومرة أخرى أقتبس كلمات إيمرسون: "إن الأمر الذي تثابر في عمله يصبح أسهل - ليس لأن طبيعة المهمة قد اختلفت ولكن لأن قدرتنا على القيام به ازدادت".

وعندما نمركز حياتنا حول مبادئ قويمة ونخلق نوعًا من التركيز المتوازن بين الأداء وزيادة قدرتنا على العمل، سنتمكن من تنفيذ مهمة خلق حياة فعالة ومفيدة وآمنة... من أجل أنفسنا ومن أجل ذريتنا.

ملحوظة شخصية

وبينما أختتم هذا الكتاب أود مشاركتكم معتقدي الشخصي المتعلق بالمصدر الذي أؤمن بأنه منبع المبادئ القويمة: أعتقد أن المبادئ القويمة هي قوانين طبيعية وأن الله سبحانه وتعالى - خالقنا جميعًا - هو مصدرها وهو مصدر ضميرنا. وأعتقد أنه وفقًا لدرجة تأثر الناس بإلهام ضميرهم فإنهم سوف ينمون لإشباع طبيعتهم، ووفقًا لدرجة عدم تأثرهم بها لن يتمكنوا من الارتقاء فوق مستوى الحيوانات.

وأعتقد أن هناك أجزاء من الطبيعة البشرية لا يمكن الوصول إليها من خلال أي تشريع أو تعليم؛ ولكنها تتطلب قوة من الله سبحانه وتعالى للتعامل معها. وأعتقد أن البشر لا يستطيعون الوصول بأنفسهم إلى حد الكمال. فوفقًا لدرجة التزامنا بالمبادئ القويمة تتولد بداخلنا الصفات التي تمكننا من الوفاء بمتطلبات الخالق سبحانه وتعالى. وكما قال تيلهارد دو شاردين: "إننا لسنا بشرًا لديهم تجارب روحانية، بل إننا مخلوقات روحانية لديها تجارب بشرية".

وأنا شخصيًّا أصارع مع الكثير مما رويته لكم خلال هذا الكتاب. ولكنه صراع مثمر وذو قيمة، وهو يعطي معنى لحياتي ويمكنني من الحب وتقديم الخدمات وتكرار المحاولة.

ومــرة أخــرى عبر تي. إســ. إليوت عن اكتشافــي هذا بعبارات جميلــة: "لا بد ألا نتوقف عن الاكتشاف. ونهاية كل اكتشاف ستكون عودة لنقطة البداية لنتعرف المكان من جديد".

خاتمة:
أسئلة كثيرًا ما تطرح عليّ

بـكل صراحة غالبًا ما أشعر بالحرج عندما تطـرح عليَّ بعض الأسئلة الشخصية مثل تلـك التي أضمنها في هذا التعقيـب. ولكن كثيرًا ما تطرح عليّ هذه الأسئلة وباهتمام حقيقـي، مما جعلني أضمها في هـذا التعقيب. وتم تضمين العديـد من هذه الأسئلة والأجوبة في كتاب *Living The 7 Habits* كذلك.

نُشر كتاب *العادات السبع* عام ١٩٨٩. وبعد الخبرات التي اكتسبتها طيلة عدة سنوات، ماذا تود أن تضيف أو تغير أو تحذف من هذا الكتاب؟

إننـــي لا أحاول أن أجيب باستخفـاف، ولكني بصراحة لن أغير شيئًا. ربما أقوم بتنـاول القضايـا بعمق أكثر، وأقـدم تطبيقات واسعة المـدى، ولكن سنحت لي الفرصة للقيام بهذا من خلال العديد من الكتب التي أصدرتها منذ ذلك الحين.

وعلـى سبيل المثـال، بعد اختبار معايشة أكثر مـن ٢٥٠ ألف شخص للعادة الثالثـة - ضـع الأهم قبل المهم® - وجـدت أنها العادة الأكثـر إهمالًا. لذا فقد قمـت بتأليـف كتـاب First Things First (نشـر عام ١٩٩٦)، والـذي يتناول العادتين الثانية والثالثة بمزيد من العمق والتفصيل، ولكنه أضاف أيضًا المزيد من المواد والشروح المتعلقة بالعادات الأخرى.

وقـد قام كتـاب *The 7 Habits of Highly Effective Families* بتطبيق مفهوم إطار العادات السبع من أجل بناء أسر قوية وسعيدة وفعّالة.

كمـا قـام ابنـي شـون بتطبيـق إطـار الاحتياجـات الفريـدة والاهتمامات والتحديـات الخاصة بالمراهقين بأسلوب خيالي جـذاب ومسلٍ، ويساعد العقل على النمو - وذلك في كتاب *The 7 Habits of Highly Effective Teens* .

وقد أخبرنا عشرات الآلاف من الناس بالتأثير القوي لتحولهم إلى قوة خلاقة في حياتهم بعدما اعتنقوا مبادئ العادات السبع. وقد سرد ستة وسبعون منهم تفاصيل حكاياتهم المذهلة عن الشجاعة والإلهام في كتاب *Living The 7 Habits*، وأوضحوا القوة التحولية للمبادئ على جميع الأصعدة الشخصية والأسرية والمؤسسية بغض النظر عن الظروف أو وضع المؤسسة أو التجارب الحياتية السابقة.

ما الذي تعلمته عن العادات السبع منذ إصدار هذا الكتاب؟

لقد تعلمت العديد من الأمور أو عززتها. وسأوجز لك عشرة أشياء تعلمتها:

١. أهمية فهم الفرق بين المبادئ والقيم. فالمبادئ هي القوانين الطبيعية الخارجية، والتي تتحكم تحكمًا مطلقًا في عواقب أفعالنا. أما القيم فهي نابعة من الداخل ولها طابع شخصي، وهي تمثل أقوى ما نشعر أنه يوجه سلوكنا. وكما آمل فسوف نتمكن من *تقدير المبادئ*، وبالتالي نحصل على النتائج التي نريدها الآن بطريقة تمكننا من الحصول على نتائج أفضل في المستقبل، وهو ما أعرِّف به الفعالية. وكل واحد منا لديه قيم، حتى العصابات الإجرامية لديها قيم. والقيم هي التي تحكم سلوكيات الناس، أما المبادئ فهي التي تحكم عواقب تلك السلوكيات. والمبادئ مستقلة عنا، وهي فاعلة بغض النظر عن إدراكنا إياها أو تقبلنا إياها أو إعجابنا بها أو إيماننا بها أو طاعتنا إياها. وإنني أؤمن بأن صفة التواضع هي أم كل الفضائل. وتقول صفة التواضع إن المبادئ هي المتحكمة وليس نحن، لذا علينا إخضاع أنفسنا إلى المبادئ. أما الكبرياء فيقول إننا المسيطرون، وطالما أن قيمنا تحكم سلوكنا فيمكننا أن ندير حياتنا بالطريقة التي نرغب. ونحن بإمكاننا القيام بذلك، ولكن عواقب سلوكنا تنشأ من المبادئ لا القيم. لذا، يتعين علينا تقدير المبادئ.

٢. من خلال تجاربي مع هذا الموضوع في جميع أنحاء العالم فهمت *الطبيعة اللامحدودة* للمبادئ التي تتضمنها. وقد تتنوع الشروح والممارسات وتحددها الثقافة ولكن المبادئ واحدة لا تتغير. وقد وجدت المبادئ المتضمنة في العادة السابعة في جميع الرسالات السماوية، وكنت أقتبس بعض الكلمات من الكتب

الدينية الخاصة بتلك الديانات عندما كنت أقوم بالتدريس للثقافات التي تتبعها. وقد قمت بهذا في الشرق الأوسط والهند وآسيا وأستراليا وجنوب المحيط الهادي وأمريكا الجنوبية وأفريقيا وبين العديد من سكان أمريكا الأصليين وشعوب القبائل المختلفة. وكلنا متشابهون - رجالًا ونساء - ونواجه المشكلات نفسها، ولنا الاحتياجات نفسها، ونتعامل مع المبادئ نفسها. فيوجد بداخلنا إحساس داخلي بمبدأ العدل أو تحقيق المنفعة للجميع (المكسب/ المكسب). كما يوجد بداخلنا إحساس أخلاقي بمبدأ تحمل المسئولية، ومبدأ الهدف، والأمانة، والاحترام، والتعاون، والتجدد. وكلها مبادئ عالمية، ولكن تطبيقها ليس كذلك، فهي تعتمد على الموقف. وكل ثقافة تفسر المبادئ العالمية بطرق متفردة.

٣. لقد شاهدت التطبيقات المؤسسية للعادات السبع، على الرغم أنه من منطلق المفهوم التقني الصارم فإن أية مؤسسة لا يكون لها عادت. فثقافة المؤسسة هي التي يكون لها معايير أو سلوكيات أو قوانين اجتماعية تمثل العادات. كما ترسخ المؤسسة أيضًا نظمًا وعمليات وإجراءات - والتي تمثل العادات، وفي الحقيقة أوضح التحليل الأخير أن السلوك شخصي. وهو فردي على الرغم من أنه جزء من مجموعة من السلوكيات الجماعية التي تأخذ شكل قرارات تتخذها الإدارة فيما يتعلق بالهيكل والنظم والعمليات والممارسات. ولقد عملنا مع آلاف المؤسسات التي تعمل في مختلف أنواع المجالات والمهن، واكتشفنا أن بعض المبادئ الأساسية التي تتضمنها العادات السبع تطبق الفعالية وتعرفها.

٤. بوسعك تدريس كل العادات السبع بأن تبدأ بأية واحدة منها. وكذلك تدريس إحدى العادات بطريقة تؤدي إلى تعليم العادات الست الأخرى. وهي تشبه الهولوجرام؛ حيث الكل متضمن داخل الجزء والجزء متضمن في الكل.

٥. وعلى الرغم من أن العادات السبع تمثل مفهومًا من الداخل إلى الخارج، غير أنها تحقق أفضل نجاح عندما تبدأ بالتحدي الخارجي ثم تتجه إلى مفهوم من الداخل إلى الخارج. وبعبارة أخرى لو واجهت تحديًا في علاقة - ولنفترض تحطم التواصل وفقدان الثقة - فإن ذلك سيعرف طبيعة الحاجة إلى مفهوم من الداخل إلى الخارج من أجل كسب نوع من النصر الشخصي الذي يمكنك من الوصول إلى النصر الجماعي، ومن ثم مواجهة التحدي. وهذا هو السبب الذي

يدفعني إلى تدريس العادات الرابعة والخامسة والسادسة قبل تدريس العادات الأولى والثانية والثالثة.

٦. إن الاعتماد بالتبادل أصعب عشر مرات من الاعتماد على الذات. فهو يتطلب قدرًا كبيرًا من الاستقلال العقلي والعاطفي للتفكير وفقًا لمبدأ المكسب/ المكسب (وتحقيق المنفعة للجميع) عندما يفكر الشخص الآخر بمبدأ المكسب/ الخسارة، وأن تسعى من أجل الفهم أولًا عندما يصرخ كل ما بداخلك من أجل أن يفهمك الآخرون، وأن تبحث عن بديل ثالث أفضل عندما تكون التسوية أسهل. وبعبارة أخرى، يتطلب العمل مع الآخرين بأساليب تعاونية خلاقة قدرًا كبيرًا من الاستقلال والأمن الداخلي والسيطرة على الذات. وإلا يتحول ما نطلق عليه الاعتماد بالتبادل إلى تخلٍّ عن كل أشكال الاعتماد؛ حيث يقوم الناس بعمل العكس لتحقيق استقلالهم أو يلجأون إلى الاعتماد المشترك حينما يحتاجون إلى نقاط ضعف شخص آخر ليفي باحتياجاتهم ويبرر ضعفهم الشخصي.

٧. يمكنك تلخيص العادات الثلاث الأولى بهذه العبارة "اقطع على نفسك عهدًا وحافظ عليه". ويمكنك أيضًا تلخيص العادات الثلاث الأخيرة بهذه العبارة "شارك الآخرين في المشكلة وحاولوا حلها معًا".

٨. تمثل العادات السبع لغة جديدة على الرغم من أنها تنطوي على أقل من اثنتى عشرة كلمة أو عبارة فريدة. وأصبحت هذه اللغة الجديدة قانونًا وطريقة مختصرة للتعبير عن الكثير، عندما تقول لشخص آخر "هل هذا إيداع أم سحب؟"، "هل أنت مبادر أم انفعالي؟"، "هل هذا تكاتف أم تسوية؟"، "هل هذا مكسب/مكسب أم خسارة/مكسب أم مكسب/خسارة؟"، "هل هذا بدء بالأهم قبل المهم أم بدء بالمهم ثم الأهم؟"، "هل هذا هو البدء والوسيلة في ذهنك أم والغاية في ذهنك؟". ولقد شاهدت ثقافات بأكملها تحولت عن طريق التفهم الواسع النطاق للالتزام بالمبادئ والمفاهيم التي ترمز لها تلك الكلمات الخاصة.

٩. إن الأمانة هي قيمة أعلى من الولاء، والأفضل أن نقول إن الأمانة أعلى صور الولاء. ويقصد بالأمانة التكامل أو التمحور حول المبادئ لا حول الناس أو

المؤسسات أو حتى الأسرة. وستكتشف أن جذور معظم المشكلات هو تعامل الناس مع "هل له شعبية (مقبول، سياسي) أو هل هو صحيح؟". وعندما نضع على رأس أولوياتنا الولاء لشخص أو لمجموعة ونقوم بما نشعر بأنه صواب فهذا يفقدنا أمانتنا. وربما نحقق شعبية مؤقتة أو نبني ولاء، ولكن مع مرور الوقت يؤدي فقد الأمانة هذا إلى تدمير حتى هذه العلاقات. إن الأمر يشبه إهانة شخص من وراء ظهره. فالشخص الذي اشترك معك في هذه الإهانة يعلم يقينًا أنك ستهينه عندما تقع تحت وطأة الظروف والضغوط. وتمثل العادات الثلاث الأولى بشكل ما الأمانة وتمثل الثلاث الأخيرة الولاء، ولكنها جميعًا منسوجة مع بعضها البعض. ومع مرور الوقت ينتج الصدق الولاء. وإذا حاولت عكسهما وتوجهت نحو الولاء أولًا فستجد نفسك تؤجل الأمانة وتساوم عليها. لذا، من الأفضل أن تحظى بالثقة أولًا ثم تصبح محبوبًا. وبالطبع، الثقة والاحترام يولدان الحب.

١٠. إن عيش العادات السبع هو صراع مستمر مع كل شخص. وبين الحين والحين يضعف يقين الشخص بواحدة من العادات السبع وفي بعض الأحيان بها جميعًا. وهي وإن كانت سهلة الفهم إلا أن المواظبة على ممارستها صعب. وهي تمثل فطرة سليمة، ولكن الفطرة السليمة لا يمكن ممارستها دومًا.

ما العادة التي لاقيت معها أكبر صعوبة؟

العادة الخامسة. عندما أشعر بالتعب وأشعر بأنني على صواب لا أرغب بالفعل في الإنصات، بل ربما أتظاهر بالإنصات. وبالطبع، أنا متهم بالشيء ذاته الذي أتحدث عنه: الإنصات بنية الرد لا الفهم. وفي الحقيقة أنا أصارع مع العادات السبع كل يوم. ولم أتمكن من قهر أي منها. وأنا أنظر إليها كمبادئ للحياة لا نجيدها بالفعل، وكلما اقتربنا من الإجادة زاد وعينا بالمسافة التي ما زال علينا قطعها؛ أي كلما زادت معرفتك أدركت أنك لا تعرف.

ولهذا السبب أعطي طلبتي في الجامعة ٥٠٪ من الدرجة على جودة أسئلتهم، و٥٠٪ الأخرى على جودة إجاباتهم عن الأسئلة. وهذه هي أفضل طريقة للكشف عن مستوى معرفتهم.

وبالمثل، تمثل العادات السبع دائرة تصاعدية.

العادة الأولى التي في مستوى أعلى مختلفة تمامًا عن العادة الأولى في – المستوى الأدنى. فلكي تصبح مبادرًا في المستوى الأول ربما يتعين عليك فقط إدراك المساحة بين المثير والاستجابة. وفي المستوى التالي عليك القيام بالاختيارات مثل عدم الأخذ بالثأر أو الانتقام. وعند المستوى التالي تعطي التقييم. وفي المستوى التالي تسامح والديك. وفي المستوى الذي يليه تسامح والديك اللذين توفيا. المستوى التالي لا تتقبل الإهانة.

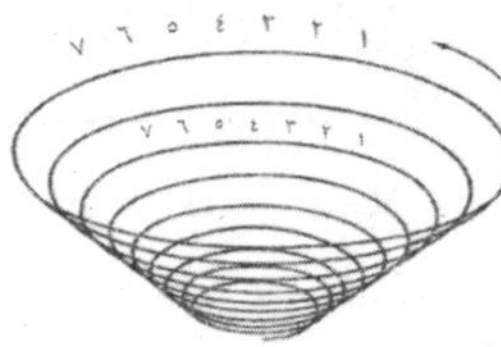

٧-١

الارتقاء التصاعدي

أنت نائب رئيس مؤسسة فرانكلين كوفي. هل تطبق مؤسسة فرانكلين كوفي العادات السبع؟

نحن نحاول. فمحاولة عيش ما ندرسه باستمرار هو أهم قيمنا الأساسية، ولكننا لا نصل إلى حد الكمال. فشأننا شأن أي عمل تواجهنا تحديات تغير واقع السوق ودمج ثقافتي قيادة مركز كوفي السابق وبحث فرانكلين. وقد تم الدمج في صيف عام ١٩٩٧. وتطبيق المبادئ يتطلب وقتًا وصبرًا وإصرارًا، والاختبار الحقيقي لنجاحنا سيكون على المدى البعيد. ولا يمكن لأية لقطة سريعة تقديم صورة دقيقة للأمر.

وعادة ما تخرج الطائرات عن المسار المحدد لها، تعود مرة أخرى إلى خط سير الرحلة، وفي النهاية تصل إلى وجهتها. والأمر نفسه ينطبق على الأفراد أو الأسر أو المؤسسات. والمفتاح هو "البدء والغاية في ذهنك" والالتزام المشترك لتقديم تقييمات فورية وتصحيح المسار فورًا.

لماذا سبع عادات؟ لماذا ليست ستًّا أو عشرًا أو خمس عشرة؟ ما الشيء المميز في الرقم سبعة؟

لا شيء مميز في الرقم سبعة، كل ما في الأمر أن عادات النصر الشخصي الثلاث (حرية الاختيار، الاختيار، التصرف) تسبق عادات النصر الجماعي الثلاث (الاحترام، التفهم، الابتكار)، ثم تأتي واحدة تمثل تجديدًا لكل ما سبق، وبذاك يصبح مجموع العادات سبعًا.

وعندما يوجه لي هذا السؤال أقول دائمًا إنه لو وجدت سمة أخرى مرغوبة تود تحويلها إلى عادة فيمكنك ببساطة إضافتها إلى العادة الثانية باعتبارها إحدى القيم التي تحاول العيش بها. وبعبارة أخرى إذا أردت جعل سمة دقة المواعيد إحدى العادات فستكون واحدة من قيم العادة الثانية. لذا، فإن أية صفات تطرأ على ذهنك يمكنك إضافتها إلى العادة الثانية باعتبارها نظام قيمك. وتتمثل العادة الأولى في فكرة وضع نظام لقيمك واختيار نظام عاداتك الخاص. أما العادة الثانية فهي تتمثل في ماهية تلك الاختيارات أو القيم، والعادة الثالثة هي العيش وفقًا لها جميعًا. لذا، فهي أساسية وعامة ومترابطة ببعضها البعض.

وقد تصادف أنني في أثناء كتابتي هذا التعقيب للطبعة الجديدة من العادات السبع أنهيت كتابًا جديدًا بعنوان *The 8th Habit: From Effectiveness to Greatness*. وقد يبدو للبعض أن تسميته العادات الثماني ابتعاد عن إجابتي التقليدية، ولكن كما ترى وكما قلت في الفصل الافتتاحي للكتاب الجديد أن العالم شهد تغيرًا كبيرًا منذ نشر كتاب *العادات السبع للناس ذوي الفعالية العالية* عام ١٩٨٩. فالتحديات والتعقيدات التي نواجهها في حياتنا الشخصية وعلاقاتنا مع أسرنا وحياتنا المهنية والمؤسسية تختلف في أهميتها. وفي الحقيقة توجد العديد من الأحداث التي تميز عام ١٩٨٩ - مثل سقوط حائط برلين - والتي تجعله يمثل بداية عصر المعلومات، ويمثل واقعًا جديدًا وتغيرات هائلة... إنه حقًّا عصر جديد.

وأن نحقق *فعالية عالية* على مستوى الأفراد والمؤسسات لم يعد خيارًا في عصرنا الحالي - إنه ثمن دخول الملعب. ولكن البقاء والنجاح والابتكار والتميز والقيادة في ظل الواقع الجديد تتطلب منا بناء ما هو أكثر من الفعالية. والدعوة والحاجة إلى عصر جديد يهدفان إلى تحقيق النجاح،

وتحقيـق التفاؤل والإسهـام الكبير والعظمـة. وهذه الأهداف مختلفـة الأبعاد، كمـا أنهـا مختلفـة فـي النـوع - تمامًا مثـل اختلاف المغـزى عـن النجاح في النـوع لا الدرجة. ويتطلـب الوصول إلـى مستويات أعلى مـن العبقرية البشرية والدوافع - أو ما نطلق عليه *الصوت* - توجهات جديدة ومهارات من نوع مختلف ومجموعة أدوات جديدة... عادة جديدة.

والعادة الثامنة لا تعني إضافة عادة جديدة إلى العادات السبع - عادة كانت منسيـة. إنها تتمثل في كيف نرى ونتحكم في قوة البعد الثالث الخاص بالعادات السبع، والذي يفي بالتحدي الأساسي لعصر المعرفة الجديد.

واقع جديد للعادات السبع- العادة الثامنة

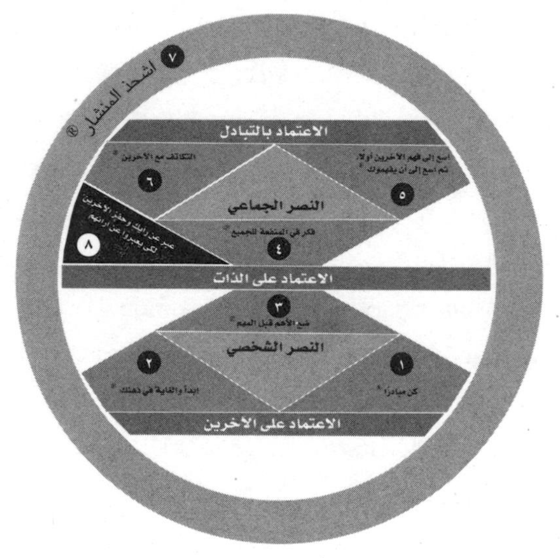

كيف تؤثر الشهرة فيك؟

إنهـا تؤثر في بطـرق مختلفة. فهي إطـراء بالنسبة للأنا. ومـن منطلق التعليم فهـي التواضع، ولكـن يجب علي الاعتـراف بأنني لم أؤلف تلـك المبادئ، ومن ثـم لا أستحـق أي تقدير عنها. وأنا لا أقول هذا من بـاب التواضع، ولكنني أقول هـذا لأنني أؤمن بـه. فعندما أنظر إلى نفسي أجدني مثلكم جميعًا - أسعى وراء الحقيقة والفهم. وأنا لست معلمًا روحيًّا، كما أنني أمقت أن يطلق عليّ أحد هذا

اللقب. أنا لا أرغب في أن يكون لي أتباع. لكن كل ما أحاول القيام به هو تشجيع الناس على إيجاد المبادئ الموجودة بالفعل داخل قلوبهم بحيث يحيا الناس وفقًا لضمائرهم.

لو أمكنك إعادة الأمر من جديد، فما الشيء الذي كنت ستؤديه بأسلوب مختلف بصفتك رجل أعمال؟

كنت سأكون أكثر إستراتيجية وفعالية في التوظيف والاختيار. عندما تدفن تحت تلال الأمور العاجلة، ويكون لديك آلاف الكرات التي تتطاير في الهواء سيكون من الأيسر تعيين الناس الذين يبدو أنهم يمتلكون الحلول في المواقع المهمة. فحينها لا تهتم بالتعمق في خلفيات هؤلاء الناس والاختيار "وفقًا للعمل الجاد"، كما أنك لا تضع بدقة المعايير التي تحتاج إلى استيفائها في هذه الوظيفة أو المهمة. وأنا مقتنع بأنه عندما يتم التعيين والاختيار وفقًا لإستراتيجية - أي التفكير على المدى البعيد وبأسلوب مبادر وليس على أساس الضغوط اللحظية - سيعود بأرباح طويلة الأجل. وقد قال لي أحدهم ذات مرة: "إن ما نرغب فيه بجدية نؤمن به بسهولة". لذا علينا أن ننظر بعمق إلى كل من الشخصية والكفاءة؛ لأنه في النهاية ستظهر العيوب الموجودة في أيهما واضحة جلية في كليهما. وأنا مقتنع بأنه على الرغم من أهمية التدريب والتنمية فإن التعيين والاختيار أكثر أهمية.

لو أمكنك إعادة الأمر من جديد، فما الشيء الذي كنت ستؤديه بأسلوب مختلف بصفتك والدًا؟

كوالد، أتمنى لو أنني أمضيت المزيد من الوقت في وضع اتفاقيات مكسب/ مكسب بسيطة وغير رسمية مع كل واحد من أبنائي خلال مراحل حياتهم المختلفة. ولكن بسبب العمل والسفر غالبًا ما كنت أتساهل مع أبنائي وأعمل معهم من منطلق مبدأ خسارة/مكسب بدلًا من بناء علاقات معهم تنمي اتفاقيات مكسب/مكسب سليمة وأكثر توافقًا.

كيف ستغير التكنولوجيا العمل في المستقبل؟

إننـي أؤمن بمقولة ستان ديفيس: "عندما تتغير البنية التحتية يتغير كل شيء". وأعتقـد أن البنيـة التحتية التقنية هـي مركز كل شيء، وستزيـد من سرعة كل مـا هو جيـد وسيئ، وأنـا مقتنع بأن هـذه الأسباب التـي تعزز أهميـة العنصر البشـري. فالتكنولوجيـا المتطورة بدون لمسـة متطورة لن تجـدي نفعًا، وكلما زاد تأثيـر التكنولوجيـا زادت أهميـة العنصـر البشـري الذي يتحكـم في هذه التكنولوجيـا، وخاصة بالنسبة للحضارات المتقدمة الملتزمة بمعايير استخدام التكنولوجيا.

هل تذهلك أو تدهشك الشعبية والنجاح العالمي الذي حظي به كتاب العادات السبع (البلدان الأخرى / الثقافات / العصور / النوع)؟

نعـم ولا. نعم لأنني لـم تكن لدي أية فكرة بأنه سيكون ظاهرة عالمية، وأن بضع كلمات ستصبح جزءًا من أمريكا، ولا لأن المادة التي تضمنها خضعت للاختبار لأكثـر مـن عشرين سنة وكنت أعـرف أنها ستنجح لأنها قائمـة على أساس من مبادئ لم أخترعها، ومن ثم لا أستحق عنها تقديرًا.

كيف ستشرع في تعليم العادات السبع للأطفال الصغار للغاية؟

أعتقـد أنني سأتبـع القواعد الثلاث الأساسية لتربية الأطفـال لـ ألبرت شوارتز وهي: الأولى القدوة والثانية القدوة والثالثة القدوة، ولكنني لن أحذو حذوه نفسه، بل سأقول الأولى القدوة والثانية بناء علاقة أساسها الاهتمام والتشجيع والثالثة تعليـم بعض الأفـكار البسيطة التي تحـدد هذه العادات بلغـة الأطفال - أحاول مساعدتهـم علـى الفهم ومفـردات العـادات السبع، وأوضح لهـم كيف يديرون تجاربهم الخاصـة من خلال المبادئ، وأدعهم يحددون المبادئ والعادات التي توضح أنماط حياتهم.

إن رئيسي (زوجتي، طفلي وصديقي.. إلخ) في حاجة فعلية إلى العادات السبع. ما نصيحتك لي لدفعهم إلى قراءته؟

إن الناس لا يهتمون بمقدار معرفتك حتى يدركوا مقدار حبك إياهم. لذا، قم ببناء علاقة من الثقة والانفتاح أساسها جعل نفسك مثالاً يحتذى به للثقة، ثم اقصص عليهم كيف تمكنت العادات السبع من مساعدتك. وببساطة دعهم يروا العادات السبع في تصرفاتك وخلال حياتك. ثم وفي الوقت المناسب قد تدعوهم إلى المشاركة في برنامج تدريبي، أو مشاركتك في قراءة الكتاب باعتباره هدية، أو علمهم الأفكار الأساسية عندما تجد الظروف مواتية.

ما خلفيتك، وكيف تسنت لك كتابة تلك العادات؟

ظن الآخرون ضمنيًّا أنني سوف أتبع خطى والدي، وأدخل في مجال أعمال الأسرة. ومع ذلك اكتشفت أنني أستمتع بالتدريس للقادة وتدريبهم أكثر من استمتاعي بإدارة أعمال الأسرة. وازداد اهتمامي بالجانب الإنساني للمؤسسات وارتباطي به عندما كنت في كلية إدارة الأعمال بجامعة هارفارد. ولاحقًا قمت بتدريس مواد إدارة الأعمال في جامعة بريجهام يونج، وقدمت استشارات ونصائح وتدريبات في هذا المجال لسنوات عديدة. وخلال ذلك الوقت زاد اهتمامي بوضع برامج تطوير متكاملة للقيادة والإدارة. تقوم على مجموعة متوازنة من المبادئ وهذه البرامج - تطورت في النهاية لتصبح العادات السبع، وبعد ذلك وفي أثناء تطبيقها على المؤسسات تطورت ثانية لتصبح مفهوم القيادة وفقًا للمبادئ. وقررت ترك الجامعة والعمل بدوام كامل في تدريب المديرين في المؤسسات المختلفة. وبعد عام من اتباع منهج تم تطويره بعناية جاءت مرحلة تأسيس العمل الذي مكننا من نقل هذه المادة إلى الناس في جميع أنحاء العالم.

ما ردك على الناس الذين يدعون امتلاكهم للوصفة السحرية للنجاح؟

سأقـول شيئين الأول، إذا كان ما يقولـون قائمًا على أساس المبادئ أو القوانين الطبيعيـة أود التعلـم منهـم والثناء عليهم. الثانـي، سأقول إننـا ربما نستخدم كلمات مختلفة لوصف المبادئ نفسها أو القوانين الطبيعية.

هل أنت أصلع بالفعل أم أنك تحلق شعرك لتبدو أكثر كفاءة؟

اسمـع، بينمـا أنـت منشغـل بتجفيف شعـرك أحاول أنـا خدمة العمـلاء. وفي الحقيقة، أول مرة سمعت فيها تعبير "الأصلع جميل" قمت بحلق شعري تمامًا!

الملحق
أ

مدركات محتملة تنبع من مراكز مختلفة

إليك طرقًا بديلة يمكنك من خلالها إدراك جوانب أخرى من حياتك:

إذا كان محورك هو:	الزوج	الأسرة	المال	العمل	الممتلكات
الزوج	• المصدر الرئيسي لإشباع الحاجة	• جيدة في موضعها • أقل أهمية • مشروع عام	• كسب المال مهم للعناية بالأسرة	• ضروري لكسب المال من أجل العناية بالأسرة	• وسيلة للحماية أو التأثير أو التلاعب
الأسرة	• جزء من الأسرة	• أهم الأولويات	• دعم اقتصادي للأسرة	• وسيلة لتحقيق غاية	• راحة الأسرة والفرص
المال	• أصل أو مسئولية للحصول على المال	• استنزاف مالي	• مصدر للأمن والوفاء بالمتطلبات	• ضروري لكسب المال	• دليل على النجاح الاقتصادي
العمل	• مساعدة أو عائق في العمل	• المساعدة على العمل أو مقاطعته • أشخاص يعطون إرشادات حول أخلاقيات العمل	• أهميته ثانوية • دليل على العمل الجاد	• المصدر الأساسي للنجاح والإشباع • أخلاقيات عليا	• أدوات لزيادة فعالية العمل • ثمار العمل

الممتلكات	• الملكية الأساسية • مساعد في الحصول على الممتلكات	• ملكية للاستخدام والاستغلال والهيمنة والسيطرة • خزانة العرض	• مفتاح زيادة الممتلكات • ملكية أخرى للسيطرة	• فرصة لامتلاك المكانة والسلطة والتقدير	• رموز المكانة
السعادة	• شريك في المرح والسعادة أو عقبة في طريق تحقيقهما	• عامل مساعد أو عقبة	• وسيلة لزيادة فرص السعادة	• وسيلة لغاية • لا بأس بالعمل الممتع	• أدوات للمرح • وسائل للمزيد من المرح
الصديق أو الأصدقاء	• صديق محتمل أو منافس محتمل • رمز للمكانة الاجتماعية	• أصدقاء أو عقبة في طريق تكوين صداقات • رمز للمكانة الاجتماعية	• مصدر للمكسب الاقتصادي والاجتماعي	• فرصة اجتماعية	• وسيلة لشراء الصداقة • وسيلة للتسلية أو توفير المتعة الاجتماعية

إليك طرقًا بديلة يمكنك من خلالها إدراك جوانب أخرى من حياتك:

إذا كان محورك هو:	المتعة	الصديق أو الأصدقاء	العدو أو الأعداء	دار العبادة	الذات	المبادئ
الزوج	• نشاط مشترك موحد أو غير مهم	• الزوج أفضل صديق، بل هو الصديق الأوحد • الأصدقاء الوحيدون " هم أصدقاؤنا"	• زوجي هو الدافع عني أو يوفر العدو المشترك مصدرًا لتعريف الزواج	• نشاط نتمتع به • في مرتبة أقل من العلاقة	• الحصول على القيمة الذاتية من الزوج • حساسية بالغة بسبب توجهات الزوج وسلوكه	• أفكار تخلق العلاقة مع الزوج وتحافظ عليها
الأسرة	• أنشطة الأسرة أو غير مهمة نسبيًا	• أصدقاء الأسرة أو المنافسة • تهديد لحياة الأسرة القوية	• تعرفه الأسرة • مصدر لقوة الأسرة ووحدتها • تهديد محتمل لقوة الأسرة	• مصدر للمساعدة	• جزء مهم ولكنه تابع للأسرة	• القواعد التي تحافظ على وحدة الأسرة وقوتها • تابعة للأسرة
المال	• استنزاف اقتصادي أو دليل على الضغوط الاقتصادية	• يتم اختياره وفقًا للوضع المالي أو التأثير	• منافسون اقتصاديون • تهديد للأمن الاقتصادي	• التخلص من الضرائب • استنزاف لمالك	• قيمة الذات محددة وفقًا للمال	• الطرق الناجحة من أجل جني المال وإدارته
العمل	• مضيعة للوقت • يتداخل مع العمل	• تم التعرف عليهم من خلال بيئة العمل أو المصالح المشتركة • لا فائدة منهم أساسًا	• عقبات في إنتاجية العمل	• مهمة لصورة الشركة • اقتطاع من وقتك • فرصة لتوسيع العمل	• يحددها الدور الوظيفي	• أفكار تجعلك ناجحًا في عملك • الحاجة إلى التكيف مع ظروف العمل.

الممتلكات	• الشراء والتسوق والاشتراك في النوادي	• أدوات شخصية • قابلة للاستخدام	• المستغلون السارقون • الآخرون ممن لديهم المزيد من الملكيات أو التقدير	• دار عبادتي رمز للمكانة • مصدر للانتقاد غير العادل أو الأشياء الجيدة في الحياة	• تحددها الأشياء التي أملكها • تحددها المكانة والتقدير الاجتماعي	• المفاهيم التي تساعدك على الحصول على الممتلكات والحفاظ عليها
السعادة	• الغاية المطلقة للحياة • مصدر رئيسي للرضا	• شركاء في المرح	• أخذ الحياة مأخذ الجد • أناس يوقعونك في مصيدة الذنب ومدمرون	• عقبة غير ملائمة في طريق الانغماس في الملذات • مصدر الشعور بالذنب	• أداة لتحقيق السعادة	• دوافع وغرائز طبيعية تحتاج لإشباع • قوانين أساسية تمكنك من التوافق مع الآخرين
الصديق أو الأصدقاء	• الاستمتاع مع الأصدقاء دائمًا • جزء من الأحداث الاجتماعية في الأساس	• أساسي للسعادة الشخصية • الانتماء والتقبل والشعبية أمور ضرورية	• خارج الدائرة الاجتماعية • الأعداء المشتركون يعرفون الصداقة أو يوحدونها	• مكان للقاءات الاجتماعية	• تتحدد بواسطة المجتمع • الخوف من الإحراج أو الرفض	

إليك طرقًا بديلة يمكنك من خلالها إدراك جوانب أخرى من حياتك:

إذا كان محورك هو:	الزوج	الأسرة	المال	العمل	الممتلكات
العدو أو الأعداء	• متعاطف أو كبش فداء	• ملاذ (دعم عاطفي) أو كبش فداء	• وسيلة للصراع أو لإثبات التفوق	• مهرب أو فرصة للتنفيس عن المشاعر	• أدوات للشجار • وسيلة لتأمين الحلفاء • مهرب أو ملاذ
دار العبادة	• شريك في خدمة دار العبادة أو في إحدى التجارب الإيمانية	• نماذج للتقيد بتعاليم دار العبادة أو المحاولات الإيمانية	• وسيلة لدعم دار العبادة والأسرة • شر إذا كانت له الأولوية قبل خدمات أو تعاليم دار العبادة	• ضرورة للدعم المؤقت	• ممتلكات مؤقتة ذات أهمية ضئيلة • سمعة وصورة للقيمة الكبرى.
الذات	• ملكية • مصدر للسعادة والمتعة	• ملكية • وسيلة لإشباع الحاجات	• مصدر للوفاء بالاحتياجات	• فرصة للقيام "بأشيائي الخاصة"	• مصدر لتعريف الذات وحمايتها وتعزيزها

المبادئ	• شركاء متساوون في الاستفادة المشتركة لعلاقات الاعتماد بالتبادل	• الأصدقاء • فرصة للخدمة والإسهام والإشباع • فرصة لإعادة الصياغة بين الأجيال والتغيير	• مساعدة الموارد على تحقيق الأولويات والأهداف المهمة	• فرصة لاستخدام المواهب والقدرات بأسلوب ذي مغزى • وسيلة لتوفير الموارد الاقتصادية • استثمار للوقت يتم موازنته مع استثمارات الوقت الأخرى، ويتمتع بالتوافق مع الأولويات والقيم في الحياة	• تعزيز الموارد • الاهتمام الجيد بالمسئوليات • في مرتبة أدنى من الناس في الأهمية

إليك طرقاً بديلة يمكنك من خلالها إدراك جوانب أخرى من حياتك:

إذا كان محورك هو:	المتعة	الصديق أو الأصدقاء	العدو أو الأعداء	دار العبادة	الذات	المبادئ
العدو أو الأعداء	• وقت للراحة والاسترخاء قبل المعركة التالية	• يقدم الدعم العاطفي ومتعاطف • قد يحدده العدو المشترك	• هدف للكراهية • مصدر للمشكلات الشخصية • محفز للحماية الذاتية والتبرير الذاتي	• مصدر للتبرير الذاتي	• الشعور بأنك ضحية • يشل العدو حركتها	• تبرير لوصم العدو • مصدر للتعرف على أخطاء عدوك
دار العبادة	• المتع "البريئة" كفرصة للاجتماع مع باقي أعضاء الجماعة • النظر إلى أي متع أخرى بوصفها رذائل والابتعاد عنها	• أعضاء دار العبادة الآخرون	• غير المؤمنين الذين لا يتفقون مع مبادئ الدين أو الذين يدل أسلوب حياتهم على هذه المعارضة	• المصدر الذي له الأولوية القصوى في الإرشاد	• تتحدد القيمة الذاتية من خلال الأنشطة والإسهامات في دار العبادة أو القيام بأفعال تعكس أخلاقيات دار العبادة	• التعاليم الدينية • التبعية لدار العبادة
الذات	• تستحق الرضا العاطفي • "حقوقي" • "احتياجاتي"	• مساند وداعم "لي"	• مصدر للتعريف والتبرير الذاتي	• دافع لخدمة الأهداف الشخصية	• أفضل وأذكى وعلى صواب • لا ترضى سوى باستغلال جميع المصادر لتحقيق المتطلبات الشخصية	• مصدر للتبرير • تلك الأفكار التي تتوافق مع أفضل مصالحي يمكن موافقتها مع الحاجة

المبادئ	• متعة تأتي من أي نشاط للحياة القويمة • إعادة الابتكار الحقيقي وجزء مهم من نمط الحياة المتكامل المتوازن	• شركاء في حياة الاعتماد بالتبادل • أشخاص موثوق بهم لمشاركتهم وخدمتهم ودعمهم	• ليسوا أعداء بمعنى الكلمة، ولكنهم مجرد أناس لهم منظورات فكرية مختلفة وجدول أعمال مختلف لا بد أن يستلزم الفهم والاهتمام	• تجسيد للمبادئ الحقة • فرصة لتقديم الخدمات والإسهامات	• الشخص المتفرد والموهوب والمبدع في وسط العديد من الأشخاص المتفردين الموهوبين المبدعين، والذي يعمل بشكل مستقل وبأسلوب الاعتماد بالتبادل يمكنه إنجاز أشياء عظيمة	• قوانين طبيعية ثابتة لا يمكن خرقها بالأفعال السيئة • عند تبجيلها تحافظ على الأمانة، ومن ثم تؤدي إلى النمو والسعادة الحقيقيين

الملحق

ب

الاستخدام اليومي للمربع ٢ في المكتب

صمم التدريب والتحليل التالي لمساعدتك على رؤية تأثير المنظور الفكري للمربع ٢ في إعداد العمل على مستوى عملي للغاية.

لنفترض أنك مدير تسويق لشركة أدوية كبيرة، وأنت على وشك بدء يوم عادي في مكتبك. وبينما تلقي نظرة على البنود التي ستغطيها اليوم حاولت تقدير الوقت الذي يستغرقه كل بند.

قائمة البنود غير المرتبة وفقًا للأولويات تتضمن ما يلي:

١. تود تناول الغداء مع المدير العام (١- ١ ½ ساعة).
٢. تلقيت تعليمات في اليوم السابق لإعداد موازنة الدعاية للعام التالي (يومين أو ثلاثة).
٣. إنهاء كل ما في صندوق "الوارد" وتحويله إلى صندوق " المخرجات " (١ ١ ½ ساعة).
٤. أنت في حاجة إلى التحدث إلى مدير المبيعات حول مبيعات الشهر الماضي، ومكتبه في آخر الردهة (٤ ساعات).
٥. لديك عدة بنود خاصة بالمراسلات تقول السكرتيرة إنها عاجلة (ساعة واحدة).
٦. تود مطالعة الدوريات الطبية المكدسة على مكتبك (½ ساعة).
٧. عليك إعداد عرض للاجتماع الخاص بالمبيعات خلال الشهر المقبل (ساعتان).
٨. هناك شائعة تقول إن آخر إصدار من دواء "س" لم ينجح في اختبار الجودة.
٩. أحد العاملين في الهيئة العامة للغذاء والدواء (FDA) يرغب في التحدث إليك حول المنتج س (نصف ساعة).
١٠. هناك اجتماع في الثانية بعد الظهر مع المجلس التنفيذي؛ ولكنك لا تعلم عم يدور (ساعة).

والآن، خـذ بضع دقائق واستخدم ما تعلمته من العـادات الأولى والثانية والثالثة، والذي من شأنه مساعدتك على تنظيم جدول مواعيدك بفعالية.

جدول أعمالك من الساعة ٨ ـ ٥

٨	
٩	
١٠	
١١	
١٢	
١	
٢	
٣	
٤	
٥	

وحينمـا أطلب منـك وضع خطة ليوم واحد أكون بذلك قد محـوت تلقائيًّا السياق الأكبـر للأسبـوع والأساسـي بالنسبة لإدارة الوقـت الخاصة بالجيـل الرابع. ولكنك ستتمكن من رؤية قوة المنظور الفكري المتمحور حول المبادئ للمربع٢ حتى في سياق مدة زمنية قدرها تسع ساعات.

ومـن الواضـح أن معظم البنود التي تتضمنها القائمة مـن أنشطة المربع ١، فمع استثنـاء البنـد السادس - وهـو مطالعة الدوريـات الطبية - تبدو بقيـة البنود مهمة وعاجلة.

وإذا كنـت ممـن يتبعـون مدرسـة الجيل الثالـث فـي إدارة الوقـت، واستخدمت الأولويـات وفقًا للقيم والأهـداف فسيكون لديك إطار لجدولـة قراراتك، وربما تضع أحرفًا مثل أ، ب، ج إلى جانب كل بند، ثم تكتب الأرقام ١، ٢، ٣ تحت كل بند. وستضع في اعتبـارك الظروف مثل توافر أفراد آخرين مشاركيـن - ومقدار الوقت المنطقي لتناول الغداء. وأخيرًا، وفقًا لكل هذه العوامل ستضع جدول اليوم.

والكثيـر مـن متبعـي الجيل الثالـث فـي إدارة الوقت ممـن أجروا هـذا التدريب وضعـوا جدولهم مثلما وصفـت. فقد حددوا الوقت لإنجاز كل مهمة، ووفقًا للعديد من الافتراضـات الموضوعة والمحـددة بدقة سينجزون أو على أقـل تقدير سيبدأون في تنفيذ أهم البنود اليوم، ويؤجلون الباقي إلى اليوم التالي أو أي وقت آخر.

وعلى سبيل المثال، يؤكد معظم الناس أنهم سوف يستغلون الوقت بين الثامنة والتاسعة صباحًا للتعرف تحديدًا على ما يتضمنه جدول أعمال اجتماع المجلس التنفيذي، ومن ثم يتمكنون من الإعداد له، وتحديد موعد الغداء مع المدير العام قرابة الظهيرة، ومعاودة الاتصال بمسئول الهيئة العامة للغذاء والدواء. وعادة ما يخططون لتمضية الساعة أو الساعتين التاليتين مع مدير المبيعات، ثم تولي أمر المراسلات المهمة والعاجلة، والتحري عن تلك الشائعة حول عدم اجتياز الإصدار الأخير من الدواء "س" اختبار الجودة. ويمضون بقية النهار للإعداد للغداء مع المدير العام، ورأوا الإعداد للاجتماع مع اثنين من أعضاء المجلس التنفيذي، أو التعامل مع أية مشكلة لم يتم الكشف عنها حول المنتج "س" ومبيعات الشهر الماضي.

وعقب الغداء عادة ما يمضون فترة ما بعد الظهيرة في إنهاء الأشياء المعلقة التي ذكرت آنفًا، أو محاولة إنهاء المراسلات المهمة والعاجلة، والتخلص من بعض الأوراق الموجودة في صندوق الوارد، والتعامل مع البنود الأخرى المهمة والعاجلة التي قد تطرأ خلال اليوم.

ويشعر معظم الناس بأن إعداد موازنة الإعلام للعام المقبل والإعداد لاجتماع مندوبي المبيعات الشهر المقبل هي أمور يمكن تأجيلها ليوم آخر قد لا يتضمن الكثير من أنشطة المربع ١. وبالطبع، من الواضح أن كلا النشاطين السابقين من أنشطة المربع ٢ التي تختص بالتفكير والتخطيط على المدى البعيد. وستظل كومة الدوريات الطبية مكانها؛ لأنها بالطبع من أنشطة المربع ٢ وتبدو أقل أهمية من نشاطي المربع٢ الآخرين اللذين ذكرناهما لتونا.

هذا هو أسلوب التفكير الذي ينتهجه من يتبعون مدرسة الجيل الثالث في إدارة الوقت بشكل عام، بالرغم من أنهم قد يستخدمون أساليب متنوعة فيما يتعلق بتحديد الوقت لإنجاز مهمة بعينها.

وبالنسبة لك، ما الطريقة التي انتهجتها عند وضعك هذه البنود داخل جدولك؟ هل هي شبيهة بطريقة الجيل الثالث؟ أم تراك قد اتبعت أسلوب الجيل الرابع والمربع ٢؟

منهج المربع ٢

والآن، لنلـق نظرة علـى البنود في قائمـة تستخدم المربع ٢. هذا هـو السيناريو الوحيـد المتبـع - ويمكـن أن توجـد سيناريوهات أخـرى تتوافق كذلك مـع المنظور الفكري للمربع ٢ - ولكن هذا نموذج لنوع التفكير الذي يجسده هذا المربع.

وبصفتـك مديرًا يتبع المربع ٢ ستـدرك أن معظم أنشطة (إ) توجد في المربع ١ وأن معظـم أنشطة (ق إ) توجد في المربع ٢. وأنـت تعلم أن الطريقة الوحيدة لإدارة المربـع ١ هـي التركيـز على المربع ٢ عـن طريق الوقايـة وإتاحـة الفرصة وامتلاك الشجاعة لتقول "لا" للمربعين ٣ و ٤.

اجتمـاع مجلس الإدارة فـي الثانية من بعد الظهـر. لنفترض أن الاجتماع التنفيذي لمجلـس الإدارة لم يحدد جـدول أعمال للمديرين الحاضريـن، أو ربما لن تطلع أنت على جدول الأعمال حتى دخولك الاجتماع. بالطبع، وهذا أمر شائع الحدوث. ونتيجة لهذا يحضر الناس مثل هذه الاجتماعات دون تحضير ويقولون ما يطرأ على أذهانهم. وعادة ما تفتقر مثل هذه الاجتماعات إلى التنظيم وتركز على قضايا المربع ١ المهمة والعاجلـة، والتي يحوطها غالبًا قدر كبير من الجهل المشترك. وعمومًا تتمخض هذه الاجتماعـات عن إضاعة الوقت، وتكون نتائجها متدنية وغالبًا ما تكون فرصة للمدير المسئول للتفاخر بذاته.

ومعظـم الاجتماعـات تصنـف بنـود المربـع ٢ تحـت مسمـى "أعمـال أخرى". ولأن "العمـل يمتـد ليملأ الوقـت المخصص للانتهاء منه بالكامـل" - طبقًا لقانون باركنسون - لا يكون هناك وقت لمناقشة البنود الأخرى. حتى لو كان هناك وقت يكون الناس قد استنفدوا معظم طاقاتهم في المربع ١ والطاقة المتبقية لا تكفي لمناقشات بنود المربع ٢.

لـذا، لـن يكون بوسعـك الانتقال إلـى مربـع ٢ إلا عندما تحـاول فـي البداية أن تضـع لنفسـك جدول أعمـال، ومن ثـم تستطيع إعـداد عرض حول كيفيـة مضاعفة فائـدة اجتماعـات المجلس التنفيذي. كما يمكنك أيضًـا أن تمضي ساعة أو ساعتين فـي الصباح لإعـداد هذا العرض حتى لو لـم يكن متاحًا لك سوى بضـع دقائق لتثير اهتمـام الحاضريـن من أجل الاستماع إلـى إعداد أكثر لطفًا خـلال الاجتماع التالي للمجلس. وقد يكون محـور تركيز هذا العرض هو أهمية وجـود هدف واضح ومحدد لكل اجتماع وجدول أعمال معد إعدادًا جيدًا بحيث تتاح الفرصة لكل عضو للمساهمة.

ويقوم رئيس المجلس التنفيذي بتحديد جدول الأعمال النهائي مع التركيز أولًا على مشكلات المربع ٢، والتي تتطلب في الغالب تفكيرًا خلاقًا وليس أنشطة المربع ١ التي تختص بالتفكير الآلي.

وسوف يؤكد العرض أيضًا أهمية وجود محضر للاجتماع يُرسل على الفور للمشاركين عقب الاجتماع، ويتضمن المهام الموزعة ومواعيد تنفيذها. وبعد ذلك ترتب تلك البنود في جداول الأعمال المستقبلية التي ترسل إلى الآخرين قبل الاجتماعات بوقت كاف للإعداد من أجل مناقشتها.

والآن، هذا ما قد يحدث عند النظر إلى أحد بنود جدول الأعمال - اجتماع المجلس التنفيذي في الثانية من بعد الظهر - في إطار المربع٢. وبالطبع، يتطلب هذا قدرًا كبيرًا من المبادرة والشجاعة لتحدي فرضية أنك في المقام الأول بحاجة إلى وضع البنود في جدول، ويتطلب كذلك التفكير العميق لتجنب جو الأزمات الذي غالبًا ما يحيط باجتماعات المجلس.

ويمكن تناول بقية البنود الأخرى التي تتضمنها القائمة بمفهوم المربع ٢ نفسه، عدا المكالمة الهاتفية لمسئول الهيئة العامة للغذاء والدواء.

الرد على مكالمة مسئول الهيئة العامة للغذاء والدواء. وفقًا لطبيعة العلاقة التي تربطك بهذه المنظمة يمكنك إجراء المكالمة الهاتفية في الصباح، بحيث تتمكن من معالجة أي أمر يتمخض عنه بشكل ملائم. وهذا أمر قد يصعب تفويض شخص آخر للقيام به؛ لأن الأمر يتضمن منظمة ربما تنتهج ثقافة المربع١ وتريد التحدث إليك، لا إلى المفوض منك.

وفي الوقت الذي قد تحاول فيه إحداث تأثير مباشر على ثقافة منظمتك بصفتك عضوًا في المجلس التنفيذي، يحتمل ألا تكون دائرة تأثيرك كبيرة بالقدر الكافي لتؤثر في ثقافة الهيئة العامة للغذاء والدواء، لذا سيتحتم عليك الإذعان لهذا الطلب. وإذا وجدت أن طبيعة المشكلة التي كشفت عنها المكالمة الهاتفية ملحة أو ضرورية يمكنك معالجتها باستخدام عقلية المربع ٢ للعمل على تجنب مثل هذه المشكلات في المستقبل. ومرة أخرى قد يتطلب منك هذا الأمر قدرًا معقولًا من المبادرة لتغتنم الفرصة لتغيير طبيعة العلاقة مع الهيئة العامة للغذاء والدواء، أو العمل من أجل الوقاية من مثل تلك المشكلات.

الغداء مع المدير العام. ربما تنظر إلى تناول الغداء مع المدير العام على أنه فرصة نادرة لمناقشة قدر كبير من قضايا المربع ٢ في جو خالٍ من الرسميات. وهذا الأمر قد يتطلب منك كذلك من ثلاثين إلى ستين دقيقة في الصباح لتعد له الإعداد الجيد، أو ربما تقرر أن يكون مجرد لقاءً اجتماعيًّا، وتنصت باهتمام دون أن يكون لديك أية خطة. فربما تكون هذه فرصة جيدة لبناء علاقة وطيدة مع المدير العام.

إعداد موازنة الإعلام. فيما يتعلق بالبند الثاني، يمكنك تفويض اثنين أو ثلاثة من زملائك في العمل ممن تربطهم علاقة مباشرة بإعداد موازنة الإعلام، وتطلب منهم إعداد توصيات في صورة " عمل جماعي متكامل " (والذي قد لا يتطلب أكثر من اعتمادك بالموافقة) أو وضع خيارين أو ثلاثة، لتختار أنت من بينهما وتحدد عواقب كل اختيار. وهذا قد يستغرق منك ساعة كاملة خلال اليوم - لتراجع النتائج المرجوة والإرشادات والموارد والمسئولية والعواقب. ولكن هذه الساعة التي استثمرتها تساعدك على تفجير أفضل الأفكار لدى الناس المعنيين الذين يتبنون وجهات نظر مختلفة. وإن لم تكن اتبعت هذا النهج من قبل فقد تحتاج إلى المزيد من الوقت لتدريبهم على مكنون هذا النهج، وما يعنيه مفهوم "عمل جماعي متكامل"، وكيف يخلقون نوعًا من التكاتف بين تلك الاختلافات، وما هي الخيارات البديلة المطروحة وعواقبها.

صندوق الوارد والمراسلات. بدلًا من أن تغوص في أكوام صندوق الوارد، بما يجب عليك قضاء بعض الوقت - من ثلاثين إلى ستين دقيقة - لتدريب سكرتيرك أو سكرتيرتك حتى يتمكن تدريجيًّا من التعامل مع صندوق الوارد والمراسلات تحت البند الخامس. وقد يستمر هذا التدريب عدة أسابيع وربما عدة شهور، حتى تتمكن سكرتيرتك أو سكرتيرك من تبني عقلية النتائج لا المناهج.

ويمكن تدريب السكرتيرة على مطالعة المراسلات وجميع بنود صندوق الوارد وتحليلها والتصرف في أكبر قدر منها. والأشياء التي لا تثق في قدرتها على التعامل معها من الممكن أن ترتبها وفقًا للأولوية، وتقدمها لك مع توصيات أو ملحوظات يمكنك التصرف على أساسها. وبهذه الطريقة ففي غضون عدة أشهر سيكون بمقدور السكرتيرة أو المساعدة التنفيذية التعامل مع ٨٠ ٪ إلى ٩٠ ٪ من بنود صندوق الوارد والمراسلات، وفي أغلب الأحيان بطريقة أفضل منك والسبب ببساطة أن عقلك يركز على فرص المربع ٢ بدلًا من الغرق تحت مشكلات المربع ١.

مدير المبيعات ومبيعات الشهر الماضي. هناك طريقة خاصة بالمربع ٢ للتعامل مع البند أربعة، ألا وهي تمحيص علاقتك بمدير المبيعات هذا واتفاقية الأداء بينكما لترى هل يستخدم المربع ٢ أم لا. وهذا التدريب لا يشير إلى فحوى الحديث الذي يدور بينك وبين مدير المبيعات لنفترض أنه بند خاص بالمربع ١ - حينها يمكنك تطبيق نهج المربع ٢ لحل المشكلات المزمنة وكذلك نهج المربع ١ لتلبية الحاجة الفورية.

وبوسعك تدريب السكرتيرة على التعامل مع هذا الأمر دون إشراكك فيه، على أن تلفت انتباهك إلى ما أنت في حاجة إلى معرفته. وهذا قد يتطلب منك العمل على المربع ٢ مع مدير المبيعات والآخرين الذين يرفعون التقارير إليك، حتى يدركوا أن وظيفتك الأساسية هي القيادة وليست الإدارة. وسيفهمون أنهم بوسعهم حل المشكلات مع سكرتيرتك أفضل من عرضها عليك، حتى تتفرغ أنت للأنشطة الخاصة بالقيادة في المربع ٢.

وإذا شعرت بأن تعامل مدير المبيعات مع السكرتيرة قد يشعره بالإهانة فيمكنك حينها البدء في تعزيز تلك العلاقة حتى تكسب في النهاية ثقة مدير المبيعات في تحقيقكما الاستفادة من المربع ٢.

مطالعة الدوريات الطبية. إن مطالعة الدوريات الطبية هي أحد بنود المربع ٢ التي قد تؤجلها. ولكن كفاءتك المهنية الطويلة وثقتك تلزمك بالاطلاع على هذه الدوريات. لذا، قد تضيف هذا البند إلى جدول أعمال اجتماعك مع فريق العمل لتقترح وضع طريقة نظامية لفريق العمل لمطالعة الدوريات الطبية. ويمكن لبعض أفراد فريق العمل دراسة الدوريات المختلفة وتعليم البقية ما تعلموه خلال الاجتماعات المقبلة. وبالإضافة إلى ذلك يمكنهم تحديد المقالات والاستشهادات المنقولة من كتب أخرى ليقرأها زملاؤهم ويستفيدوا منها.

الإعداد لاجتماع المبيعات خلال الشهر المقبل. فيما يتعلق بالبند سبعة يمكن معالجته وفقًا للمربع ٢ عن طريق تكوين مجموعة صغيرة من الناس الذين يقدمون إليك التقارير، وتسند إليهم مهمة عمل تحليل لجميع احتياجات ممثلي المبيعات. ويمكنك أن توكل إليهم تقديم توصيات فريق عمل متكامل خلال موعد محدد، وليكن أسبوعًا أو عشرة أيام كي يتاح لك الوقت لتنفيذها. وقد يتضمن هذا مقابلة كل واحد من ممثلي المبيعات للكشف عن همومهم واحتياجاتهم الأساسية، أو ربما اختيار

عينة منهم ومن ثم يكون جدول أعمال اجتماع ممثلي المبيعات مرتبطًا بمطالبهم، ثم يرسل قبل الاجتماع بوقت كافٍ كي يتمكن ممثلو المبيعات من إعداده والاشتراك فيه.

وبدلًا من إعداد اجتماع ممثلي المبيعات بنفسك يمكنك تفويض هذه المهمة إلى مجموعة صغيرة من الناس، يتبنون وجهات نظر مختلفة ويمثلون أنواعًا مختلفة من مشكلات المبيعات. دعهم يتواصلوا تواصلًا بناءً وخلاقًا، ثم يقدموا لك التوصيات النهائية. وإذا لم يكونوا معتادين مثل هذا النوع من المهام فيتعين عليك تخصيص بعض الاجتماعات لمواجهتهم وتدريبهم وتعليمهم السبب وراء ضرورة استخدام هذا النوع من الأساليب وكيف يستفيدون منه. وعندما تفعل هذا ستبدأ في تدريب العاملين معك على التفكير بعيد المدى، وأن يتحملوا مسئولية إكمال مهام فريق العمل أو النتائج المرجوة، وأن يتفاعلوا فيما بينهم بشكل خلاق وفقًا لأنماط الاعتماد بالتبادل، وأن يقوموا بالعمل خلال المهلة الزمنية المحددة.

الدواء "س" وضبط الجودة. والآن، لنلق نظرة على البند الثامن المتعلق بالدواء "س" والذي لم يجتز اختبار الجودة. وطبقًا لمنهج المربع ٢ ستقوم بإجراء دراسة لهذه المشكلة لترى ما إذا كانت مزمنة وخطيرة. وإن اتضح أنها مزمنة فيمكنك تفويض أشخاص آخرين من أجل تحليل هذه المشكلة مع توجيهات منك بتقديم مقترحات، أو ربما ينفذون الحلول التي خرجوا بها ويطلعونك على النتائج.

والتأثير الأكبر ليوم المربع ٢ في المكتب هو أنك أمضيت معظم وقتك في التفويض والتدريب وإعداد العرض الخاص بالمجلس، وأجريت مكالمة هاتفية واحدة وكان غداؤك مثمرًا. وعندما تتبع أسلوب (ق إ) طويل المدى خلال عدة أسابيع أو ربما شهور، لن تواجه مشكلات جدول المربع ١ مرة أخرى.

وبينما تقرأ هذا التحليل ربما تعتقد أن هذا التناول مثالي. وربما تتساءل إن كان المديرون ممن يستخدمون منهج المربع ٢ قد تعاملوا من قبل مع المربع ١.

وأعترف بأنه مثالي. ولكن هذا الكتاب لا يتحدث عن عادات الناس الذين لا يتمتعون بالفعالية. ولأن الفعالية العالية مثال نموذجي فعليك السعي من أجل تحقيقها.

وبالطبع، ستحتاج إلى وقت تقضيه في المربع ١. فحتى أفضل الخطط الموضوعة في المربع٢ لا يمكنك تحقيقها في بعض الأحيان. ولكن يمكن تقليل حجم المربع ١ إلى أجزاء يمكن التعامل معها، ومن ثم لا تعيش في جو الأزمات الضاغط، والذي يؤثر بالسلب على أحكامك وصحتك أيضًا.

ومما لاشك فيه أنك في حاجة إلى الصبر والمثابرة، وأنا أعلم أنك قد لا تستطيع تطبيـق منهج المربع ٢ على جميـع، أو حتى أغلب هذه البنود في الوقت الحالي، ولكن إذا تمكنـت مـن البدء ببعضهـا وساعدت الآخريـن ونفسك أيضًا علـى تنمية مفهوم المربـع ٢ داخل عقولهـم وأنت أيضًا، فسترى مع مرور الوقـت التحسينات التي تطرأ على الأداء.

ومرة أخرى أعترف بأن التفويض على مستوى الأسرة أو الشركات الصغيرة قد لا يكـون ممكنًا؛ ولكن هذا لا يعني استحالة تحقيق مفهوم المربع ٢، والذي من شأنه أن يولـد أساليب مثيرة وخلاقة داخل دائرة تأثيرك، مما يقلل حجم أزمات المربع ١ من خلال التدريب على مبادرة المربع ٢.

مقابلة أخيرة مع ستيفن آر. كوفي

خلال الخمسة والعشرين عامًا التي مرت على نشر كتاب العادات السبع، اتسعت "دائرة تأثير" دكتور ستيفن كوفي لتشمل العالم بأكمله. فقد كان يعمل مستشارًا للملوك والرؤساء، وعلم الملايين من الناس عبر كل قناة يمكن تخيلها مبادئ العيش بفعالية. وبحلول رحيله عام ٢٠١٢، كان قد أُختير واحدًا من أكثر الأشخاص تأثيرًا في العالم، واُختير كتابه العادات السبع واحدًا من أهم كتب التنمية الذاتية للقرن.

لقد واصل تعليم العادات السبع طوال حياته. بالإضافة إلى ذلك، استدعت فترات التغيير الجذري المزيد من حكمة دكتور كوفي، التي نود أن نشاركم بعضًا منها الآن.

فيما يلي تجميع لإجابات دكتور كوفي - وهو على أعتاب الرحيل - عن أسئلة مهمة كثيرًا ما وُجهت إليه في مقابلات شخصية أو أحاديث عادية. وقد قمنا بكل ما في وسعنا لتجميع أفكاره الأخيرة على شكل ما يمكن اعتباره "مقابلة شخصية أخيرة"، مستعينين بكلماته التي عبر بها عن هذه الأفكار.

ما الذي تغير منذ أول صدور لكتاب العادات السبع؟

التغيير نفسه تغير. وقد تسارعت وتيرته أكثر من أي شيء يمكن تخيله. يبدو أن الثورات التكنولوجية تقوم كل ساعة. إننا نعاني حالة من عدم الاستقرار الاقتصادي. والقوى العالمية تتغير تغيرًا جذريًّا بين عشية وضحاها. وأجزاء كثير من العالم تعاني ضربات الإرهاب، سواء النفسي أو الفعلي على حد سواء.

لقد تغيرت حيواتنا الشخصية تغييرًا جذريًّا أيضًا. فوتيرة الحياة سريعة جدًّا. إننا مرتبطين بالعمل على مدار ٢٤ ساعة لمدة ٧ أيام في الأسبوع. اعتدنا القيام بالكثير بأقل مما هو متاح؛ فالكثيرون منا يحاولون القيام بكل شيء دفعة واحدة.

ولكن شيء واحد لم يتغير ولن يتغير أبدًا - الشيء الوحيد الذي يمكنك الاعتماد عليه - حقيقة وجود مبادئ خالدة وعالمية. إنها لا تتغير أبدًا. مبادئ تنطبق على أي

مكان في العالم وأي زمان على مر التاريخ. مبادئ مثل العدالة، والأمانة، والاحترام، والرؤية، والمسئولية والمبادرة تتحكم في حياتنا بالطريقة نفسها التي تتحكم بها قوانين الطبيعة في حياتنا مثل الجاذبية التي تملي علينا تداعيات السقوط من فوق مبنى. إذا سرت على حافة السور، فستسقط. إنه مبدأ الطبيعة.

ولهذا السبب أنا متفائل. متفائل لأنني مؤمن بمبادئ لا تتغير. أعلم أننا إذا عشنا وفقًا لهذه المبادئ، فإنها ستؤتي ثمارها لنا.

على عكس الصخرة التي تقع إذا سقطت من فوق بناية، فإننا قادرون على الاختيار ما بين القفز أو غير ذلك. لسنا كائنات غير واعية تُسحب أو تُدفع بفعل قوى مجهولة. فنحن - معشر البشر - مُنحنا مواهب: الضمير والخيال والوعي بالذات والإرادة المستقلة، وكلها مواهب رائعة لا تتمتع بها الحيوانات. يمكننا التمييز بين الخطأ والصواب. يمكننا الانفصال عن أنفسنا وتقييم سلوكياتنا. يمكننا تخيل الحياة التي نريدها والمستقبل الذي نتمناه، بدلًا من الوقوع رهينة ذكريات الماضي. وكلما مارسنا هذه المواهب أكثر، زادت حرية الاختيار لدينا. ومن ثم، نستطيع اختيار استغلال هذه المبادئ لصالحنا أو ضدنا. وأنا أستمتع بالقدرة على الاختيار.

ومن أجل التعايش مع التغيير، إننا بحاجة إلى مبادئ لا تتغير.

ولكن هناك مشكلة؛ ألا وهي أن الكثيرين منا - وأخشى أن أقول إن العدد أكثر من أي وقت مضى - يحاولون التحايل على مبادئ الحياة. إننا نريد النجاح من دون أن ندفع الثمن. ونريد أجسامًا نحيفة وفي الوقت نفسه نريد الاستمتاع بتناول الكعك. بعبارة أخرى، نريد أشياء لا نستطيع امتلاكها أبدًا؛ نريد جزاء الصالحين دون أن نكون صالحين.

ولهذا السبب، ألفت كتاب *العادات السبع*. إنني مؤمن بأن ثقافتنا حادت عن مرساها المتمثل في تلك المبادئ، وأردت أن أشير إلى عواقب هذا الأمر؛ بمعنى أن إهمال المبادئ قد يؤدي إلى تحطيم حياتنا. وعلى نحو مماثل، أعدك بأنك إذا عايشت هذه المبادئ على المدى الطويل، فإنك ستحقق النجاح على المستوى الشخصي والمهني.

هل ما زالت العادات السبع مناسبة؟

أنا مؤمن بأن العادات السبع مناسبة الآن أكثر من أي وقت مضى.

ما من أحد تفاجأ وتواضع وفرح بتأثير كتاب *العادات السبع* أكثر مني. ما زلت مبهورًا بتأثير الكتاب على عدد كبير جدًّا من الناس في دول كثيرة جدًّا. وأنا غاية الامتنان لأن الكثير من معارفي وأصدقائي قبلوا تحدي معايشة العادات وتدريسها.

بالطبع، أنا مثل أي شخص آخر يجاهد لممارسة العادات السبع كل يوم. ليس هذا أمرًا سهلًا، ولكنه تحدٍّ. ولقد وجدت أنه من الملهم أن أستيقظ كل يوم وأفكر في مهمتي في الحياة وفي أهدافي المهمة وأخطو خطوات صغيرة نحو هذه الأشياء التي تمثل لي معنى مهمًّا في الحياة. ولقد وجدت أن أصعب شيء هو أن أعايش العادة الخامسة: اسع إلى فهم الآخرين أولًا، ثم اسع إلى أن يفهموك®. لقد عملت على أن أكون أكثر صبرًا ومستمعًا أفضل، وأظن أنني أحرزت تقدمًا ما.

ولكن يمكنني أن أقول لك إن معايشة العادات السبع بمثابة تحد مبهج يدوم العمر كله. ولهذا السبب أقلق حين يقول الناس إنهم قرأوا الكتاب. أخشى أن يروا شيئًا فيّ لا يتسق مع ما كتبته. كما أنني أخشى أن يظن الناس أنهم سيكونون أشخاصًا فعالين بين عشية وضحاها بقراءة هذا الكتاب - أتمنى أن يأخذ الناس على محمل الجد رسالة مفادها أنك لن تنتهي أبدًا من تطبيق العادات السبع.

أشعر بسعادة غامرة حين أرى الكثير والكثير من الناس من مختلف أنحاء العالم يتم تدريبهم على العادات السبع، والآلاف تم اعتمادهم لتدريس العادات السبع داخل مؤسساتهم. يحضر الناس برامج العادات السبع على شبكة الإنترنت وفي الفصول الدراسية التقليدية في أكثر من ١٤٠ دولة. والمثير أكثر بالنسبة لي أن الآلاف الأطفال في المدارس يتعلمون العادات السبع. لقد تبنت بعض الأماكن والمؤسسات والهيئات الحكومية والجامعات والأنظمة المدرسية العادات السبع باعتبارها فلسفة مؤسسية ويحققون نجاحًا باهرًا من خلالها.

لماذا استمر تأثير العادات السبع في حياة الناس؟ لأن العادات السبع - في اعتقادي - تساعد الناس على التعرف على أفضل ما في أنفسهم والعيش وفقًا لذلك. ويشعر الناس فطريًّا، وبخاصة الشباب منهم، قوة المبادئ التي تجسد العادات السبع، وفي قرارة أنفسهم يريدون ما هو أكثر من مجرد طرق مختصرة في الحياة؛ إذ يريد الأشخاص - الذين نسوا أنفسهم في غمرة النشاط المحموم للعالم من حولهم - استعادة السيطرة على مصائرهم.

تعيد العادات السبع الحياة للناس؛ إذ يستعيدون القدرة على الاختيار. إنهم يبحثون ويكتشفون أعمق وأعز الغايات. إنهم يكتسبون الأدوات لابتكار مستقبلهم والتحكم فيه.

واليوم نسمع الكثير عن سرقة الهوية. ولا تتمثل أعظم سرقات الهوية في سرقة محفظتك أو بطاقة الائتمان الخاصة بك؛ بل تحدث السرقة الأعظم حين ننسى حقيقة من نكون، ونؤمن بأننا نستمد قيمتنا وهويتنا من مقارنة أنفسنا بالآخرين، بدلًا من إدراك أن لكل منا قيمة غير محدودة وقدرات كامنة، وأننا في معزل عن أية مقارنة. وهذا النوع من السرقات يأتي من الانغماس في ثقافة الطرق المختصرة لتحقيق النجاح دون دفع الثمن. ففي عائلتنا، وبين أصدقائنا، وفي العمل، نعمل باستمرار على خدمة صورة الذات المصطنعة. عندما يقف المرء أمام المرآة، يشرع في نسيان روحه. يصير منشغلًا أكثر بصورته أكثر من انشغاله بذاته الحقيقية؛ ويضحِي نتاج مرآة المجتمع. ومن ثم، ينبع جوهر هويته وقيمته من خارج ذاته، لا من داخله.

والعادات السبع تعيدك إلى نفسك، وتذكرك بطبيعتك الحقيقية. إنها تذكرك *بأنك* مسئول عن حياتك. فأنت المسئول عن اختياراتك؛ ولا يتحمل المسئولية شخص آخر. فليس في مقدور أحد أن يجعلك تفكر أو تفعل أو تشعر بأي شيء لم تختاره بنفسك. إنها تذكرك بأنك المبرمج ويمكنك إعداد برنامج مستقبلك الخاص. فهذه العادات تعلمنا أن الحياة لعبة جماعية، وأن الاعتماد بالتبادل - التعاون مع الآخرين - درجة أرقى من الاعتماد على الذات.

التغيير صعب. كيف يمكنني أن أتغير؟

أقترح طريقتين علميتين لإحداث التغيير في حياتك: الأولى هي اتباع ضميرك. إنني أتحدث كثيرًا عن فكرة أن ما بين المثير (ما يحدث لنا) والاستجابة (ما نفعله حيال ذلك) مساحة للاختيار، وما نفعله حيال تلك المساحة يحدد في النهاية قدر نضجنا ودرجة سعادتنا. وفي هذه المساحة، تستقر المواهب البشرية الأربع، ألا وهي الضمير والخيال والوعي بالذات والإرادة المستقلة. ومن بين الأربعة، فإن الضمير هو العنصر المتحكم في الأربعة. وحين نعاني الاضطرابات في حياتنا، يكون السبب أننا نعيش حياة تتعارض مع ضمائرنا ولأننا نعرف ذلك في قرارة أنفسنا. ويمكننا الاستعانة بالضمير من خلال طرح الأسئلة على أنفسنا وانتظار "الاستماع" إلى الإجابة. على سبيل المثال، حاول أن تسأل نفسك السؤال التالي: "ما أهم شيء ينبغي

عليّ البدء به في حياتي الشخصية وسيكون له أكبر أثر إيجابي؟" فكر بعمق. ما الذي خطر ببالك؟ والآن سل نفسك سؤالًا آخر: "ما أهم شيء ينبغي عليّ البدء به في حياتي المهنية وسيكون له أكبر أثر إيجابي؟". مرة أخرى توقف وفكر، وابحث بداخلك عن الإجابة. إن كنت مثلي، فستدرك أن أهم الأشياء بالاستماع إلى صوت ضميرك - صوت الحكمة، والوعي بالذات والفطرة السليمة بداخلك.

وإليك سؤالًا آخر مهمًّا لتطرحه على نفسك: "ما الذي تطلبه الحياة مني الآن؟". توقف. فكر بحرص؛ فلعلك تشعر بأنك مشتت وتحتاج إلى مزيد من الحرص حيال الطريقة التي تقضي بها وقتك. أو لعلك تقرر أنك بحاجة إلى تناول طعام صحي أكثر وممارسة تمارين رياضية لأنك تشعر بالإجهاد باستمرار. أو لعلك تشعر بأن هناك علاقة مهمة تحتاج إلى إصلاحها. أيًّا ما كانت ماهية هذا التغيير، ستجد أن قوة وطاقة هائلة تستمدها من اتباع ذلك التغيير الذي يقره ضميرك. وبدون اقتناع قوي، لن تتحلى بالقوى لتواصل تحقيق أهدافك حين تشتد النوائب. والاقتناع يأتي من خلال الضمير.

إننا جميعًا نمتلك ثلاث حيوات مختلفة: حياة عامة، وحياة خاصة، وحياة داخلية. فالحياة العامة هي ما يلاحظه الآخرون. والحياة الخاصة هي ما نفعله حين نكون بمفردنا. والحياة الداخلية هو المكان الذي نذهب إليه حين نرغب في فحص دوافعنا ورغباتنا الدفينة. وأنصح بشدة تطوير الحياة الداخلية؛ فهي المكان الذي يستطيع فيه الضمير أن يؤدي دوره التوجيهي؛ لأننا في هذا المكان نكون في أفضل حالة ذهنية تمكنا من الإنصات إلى الصوت الداخلي.

الطريقة الثانية للتغيير هي أن تغير دورك. وكما أقول دومًا، إن كنت ترغب في إحداث تغييرات تنموية في حياتك، غير سلوكك. ولكن إن كنت ترغب في إحداث تغيير مهم، اعمل على تغيير منظوراتك الفكرية؛ أي الطريقة التي ترى بها العالم وتفسره من خلالها. وأفضل طريقة لتغيير منظورك الفكري هي تغيير الدور الذي تلعبه. ولعلك تحصل على ترقية لتكون مدير المشروع الجديد في العمل. ولعلك تصيرين أمًّا جديدة أو جدة جديدة. ولعلك تتحمل مسئولية مجتمعية جديدة. وفجأة يتغير دورك وترى العالم من منظور مختلف وتنساب سلوكيات أفضل من ذلك المنظور المختلف.

أحيانًا يتمثل تغيير الأدوار في أحداث خارجية، مثل تغيير مسئوليات العمل. ولكن في أحيان أخرى يمكننا تغيير أدوارنا من خلال تغيير طريقة تفكيرنا أو طريقة فهمنا

للموقف. لنفترض مثلاً أنهم في العمل يعتبرونك ديكتاتورًا وأنت مدرك أنه يجب عليك أن تثق في الآخرين وتتحرر من مخاوفك حيالهم. حسنًا، ربما ترى نفسك من منظور مختلف وتعدل دورك من "المراقب" إلى "الناصح". ومع هذا التغيير في الأدوار وطرق التفكير، ينبغي أن ترى نفسك ناصح لأعضاء فريقك الذين خولتهم لاتخاذ القرارات والاستعانة بمشورتك عند اتخاذ القرار، بدلاً من أن تقوم بكل شيء بنفسك وتتابع كل شيء باستمرار.

وكثيرًا ما يُطرح عليّ سؤال: ما أهم عادة من العادات السبع؟ والإجابة: أهم عادة هي التي تجد صعوبة في معايشتها. استغل مواهبك الخاصة بالوعي بالذات والضمير لمساعدتك في التعرف على العادة التي ربما تحتاج إلى التركيز عليها. وأفضل طريقة للتغير هي أن تختار شيئًا واحدًا، عادة واحدة، وتلزم نفسك بأشياء صغيرة مرتبطة بتلك العادة. وتدريجيًّا ستزداد درجة التزامك وثقتك بنفسك.

أرى ما تستطيع العادات السبع أن تقدمه لي على المستوى الشخصي، ولكن ماذا لو رفضت شركتي أو مؤسستي تطبيق العادات السبع؟

كل شيء يبدأ من داخل الفرد لأن كل التغيرات المهمة تأتي من الداخل إلى الخارج. وعندما تبدأ عملية التغيير الشخصي، سرعان ما ستجد أن بيئتك تتغير، حينئذ تتسع دائرة تأثيرك وتؤثر نزاهتك في الآخرين. ويمكنك أن تنجح في العمل على المؤسسة بعد أن تنجح في العمل على نفسك أولاً.

وتركيزي الأعظم على دمج العادات السبع في الثقافة بوجه عام، لتساعدنا على الانتقال من عقلية عصر الثورة الصناعية الخاصة بسلسلة الأوامر والتحكمات الآتية من أعلى لأسفل.

ما زال عصر الثورة الصناعية موجودًا بيننا على المستوى الفكري؛ إذ يُعامل الموظفون على أنهم أشياء يتم التحكم فيها - تلك العقلية التي تتعامل مع الناس على أنهم أشياء قابلة للتبادل، في حين أننا جميعًا نعرف أن كل فرد يتمتع بمواهب استثنائية وقادر على تقديم إسهامات لا يستطيع أحد غيره تقديمها. وبالاستعانة بالمصطلحات المالية، يتم التعامل مع الناس على أنهم نفقات؛ بدلاً من التعامل معهم على أساس أنهم أصول ذات قيمة عالية. حتى وإن كنت مستبدًّا كريمًا، فما زلت مهيمنًا؛ وهذا هو العيب الأساسي داخل معظم المؤسسات اليوم.

وتستطيـع العادات السبع أن تغيـر كل هذا. فثقافة العـادات السبع تمنح السلطة لـكل فرد مشترك في المنظومة. في ظل مثل هذه الثقافة، لكل فرد قيمة كبيرة. ويتم تكوين فرق تكميلية بحرص من أجل زيادة القوى الإنتاجية لكل أعضاء الفريق والتغلب علـى نقاط ضعفهم، مثلما يحدث في الفـرق الغنائية لا تستطيع الأصوات الناعمة أن تحل محل الأصوات الصادحة أو صوت السوبرانو. فنحن بحاجة إلى الجميع - المهم هـو أن تطلق لهم العنـان للبحث عن أصواتهم وأن تستهدف مـا يحبون القيام به وما يجيدون القيام به لخدمة البشرية.

أشعـر بتواضـع شديد حيـن أرى إلى أي مـدى ساعدت العـادات السبع في تغيير الفرق والمنظمات من مختلف أنحاء العالم.

علـى سبيل المثال، تعتنـق إحدى كبرى شركات التنقيب فـي كندا العادات السبع كمبـدأ لهـا، والجميع بداية من المدير التنفيذي إلـى أصغر عامل في المنجم يتدرب علـى العادات السبع. كل شخـص يتم تقديره. ونتيجة لتحمل الجميع المسئولية زادت الإنتاجيـة لمعدلات غيـر مسبوقة وانخفض معـدل وقوع الحوادث. وبـدأت الزوجات يتصلـن بالشركـة ليسألون: "ماذا فعلتـم لأزواجنا؟ لقد تغيروا تمامًـا!". والآن، يتم تدريب أسر بأكملها.

لقـد تعلمت أن تأسيس شركة عظيمة يتطلب أكثر من مجرد إعداد أفراد عظماء. يجـب أن تتعايش المؤسســة مع العادات السبع باعتبارهـا مؤسسة، وهذا يعني الأخذ بزمـام المبـادرة وإعداد رسالـة وإستراتيجيـة واضحتيـن، والعمل باستمـرار وفقًا للأولويـات والتفكير في تحقيق المنفعة لجميع المستفيدين، والمشاركة التكاتفية من أجـل المستقبـل. ولنجاح أية مؤسســة من المهم التفكير من منظـور العادات السبع. وبنـاء ثقافة العادات السبـع ليست مهمة المدير التنفيذي وحسـب، بل مهمة كل فرد يعمل في المؤسسة. ففي ظل هذه الثقافة، تجد الجميع قادة.

فـي النهايـة، كنت متحمسًـا لدمج قيـادة ترتكز علـى المبادئ فـي ثقافة جميع المؤسسـات فـي كل مـكان. وهـذا النوع مـن القيادة متـاح للجميع وليس للمديرين التنفيذيـن فقط. فالقيادة الحقة تعتمد على السلطة المعنوية وليست السلطة الفعلية الرسميـة؛ فلم يتقلـد غاندي أي منصب رسمي في الدولـة، واكتسب نيلسون مانديلا وسو تشي سلطتهم المعنوية من سنوات الاعتقال والسجن من أجل ما الضمير.

عملت طوال حياتي معلمًا، ولم أتقلد منصبًا ذا مسئولية رفيعة، ولكنني كنت أشعر دومًا بمسئولية تحقيق رسالتي. فأي شخص يأخذ تطبيق العادات السبع على محمل الجد يصير قائدًا.

كنت تعلم الناس دومًا أنه ينبغي عليهم أن يفكروا في الإرث الذي سيتركونه. ما الإرث الذي ستتركه أنت؟

على المستوى الشخصي، أتمنى أن يكون أعظم إرث لي مع أسرتي، متمثلًا في سعادتهم وجودة الحياة التي يعيشونها. لم أسعد بشيء وأشعر بالرضا مثلما شعرت تجاه أسرتي. هذا هو أهم شيء بالنسبة لي. وأتفق مع الملاحظة التي أبداها أحد القادة الحكماء ذات مرة: "ليس هناك نجاح خارجي يعوض الفشل في المنزل". وحقًّا، العمل الذي تقوم به داخل منزلك أهم عمل ستقوم به على الإطلاق. فالأسرة تحتل أهمية كبرى وتستحق بذل الوقت والاهتمام منا أكثر مما نبذله عادة. ينفق الناس مئات الساعات في التفكير بإستراتيجية تفصيلية في العمل ولكنهم لا يجهدون أنفسهم بقضاء بضع ساعات في التخطيط لتكوين أسرة قوية.

ومن هذا المنطلق أقول إنني لا أؤمن بالتعارض الكاذب بأنه كي تكون ناجحًا في المنزل يجب أن تكون أقل نجاحًا في العمل. الأمر ليس خيارًا بين أم هذا أو ذاك. فمن خلال التخطيط المتأني، يمكنك النجاح في الأمرين. في الواقع، النجاح في جانب سيولد نجاحًا في جانب آخر، كما أن الأوان لم يفت على البدء مجددًا مع أسرتك إن كنت قد أهملتها في الماضي.

وعلى المستوى المهني، حين يسألونني عن الشيء الذي أريد من الآخرين أن يتذكروني به، تكون إجابتي بسيطة؛ أقول لهم: عملي هو أبنائي. أؤمن بأنه بداخل كل طفل قائد، ويجب أن نعتبره كذلك.

حين يتطرق الأمر إلى الأبناء، لا تحدد هويتهم من خلال سلوكهم - تخيلهم قادة وأكد لهم أنهم كذلك. فالقيادة هي تأكيد قيمة الأشخاص وقدراتهم الكامنة بطريقة واضحة، لدرجة أنهم يرون ذلك في أنفسهم حقًّا.

يمكننا أن نربي جيلًا من القادة من خلال تعليم الأطفال أن قيمتهم وصالحهم نابعان من داخلهم، من خلال مساعدتهم على رؤية القوى العظيمة والقدرات الكامنة التي يتحلون داخل أنفسهم.

أنــا سعيــد للغاية لرؤيتــي آلاف المدارس حــول العالم يعلمــون التلاميذ العادات السبــع، إذ يعلمونهم من هم حقًا وما يستطيعون القيام به. إننا نعلمهم النزاهة وسعة الحيلــة وضبط النفــس وتحقيــق المنفعة للجميــع. ونعلمهم الترحيب بمــن يختلفون معهــم بدلًا من تخوينهم. نعلمهم "شحذ المنشار" وعدم التوقف عن النضج والتنمية والتعلم.

وهــذا يتــم من خــلال برنامجنا بعنــوان *The Leader in Me* الذي تــم تطبيقه في آلاف المدارســ حول العالم. ففي هذه المدارس، يتعلم التلاميذ أن كل فرد بمثابة قائد، ولا تقتصــر القيادة على عدد قليل من الأشخاص ذوي الشعبية. إنهم يتعلمون الفرق بين النجــاح الأساسي الذي يأتــي من الإنجاز الحقيقي الصادق والنجاح الثانوي - الشهرة - ويتعلمــون تقدير النجاح الأســاســي. ويتعلمون أن لديهم تلك الموهبــة الرائعة للاختيار، وأنهم ليسوا مضطرين لأن يكونوا ضحايا بائسين أو مجرد ترس في عجلة.

تخيــل المستقبل إذا مــا نشأ الصغار على هذه المبــادئ، مبددين شعور الضحية والاتكاليــة والشك وتبنــي موقف دفاعــي باعتبارهــم مواطنين يتحملــون المسئولية الكاملة عن واجباتهم تجاه الآخرين. فهذا المستقبل بات ممكنًا.

هذا ما أود أن يتذكرني به الآخرون.

ما المستقبل الذي ينتظر أعمالك؟

أنــا، من كل قلبي، معلم. بعــد أن تلقيت تعليمي الرسمي، شغلــت منصب أستاذ، وهــو منصب أحببته. وفي أثناء تتبعي لرسالتي في الحياة، اتضح لي أن فكرة القيادة المرتكــزة على المبادئ - كما جسدها كتاب العادات السبع وغيره من أعمالي - أكبر منــي بكثيــر، وأدركت أنني لو لم أبــن مؤسسة تنشر هذه الرســالــة وتتعهد بها، فربما تذوي أهميتها بعد رحيلي.

ومــع وضع ذلــك في الاعتبار، قــررت أن أبــدأ مشروعي الخاص - بنــاء مؤسسة مخصصــة لنشــر القيادة المرتكــزة على المبادئ فــي جميع أنحاء العالــم. لقد بدأ المشــروع بمركــز كوفــي للقيادة والــذي تم دمجــه فيما بعد مــع مؤسســة فرانكلين كويســت لتصير مؤسسة فرانكلين كوفي. ومهمة شركتنا أن نمكن النــاس والمؤسسات والمجتمعــات فــي كل مــكان من تحقيــق النجاح عبر تطبيــق القيــادة المرتكزة على المبادئ. إننا نعمل الآن في أكثر من ١٤٠ دولة حول العالم. وأنا فخور بمهمة المؤسسة

ورؤيتها وقيمها وأدائها. إنها تنفذ ما تمنيته. والأهم من ذلك أن مؤسسة فرانكلين كوفي لا تعتمد عليّ، وستواصل هذا العمل لمدة طويلة بعد رحيلي.

لقد قلت إن أهم رسالة أخيرة لك هي "أن تعيش حياة تصاعدية". ما الذي تقصده بذلك؟

تعني أن أهم عمل لك على الإطلاق سيبقى أمامك تتطلع إليه، ولن يكون خلفك أبدًا. وينبغي عليك دومًا أن توسع وتعمق التزامك بهذا العمل. فالتقاعد فكرة خاطئة. فربما تتقاعد من وظيفة، ولكنك لا تتقاعد أبدًا من مشاريع وإسهامات مهمة.

وقد استعنت بمصطلحات الموسيقى، حيث نجد في الموسيقى نغمة تصاعدية ذات طاقة عالية وصوت عالٍ، والعكس هي النغمة التنازلية التي تعني صوتًا منخفضًا أكثر؛ أي اللعب في المضمون وأن تصير سلبيًّا وتظل تشتكي طوال حياتك.

ومن ثم عش حياتك بنغمة تصاعدية. فمن الضروري أن تعيش حياتك واضعًا هذه الفكرة في بالك. وبغض النظر عما أنجزته وما لم تنجزه، فلديك إسهامات مهمة لتقدمها. تجنب المغريات للنظر في المرآة الخلفية لاسترجاع ما فعلته، وبدلًا من ذلك تطلع أمامك بتفاؤل. وأنا متحمس لكتابي القادم بعنوان Life in Crescendo - الذي تشاركني ابنتي سينثيا في تأليفه.

وبغض النظر عن سنك أو وضعك في الحياة، إذا تعايشت مع العادات السبع، فلن تكتفي أبدًا من تقديم الإسهامات. فأنت تسعى دومًا وراء شيء ما أرقى وأفضل من الحياة، التحدي التالي الرائع هو فهم أكبر، رومانسية أكثر، حب أكبر. لعلك ترضى بالإنجازات الماضية، ولكن الإسهام العظيم التالي دومًا في الأفق أمامك. أمامك علاقات لتكوِّنها ومجتمع لتخدمه وأعمال عظيمة لتنجزها.

سألتني إحدى بناتي ذات مرة ما إذا كنت اكتفيت بتأثيري في العالم حين ألفت كتاب *العادات السبع للناس الأكثر فعالية*. أظن أنني فاجأتها بإجابتي: لا أبالغ في تقديري لذاتي، ولكنني *أؤمن* حقًّا بأن أفضل أعمالي لم يأتِ بعد.

توفي ستيفن آر. كوفي في يوليو ٢٠١٢ عن عمر يناهز ٧٩، وهو في خضم عشرة مشاريع مختلفة للتأليف. لم يتقاعد أبدًا بالمعنى التقليدي للكلمة، ولكنه كان يعيش "حياة تصاعدية" حتى آخر أنفاسه. وبينما يمتد تأثير فكره لينتشر في جميع أنحاء العالم بوتيرة أسرع وأسرع، ليغير حياة طلاب المدارس والمديرين التنفيذين والأشخاص العاديين في كل مكان، فإننا نؤمن معه بأن أفضل أعماله لم يأتِ بعد.

فهرس المشكلات والفرص

هـذا الفهرس هو محاولـة لتقديم «حل سريع» للمخـاوف العميقة. إنه بمثابـة مرجع للموضوعات المذكورة في هذا الكتاب التي تتعامل مع هذه المخاوف، ونأمل أن يقدم رؤية ويساعد في حل هذه المشـكلات. وهذه المراجع تعكس جزءًا من المنهج الشامـل والمتكامل للعادات السبع ولمثل هذه المراجع فعالية كبرى عند فهمها والاستعانة بها في سياق العادات السبع.

الفهرس

كلمة عن المؤلف

"ستيفن آر. **كوفي** "هـو قائد جديـر بالاحترام، وخبيـر أسري، ومعلـم، واستشاري مؤسسي، ومؤلف كرس حياته لتعليم طريقة الحياة وفقًا للمبادئ والقيادة لبناء كل من الأسـر والمؤسسات. وهو حاصل على ماجستير في إدارة الأعمال من جامعة هارفارد ودكتـوراه من جامعة بريجهام يونج، حيث كان يعمل أستاذًا للسلوك المؤسسي وإدارة الأعمال، كما عمل أيضًا مديرًا للعلاقات العامة بالجامعة ومساعد رئيسها.

وقـد قام دكتور كوفي بتأليف العديد من الكتـب الرائعة، منها هذا الكتاب الذي حقق أعلـى مبيعات علـى المستوى الدولـي والذي أطلق عليه اسـم كتـاب الإدارة الأكثر تأثيرًا بالقـرن العشريـن، وواحد من أكثر عشـر كتب عن الإدارة تأثيرًا على مـدار التاريخ. فقد بيعـت منه أكثـر من ٢٠ مليون نسخـة بثمانية وثلاثيـن لغة في جميع أنحـاء العالم. ومن كتبـه التي حققت أعلى مبيعات كذلـك *First Things First* ، و *Principle_Centered Leadership* ، و *The 7 Habits of Highly Effective Families* - وهـي الكتـب التي بلغ حجم مبيعاتها معًا أكثر من ٢٠ مليون نسخة.

ولكونـه والـدًا لتسعة أبنـاء وجدًّا لثلاثـة وأربعين حفيـدًا فقد نال جائـزة الأبوة لعـام ٢٠٠٣ مـن هيئة الأبوة القوميـة، والتي قال عنها إنها أكثـر الجوائز التي تلقاها قيمـة. ومـن الجوائز التـي تلقاها كوفـي أيضًا سيداليـة جامعة توماس مـور لأعماله الإنسانية المتواصلة، وجائزة متحدث العام لسنة ١٩٩٩، وجائزة سيك لرجل السلام الدولـي لعـام ١٩٩٨، وجائزة رائد الأعمـال الدولي لعام ١٩٩٤، وجائـزة أفضل رائد أعمـال علـى المستوى القومي عن إنجازاتـه في مجال قيادة ريـادة الأعمال. ودكتور كوفي هو أيضًا واحد من بين الخمسة والعشرين شخصًا الذين اعتبرتهم مجلة *تايمز* الأكثر تأثيرًا في الولايات المتحدة الأمريكية، ونال سبع شهادات دكتوراه فخرية.

دكتـور كوفي هـو مؤسس ونائب رئيس شركـة فرانكلين كوفي، وهـي شركة تقدم خدمـات مهنية متخصصة ولهـا مكاتب في ١٢٣ دولة. وهـم يتشاركون رؤية ومبادئ وحماس دكتـور كوفي لإلهـام الأفـراد والمؤسسات فـي كل أنحاء العالـم وإمدادهم بأدوات التغير والنمو.

تعلم المزيد

هـل تريـد تعلم المزيد عن كيفيـة تنمية ذاتك أو قيادة فريقك أو تغيـير مؤسستك؟ إليك ثلاث طرق يمكنك مشاركة فرانكلين كوفي لتعلم المزيد عن كيفية تطبيق هذه المبادئ على المستوى الشخصي والمهني:

- استعن بتقييم نسبة الفعالية الشخصية للعادات السبع.
- انضم إلى تدريب فرانكلين كوفي للفوز بالجوائز.
- اقرأ كتب ستيفن آر. كوفي الأخرى.

---

١. استعن بتقييم نسبة الفعالية الشخصية.

لـترى إلى أي مـدى تتحلـى بالفعالية ـ ومواطـن القوى لديك وكيف يمكنك تحسينهـا ـ اطلع على تقييم نسبة الفعالية الشخصية (PEQ) على الموقع الإلكتروني التالي: www.7HabitsPEQ.com

---

٢. تدريب فرانكلين كوفي للفوز بالجوائز

العادات السبع
للناس الأكثر فعالية ©

برنامج شخصي

احضـر برنامج العـادات السبع للناس الأكثر فعالية بنفسك لـمدة ثلاثة أيام أو شاهـد بثه الحي على شبكة الإنترنـت. في هذا البرنامج المفعم بالحيوية المرتكز علـى المبـادئ، ستتعلـم كيـف تأخـذ بزمـام المبـادرة وتـوازن بـين الأولويـات الأساسيـة وتحسـين تواصلك مـع الآخرين وتزيد من تعاونـك الخلاق وتطبيق المبادئ لتحقيق التوازن في حياتك.

العادات السبع
للمديرين™

إدارة ذاتك، وقيادة الآخرين، وإطلاق العنان للقدرات الكامنة

هـل أنت قائد؟ هل تـود أن تقود الآخرين من خلال المنظـورات الفكرية للعادات السبـع، والمبادئ، والأدوات؟ احضر هذا البرنامج بنفسك لمدة يومين أو شاهد بثه الحي على شبكة الإنترنت لتتعلم كيف تكون أكثر فعالية كمدير أو قائد.

القيادة
القادة العظماء، الفرق العظيمة، النتائج العظيمة™

يمكنـك أن تكـون قائد العـادة الثامنة. برنامـج فرانكلين كوفي للقيـادة، القادة العظمـاء، الفـرق العظيمـة، النتائج العظيمـة قائم علـى المبادئ المؤثـرة للعادات السبع للناس الأكثر فعالية، وهو يساعدك على إيجاد صوتك ويساعد الآخرين علـى إيجـاد صوتهـم. يمكنك حضور هـذا البرنامج الـذي يمتد لـمدة ثلاثة أيام بنفسك أو تشاهد بثه الحي على شبكة الإنترنت.

الحصول على الاعتماد لتدريس منهج فرانكلين كوفي. يمكنك الحصول على الاعتماد لتكون مدرسًا معتمدًا لمنهج فرانكلين كوفي داخل مؤسستك.

للمزيـد مـن المعلومـات عن التسجيل في هذه الـدورات الثلاث أو لتحصل على رخصـة معتمدة لتدريس منهج فرانكلين كوفي، قم بزيارة موقعنا: **franklincovey.com/leadership**

٣. الكتب الأكثر مبيعًا لـ ستيفن آر. كوفي

The 8th Habit: From Effectiveness to Greatness

اكتشف العادة الثامنة لتكون قائدًا ذا فعالية عالية أكثر في كل مناحي حياتك.

العادات السبع للأسر الأكثر فعالية

تعلم كيف تطبق العادات السبع لتقوية أواصر أسرتك.

البديل الثالث

تعلم كيف تحل الصراعات وتخلق حلولًا تعاونية من خلال البديل الثالث.

الأشياء الأولى أولا

اكتشف كيف ترتب الأشياء المهمة في حياتك الشخصية والمهنية.

Living The 7 Habit

اقرأ حكايات الأشخاص الذين غيروا حياتهم من خلال معايشة العادات السبع.

القيادة المرتكزة على المبادئ

تعلم المبادئ الأساسية للقيادة الفعالة في هذا الدليل العملي للقادة.

فرانكلين كوفي

الميزة التنافسية النهائية

فرانكلين كوفي (المدرجة في بورصة نيويورك باسم FC) هي شركة عالمية متخصصة في تحسين الأداء. نحن نساعد المؤسسات على إنجاز النتائج التي تتطلب تغييرًا في السلوك البشري. وخبرتنا تشمل سبعة مجالات: القيادة والتنفيذ والإنتاجية والثقة وأداء المبيعات وولاء العميل والتعليم. وتضم قائمة عملائه ٩٠ ٪ من الشركات المدرجة في قائمة فورشن ١٠٠ لأفضل ١٠٠ شركة وأكثر من ٧٥ ٪ من الشركات المدرجة في قائمة فورشن ٥٠٠ لكبرى الشركات، بالإضافة إلى آلاف الشركات الصغيرة والمتوسطة وعدد كبير من الوحدات الحكومية والمؤسسات التعليمية. وتمتلك شركة فرانكلين كوفي أكثر من ٤٠ مكتبًا مرخصًا ومباشرًا يقدم خدمات مهنية في أكثر من ١٤٠ دولة. للمزيد من المعلومات، زوروا موقع: www.franklincovey.com